ANTON RAUSCHER (Hrsg.)

Verantwortung in einer komplexen Gesellschaft
Responsibility: Recognition and Limits

Soziale Orientierung

Veröffentlichungen der Wissenschaftlichen Kommission
bei der Katholischen Sozialwissenschaftlichen Zentralstelle
Mönchengladbach

In Verbindung mit

Karl Forster † · Hans Maier · Rudolf Morsey

herausgegeben von

Anton Rauscher

Band 20

Verantwortung in einer komplexen Gesellschaft

Responsibility: Recognition and Limits

Herausgegeben von

Anton Rauscher

Duncker & Humblot · Berlin

Bibliografische Information der Deutschen Nationalbibliothek

Die Deutsche Nationalbibliothek verzeichnet diese Publikation in der Deutschen Nationalbibliografie; detaillierte bibliografische Daten sind im Internet über http://dnb.d-nb.de abrufbar.

Druck: Berliner Buchdruckerei Union GmbH, Berlin
Printed in Germany

ISSN 0720-6917
ISBN 978-3-428-13233-1

Gedruckt auf alterungsbeständigem (säurefreiem) Papier
entsprechend ISO 9706 ♾

Internet: http://www.duncker-humblot.de

Vorwort

Bundespräsident Horst Köhler sprach in seiner Berliner Rede im Frühjahr 2009 deutlich die mangelnde Verantwortung vieler Banker und Manager an, die zu der aktuellen Finanz- und Wirtschaftskrise geführt hatte: „Was vielen abhanden gekommen ist, das ist die Haltung: So etwas tut man nicht." Und weiter: „Was wir jetzt erleben, ist das Ergebnis von Freiheit *ohne* Verantwortung." Als Ausweg aus der ökonomischen Krise, und damit zugleich als *Heilmittel* für die Zukunft, empfiehlt Horst Köhler stattdessen, „Freiheit und Verantwortung (...) nachhaltig aneinander zu binden".

Auch für Papst Benedikt XVI. ist die Verantwortung ein entscheidender Schlüssel für eine gedeihliche Zukunft der Menschheit. Allein an 32 Stellen wird in der Sozialenzyklika *Caritas in veritate* Bezug zur Verantwortung genommen. Insbesondere verweist er darauf, dass sich mit der fortschreitenden Entwicklung der Technik nicht nur das Feld der Freiheit massiv erweitert hat, sondern auch das der Verantwortung. Deshalb verlangt der Papst, mit Vernunft den Bereich der technischen Innovationen kritisch zu durchleuchten. Denn es liegt am Menschen, die Möglichkeiten, die durch die Technik gegeben sind, durch einen verantwortlichen Umgang in wirklich humane Bahnen zu lenken. Für Benedikt gilt: „(...) die menschliche Freiheit ist nur dann im eigentlichen Sinn sie selbst, wenn sie auf den Zauber der Technik mit Entscheidungen antwortet, die Frucht moralischer Verantwortung sind." Und weiter: „Daraus ergibt sich die Dinglichkeit einer Erziehung zur sittlichen Verantwortung im Umgang mit der Technik" (Nr. 70).

Dass es auf den Menschen ankommt, auf seine Bereitschaft, der Verantwortung Raum zu geben, dies sieht der Papst auch bei der Bewältigung der gegenwärtigen Wirtschaftskrise. Vor dem Hintergrund der Versprechen von Ökonomen, künftige Krisen mittels verstärkter Regulierung im Bereich des Finanzwesens zu vermeiden, fordert Benedikt: „Daher muss sich der Appell nicht an das Mittel, sondern an den Menschen richten, an sein moralisches Gewissen und an seine persönliche und soziale Verantwortung" (Nr. 36).

Die hier dargelegten Beispiele mögen genügen, um die Bedeutung der Verantwortung im gegenwärtigen gesellschaftlichen Kontext deutlich zu machen. Verantwortung ist, wie es Franz-Xaver Kaufmann einmal genannt hat, zu einer „Schlüsselkategorie unseres gegenwärtigen Selbstverständnisses" geworden. Dies hängt damit zusammen, dass sich unsere Gegenwart als eine Zeit versteht, die vornehmlich geprägt wird von den Möglichkeiten der Freiheit. Wo aber

Freiheit ist, dort sollte auch Raum für Verantwortung sein. Mit anderen Worten: Freiheit und Verantwortung bilden gleichsam die zwei Seiten der Medaille moderner Gesellschaften.

Dieser Konnex wird aber vom Verhalten im Alltag häufig nicht in der erforderlichen Weise eingeholt. Überwältigt von den Möglichkeiten der Freiheit gerät vielfach die Verantwortung zu schnell in die Defensive, einer Versuchung, der nicht nur die Banker und Manager, auf die der Bundespräsident in seiner Berliner Rede Bezug genommen hat, erlegen sind. Wenn allerdings der Stellenwert der Verantwortung allen einschlägigen Bekenntnissen zuwider nicht entsprechend anerkannt wird, dann wird auch deutlich, wie nötig es ist, Verantwortung noch stärker als Erziehungsaufgabe zu verstehen, und zwar ausgehend von der Erziehung der Kinder in der Familie bis zur Hochschulbildung jeglicher Provenienz. Die Bezugnahme von Papst Benedikt hinsichtlich der Verantwortung gegenüber der Technik ist auch eine Mahnung an alle Wissenschaftler und Ingenieure, die in ihren Forschungslaboratorien die Zukunft unseres Globusses entwerfen. Dass auf den Wissenschaftlern im Zeitalter globaler Vernetzungen eine große Verantwortung lastet, ist den Betroffenen meist sehr wohl bewusst. Wenn aber die ökonomische Verwertbarkeit der Erfindungen im Raum steht, der Standortwettbewerb zwischen den Volkswirtschaften die Entscheidungen dominiert, dann wirkt ein stark ausgeprägtes Verantwortungsbewusstsein oft nur störend und hinderlich.

Mit diesen skizzenhaften Hinweisen soll die besondere Bedeutung der Verantwortung in den modernen komplexen Gesellschaften unterstrichen werden. Vom 27. Juli bis 2. August 2008 haben sich Wissenschaftler unterschiedlicher Fachbereiche aus den Vereinigten Staaten, Australien, den Niederlanden und Deutschland in Philadelphia/USA getroffen, um sich im Rahmen des 10. Deutsch-Amerikanischen Kolloquiums zum Thema "Responsibility: Recognition and Limits" auszutauschen. Der Vorschlag für die Thematik der Tagung kam von Prof. Jude P. Dougherty von der Catholic University of America in Washington, D.C. Mit Besorgnis stellt er in der modernen Gesellschaft die Tendenz fest, dass Verantwortung immer stärker hinter Sachzwängen verschwindet und damit anonymisiert wird. Verantwortung wird so oftmals zu einer rein technischen Folgenabschätzung ohne Handlungssubjekt. Es fehlt die personale Zurechnung von Verantwortung.

Auf der anderen Seite besteht angesichts der globalen Dimension der Verantwortung die Gefahr der moralischen Überforderung des Einzelnen. Es gibt nämlich auch die Versuchung, das individuelle Gewissen für komplexe und strukturell bedingte Probleme verantwortlich zu machen. Dies wird beispielsweise im Hinblick auf die Herausforderung des Klimawandels deutlich. Systematische Überforderung durch penetrante Appelle in Richtung der individuellen Verantwortung korrumpiert letztlich aber jede Moral. Verantwortung benötigt deshalb auch entsprechende Verantwortungsträger, unterschieden nach den verschiedenen in Betracht kommenden Ebenen: Für globale Probleme bedarf es globaler Verantwortungsträger, nationale bzw. regionale Angelegenheiten fallen in der Regel in den Bereich des Staates usw. Diese Hierarchisierung der Verantwortung stellt nicht nur eine Begrenzung von Verantwortung dar, sondern entspricht letztlich auch dem Grundsatz der Subsidiarität: Verantwortlich kann nur derjenige sein, der – im Sinne einer Kompetenzzuerkennung – auch fähig ist zur Übernahme entsprechender Verantwortung.

Verantwortung personal anerkennen, aber auch die Grenzen hinsichtlich einer moralischen Überforderung zu ziehen, diese beiden Aspekte bilden nicht nur wichtige Kristallisationspunkte eines realitätsnahen Verantwortungsverständnisses, sondern sie durchzogen als roter Faden auch das Kolloquium. Darüber hinaus eröffneten die Referate ein breites Feld unterschiedlicher Verantwortungsbereiche, innerhalb dessen das Postulat ethischer Verantwortung jeweils konkretisiert wurde.

Mit dem Kolloquium in Philadelphia konnte ein Jubiläum dieser Tagungsreihe gefeiert werden. Zum zehnten Mal fand ein derartiger interdisziplinärer Gedankenaustausch unter Verantwortung von Jude P. Dougherty von der Catholic University of America, Washington, D.C., und Anton Rauscher von der Katholischen Sozialwissenschaftlichen Zentralstelle in Mönchengladbach statt. Im Jahre 1990 begann man mit dieser Veranstaltungsreihe; man traf sich seither alternierend in Deutschland und den USA an verschiedenen Konferenzorten. Die Initiative zu dieser Art von Kolloquien ging damals von der Katholischen Sozialwissenschaftlichen Zentralstelle (KSZ) aus. Dem lag die Überlegung zugrunde, dass vor dem Hintergrund der weltgeschichtlichen Zäsur des Zusammenbruchs der kommunistischen Herrschaft in Osteuropa, und damit dem Ende des Ost-West-Konflikts, das wissenschaftliche Ringen um Orientierung sowie die Erörterung der unterschiedlichen Erfahrungen innerhalb der katholischen Kirche in Deutschland und in den Vereinigten Staaten intensiviert werden sollten. Mit der Zeit haben sich dabei enge Kontakte zwischen Wissenschaftlern auf beiden Seiten des Atlantik gebildet, und zwar nicht nur auf fachlicher Ebene, sondern auch auf der Ebene freundschaftlicher Verbundenheit.

Ermöglicht wurde das „Jubiläumskolloquium" durch die Einladung von Erzbischof Justin Cardinal Rigali, der in großzügiger Weise das Priesterseminar seiner Erzdiözese, St. Charles Borromeo, als Veranstaltungsort zur Verfügung stellte. Cardinal Rigali ließ es sich nicht nehmen, den Eröffnungsgottesdienst mit allen Teilnehmern des Kolloquiums zu feiern. In seiner Predigt gab er der Hoffnung auf ein erfolgreiches Kolloquium Ausdruck, indem er betonte: "I am sure that your vision of learning placed at the service of truth coincides with your vision of the very mission of the Church, as this mission relates to Jesus, the incarnate Truth." Zudem wies er darauf hin, dass sich bereits der jetzige Papst vor 15 Jahren anlässlich einiger Konferenzen im Priesterseminar der Erzdiözese sehr wohl gefühlt habe, was er auch allen Mitwirkenden an der Tagung wünschte. Nach dem Gottesdienst nahm sich Cardinal Rigali noch Zeit für einen Gedankenaustausch mit den Teilnehmern des Kolloquiums über die Situation der amerikanischen Kirche.

Besonderer Dank gebührt der Konrad-Adenauer-Stiftung, und zwar in zweifacher Weise: Zum wiederholten Male hat sich ihr Vorsitzender, Ministerpräsident a. D. Professor Dr. Bernhard Vogel, die Zeit genommen, am Kolloquium teilzunehmen und den anwesenden Wissenschaftlern Anteil zu geben an seinen umfassenden Kenntnissen in politischen Fragen. Diesmal hielt Prof. Vogel einen Abendvortrag über die „Wandlungen im deutschen Parteiensystem", der nicht nur den amerikanischen Teilnehmern aufschlussreiche Einblicke in die Verhältnisse der deutschen Politik eröffnete. Darüber hinaus hat die Konrad-Adenauer-Stiftung wiederum einen großzügigen Zuschuss für die Simultanübersetzung der Referate und Diskussionen bereitgestellt. Die Bedeutung dieser Dolmetscherdienste für das Gelingen internationaler Kolloquien kann nicht unterschätzt werden.

Großen Anteil bei der organisatorischen Vorbereitung des Kolloquiums sowie bei der Erstellung des Berichtsbandes hatten der Wissenschaftliche Referent Gerhard Steger und Frau Wilma Cremer von Seiten der KSZ und Mrs. Mary Rakow auf amerikanischer Seite. Ferner sei auch dem Verlag Duncker & Humblot Dank gesagt, der es zum wiederholten Male möglich gemacht hat, dass die Beiträge der Veranstaltung in der Reihe *Soziale Orientierung* erscheinen können.

Mönchengladbach, im Juli 2009 *Anton Rauscher*

Inhaltsverzeichnis

I. Grundfragen – Begriff und Wesen der Verantwortung

II. Verantwortung in Wirtschaft und Gesellschaft

III. Verantwortung in der Politik

IV. Aufgabenbereiche kirchlicher Praxis

I. Grundfragen – Begriff und Wesen der Verantwortung

Was heißt Verantwortung?

Von Anton Rauscher

Wenn man sich in der wissenschaftlichen, besonders in der moraltheologischen und sozialethischen Literatur umsieht, fällt einem auf, dass der Begriff „Verantwortung“ erst im Laufe des 20. Jahrhunderts zu einer „Schlüsselkategorie unseres gegenwärtigen Selbstverständnisses“ geworden ist, wie es Franz-Xaver Kaufmann formulierte.[1] Verantwortung und Verantwortlichkeit stehen heute hoch im Kurs. Wo immer etwas schief geht, wird nach den „Verantwortlichen“ gerufen, in der Politik ebenso wie in der Verwaltung, in der Wirtschaft nicht anders als in Forschungslaboratorien, in der Medizin genauso wie in Erziehung und Schule, Sport und Kultur.

I. Anmerkungen zur Begriffsbildung

Ältere Abhandlungen philosophischen oder moraltheologischen Zuschnitts sprechen weniger von Verantwortung, sondern von den natürlichen und moralischen Gesetzen, denen der Mensch verpflichtet ist und die sein Denken und Handeln bestimmen sollen. Die Verantwortung kommt ins Spiel im Zusammenhang mit der Reflexion über die Willensfreiheit, die dem Menschen eigen ist, und in der darin verankerten Zurechnungsfähigkeit (Imputabilität).

Was die jüdisch-christliche Kultur betrifft, so ist in den Heiligen Schriften des Alten und des Neuen Testaments sowie in der kirchlichen Tradition der Mensch die Ursache des freien Handelns und vor seinem Gewissen verantwortlich für gutes oder böses Tun. Im Schöpfungsbericht der Genesis wird der Sündenfall des Menschen geschildert. Gott hatte Adam verboten, vom Baum der Erkenntnis zu essen, der in der Mitte des Paradieses steht. Als sich Adam nicht an das Gebot hält, ruft Gott ihn zur Verantwortung: Was hast du getan? Sein Gewissen ist der untrügliche Maßstab für sein sittliches Handeln. Gott hat jeden Menschen bei seinem Namen gerufen, und der Mensch ist gehalten, „Antwort“ zu geben. In diesem Sinne kommt dem „Wort“ Gottes und der Antwort des Menschen entscheidende Bedeutung zu. Die jüdisch-christliche Idee der Ver-

[1] *Franz-Xaver Kaufmann*, Der Ruf nach Verantwortung. Risiko und Ethik in einer unüberschaubaren Welt, Freiburg i. Br. 1992, S. 11.

antwortung vor Gott hat vor allem die Ausbildung eines konkreten Verantwortungsbewusstseins bestimmt.

Die Erkenntnis des Menschen und seine sittliche Verantwortung erstreckt sich auf die Erde und alles, was sie enthält; Gott hat die „Schöpfung" der Obsorge des Menschen anvertraut. Der Mensch soll die Erde hegen und pflegen, nicht nur weil er von den Früchten der Erde lebt, sondern auch weil er sie bebauen und gestalten soll. Auch ist der Mensch nicht ein sich selbst genügendes Individuum, sondern ein soziales Wesen, das mit anderen zusammenlebt und -arbeitet; er muss über seine Einstellung und seine Sorge für den „Nächsten" Rechenschaft vor Gott ablegen, wie dies in der Erzählung des Brudermordes von Kain und Abel deutlich wird. Die Sozialität des Menschen ist nicht etwas, wozu sich der Einzelne frei entscheiden könnte. Ob er seine Sozialität bejaht, in Frage stellt oder gar verneint, ist nicht seine ureigene Angelegenheit, worüber er niemandem Rechenschaft schuldig wäre. Vielmehr gehört die Solidarität, also die soziale Verbundenheit, zur Kernverpflichtung des Menschen. Der Einzelne trägt Verantwortung für die Zusammenarbeit und ihre Gestaltung, für das friedliche Zusammenleben und den Aufbau der Gemeinschaft, für die gegenseitige Hilfe und die Nächstenliebe, wo immer der andere sich in Not befindet und auf den Mitmenschen angewiesen ist. Dies gilt in erster Linie für die Familie als die Kernzelle der Gesellschaft und der Kultur. Deshalb ist die Einstellung zu den Eltern, wie sie das vierte Gebot regelt, und ebenso das Verhalten zu den Geschwistern von besonderer Qualität. Die Solidarität umfasst die verschiedenen sozialen Lebenskreise bis hin zur Völkergemeinschaft.

Der Begriff der Verantwortlichkeit wird von alters her als Problem der Schuld diskutiert und wirft die Frage nach dem Gewissen und der Willensfreiheit auf. Hier liegen auch die Verbindungslinien zur Rechtswissenschaft und auch zur Politik. Etymologisch taucht der Begriff Verantwortung im späten 15. Jahrhundert auf und meint das „Für-etwas-Rede-und-Antwort-Stehen". Verantwortung hat historisch und bedeutungsmäßig stets im Rechtsbereich mit Anklage und Verteidigung zu tun. Man hat sich für etwas zu verantworten, wenn der Verdacht besteht, „man habe eine Aufgabe oder eine Norm verletzt. Die Antwort darauf hat die Bedeutung einer Rechtfertigung oder Verteidigung".[2]

Die moralischen und ethischen Vorstellungen in der Antike und im Mittelalter sind auf die stationären Verhältnisse der damaligen Gesellschaft bezogen. Die Gebote und Verbote, die Vorschriften und Regeln, die Rechte und Pflichten, auch die Tugendlehre, haben den Menschen im Blick, der in überschaubaren Verhältnissen mit seinesgleichen zusammenlebt. Der Pflichtenkreis ist be-

---

[2] *Otfried Höffe*, Schulden die Menschen einander Verantwortung? Skizze einer fundamentalethischen Legitimation, in: Ernst-Joachim Lampe (Hrsg.), Verantwortlichkeit und Recht (Jahrbuch für Rechtssoziologie und Rechtstheorie, Bd. 14), Opladen 1989, S. 15.

stimmt durch die jeweiligen Aufgaben in der Großfamilie, in der Nachbarschaft und in der Dorf- beziehungsweise Stadtgemeinde. Ein anderer Rechts- und Pflichtenkreis betrifft den Herrscher, der für seine Untertanen im Rahmen des Möglichen nach innen und außen Ordnung und Sicherheit gewährleisten soll.

Das überkommene Gefüge von Rechten und Pflichten beginnt sich zu ändern mit dem Aufkommen der modernen Gesellschaft. Mit dem Zerfall der ständischen Ordnung, mit der neuen Mobilität, mit den Veränderungen in der Wirtschaft und im Handel, mit der Entwicklung der Naturwissenschaften und Technik wandelt sich der Bezugsrahmen, in dem Verantwortung und Verantwortlichkeit stehen. Auch das Bild des Menschen ändert sich seit der Aufklärung: Der Mensch tritt jetzt als Subjekt des Handelns und Gestaltens und als Träger der gesellschaftlich-kulturellen-politischen Entwicklung hervor. Auch die Rechte und Pflichten des Menschen erscheinen in neuem Licht und beeinflussen die Rechtsordnung und auch die Verantwortung und Verantwortlichkeit. In der Zeit der Französischen Revolution geht der Begriff der „responsabilité“ in die politische Terminologie ein. Später gerät der Begriff der Verantwortung mehr und mehr ins Schlepptau der materialistisch-nihilistischen Philosophie. Friedrich Nietzsche vollzieht die „Umwertung aller Werte“. In seiner Gott-ist-Tod-Philosophie wird der Mensch frei und ist nur noch sich selbst verantwortlich.

Der Erste Weltkrieg bedeutete eine ungeheuere Zäsur. Die vorausgegangene Fortschrittseuphorie war zusammengebrochen. In den intellektuell tonangebenden Schichten war die Vorstellung weit verbreitet, dank der Erkenntnisse der Wissenschaften, insbesondere der Naturwissenschaften, und der die Bereiche des gesellschaftlichen Zusammenlebens erfassenden Technik sei der Mensch nicht mehr den Gewalten der Natur ausgeliefert, vielmehr könne er sein Schicksal in die eigenen Hände nehmen und die Zukunft nach seinen Ideen und Zielen gestalten. Am Ende des Weltkrieges stand ein Trümmerhaufen. Überall regten sich Zweifel, ob die geistig-sittlich-religiösen Werte und Normen, die als antiquiert gegolten hatten und selbst in der Theologie nicht mehr hoch im Kurs standen, die Katastrophe hätten verhindern können.

II. Die Entdeckung der Verantwortungsethik

Unter denen, die sich darüber Gedanken machten und die die Verantwortung als sittliche Kategorie wieder ins öffentliche Bewusstsein holten, war der Soziologe Max Weber. Im Revolutionswinter 1918/19 hielt er an der Münchener Universität zwei berühmt gewordene Vorträge über „Politik als Beruf“ und „Wissenschaft als Beruf“. Darin entwickelte er den Gedanken der Verantwortungsethik. In den Wirren der damaligen Zeit legte Weber seine Auffassung dar, dass für den Politiker drei Qualitäten entscheidend seien: die Leidenschaft, das Verantwortungsgefühl und das Augenmaß. Eitelkeit, Machthunger und Distanzlosigkeit seien die Todsünden jedes Politikers. „Wir müssen uns klar machen, dass alles ethisch orientierte Handeln unter zwei voneinander grundverschiedenen, unaustragbar gegensätzlichen Maximen stehen kann: es kann ‚gesinnungsethisch' oder ‚verantwortungsethisch' orientiert sein. Nicht dass Gesinnungsethik mit Verantwortungslosigkeit und Verantwortungsethik mit Gesinnungslosigkeit identisch wäre. Davon ist natürlich keine Rede. Aber es ist ein abgrundtiefer Gegensatz, ob man unter der gesinnungsethischen Maxime handelt – religiös geredet –: ‚Der Christ tut recht und stellt den Erfolg Gott anheim', oder unter der verantwortungsethischen: dass man für die (voraussehbaren) Folgen seines Handelns aufzukommen hat".[3]

Wenn Max Weber von einem „abgrundtiefen Gegensatz" zwischen der Gesinnungsethik und der Verantwortungsethik spricht, so dürfte diese Art von Unterscheidung auf das Studium von zeitgenössischen Lehrbüchern der Moraltheologie zurückzuführen sein, die nicht hinreichend den Zusammenhang zwischen der Gesinnung und dem Handeln reflektierten. Ein Blick in die großen Werke etwa der spanischen Spätscholastik, die sich eingehend mit den tiefgreifenden Veränderungen in Wirtschaft und Gesellschaft auseinandersetzten und sich gerade auch mit den Folgen des Handelns beschäftigten, hätte Einseitigkeiten und problematische Deutungen vermeiden können.

Nach Weber geht es in der Gesinnungsethik um die Richtigkeit einer Handlung, ob sie mit den moralischen Normen und Pflichten des Menschen übereinstimmt, ohne Rücksicht auf die Folgen. Die Verantwortungsethik hingegen beurteile die Qualität einer Handlung im Hinblick auf ihre Folgen. Es handelt sich um eine ethische Grundhaltung, die bei der Durchsetzung sittlich geforderter Ziele „nüchtern, realitätsnah, umsichtig, zupackend und kalkuliert" vorgeht. Zu Recht bemerkt Wilhelm Korff, der Begriff Verantwortungsethik „assoziiert damit durchaus den Anspruch übergreifender ethischer Steuerungskompetenz und rückt so in die Nähe dessen, was antike und mittelalterliche Ethik in der dianoetischen, heutiger Moralsprache völlig abhanden gekommenen Tugend der Klugheit (prudentia) als Kardinaltugend herausstellen".[4] Es gilt zu bedenken, dass menschliches Handeln immer ein Wirken in der Welt ist, seine Rechtfertigung stets auch den Bezug auf die empirischen Konsequenzen einschließen muss, zum anderen moralisch qualifizierbares Handeln aus Grundsätzen erfolgt, die das Personsein des Menschen betreffen.

Die Hinwendung Max Webers zur „Verantwortung" und damit zu einer ethischen Grundkategorie hat damals großes Aufsehen erregt. Der sogenannte Werturteilsstreit in den Wirtschafts- und Sozialwissenschaften, der erbittert geführt wurde, ging davon aus, dass Werte oder vorpositive Normen aus den Be-

---

[3] *Max Weber*, Politik als Beruf, 5. Aufl., Berlin 1968, S. 57 f.

[4] *Wilhelm Korff*, Verantwortungsethik, in: Lexikon für Theologie und Kirche, 3. Aufl., Bd. 10, Freiburg i. Br. 2001, Sp. 600.

reichen der wissenschaftlich erfassbaren Wirklichkeit ausgeklammert und der rein subjektiven Sphäre zugewiesen werden müssten. Mit der Einbeziehung der Verantwortung in die wissenschaftliche Reflexion und in den Dialog durchbrach Weber die künstlich aufgerichteten Barrieren. Allerdings blieb Weber auf halbem Wege stehen, weil er die Verantwortung des Handelnden primär auf die Handlungsfolgen bezog, aber nicht auf das Tun und die Tat selbst. Verantwortungsethik wurde zu einem effizienz- und erfolgsorientierten Kriterium. Es ging nicht um die moralische ethische Richtigkeit oder Gerechtigkeit, sondern um das rationale Abwägen der Folgen einer Handlung. Als „verantwortlich" wird der Weg angesehen, bei dem die positiven Folgen überwiegen.[5]

Webers Begriff der Verantwortungsethik wirkte nach dem Zweiten Weltkrieg in die erste Vollversammlung des Ökumenischen Rates der Kirchen hinein, die 1948 in Amsterdam stattfand.[6] Als gemeinsame Zielvorstellung der Kirchen wurde die „verantwortliche Gesellschaft" entworfen, in der sich die Menschen für Gerechtigkeit und öffentliche Ordnung verantwortlich wissen und in der jene, die politische Autorität oder wirtschaftliche Macht besitzen, Gott und den Menschen verantwortlich sind. Während bei Max Weber die Verantwortungsethik auf die Situation und das Individuum bezogen ist, hat sich die Kirchenversammlung zur sozialen Dimension der Verantwortung bekannt, was nicht zuletzt auf den Einfluss der Vertreter der protestantischen Kirchen aus den USA zurückzuführen ist.

III. Die Person als Träger der Verantwortung

Nach dem Zweiten Weltkrieg setzte allenthalben eine Besinnung auf den Menschen als den Träger der Verantwortung ein. Die Menschenrechtserklärung der Vereinten Nationen im Dezember 1948 hat die Wege zur geistig-sittlichen Erneuerung geebnet. Verantwortung steht in direkter Korrelation zur Freiheit des Menschen als Person. Der Mensch ist Träger der Verantwortung, weil er ein moralisches Wesen ist. Zurechenbar ist nur ein Tun und Lassen, das die Bedingungen des Freiwilligen und des Entschlusses erfüllt. Freiwillig ist unser Tun, wenn es weder durch Gewalteinwirkung erzwungen ist noch aufgrund von Un-

[5] In diesem Zusammenhang sei an das berühmte Werk von *Max Scheler* erinnert, das in den Jahren 1913/16 erschien: „Der Formalismus in der Ethik und die materiale Wertethik". Den Gegensatz zur Gesinnungsethik bildet für Scheler nicht die Verantwortungsethik, sondern die „Erfolgsethik".

[6] Vgl. dazu die Überlegungen, wie sie *Albrecht Langner* entwickelte: Katholische und evangelische Sozialethik im 19. und 20. Jahrhundert. Beiträge zur ideengeschichtlichen Entwicklung im Spannungsfeld von Konfession, Politik und Ökumene, Paderborn u. a. 1998.

wissenheit um die relevanten Tatbestände erfolgt. Freiheit, näherhin die Handlungsfreiheit, ist die Elementarbedingung von Verantwortung.[7]

Neben der Freiheit setzt Verantwortlichkeit die Geltung von praktischen Regeln voraus, die dem, der verantwortlich handelt, den Maßstab für die Beurteilung von Handlungen gibt, die geboten beziehungsweise erlaubt oder verboten sind. Die Geltung von Regeln gründet bei staatlich organisierten Gesellschaften in Akten autorisierter, Verantwortlichkeit stiftender Regelsetzung oder -anerkennung. Die Autorität dieser Regeln stützt sich nicht nur auf die Macht, um die Regelbefolgung durch entsprechende Sanktionen zu erzwingen. Verantwortlichkeit ist nicht auf Machtverhältnisse oder auf faktischen Konsens reduzierbar. Vielmehr setzt Verantwortlichkeit die Geltung von Metaregeln voraus, die unabhängig von und vorgängig vor allen Akten kollektiver Selbstbindung Geltung besitzen und denen der Einzelne sich verpflichtet weiß.[8]

In der Enzyklika *Veritatis splendor* stellt Papst Johannes Paul II. vor allem auf das Gewissen ab, das den Menschen drängt, das Gute zu tun und das Böse zu meiden. Im Urteil des Gewissens, das der menschlichen Person die Verpflichtung zum Vollzug einer bestimmten Handlung auferlegt, offenbart sich „das Band zwischen Freiheit und Wahrheit". Gewissensurteile sind keine willkürlichen Entscheidungen. „Und die Reife und Verantwortung dieser Urteile – und letztlich des Menschen, der ihr Subjekt ist – lässt sich nicht an der Befreiung des Gewissens von der objektiven Wahrheit zugunsten einer mutmaßlichen Autonomie der eigenen Entscheidungen messen, sondern im Gegenteil am beharrlichen Suchen nach der Wahrheit und daran, dass man sich von ihr beim Handeln leiten lässt".[9] Die Ausübung der Freiheit erfolgt im Bezug auf das allgemeingültige natürliche Sittengesetz, das allen Rechten und Pflichten vorangeht und ihnen gemeinsam ist.

Die Natur trägt keine Verantwortung, sie entwickelt sich nach Gesetzmäßigkeiten, die vorgegeben sind und die sie nicht beeinflussen kann. Verantwortung kann nur die Person übernehmen, die mit Vernunft und Freiheit ausgestattet ist. Verantwortung kann nur als Selbstverantwortung verstanden werden, die wir „als Korrelat unseres Könnens, unserer Freiheit, unseres Seinkönnens erfahren und die uns allererst den moralischen Standpunkt ... einnehmen lässt. Die Rede von Verantwortlichkeit ist nicht auf Autorität, Macht oder Vereinbarung zu reduzieren, sondern entspricht der Erfahrung eines aus dem Können resultieren-

---

[7] Vgl. *Maximilian Forschner*, Art. Verantwortung, in: Staatslexikon, 7. Aufl., Bd. 5, Freiburg i. Br. 1989, Sp. 591 f.

[8] Ebd.

[9] *Johannes Paul II.*, Enzyklika Veritatis splendor (1993), Nr. 61; vgl. Kompendium der Soziallehre der Kirche, Nr. 139.

den Sollens."[10] Verantwortung kann nur in Selbstverpflichtung des eigenen Ichs wurzeln; Verantwortung erweist sich letztlich als Verantwortung der Person vor dem eigenen Gewissen.

IV. Das Problem der Kollektivschuld

Verantwortung schließt eine Sippenhaft und eine Kollektivschuld aus, die den Menschen nicht als Person, nicht als geistig sittliches Wesen erkennen und anerkennen, nicht als Subjekt, das in Selbstverantwortung die persönliche und die soziale Entfaltung bestimmt. Auch heute werden Sippenhaft und Kollektivschuld in nicht wenigen Völkern immer noch, und zwar in verschiedenen Formen, praktiziert. Nach dem Zweiten Weltkrieg, als die von den Nationalsozialisten verübten Gräueltaten und Verbrechen offenkundig wurden, wurde vorübergehend auch von der Kollektivschuld des deutschen Volkes gesprochen. Papst Pius XII., der schon während des Zweiten Weltkrieges damit begonnen hatte, das personale Fundament der Sozialverkündigung der Kirche herauszuarbeiten,[11] äußerte sich nach Beendigung der Kampfhandlungen in verschiedenen Ansprachen zur Frage, dass die Schuldigen für ihre Taten bestraft werden müssen, dass aber der Gedanke der Kollektivschuld unvereinbar sei mit der christlichen Menschenauffassung und mit den Prinzipien des Völkerrechts.[12] In einer Ansprache vom 20. April 1946 erklärte Pius XII.: „Es gehen verhängnisvolle Irrtümer um, die einen Menschen für schuldig und verantwortlich erklären nur deshalb, weil er Glied oder Teil irgendeiner Gemeinschaft ist, ohne daß man sich die Mühe nimmt, nachzufragen und nachzuforschen, ob bei ihm wirklich eine persönliche Tat- oder Unterlassungsschuld vorliege."[13] Ausführlich setzte sich der Papst in der Ansprache an die Mitglieder der „Pax-Christi"-Bewegung am 13. September 1952 mit dieser Problematik auseinander. Man könne Unrecht, Gewalttat und Grausamkeit rückhaltlos verurteilen, auch wenn sie zu Lasten des eigenen Volkes gehen. „Vor allem aber soll ein jeder sich darüber klar sein: für die Taten der Vergangenheit sind die heutigen Generationen nicht verantwortlich, nicht die eigene Nation und nicht die andere. Und was den Ablauf

[10] Vgl. *Ludger Honnefelder*, Was soll ich tun, wer will ich sein? Vernunft und Verantwortung, Gewissen und Schuld, Berlin 2007, S. 42.

[11] Hier ist vor allem die Rundfunkbotschaft *Pius' XII.* vom 24. Dezember 1942 zu nennen: Utz-Groner, Nr. 219 ff. – Vgl. auch die Beiträge zu „Recht und Staat" in: Herbert Schambeck (Hrsg.), Pius XII. zum Gedächtnis, Berlin 1977, S. 447–645.

[12] Dazu der Beitrag des Zeithistorikers *Giovanni Sale SJ*: Moskau lancierte „schwarze Legende" über Pius XII. schon 1945, in: La Civiltà Cattolica 2009, S. 531–543, issue 3810.

[13] In: Utz-Groner, Nr. 4107. – Vgl. dazu: *Johannes Stelzenberger*, Gibt es kollektive Schuld?, in: Franz Böckle/Franz Groner (Hrsg.), Moral zwischen Anspruch und Verantwortung. Festschrift für Werner Schöllgen, Düsseldorf 1964, S. 428–443.

der Geschichte, auch das furchtbare Geschehen der Gegenwart angeht, so habt ihr es doch gesehen und erlebt es täglich, daß die Völker als Ganzes nicht zur Verantwortung gezogen werden können. Gewiß, sie müssen ihr Kollektivschicksal tragen; was aber die Verantwortung angeht, so erlauben der Aufbau der modernen Staatsmaschine und die fast unentwirrbare Verkettung der wirtschaftlichen und politischen Dinge es dem ‚kleinen Mann' nicht, wirksam auf die politischen Entscheidungen Einfluß zu nehmen. Er kann höchstens durch seinen freien Wahlzettel die allgemeine Richtung der Politik mitbestimmen, und auch das nur in beschränktem Maße."[14]

Wenn Pius XII. von „Kollektivschicksal" spricht, so bezieht sich dies auf die sozialen Folgewirkungen für das Tun, für das die handelnde Person verantwortlich ist. Wenn ein erwachsener Sohn einer Familie aus der Reihe schlägt und Gewalt anwendet, dann ist er zwar der Schuldige, aber wenn dies wiederholt geschieht, geraten auch die Eltern und Geschwister des Täters in ein schiefes Licht. Der Täter ist sozusagen das „schwarze Schaf" der Familie; seine Delikte werden mit seiner Familie in Verbindung gebracht. So wie die guten Taten und Entscheidungen, Entdeckungen oder Erfindungen Einzelner irgendwie auf alle Angehörigen eines Volkes abfärben, so ist das auch mit dem Unrecht und den Verbrechen gegen die Menschlichkeit, die im deutschen Namen geschehen sind und die auch die nicht schuldig gewordenen, selbst die nachfolgenden Generationen belasten und tragen müssen. Ohne eine Parallele ziehen zu wollen, sei in diesem Zusammenhang an die katholische Lehre von der Erbsünde erinnert.

Niemand kann sich von seiner persönlichen Verantwortung davonstehlen, indem er sich auf irgendwelche Vorschriften und staatliche Gesetze beruft und damit sein Handeln entschuldigen möchte. Vor dem Nürnberger Kriegsverbrechertribunal, das die alliierten Siegermächte 1945 einrichteten, um die Hauptschuldigen des nationalsozialistischen Regimes vor Gericht zu stellen und sie ihrer gerechten Strafe zuzuführen, hat der „Führerbefehl" eine Rolle gespielt. Aber ein Befehl und ebenso ein Gesetz, das ein Handeln gegen die Menschenwürde und gegen die Menschenrechte duldet oder gar vorschreibt, ist von Anfang an nichtig. Auch in einer Diktatur bleibt der Einzelne seinem Gewissen verpflichtet zu prüfen, ob ein Befehl oder ein Gesetz gegen die Grundnormen der Humanität verstößt.[15] Sicherlich kann für den Einzelnen, wenn er dem Druck des Unrechts nicht gewachsen ist, eine schwierige Situation entstehen, aber er kann die Verantwortung für sein Tun nicht abschieben. Die Besinnung auf die Menschenrechte und die zunehmende Bedeutung der internationalen Gerichtsbarkeit hat dazu beigetragen, dass in rechtsstaatlich und demokratisch verfassten Staaten die Gesetze und Regelungen diese Grundnormen respektieren

[14] *Pius XII.*, Ansprache am 13. September 1952, in: Utz-Groner, Nr. 3878.

[15] Vgl. *Eberhard Schockenhoff*, Die ethischen Grundlagen des Rechts (Reihe „Kirche und Gesellschaft", Nr. 349), Köln 2008.

und schützen. Allerdings gibt es heute auch Entwicklungen, die erneut zu schweren Konflikten zwischen dem, was Gesetze als „legal" vorsehen, und dem, was das Gewissen verlangt, führen können. Das betrifft vor allem den umfassenden Rechtsschutz jedes menschlichen Lebens, und zwar von der Zeugung bis zum natürlichen Tode.

V. „Strukturen der Sünde"

Die moralische Dimension allen menschlichen Handelns kommt auch in den Blick, wenn die Rede ist von gerechten oder ungerechten Strukturen in den verschiedenen gesellschaftlichen Lebensbereichen. In der Enzyklika *Sollicitudo rei socialis* (1988) gebraucht Johannes Paul II. die Formel von den „Strukturen der Sünde", die vor allem von Vertretern der Theologie der Befreiung in Lateinamerika übernommen wurde.[16] Von den radikalen Verfechtern wurde diese Formel in Verbindung gebracht mit der marxistischen Analyse von Wirtschaft und Gesellschaft mit dem Ziel, die bisherigen „kapitalistischen" Strukturen durch eine sozialistische Gesellschaft zu ersetzen. Auch in Europa gab es vor dem Zusammenbruch des Sozialismus in der Sowjetunion ähnliche Tendenzen. Nun tragen sicherlich alle, die in öffentlicher Verantwortung stehen, eine besondere Verantwortung dafür, ob die politischen, die wirtschaftlichen und sozialen, die kulturellen Strukturen „gerecht" sind oder „ungerecht". Damit hängt einerseits die Frage zusammen, wie es zu ungerechten Strukturen kommen konnte; andererseits muss geklärt werden, warum ungerechte Strukturen nicht überwunden werden. Unbeschadet dieser besonderen Verantwortung, die die Politiker, die Unternehmer und Arbeiterführer, auch die Wissenschaftler tragen, wäre es abwegig, mit dem Begriff „Strukturen der Sünde" eine Kollektivverantwortung zu statuieren.

Johannes Paul II. hat diese Frage in seinem Apostolischen Schreiben *Reconciliatio et paenitentia* eingehend behandelt[17]: Wenn die Kirche in Situationen der Sünde spricht oder bestimmte Verhältnisse und gewisse kollektive Verhaltensweisen von mehr oder weniger breiten sozialen Gruppen oder sogar von ganzen Nationen und Blöcken von Staaten als soziale Sünden anklagt, dann weiß sie und betont es auch, dass solche Fälle von sozialer Sünde die Frucht, die Anhäufung und die Zusammenballung vieler personaler Sünden sind. Die wirkliche Verantwortung liegt bei den Personen. Eine Situation – ebenso wie eine Institution, eine Struktur, eine Gesellschaft – ist an sich kein Subjekt moralischer Akte; deshalb kann sie in sich selbst nicht moralisch gut oder schlecht sein: Wenn von der Verantwortung des Menschen als Person die Rede ist, dann

[16] Kompendium der Soziallehre der Kirche, Nr. 446.

[17] Kompendium der Soziallehre der Kirche, Nr. 117.

dürfen die beiden Dimensionen nicht übersehen oder vermischt werden: die persönliche und ebenso die soziale Dimension, weil der einzelne Mensch ein soziales Wesen ist. Wie jedes Tun des Menschen hat auch die Sünde des Menschen eine soziale Auswirkung. „Jede Sünde ist zum einen persönlich; zum anderen ist sie sozial, insofern und weil sie stets auch gesellschaftliche Auswirkungen hat. Im wahren und eigentlichen Sinne ist die Sünde immer ein Akt der Person, weil sie ein Akt der Freiheit eines einzelnen Menschen und eben nicht einer Gruppe oder einer Gemeinschaft ist; andererseits lässt sich jede Sünde zweifellos auch als soziale Sünde charakterisieren, wenn man berücksichtigt, dass ‚die Sünde eines jeden Einzelnen kraft einer menschlichen Solidarität, die so geheimnisvoll und verborgen und doch real und konkret ist, sich in irgendeiner Weise auf die anderen auswirkt'".[18] Der Papst fügt hinzu, es sei jedoch nicht legitim und dürfe nicht akzeptiert werden, wenn die personale Komponente durch den Begriff der sozialen Sünde mehr oder weniger bewusst verwässert und praktisch aufgehoben und infolgedessen nur mehr von sozialer Schuld und Verantwortung gesprochen werde.

VI. Verantwortung in komplexen Gesellschaften

Nach den harten Jahren des Wiederaufbaus in der Bundesrepublik Deutschland kam es im Rahmen der Sozialen Marktwirtschaft zu einem quantitativen und qualitativen Wachstumsprozess der Wirtschaft, wie man ihn sich früher nie hätte vorstellen können. Die Industrialisierung, die Technisierung und die Automatisierung nahmen rasant zu und veränderten tiefgreifend die gesamten Lebensbedingungen der Bevölkerung. Es entwickelte sich eine Fortschrittsgläubigkeit und eine Euphorie, die alle Schichten des Volkes erfasste. Es breitete sich die Meinung aus, dass Wachstum und Wohlstand unbegrenzt seien. Sie ging Hand in Hand mit jener „Wegwerfmentalität", die den verantwortlichen und möglichst sparsamen Umgang mit den verfügbaren Ressourcen nicht mehr nötig hatte. Der Wiederaufbau in Deutschland und Europa war bestimmt durch die Besinnung auf die Grundwerte, die verraten worden waren. Alle, die in Regierung und Verwaltung, in Gesetzgebung und in der Rechtsprechung, in Bildung und Wissenschaft, in Wirtschaft und Gesellschaft tätig waren, wussten um ihre Verantwortung. Seit den 1970er-Jahren änderte sich die Lage. In den Vordergrund trat die Frage, wie in komplexen Gesellschaften die Verantwortung zur Geltung komme. Man war zuversichtlich, dass Wissenschaft und Technik die Menschheit mehr und mehr in die Lage versetzen würden, Not und Elend, Armut und Krankheit, Unwissenheit und Gegensätze zu überwinden. Einzig der

[18] *Johannes Paul II.*, Apostolisches Schreiben Reconciliatio et paenitentia, Nr. 16.

Kalte Krieg zwischen Ost und West erschien als Störenfried für eine gedeihliche und friedliche Entwicklung in der Welt.

Unter diesen Umständen ist es verständlich, dass die Gründung des Club of Rome im Jahre 1968 eher ungläubiges Staunen auslöste und zunächst keineswegs wie ein Paukenschlag empfunden wurde. Auch die Kulturrevolution, die 1967 als Studentenrevolution in Kalifornien ausbrach und die 1968 in Deutschland zum Katalysator für eine linksrevolutionäre Bewegung wurde, konnte das Vertrauen in Wissenschaft und Technik, in Wachstum und ständig steigenden Wohlstand nicht beeinträchtigen. Erst die 1972 erschienene Schrift „Die Grenzen des Wachstums"[19] hat eine ernste Nachdenklichkeit ausgelöst. Die ein Jahr später einsetzende erste Ölkrise mit den autofreien Sonntagen hat ein neues Krisenbewusstsein in der Bevölkerung befördert.

In seiner „Einführung" sprach der damalige Generalsekretär der Vereinten Nationen U Thant davon, dass nur noch ein Jahrzehnt verbleibe, um die alten Streitigkeiten zu vergessen und eine weltweite Zusammenarbeit zu beginnen, um das Wettrüsten zu stoppen, den menschlichen Lebensraum zu verbessern, die Bevölkerungsexplosion niedrig zu halten und den notwendigen Impuls zur Entwicklung zu geben. Wenn eine solch weltweite Partnerschaft innerhalb der nächsten zehn Jahre nicht zustande komme, dann würden die genannten Probleme „derartige Ausmaße erreicht haben, daß ihre Bewältigung menschliche Fähigkeiten übersteigt"[20]. Da sich ein Ende des Kalten Krieges nicht abzeichnete, entwickelte sich in den industriell fortgeschrittenen Nationen ein Krisenbewusstsein. Es mehrten sich die wissenschaftlichen Analysen und Untersuchungen über die Begrenztheit der Ressourcen der Erde. In den Massenmedien häuften sich die Vorausberechnungen und Prognosen, wie viele Jahre die damals bekannten Ölvorräte und die Kohlevorkommen noch ausreichen würden, um das Überleben der Menschheit zu sichern und den Industrialisierungsprozess und die weltweite Entwicklung in Gang zu halten.

„Die Grenzen des Wachstums" fanden in den Wissenschaften und in der Politik zunächst nur bedingte Beachtung. Sie setzten eher auf die friedliche Nutzung der Kernenergie, die geradezu zum Garanten für unbegrenztes Wachstum und Wohlstand der Menschheit wurde, weil sie „saubere Energie" liefere. Dann ereignete sich die Reaktorkatastrophe von Tschernobyl am 26. April 1986. Sie bedeutete einen gewaltigen Einschnitt. Die Politik konnte in einigen Ländern gar nicht schnell genug umschalten. In Schweden, Deutschland, Österreich und Italien wurde der Ausstieg beziehungsweise der Verzicht auf Kernenergie beschlossen. Die Bedrohung der Menschheit blieb jedoch sowohl durch die ato-

---

[19] *Dennis Meadows*, Die Grenzen des Wachstums. Bericht des Club of Rome zur Lage der Menschheit, Stuttgart 1972.

[20] Ebd., S. 11.

maren Waffenarsenale der Atommächte als auch durch die steigende Zahl von Kernkraftwerken, vor allem in jenen Ländern, die über keine hinreichenden Energiereserven verfügten und in denen die Regierungen vor der schier unlösbaren Aufgabe standen, wie eine rasch wachsende Bevölkerung genügend Arbeit und Brot erhalten kann.

Hier sei noch erwähnt, dass die Krise der Industriegesellschaft die Geburtsstunde der Bewegung zur Bewahrung der Umwelt wurde. Es kam – aus heutiger Sicht – zu abenteuerlichen Schätzungen, in wie viel Jahren der deutsche Wald wegen der steigenden Autoabgase abgestorben sein würde. Auch das Interesse an den erneuerbaren Energien und Rohstoffen erwachte.

Zu den krisenhaften Zuspitzungen zählte auch die wachsende Arbeitslosigkeit. Eigentlich war man davon überzeugt, dass dieses Erzübel der Industriegesellschaft der Vergangenheit angehöre. Die Wirtschafts- und Sozialwissenschaften vertraten einhellig die Auffassung, dass die theoretischen Ansätze, wie sie John M. Keynes entwickelt hatte, den modernen Staat in die Lage versetzen, konjunkturelle Einbrüche aufzufangen und für Vollbeschäftigung zu sorgen. Umso größer war die Enttäuschung in der Bevölkerung, dass die zahlreichen Arbeitsbeschaffungsprogramme, die die Bundesregierung seit 1976 durchführte, nicht die Wirkung erzielten, die man erwartet hatte. Als die Arbeitslosigkeit im Winter 1982 die Zwei-Millionen-Grenze überschritt, kam es zum Regierungswechsel.

Die Diskussionen des Club of Rome kreisten hauptsächlich um zwei Schwerpunkte: einmal die Gefahren exponentiellen Wachstums, sei es der Weltbevölkerung, sei es der Weltwirtschaft; zum anderen die Grenzen exponentiellen Wachstums, die sich auf die Nahrungsmittel, regenerierende Rohstoffe, auf die Umweltverschmutzung konzentrierte. Dabei wurden Erfahrungen aus beiden Bereichen auf das Weltsystem projiziert. Der Zustand eines weltweiten Gleichgewichts, sowohl was den „Pro-Kopf-Verbrauch" als auch die „erwünschte Geburtenrate" angeht, galt als Ziel: „Der Grundgedanke einer Gesellschaft im wirtschaftlichen und ökologischen Gleichgewicht ist scheinbar leicht zu erfassen; doch ist unsere heutige Wirklichkeit davon so weit entfernt, daß praktisch eine geistige Umwälzung kopernikanischen Ausmaßes für die Umsetzung unserer Vorstellungen in praktische Handlungen erforderlich sein dürfte."[21]

VII. Kann der Mensch das Unheil wenden?

Die Überlegungen des Club of Rome bedienen sich durchaus auch einer moralischen Sprache. Dennoch fällt auf, dass der Begriff „Verantwortung" gar

[21] Ebd., S. 175.

nicht auftaucht. Es ist von Problemen und Modellen, von exponentiellen Wachstumskurven und von ökologischen Gesichtspunkten, auch „freiwilligen Wachstumsbeschränkungen" die Rede, ohne eine Richtung anzugeben, was und wie dies geschehen könnte.

Von einem ganz anderen Ansatz her setzt sich der Philosoph Hans Jonas mit dem Krisenszenarium der Weltgesellschaft auseinander. Im Jahre 1979 veröffentlichte er das Buch „Das Prinzip Verantwortung"[22]. Das Vorwort beginnt mit der These: „Der endgültig entfesselte Prometheus, dem die Wissenschaft nie gekannte Kräfte und die Wirtschaft den rastlosen Antrieb gibt, ruft nach einer Ethik, die durch freiwillige Zügel seine Macht davor zurückhält, dem Menschen zum Unheil zu werden."[23] Die Verheißung der modernen Technik sei in Drohung umgeschlagen; die Unterwerfung der Natur, die das Glück des Menschen bewerkstelligen sollte, habe im Übermaß ihres Erfolges, der sich nun auch auf die Natur des Menschen selbst erstreckt, zur größten Herausforderung geführt, die je dem menschlichen Sein aus eigenem Tun erwachsen sei. Was kann den Menschen, was kann die Menschheit vor dem Untergang bewahren? Die Antwort auf diese Frage liegt für Jonas in der Besinnung auf die Ethik.[24] Die Ursache für die krisenhafte Entwicklung der Gesellschaft erblickt Jonas darin, dass der Mensch vom Homo sapiens zum Homo faber geworden sei.[25] Das, was früher die Ethik an Einsicht über Sein und Sollen, über Gut und Böse vermittelte, ist aus dem Erkenntnishorizont nahezu verschwunden. Stattdessen hat sich die Technologie als „Beruf" der Menschheit in den Vordergrund geschoben. Eine materialistische Grundstimmung habe seit dem Aufkommen der Naturwissenschaften im 18. Jahrhundert auch die Philosophie und die Human- und Sozialwissenschaften infiziert. Die Fragen nach dem Geistigen, nach den sittlichen Werten, nach der Verantwortung des Einzelnen und der verschiedenen Gemeinschaften seien aus dem Bewusstsein der Menschen und der Gesellschaft verdrängt worden.

Für Hans Jonas erschöpft sich Verantwortung nicht in Haftung für Verfehlungen oder Vernachlässigung, in Schadenersatz, Wiedergutmachung oder gegebenenfalls auch Strafe. Vielmehr handelt es sich um eine „neuartige Verantwortung": „Noch nie gab es quantitativ und qualitativ zu verantworten, was es heute zu verantworten gibt. Sowohl Wissen wie Macht waren zu begrenzt, um die entferntere Zukunft in die Voraussicht und gar den Erdkreis in das Bewußt-

[22] *Hans Jonas*, Das Prinzip Verantwortung. Versuch einer Ethik für die technologische Zivilisation, Frankfurt a. M. 1979.

[23] Ebd., S. 7.

[24] *Anton Rauscher*, Hans Jonas und seine Botschaft für unternehmerische Verantwortung, in: Ralf Seidel/Meiken Endruweit (Hrsg.), Prinzip Zukunft: Im Dialog mit Hans Jonas, Paderborn 2007, S. 291.

[25] *Hans Jonas*, Das Prinzip Verantwortung, a. a. O., S. 31 ff.

sein der eigenen Kausalität einzubeziehen. Erst die moderne Technik mit der beispiellosen Reichweite ihrer Taten in Raum und Zeit eröffnet diese Horizonte."[26]

Beim Prinzip Verantwortung handele es sich, wie Karl Lehmann betont, keineswegs um eine „Katastrophenverhinderungsethik".[27] Dass die Gattung Mensch sich Grenzen setzt, „ist die erste Pflicht der Freiheit". Die neue Verantwortung besteht für Hans Jonas in Bescheidenheit und Verzicht. Wir sollen wieder Ehrfurcht und Schaudern lernen, um uns vor Irrwegen unserer Macht zu schützen.[28] „Es ist die Frage, ob wir ohne die Wiederherstellung der Kategorie des Heiligen, die am gründlichsten durch die wissenschaftliche Aufklärung zerstört wurde, eine Ethik haben können, die die extremen Kräfte zügeln kann ... Nur die Scheu vor der Verletzung eines Heiligen ist unabhängig von den Berechnungen der Furcht und dem Trost der Ungewißheit noch ferner Folgen. Aber eine Religion, die nicht da ist, kann der Ethik ihre Aufgabe nicht abnehmen ..."[29]

Die Fragen der Verantwortung und allgemein der Ethik, die mehr und mehr ein Nischendasein in Kirche und Theologie geführt hatten, werden wieder aktuell und Gegenstand der öffentlichen Diskussion und Auseinandersetzung. Die Neuentwicklungen auf dem Gebiet der Kernenergie, der Kommunikationstechnik und der Gentechnologie fordern uns heraus. Die ethische Tradition legt das Gewicht auf den einzelnen Menschen, der für sein Tun verantwortlich war und auch für die Folgen. Die Komplexität, in denen sich Wissenschaft und Technik heute vollziehen, birgt die Gefahr, dass der Mensch selbst mehr und mehr zum Objekt der Technik wird, dass die Verantwortungsstrukturen sich durchmischen und nicht mehr transparent sind, dass auch die Unsicherheiten wachsen, weil die Vorhersehbarkeit möglicher Folgen einer Entscheidung geringer und damit die Zukunft fragwürdiger wird.

Besonders problematisch sind die bioethischen Entwicklungen. Viele fragen sich, ob wir nicht einer Periode entgegengehen, in der genetische Manipulationen an der Tagesordnung sind, in der die Auslese von Menschen praktiziert wird, in der nicht mehr die Würde des Menschen und seine Grundrechte den Maßstab für die Verantwortung bilden, sondern in erster Linie Machtpositionen und Erfolgskriterien, die bei der Lösung globaler Bedrohungen den Ausschlag geben?

---

[26] *Hans Jonas*, Wissenschaft als persönliches Erlebnis, Göttingen 1987, S. 29.

[27] *Karl Kardinal Lehmann*, „Also ist die Zukunft noch nicht entschieden". Das vielfältige Erbe des Philosophen Hans Jonas als Auftrag, in: Ralf Seidel/Meiken Endruweit (Hrsg.), a. a. O., S. 43.

[28] *Hans Jonas*, Das Prinzip Verantwortung, a. a. O., S. 392 f.

[29] Ebd., S. 57 f.

Verantwortung ist nicht eine verbrauchte Kategorie. Wir müssen sie neu entdecken und praktizieren, damit unsere Welt und unsere Gesellschaft human bleiben können.

Zusammenfassung

Der Begriff „Verantwortung“ ist erst im 20. Jahrhundert zu einer Schlüsselkategorie unseres Selbstverständnisses geworden. In der jüdisch-christlichen Kultur ist der Mensch, der mit einem freien Willen ausgestattet ist, verantwortlich für sein Handeln. Er muss sich vor seinem Gewissen und vor Gott verantworten. In der Zeit der Französischen Revolution geht der Begriff der „responsabilité“ in die politische Terminologie ein. Der Erste Weltkrieg bedeutet eine Zäsur. In München entdeckt Max Weber die „Verantwortungsethik“, die er von der bloßen „Gesinnungsethik“ unterscheidet. Aber erst nach der Katastrophe des Nationalsozialismus und des Zweiten Weltkriegs bahnt sich ein Umdenken an: Wer trägt die Verantwortung für das totalitäre System? Sind die Gesetze und Befehle eines Unrechtssystems für die Bürger bindend? Kann man sich auf den „Führerbefehl“ berufen und die eigene Schuld ableugnen, auch wenn es um die sittlichen Grundwerte geht?

Träger der Verantwortung ist die menschliche Person. Es gibt keine „Kollektivschuld“, wie Pius XII. 1946 darlegte. Auch die „Strukturen der Sünde“, wie sie die Theologie der Befreiung entwickelte, setzen immer personale Schuld der Verantwortlichen voraus. Zugespitzt hat sich die Verantwortung in den modernen komplexen Gesellschaften. Einerseits wird es immer schwieriger, in einer hocharbeitsteiligen Gesellschaft den jeweiligen Anteil des Einzelnen zu ermitteln. Für Hans Jonas erschöpft sich Verantwortung nicht in Haftung für Verfehlungen oder Vernachlässigung, Schadenersatz oder auch Strafe. Aber kann der Mensch das drohende Unheil für die Menschheit abwenden?

Summary

It was not until the 20th century that the notion of „responsibility“ became a key word in modern society. In the Jewish-Christian tradition man with his free will was responsible for his deeds. At the time of the French Revolution the term “responsabilité” enters the political terminology. After the First World War Max Weber developed the idea of “Verantwortungsethik” in contrast to a mere “Gesinnungsethik”. The catastrophe of National socialisms and World War II opened the way for a deeper knowledge: What was responsible for the rise of the totalitarian system? Are the laws and orders of an unjust system binding on the citizens? If somebody follows the “Führerbefehl”, is it an excuse for not being guilty?

After 1945 there was a renewed recognition of the role of personal responsibility. There is no “collective guilt” as Pius XII 1946 declared. Also the “structures of sin” – an idea fostered by the Theology of liberalism – presuppose the personal guilt of those who are responsible. In today’s complex societies it is much more difficult to determine the responsibility of any single person. Nevertheless Hans Jonas emphasises personal responsibility and asks: Can man prevent the evil-catastrophe?

Responsibility: Recognition and Limits

By Jude P. Dougherty

Acknowledging that global economic integration is moving at an unprecedented pace, the chairman of the U.S. Federal Reserve System, Ben S. Bernanke, in a 2006 address urged policy makers to ensure that the benefits of globalization are widely shared. Although his statement was almost a literal quotation from John Paul II, Bernanke's motive was purely financial, a desire to stem protectionist sentiment in the disadvantaged trading partner.[1] One cannot fault his reasoning, exploitation may not pay in the long run. When F. A. Hayek addressed the phenomenon of globalization almost 75 years ago, he feared the power and exploitation that usually flowed from foreign investment. Economic and other data show clearly the gap between the "developed world" and the so-called "developing world," between rich nations and poor nations. The poverty and misery characteristic of the latter are shown daily on worldwide television. The data recognized, the moral judgment is made; those that have, should do something to alleviate the lot of the have-nots. Churchmen talk about a fair distribution of the earth's goods without reference to how those goods are produced, let alone how they might be distributed. Responsibility of the first world to the third world is taken for granted. "Rich nations," "first world," "developed world" are abstractions, yet they support the notion that somehow one collective is responsible for or to another collective.

On the occasion of the 2006 meeting of the G-7, the Center for Global Development released data to show that the commitment of rich countries to the world's poorest nations is slipping. The center maintains a "Commitment to Development Index" and ranks nations according to a set of criteria that reflects national policies and the amount of aid proffered in proportion to the size of the donor's economy. In the judgment of Dennis Roodman, designer of the Index, all nations including the highest could do better. The United States judged in absolute terms with respect to the amount of aid rendered ranks last on the environmental component of the Index because of low gasoline taxes that purportedly encourage consumption and because of per-capita greenhouse gas emission that are second only to Australia's among rich nations. Speaking of the G-7, Roodman says "From what was needed to what was promised, the results are

---

[1] *Wall Street Journal*, August 26, 2006, p. A3.

disappointing."[2] Whatever one thinks of Roodman's index, the underlying assumption is that the rich nations have a responsibility vis-a-vis the poor nations of the world and should feel guilty for not doing more.

Readiness to accept the notion of "collective responsibility" and its correlative "collective guilt," no doubt, stems from discussions following a number of egregious cases where societies taken as a whole seem accountable. The 20th century provides numerous examples of societies' acting, if not as a whole, at least with sufficient unity, to implement morally unacceptable policy, i.e., Germany under Hitler, the Soviet Union under Stalin, both governments systematically eliminating so-called "enemies of the state." One thinks also of South Africa's limiting full civic participation to whites, of the ante-bellum American South enslaving the black, and the post-bellum American South enacting segregation laws. To what extent are we willing to blame the German or Soviet peoples for the atrocities committed within the borders of their nations? Can the 19th century immigrant cooper working within his shop in Minneapolis be blamed for slavery or for post-bellum statutes enacted within the South? The way we talk about these matters may contribute to misunderstanding. We speak of "sharing in the greatness of a nation," we may say that "we take pride in belonging to a scholarly family," but we must be careful not to hypostatize abstractions or make them bearers of a value. Linguistic devices that make for succinctness of expression are to be recognized for their metaphorical and elliptical meaning and not taken for literal truth.[3] A family group or nation, I am willing to argue, cannot be the bearer of guilt: in neither is there sufficient unity or participation in the deliberative process to warrant accountability.

Corporations are different. They are not mere aggregates of people but have a metaphysical-logical identity. Otto von Gierke has suggested that the law in conferring on the corporation the status of a legal person is merely recognizing a prelegal, social condition. The corporation is the result of certain social actions and possesses a de facto personality that the law declares to be a juridical fact.[4] Brian Tierney traces the notion of corporate personality to medieval canon law and its doctrine of agency. "In Roman law," writes Tierney, "an individual or group could appoint an agent to negotiate with a third party, but the result of the transaction was to establish an obligation between the third party and the agent, not directly between the third party and the principal. In canon

---

[2] News release, Southasia.oneworld.net, September 4, 2006.

[3] Cf. Hywel David Lewis, *Philosophy* XXII (84), January 1948, p. 47. See also Joel Feinberg, "Collective Responsibility," *Journal of Philosophy*, LXV (21), November 1968, pp. 674–688 and Virginia Held, "Can a Random Collection of Individuals be Morally Responsible," *Journal of Philosophy*, LXVII, July 1970, pp. 471–481.

[4] Otto von Gierke, *Political Theories of the Middle Age*, trans. by F. W. Maitland (Cambridge, England: Cambridge University Press, 1900).

law, when a corporate group established a representative with *plena potestas,* the group was directly obligated by the representative's acts even when it had not consented to them in advance."[5] The ancient Roman principle, *Quod omnes tangit ab omnibus approbatur* (what touches all is to be approved by all), was to be replaced by one that allowed a representative to act on behalf of all. Thus commitments made in the name of an organized group may persist even after the composition of the group or its will changes. If a group reneges on a commitment, the fault may be that of no individual member, yet the liability for the breach of contract, falling on the group as a whole, will distribute burdens quite unavoidably on faultless members.

Peter A. French, in an extended analysis of corporate responsibility, maintains that for a corporation to be treated as a moral person, it must be possible to attribute to it a corporate intention. This is different from attributing intentions to biological persons who comprise its board of directors or its top level management.[6] Corporations, at least major corporations, have internal decision-making structures, and this arrangement is reflected in their organizational charts and in their established methods of reaching corporate policy. French believes that in many cases one can infer the basic beliefs of a corporation by examining its actions over a period of time. The moment policy is sidestepped or violated, it is no longer the policy of the company. Maverick acts cannot be described as having been done for corporate reasons. Thus it is possible to distinguish between individual staff negligence and corporate negligence. Executives voting to adopt certain objectives when required by the corporate structure to vote, in fact, constitute the corporation's deciding to do something. A corporate officer who ignores corporate policy, possibly in the name of expediency, may be morally accountable without moral blame's being attached to the corporation, although corporate civil accountability may be unavoidable. These principles apply to the military occupation of Iraq and to famous cases such as the *Exxon Valdez* oil spill and more recent oil spills off the coast of France and Spain. In the aftermath of the *Exxon Valdez* oil spill, the U.S. National Wildlife Federation urged prosecutors to go after the individual at the top of the corporation who was responsible for the accident. In due course the former skipper of the Valdez and its owner Exxon itself were criminally charged.

It is not surprising to find that following the close of World War II there were numerous discussions of collective responsibility and guilt as the Allied officials debated humanitarian policy vis-a-vis a fallen foe. The literature, of course, is enormous, but a few examples will illustrate the dominant American

[5] Brian Tierney, *Religion, Law and the Growth of Constitutional Thought, 1150–1650* (Cambridge: Cambridge University Press, 1982), p. 23.

[6] Peter A. French, *Collective and Corporate Responsibility* (New York: Columbia University Press, 1984), p. 39.

position at that time that has some bearing on the present discussion. Judge Robert H. Jackson, the American member of the team prosecuting the Nazis at Nurnberg, in his address at the opening of the trial, repudiated the notion of collective responsibility.[7] "Jackson, made it clear," writes Suzanne Brown-Fleming, that "it would be unjust to indict all German people, women and children who had no voice in domestic politics, as well as to indict the countless number of anti-Nazis, many of whom suffered years in concentration camps."[8] General Robert A. McClure took a similar approach. The U.S. Army, he thought, should approach the German people not on the basis of guilt and punishment, but rather on the basis of cause and consequence.[9] General Dwight Eisenhower condemned a policy of vengeance and called for a fair dealing with a fallen foe.[10] Bernard Baruch, an advisor to Franklin D. Roosevelt, had taken the opposite view. Many thought that a distinction had to be made between guilt and responsibility, one that would permit a claim for reparations without the necessity of establishing guilt on the part of the German populace as a whole. I will return momentarily to the distinction between responsibility and guilt.

Other examples imputing collective guilt may be offered. When the New World was celebrating the 500th anniversary of Columbus's 1492 voyage, dissident voices emerged to condemn the colonization that followed. It was not uncommon to find not only Christopher Columbus but European civilization as a whole condemned for all the ills that befell the native population in the years following the discovery of America. The "affirmative action" movement in the United States may be taken as an example of one generation's assuming responsibility for the sins of another. Peoples, generations, classes, races, industries and religious bodies are often held accountable, not in some vague, "public opinion sort of way," but before courts of law. From tort law as practiced in the United States to affirmative action policy, blame is often assigned to groups no longer in existence and sometimes to mere conceptual entities. Restitution is not infrequently extracted from groups or from heirs of groups without any responsibility for harm's being established.

To cite one notorious example from the United States that may have its counterpart in Europe. Consider the concept "market share" where corporate defendants may be assessed damage even after proving that they could not possibly

---

[7] Jackson said, "We know the Nazi party was not put into power by a majority of the German vote. We know that it came to power by an evil alliance between the most extreme of the Nazi revolutionaries, the most unrestrained of the German reactionaries and the most aggressive of the German militarists," in: Suzanne Brown-Fleming, *The Holocaust and Catholic Conscience: Cardinal Aloisius Muench and the Guilt Question in Germany* (Notre Dame, Ind.: University of Notre Dame Press, 2006), p. 149.

[8] Ibid.

[9] Ibid., p. 16.

[10] Ibid., p. 148.

have caused the harm. Courts in several states have employed market share in cases where several corporations that are marketing essentially the same product are held responsible for harm done to a plaintiff who does not remember whose product was used. Damages are in such cases distributed among the manufacturers on the basis of their percentage of the market, with no concrete responsibility having been established. Broad notions entertained in the framing and implementation of law are almost always the byproduct of previous academic discussion. Before the concept of market share could have become current, certain philosophical discussions of collective guilt, collective responsibility, and punishment had to take place. While this is not the place to examine the history of all of these concepts, little inquiry is needed to show that the notion of collective guilt is an ancient one. In fact, discussions of that notion can be found in ancient and medieval texts as well as modern and contemporary literature.

The ancients no less than we recognized that societies are generated out of collective beliefs and traditions that are passed unconsciously by individuals. Émile Durkheim, the influential social theorist of the late 19th century, was convinced that traditions can exist in groups even when they are not instantiated by any individual. In his *Rules of Sociological Method* (1895) he even accords ontological status to social traditions and social relations independent of individual members of the group.[11] In an influential volume written shortly after the close of World War II, Karl Jaspers attempted to deal with guilt of the German nation.[12] The horrors perpetrated in the concentration camps were by then generally known. What was suspected had become graphically illustrated. Jaspers raised the question of guilt in the context of demands for restitution. To what extent were the German people as a whole culpable, and to what extent could one expect atonement? The issue was not that of the responsibility of the German state. No one questioned national accountability or the requirement of "reparations." Jaspers was probing much deeper. In a section entitled "Scheme of Distinctions," Jaspers, like the Allied Command, was aware that the vast majority of German-speaking peoples were not morally responsible for the atrocities committed under the Third Reich. If the vast majority of the German people were neither legally nor morally guilty, could the German-speaking peoples yet be held accountable? In an effort to sort things out, Jaspers introduced the notion of "collective guilt at the psychic level." He reasoned that insofar as the German people shared a common language and a common culture and insofar as they were nourished by a common literature, common music and distinctive

[11] Émile Durkheim, *The Rules of Sociological Method*, trans. by S. Solovay and J. Mueller, ed. by G. Catlin (New York: Free Press, 1964), p. 7.

[12] Karl Jaspers, *The Question of German Guilt*, trans. by E. B. Ashton (New York: Capricorn Books, 1961). (First published by Dial Press, Inc., 1947).

patterns of civic behavior, they could be said to be a collective. In Jaspers's analysis there existed enough solidarity to produce a national psyche that in some sense could be held accountable such that one generation could make claims on another. Jaspers recognized the difficulty of defending a notion of psychological guilt apart from criminal, political, or moral guilt. He preferred to call it "metaphysical guilt." Having distinguished the four concepts of guilt,[13] Jaspers, in the concluding pages of his book, writes, "A crime is atoned for; a political liability is limited by a peace treaty and thus brought to an end. . . . But moral and metaphysical guilt, understood only by the individual in his community, are by their very nature not atoned for. They do not cease. Whoever bears them enters into a process lasting all his life."[14] "There exists," he believed, "a solidarity among men as human beings that makes each co-responsible for every wrong and every injustice in the world, especially for crimes committed in his presence or with his knowledge. If I fail to do whatever I can to prevent them, I too am guilty. If I was present at the murder of others without risking my life to prevent it, I feel guilty in a way not adequately conceivable either legally, political or morally."[15] Elsewhere in a puzzling remark, that undermines his theses, he concedes, "There is no such thing as a people as a whole."[16]

Jaspers was only one among many theologians who in the aftermath of the war began rethinking the notions of "responsibility," "guilt," and "restitution." On the American side of the Atlantic, Aloysius Muench, Bishop of Fargo, North Dakota, devoted his Lenten Pastoral Letter in 1946 to the European situation.[17] In his pastoral letter entitled "One World in Charity" Muench objected to official policy, "official inhumanity," he called it, "which does not permit the United Nations Relief and Rehabilitation Administration to ship relief supplies to either Germany or Japan, and besides does not even allow private relief agencies to send and distribute food, clothing, and medicine to war-stricken people living a pitiable life in the ruins of their bombed-out cities."[18] In Europc, policy dictated that refugees from the East were to be taken care of first. The needs of the German people were to be considered last, and only then was aid to be given to avoid disease or the possibility of insurrection.[19] Muench was

[13] Ibid., pp. 31–32.

[14] Ibid., p. 117.

[15] Ibid., p. 32.

[16] Ibid., p. 41.

[17] Muench was subsequently named Apostolic Visitor to Germany in 1946 at the request of the American occupation forces, and in 1959 he was appointed Papal Nuncio to Germany. In 1959 he was named Cardinal. Cf. "The Cardinal Muench Papers," Catholic University of America Archives.

[18] "One World in Charity," A Pastoral, Lenten 1946, p. 9. Text provided courtesy Jordan Patty, Archivist, The Catholic University of America.

equally critical of Nazism and Communism, and the Allied bombing responsible for the holocaust inflicted on the German populace.

Reflecting on the issues raised by the foregoing, we have laid bare a number of distinctions and assumptions. No one denies that guilt implies responsibility. Responsibility in turn presupposes freedom to act or not to act. In speaking of freedom, it is necessary to distinguish (1) between freedom in a moral sense and freedom under the law, and (2) between the legal sense of guilt and the moral sense. One can be accountable before civil law without being morally responsible for harm. Civil law itself recognizes this when it takes into consideration motivation and extenuating circumstances and sometimes allows them to mitigate guilt. The continuity between the moral and the civil is so connected that in practice the distinction is often blurred or ignored. Moral outrage is not infrequently thought to be immediately translatable into law. Appeals for the creation of law typically invoke danger to health or damage to the environment or cite other material or social disadvantage if action is not taken, but they are, nonetheless, appeals to the moral order.

Another aspect to keep in mind is that action follows judgment and that judgment is made necessarily within a cultural context. How one views a proposed course of action is in part dependent on one's education, i.e., the distinctions one has learned to make and the principles one invokes habitually. Certain courses of action may be acceptable in the West that are unthinkable in the East. In the West some may see nothing wrong with the merchandising of pornography, with divorce, or with abortion. The same is not true in a strict Islamic society. It would be precarious to attribute moral guilt to those who act in the light of conscience, even if that conscience, when judged by a time-transcending moral code, seems to be ill informed. But this does not mean that holders are unaccountable for their beliefs in all respects. From any point of view one has an obligation to form a correct conscience.

Also recognized is the principle that not all law binds in conscience. Good civil law, as we have suggested, tends to explicate or elaborate the moral order. Thus building codes, traffic regulations, and rules governing securities trading are in some sense moral dictates before they become statutes. Law that flouts common perceptions of right and wrong is not regarded as morally binding. The distinction between civil law and moral law, although sometimes challenged from the academy, is universally recognized. The distinction cuts both ways. A corporation that operates wholly within the law may be guilty of moral infraction. The sale of pornography, the creation of advertising that deliberately ma-

[19] Secretary of State, James F. Byrnes, in his statement of December 11, 1945, defining official policies for Germany. "In terms of world supply, liberated areas must enjoy a higher priority than Germany throughout this first postwar winter," quoted by Muench, p. 9.

nipulates the truth, or media distortion on behalf of partisan causes are examples to the point. One can make the claim that the manufacturing of faux merchandise, merchandise that mimics the genuine article and is usually marketed to the ill-educated or unsuspecting, is a kind of moral infraction. Some would extend guilt to those who manufacture tobacco products or distilled spirits or make clothing from animal pelts. No one would hesitate to attribute moral guilt to a corporation that knowingly manufactures a defective and potentially dangerous product, quite apart from any civic penalty that might be inflicted.

To come to the point: granted immorality on the part of a corporation, where does moral guilt lie? Are all who are associated with the corporation collectively guilty? If not, how far down the corporate ladder does responsibility extend? To the worker on the assembly line? To the wholesaler? To the retailer? To the shareholder? If guilt follows knowledge, it may be that only a few in the testing laboratory or in the executive suite are privy to the information that a given product is potentially troublesome or could be modified with additional cost to diminish risk. Although the corporation before the law can be held accountable for negligence, it is difficult to believe that the average worker in the plant or billing office, unless the company has a record of dubious performance, has the knowledge that would imply criminal complicity. There are exceptions of course. Complicity may be much more widespread or deeper than is sometimes thought. We have all read stories of whistle blowers who, rather than be complicit, have brought to light questionable practices, sometimes to the gratitude of management. Where corporate guilt is determined, it is not likely that all workers would be held accountable either by an irate group of shareholders or before a court of law. When a specific individual, in violation of corporate policy, has been guilty of harm, it makes little sense to hold the corporation criminally liable, subject to punitive damages that are ultimately shared by innocent shareholders.

Jaspers, in his treatise on German guilt, would likely recognize all of these principles, yet he held that the German-speaking populace could not avoid what he called "metaphysical guilt." The currency of this notion does not date to antiquity, and it is certainly not found in the tradition of Aristotle and Aquinas. Psychological or metaphysical guilt in Jaspers's sense is something self-inflicted, subjectively generated, known only to God and to the sinner. It is not accountable to some universally recognized moral order. Theologians may speak of the "stain of sin," but the Calvinist and the Catholic may have different things in mind when talking about punishment due to sin. If there are no outside standards by which the conscience can be measured, metaphysical guilt becomes an indelible ontological disposition that not even therapy can remove. The Catholic may confess, repent, do penance and leave it all behind. Subjectively imposed guilt is indelible and can be exploited by others to gain concessions both of an ideological and material sort.

Returning to the notion of responsibility apart from the guilt question, in what sense are "those who have" responsible for "those who have not?" Indeed, what are the obligations or responsibility of rich nations to poor nations? As I write, one encounters daily appeals for the poor of Somalia and Darfur. The Christian may recognize an obligation in charity that the agnostic may not. Cardinal Muench, in condemning allied policy in the aftermath of World War II, could explicitly invoke Christian principles of compassion, mercy, and charity to positive effect. The vengeful Morgenthau Plan was rejected by President Truman, and Morgenthau's resignation was immediately accepted when precipitously offered on the eve of the Potsdam Conference.[20] Social philosophers, such as Émile Durkheim and John Dewey, have long recognized the motivating power of religion in confronting the difficult good. In a largely secular milieu, are appeals to charity possible? Dorothy Sayers would answer, "yes." In her 1947 Oxford lecture, "The Lost Tools of Learning," she noticed "that many people today who are atheist or agnostic in religion are governed in their conduct by a code of Christian ethics which is so rooted (in the culture) that it never occurs to them to question it." She then adds, aware of the Enlightenment's influence on Western intellectuals, "But one cannot live on capital forever."[21]

When "obligation in charity" cannot be invoked, we find pragmatic appeals on the basis of self-interest; that and emotional appeals accompanied by graphic depictions of need that beg for remedy. Acknowledging that both pragmatic and emotional appeals often fail, the United Nations has sought the power to tax to alleviate recognized need. Whereas charity is rational, imposing its own limits, emotional appeals tend to be unrestrained and often impulsively lead to inappropriate action and squandered resources.

The gap between the "developed world" and the "developing world" is not likely to be bridged anytime soon. Chairman Bernanke's call to avoid exploitation is nothing other than a call for justice, a call for responsible behavior, but apart from treating them justly, the question remains: does that make rich nations responsible for poor ones? In spite of the social determinism favored by the political left, we still recognize the principle of self-reliance, a principle that analogically may be applied to nations.

If we have reached any conclusion, it is this: responsibility cannot be assigned willy-nilly. There is an objective, ontologically grounded moral order in the light of which responsibility is both recognized and limited. All responsibility is determined on the basis of causality. Of the various senses of responsibility, that fostered by charity is not to be equated with legal or moral responsibil-

---

[20] Margaret Truman, *Harry S. Truman* (New York: W. Morrow, 1973), p. 265.

[21] Dorothy L. Sayers, "The Lost Tools of Learning," Lecture at Oxford University, 1947, p. 12. Available at: www.brccs.org/Sayers.

ity. And finally, no sense of responsibility can engender, as Jaspers would have it, an indelible metaphysical guilt.

Summary

This paper raises more questions than it provides answers. Given the gap between the developed world and the so-called developing world, what obligation or responsibility do rich nations have to poor nations? Is there such a thing as "collective responsibility?" "Collective guilt?" Does one generation have an obligation to atone for the wrongs of a previous generation? Can a corporation be held criminally responsible for the deeds that an employee may have committed contrary to company policy? Can we speak of an obligation in charity where strictly speaking there is no moral obligation? These questions entail relevant discussion of the notions of "freedom" and "causality," among others. If the paper reaches any conclusion, it is this: responsibility cannot be assigned willy-nilly. There is an objective, ontologically grounded moral order in the light of which responsibility is both recognized and limited. All responsibility is determined on the basis of causality.

Zusammenfassung

Dieser Beitrag wirft mehr Fragen auf, als er Antworten geben kann. Angesichts der bestehenden Kluft zwischen der entwickelten Welt und den Entwicklungsländern stellt sich die Frage, welche Pflicht oder Verantwortung reiche Nationen gegenüber armen Nationen haben? Gibt es so etwas wie „kollektive Verantwortung"? Oder gar „Kollektivschuld"? Hat eine Generation die Verpflichtung, für Vergehen einer früheren Generation Wiedergutmachung zu leisten? Kann ein Unternehmen strafrechtlich verantwortlich gemacht werden für Machenschaften, die ein Mitarbeiter womöglich gegen die Grundsätze der Firma begangen hat? Können wir von einer Pflicht zur Nächstenliebe sprechen, wo es genaugenommen keine moralische Verpflichtung gibt? Solche Fragen machen es erforderlich, sich mit Begriffen wie „Freiheit", „Kausalität" u. a. auseinanderzusetzen. Wenn dieser Beitrag eine Schlussfolgerung zieht, dann ist es diese: Verantwortung kann nicht beliebig zugewiesen werden. Es gibt eine konkrete, ontologisch grundgelegte moralische Ordnung; in ihrem Licht wird Verantwortung sowohl bestimmt als auch begrenzt. Jede Verantwortung folgt somit dem Grundsatz der Kausalität.

Modern Ethical Theories of Responsibility in the Light of Aristotelian-Thomistic Moral Philosophy

By Leo J. Elders SVD

One of the central concerns of moralists of the second part of the 20th century and beyond has been how to find the right attitude with regard to the new society and the new world which were beginning to take shape[1]. The feeling was wide spread that traditional views of what is just and the more pious morality, centered on oneself and one's immediate environment, were no longer sufficient to help us conduct our lives in the complex world which has become ours. Max Weber argued that traditional ethics based on good will, but not looking any further (which he called *Gesinnungsethik*), had become inadequate. A far reaching concern which takes into account all one's duties and all the consequences of one's actions, is now imperative, in short we must live up to all our responsibilities (*Verantwortungsethik*)[2]. Critics were not slow in pointing out that Weber's division of ethical systems in *Gesinnungsethik* and *Verantwortungsethik* was inadequate and argued that the ethics of responsibility as recommended by Weber tended to turn into a utilitarianism, in so far as Weber stressed the importance of getting results in our undertakings. Professor Anton Rauscher in his excellent introductory paper gives a fine sketch of the historical situation which led to the development of the ethics of responsibility.

It is not unlikely that this feeling of the inadequacy of traditional ethical views and the introduction of the ethics of responsibility were promoted not just by the technological revolution and its consequences, but also because the prevalent ethical theories in Germany were tributary to Kant. As we all know, Kant argues that the foundation of moral principles is parallel to the basic axioms of pure reason sc. the axioms of practical reason. The first of these principles is: act in such a way that your act can be the principle of a universal law for all. The primary example of such a general law is: Never use rational beings as mere means. Principles of moral behavior, Kant argues, cannot come from experience, but are grounded only in reason. The objects chosen by the will are empirical and cannot yield practical laws. We should perform our actions while excluding any influence of our desires or inclinations. What is called our duty

[1] The German language has the expression: „*der Wirklichkeit gerecht werden*".

[2] One may refer to *Weber's* work Politik als Beruf.

has absolute priority over the good for us. Practical reason is concerned with making us act in accordance with the principles or laws which proceed from itself. But these laws must not be sought in human nature or in the circumstances surrounding our life and the world in which we are placed, but in our reason alone[3]. Kantian ethics does not refer to the specific conditions in which we are living. It is obvious that on the one hand a Kantian approach offers little or no help in the situation we are now facing and, on the other, does not let us start from human nature in an attempt to find answers.

The far-reaching influence of Kant's moral philosophy on German authors was accompanied by the withering of ethics of the virtues and of the quest for happiness. Duty (*Pflichtethik*) became the leading moral category for many. The rapid evolution of society, the new tasks and possibilities which did not exist before, the enormous development of novel technologies, the contracting of the world and the melting away of national borders, globalization, nuclear power, the shrinking of distances by fast modern transportation and instant communication with people in other places and countries, the changing nature of work with its shift from heavy manual labor to the use of machines, the pollution of the atmosphere and the threatening scarcity of some minerals, the fading of the feeling of national identity, the neutralization of traditional patterns of life and, most of all, cell manipulations and the power of self destruction of nuclear weapons are demanding new ethical principles. For the first time our horizon has become the entire world and our responsibility universal.

This point was particularly brought forward by Hans Jonas who sees responsibility as the duty to care for others, who are vulnerable or whose existence is endangered[4]. His book *Responsibility* (*Verantwortung*, 1979) drew world wide attention. The central thought of Jonas's book is the following: man has now acquired much more power over nature than he had ever before, and past experience offers no guidance, since we are placed before possibilities and challenges which thus far did not exist. According to Jonas no traditional ethical system teaches which norms should regulate man's ventures into these new possibilities and their use. Some of our human undertakings do have consequences of unknown extent. He speaks of a vacuum and of moral relativism. New duties have arisen which he summarizes expressing them by the term responsibility. Jonas believes that our capacity to produce far reaching effects has increased enormously and that together with it the nature of our moral acts has changed; our situation as based on human nature is no longer the same, we can no longer easily determine what the moral good is for us. We are placed before a new field of possibilities, which were not foreseen in traditional ethics, sc. we can now intervene at a much deeper level in natural phenomena. In the past the field

---

[3] Cf. *Immanuel Kant*, Grundlegung einer Metaphysik der Sitten, Preface.

[4] *Hans Jonas*, Das Prinzip Verantwortung (1979), p. 39.

of influence of our actions was much more limited, and ethics, as taught and practiced, was anthropocentric; our actions remained restricted within a small circle. But all this has changed: because of the enormous growth of technical knowledge, our actions on the level of applied technology, have effects which go far beyond our immediate surroundings.

In this connection Jonas points to the vulnerability of nature and our subsequent responsibility for the biosphere. We have a better knowledge now of what is involved in our actions than previous generations did. Technology takes a larger place, undeveloped land and untouched nature are disappearing, the "city", i.e. built up areas are now covering much of the available land. In view of this situation Jonas proposes a new categorical imperative: we should act in such a way that the effects of our actions are compatible with securing the future of mankind. Jonas argues that previous morality of decent behavior in order to obtain eternal happiness is no longer capable of facing the new challenges.

We cannot exclude, he argues, that through progress in the understanding of the biology of our cells our life span will be extended, perhaps indefinitely. Death no longer seems entirely unavoidable, but lengthening the human life span is not necessarily a blessing, for we would get a world inhabited by elderly people. Genetic manipulation places us before even greater problems. So a first duty is to consider the long-range effects (*Fernwirkungen*) of our actions and undertakings; in the second place, we must develop and accustom ourselves to the awareness that projections are uncertain as are the results of our actions. He introduces the ethical principle that we should never barter on what doesn't belong to us, nor jeopardize the future of mankind. We have a duty toward posterity, to maintain our planet as a liveable habitat of mankind and to secure the continued existence of human life. In case of uncertainty as to the dangerous consequences of applying new inventions, we should refrain from using them. This holds in particular for the biological sciences. One might consider these principles a prolongation of Kant's axiom that we should never use human beings as objects.

Surprisingly Jonas speaks of a call or an appeal which the tasks and duties we are aware of, address to our emotional mind provoking an answer. This answer is the feeling of responsibility[5]. The objective claim and understanding of our duty must find a subjective repercussion, so that we carry out what we are supposed to do. To make this possible we need a general state of mind, which Jonas calls the awareness of responsibility. Our compliance with our duty is triggered by this awareness of responsibility.

[5] Op. cit., pp. 162 ff.

Jonas's theory agrees with Aristotelian and Thomistic ethics in so far as he says that in a moral evaluation it is *die Sache*, i.e. that what one does, in other words the object, which is important and decisive (p. 162). But he fails to see that the state of the subject which allows us to act morally and to live up to our responsibilities, is what in traditional ethics are called the virtues. Having the virtues of justice, I am likely to fulfil my obligations in this field, in other words, to act responsibly. For Jonas some objective obligations, such as our dedication to and respect of human life in general, come first. The difficulty is, how to establish and justify these objective obligations One is tempted to see a dichotomy in Jonas's theory: the objective moral obligations appear to float above us, sc. the idea that human life must be preserved, but their counterpart in us remains unclear and lies in the sphere of feelings. Jonas considers it an important and profound idea of Kant that besides autonomous reason there must also be parallel to it a "feeling", a sensitivity, in the human subject. This is the awareness of duty (*Pflicht*) or of moral law in us. According to Kant, this feeling flows forth from reason, but Jonas criticizes this position. For Jonas things (objects) are prior. By addressing themselves to the will, these objects (*Sachen*) become ends. Not the law of reason but reality can provoke this feeling of respect and responsibility. We shall come back to this point below.

In the following sections of his study of responsibility Jonas deals with different types of responsibility. First he speaks of being responsible for what one has done. Next he mentions responsibility for actions which one has as yet to accomplish. Responsibility is a feeling which primarily belongs to individual man, who faces his obligations. Jonas distinguishes between natural responsibility and conventional responsibility (e.g. the duties inherent to a specific office or flowing forth from agreements). On the following pages Jonas describes different types of responsibility and considers that of parents and of statesmen as primary. Only man can be the bearer of responsibility and he must exercise it with regard to other human beings. The prior condition that there be responsibility is that there are human beings. For Jonas the first ontological commandment is the exigency that there must continue to be people. An extension of this duty is that of the conservation of certain manmade products – such as cultural treasures – needed for our well-being. The responsibility of parents and statesmen represent the clearest and most encompassing instances of responsibility. Jonas develops this responsibility of both, considering it a sort of paradigm. His meditations on the following pages touch cultural philosophy. In general, his point of view expresses the traditional moral convictions of citizens in our Western world before World War II: solid, respectful, but Jonas leaves a tremendous vacuum as far as religion goes, and shows a noteworthy proclivity to Marxism.

The responsibility of statesmen and public officials is one of Jonas's main fields of research. He makes several pertinent observations, such as that it has become much more difficult to develop a policy for the future since at the present moment one can hardly foresee which new developments will appear. Rapid change is now characteristic of our society and the world[6].

Responsibility is the product of power and knowledge. In the past, both were much more limited than they are nowadays, and so, instead of responsibility feelings such as love and respect dominated. Virtue aims at the best possible result one can reach, but in the past this remained limited to the private sphere. At present, however, we are taken up in the process of lasting change, which is getting faster and faster[7], and for this reason the political wisdom of the ancients no longer applies. In the past, the stream of becoming was experienced as irrational, and so the only escape for man was that upward to the world of the divine, as Plato suggested. But an eternal Being, Jonas continues, cannot be the object of responsibility. Our ontology is now centered on time, not on eternity, and we must look for values in what is transitory[8]. We can only be responsible for what is not eternal, for what is threatened by decay. Our power over our changing natural environment has increased so much, that the consequences for morality are as yet unclear. – In excluding the vertical dimension and religion Jonas proposes an unwarranted restriction of the moral sphere of our life since in all periods of history religious man definitely acknowledged a responsibility toward divinity, which led him to perform acts of thanksgiving, adoration and reverence.

Kant admits a regulating law, as the Good was for Plato, but this law lies on a horizontal plane. However, by his postulate of practical reason Kant attempted to save a remnant of the vertical position. Hegel, on the other hand, renders this vertical dimension immanent. But Marx was the first to combine responsibility for the future with growing knowledge and the will to influence historical process. Jonas considers himself a post-marxist[9]. Yet he does not fully exclude a certain return to a rest of vertical ethics. He appeals to all men to allow other people to exist and to help them: babies are the paradigm of what comes in under our responsibility. The future of mankind is the first duty of human collective responsibility.

Man comes first and nature must bow before man. The privilege of exercising his power is a right which finds its basis and justification in the fact that man does actually have this power. But the world and nature risk being endangered by man himself, so our primary duty is to say no to this threatening "not being"[10]. We are now living in a situation where catastrophes are at our door-

[6] Ibid., p. 216.
[7] Ibid., p. 224.
[8] Ibid., p. 226.
[9] Ibid., p. 229.

step: growing numbers of human beings are exploiting and plundering our planet. Jonas appears to think that Marxism might be capable of providing the power to force mankind to be reasonable, to forsake a far too affluent way of life and to master the dangers of technology[11]. It has the advantage of an ascetic morality. Moreover a society without classes, as Marxism advocates, would have advantages. A certain level of prosperity of the citizens, however, is a condition for the Marxist utopia. For the Western world contraction rather than growth should be on the program, if a fairer distribution of the goods is to be reached. One wonders if Jonas would still say the same about Marxism, after the disregard of the human person and man's natural environment in Marxist states has become common knowledge. In chapter VI Jonas deals with the concept of utopia and progress. There are now unlimited possibilities for progress at the level of personal morality, and also at that of culture, of the sciences and technology. The latter, however, is ambivalent in that it means growing specialization. Moreover, certain effects of modern technique are de-moralizing.

A particular and very different theory of responsibility is that of existentialism. In keeping with his philosophical outlook Heidegger argues that one acts responsibly when one acts out of one's deeper self, is opposed the impersonal "many" or "crowd", and takes control of oneself[12]. According to Jean-Paul Sartre man is condemned to be free. He carries the weight of the entire world on his shoulders: there are no laws; there is not even a human nature. Man must constantly make and re-make himself in his free decisions, of which he himself is the only law and criterion. He is condemned to be entirely responsible of himself[13]. This type of existentialism is a basic refusal of an order placed in things and of subsequent moral obligations. It is far removed from the humanistic form of responsibility advocated by Jonas which centers on a unique position of man in the world, while nature and the biosphere are not just ordained and subject to man[14].

It deserves to be pointed out that this new development in Western ethical thought originated in Germany. Influenced as many authors were by Kantian ethics they apparently felt that this ethics was no longer apt to give guidance with regard to the new challenges we are now facing. Kant never developed a categorical ethics, and paid little attention to the virtues, not to speak of natural law. Yet there is a strong continuity between Kantian thought and the ethics of

---

[10] Ibid., p. 249.

[11] Ibid., p. 254.

[12] *Martin Heidegger*, Sein und Zeit, § 58.

[13] *Jean-Paul Sartre*, L'être et le néant (Paris 1943), p. 642.

[14] *Jonas*, op. cit., p. 167. This position is at variance with the biblical view of the world being entrusted to man's direction. Recent cosmological studies also seem to give plausibility to the view that the enormous cosmic processes over billions of years was ultimately intended to create the conditions that make life possible on the planet earth.

responsibility: the absence of the acknowledgment of happiness as man's last end, the refusal to admit self-interest as a motivation in our actions and the stress on duty, instead of developing ethical life according to the virtues. Moving somewhat away from Kant the authors of the new ethics replaced duty (*Pflicht*), the fundamental concept of Kantian ethics, by the term responsibility (*Verantwortung*). Jonas seems to replace the categorical imperatives as the source of moral law by the principle of the preservation of human life on a planetary scale. The words responsible and responsibility ring well in the ears seem to represent a high flung view of moral life and guarantee the perfect performance of one's duties in public life, in the line of Stoic philosophy.

As a matter of fact, according to the *Stoa* we must allow the divine Logos to unfold itself in us and avoid to corrupt it by allowing the emotions to dominate. If we live according to the Logos, we shall discern what is becoming according to our nature, in other words our duty. This Stoic concept of duty was far ranging and comprised also the simple things of daily life, what we nowadays call the becoming and the decorous[15]. Some of the proponents of the ethics of responsibility go so far as to argue that responsibility is the main moral virtue.

It has become clear, however, that the sense of the term responsibility is by no means univocal. It is obvious that every human person, gifted with reason and free will has a good number of distinct responsibilities, of different nature and range. He is responsible, for his own life and well-being, for others, such as his family, those entrusted to him, and for the society to which he belongs. Many also speak of man's responsibility before God. Some authors pointed out the dialogic connotation of the term, sc. responsibility is derived from the verb *to respond*, one must *answer* to someone, give account of what one has done or failed to do. Others place this answering in a relation with one's own conscience: one is responsible for one's actions, one's life, perhaps also for one's kin and one's possessions. In this sense the meaning of term responsible comes close to that of duty[16].

Several authors concurred in pointing out this ambiguity of the term responsible: one is responsible for one's life, one's kinsfolk, one's tasks, but one is also responsible *before* someone, or at least before one's own conscience. It would seem that the term is useful insofar as it reminds us of our manifold duties and tasks in life, in particular with regard to what is outside the immediate sphere of our individual interests. But taking into account its different applications the term as such does not signify particular duties. In his enumeration of the meanings of the word *being* Aristotle excludes from philosophical study be-

---

[15] Cf. *Max Pohlenz*, Die Stoa. Geschichte einer geistigen Bewegung, Göttingen 1948, pp. 134 ff.

[16] *Alfred Schutz*, Einige Äquivokationen im Begriff der Verantwortlichkeit, in: Gesammelte Aufsätze Bd. 2: Studien zur soziologischen Theorie, Den Haag 1972, p. 256.

ings *per accidens,* since, from the ontological point of view, these are a conglomeration rather than straightforward simple entities. An example will show what is meant: the word encounter as such is not studied in philosophical anthropology, since it is a conglomerate of entities: two or more persons, moving toward each other, recognizing the opposite party, sharing in some form of communication. The term may nevertheless be useful if we want to study the general aspects of such a happening from a psychological point of view. Likewise we can meaningfully speak of our responsibility toward truth, our responsibility with regard to the defense of human rights, and of our civil liberties, responsibility for ourselves and for our next of kin, that of catholic higher education, the responsibility of statesmen and church leaders, the responsibility of financial institutions and of the media, the responsibility of individual citizens in respect of the preservation of our natural environment, etc. Several of the papers of this symposium aptly develop these aspects. The use of the term, indeed, is appropriate in discussions about the field of our social duties, as the various papers of this symposium show. For a more fundamental study, however, of these different ethical obligations we should go beyond the rather vague term responsibility and resort to the natural law ethics and the virtues in order to discern, to ground and develop our obligations in the coming era of history.

It is true that mankind is now placed before new challenges, such as the use of nuclear energy, the exploitation of the Arctic Ocean, massive migration, the change of the climate, the pollution of the atmosphere, the contraceptive pill, genetic manipulation, the invasion of our senses by what comes to us from TV, sound installations, mobile phones etc. In the course of history, however, there have been more of these upheavals: when the Hellenistic civilization invaded the countries of the Middle East, the peoples living there had to face a very much different civilization and tremendous changes took place. The discovery of America and of the sea way to India, Japan and China placed the traditional Christian ethics before new challenging questions, such as whether the *conquistadores* had the right to occupy land on the other side of the ocean, the right to punish or even extirpate most cruel customs, such as sacrificing living human beings to the gods. An analogous cultural shock occurred again when the Far East opened itself to the Western technological way of life. The rise of the steam engine and the ensuing industrialization was another leap forward and led to the development of social doctrine and laws to protect the working classes and to ensure just and decent living conditions to all. Traditional Christian ethics was so well grounded in its principles that these further developments and applications were possible. For instance, the rights of the native populations of Latin America were clearly stated by Spanish moralists and theologians, on the basis of their natural law ethics, and were acknowledged by the Spanish crown, although often not respected in the field. Likewise the rights of the poor, the obligations (let us say, the responsibility) of the directors and owners of factories with regard to workmen found an excellent formulation in catholic social doctrine, as elaborated in the wake of the encyclical *Rerum novarum* of Leo XIII. Our responsibility with regard to the unborn, genetic experiments, the protection of human life was argued and laid down in such texts as *Humanae vitae* and *Donum vitae.* Likewise there are statements of the *magisterium* of the Church about our duties with regard to the Third and Fourth Worlds, as for instance *Populorum progressio.* In all these official declarations arguments from natural law ethics are used, and often convincing arguments are proposed, which are absent from such texts as that of Jonas.

According to Jonas traditional ethics is of no help to determine our duties in the novel situation in which problems have acquired a global dimension. But in my mind the only compelling way to establish our basic duties, also at present when mankind is facing enormous new challenges, is to start from man's nature – which is unique in the animal world –, from man's natural inclinations: an inclination to self preservation, an inclination to association with others, also in view of engendering off-spring and guaranteeing the future of mankind, an inclination also to one's personal physical and spiritual development as to the discovery of truth, a growing mastery of the physical world, and the promotion of culture, and finally and inclination to look for and revere the First Cause and Maker of the world. Far from the view that human nature offers no guides, we think that, on the contrary, it is the only treasure house we have to help us develop an all-encompassing ethical theory. With regard to the challenges of the 21st century, such as globalization, the changing climate and pollution of the atmosphere, the scarcity of certain natural resources, the food shortness for certain populations, the threats to our natural environment, it would seem that the virtues grafted on our natural inclinations and unfolding their very core provide guidance, guaranteeing at the same time the good life, sc. a virtuous life for those who acquire and practice them.

A further aspect of the ethics of responsibility I have already drawn attention to is the almost total disappearance of our quest for happiness in the respective literature on the subject. In traditional ethics both in classical antiquity and in the Christian era it was always argued that man's last end is happiness. An analysis of what this happiness as man's last end means allows to further determine man's duties and the direction his different activities ought to take. It will also show and promote the virtues which ought to be cherished so as to secure better the happy life. Nevertheless, in the literature about responsibility one notices an almost complete absence of attempts to determine man's last end. At best happiness, in so far as it is mentioned, is understood as a trouble free life, if possible lasting until high age, while one enjoys the commodities people in the West have grown used to, even if in the prospect painted by the protagonists of the ethics of responsibility, from now on people in the affluent societies will have to share these commodities with others and will perhaps experience a growing scarcity.

Given the fact, however, that the search for happiness is so profoundly engrained in the human psyche, it is tempting to think that in order to convince people to shoulder their various responsibilities in the social field and to share with others – something many will be reluctant to do –, a relation should be established between man's personal end – i.e. happiness and where to find it – and this wider concern for the well-being of others, in particular of the weak, and the care of our natural environment.

There is a further difficulty in the ethics of responsibility as proposed by Hans Jonas; we have already touched upon above. Jonas seems to think that a task which presents itself to us, has, just by what it is, the power to provoke in us *the feeling of responsibility*, which in his view is the answer of the human subject to an objectively presented duty[17]. In a way this observation is perfectly correct. A medical doctor, seeing a human being in a suffering situation, will become aware of his duty to help this particular person. A school teacher or a parish priest are conscious of what there responsibilities are when confronted with their alumni or parishioners, as are parents with children who must be nursed, educated and instructed, – an example dear to Jonas, as is also that of the responsibility of political leaders. How to explain that these claims and duties have the power to provoke in us a positive response? Jonas writes that through our nature, that is our constitution, we are receptive for these exigencies our tasks[18]. This answer is correct but nevertheless not sufficient, and his suggestion that the awareness of a duty must provoke in us a feeling or a sentiment, of compliance and acceptance, is not further explained. The real reason why we have the awareness that a particular course of action is our duty is that it agrees with our deepest natural inclinations, which we have formulated as the first principles of practical reason. The awareness comes to us from ourselves, as does natural law, not from a sort of Kantian moral imperative, hanging in the air. Antigone in Sophocles's tragedy of the same name knows that there is a law engraved in her nature, sc. to bury her murdered brother[19]. Cicero mentions an unwritten law; we have drawn from nature itself[20]. In traditional moral theory we speak of our conscience, in this case of the *conscientia antecedens* or *concomitans*, which is not in the first place a feeling but the judgment of our reason about an act being conform or not conform to the principles of moral law as we formulated them ourselves[21]. Our will can accept this judgment the more se-

[17] *Jonas*, op. cit., p. 166: "... die Kraft haben, mich durch sein pures Dasein (...) zu einer Verfügungstellung meiner Person (...) zu bewegen".

[18] Ibid., p. 164.

[19] *Sophocles*, Antigone, pp. 454 ff.

[20] *Cicero*, Pro Milone, 4, 11: "Est igitur haec ... non scripta sed nata lex, quam non didicimus, accepimus, legimus, verum ex natura ipsa arripimus".

[21] *St. Thomas*, Q. d. de veritate, q. 17, a. 1 ad 4: "... in pura cognitione consistit"; II Sent., d. 24, q. 2, a. 4 ad 2: "... conclusio cognitiva tantum".

curely and wholeheartedly when it can rely on the virtues. Here again we see that the ethics of responsibility demand to be completed by the ethics of virtue. As to these points the positions of the ethics of responsibility demand further research and grounding.

Much of the literature devoted to the study of responsibility dwells on the fact that responsibility is concerned with the future, with the challenging and often awe inspiring possibilities modern man has to intervene in the course of nature, e.g. with regard to the climate, the natural resources of our planet and even the biological structure of man himself. However, an even greater challenge might well be that a balanced human life of knowledge, virtue and inner freedom is now jeopardized by an excess of distraction, by a never ending series of sense impressions which make people lose hold of themselves, draw them outward and make them easy victims of their emotions. In this predicament the concept of responsibility seems less apt than insistence on the virtues to direct and guide people to greater real freedom, self-possession and wisdom.

A most important element in our reflections about our duties in view of this new situation is our social nature. The past few hundred years people in the Western world have subscribed to a sometimes extreme individualism. One of its offsprings has been an unbridled capitalism, a limitless search for greater comfort, wealth and power. But time has come to reflect on the question as to what extent we should assert our individual rights over and against the community or be willing to subordinate ourselves to what is good for all, and eventually be satisfied with less. We should perhaps overcome some of the individualism of Western man. As for this point traditional Aristotelian-Thomistic ethics seems to offer the guidance and motivations we need, so that it is hard to see why a wholly new way of ethical thinking would be needed, unless perhaps in order to leave behind the for a long time prevailing individualistic utilitarianism.

A way to do so, in accordance with Thomistic ethics, is to point to our social nature, our duty to associate with others and to establish friendly ways of sharing, exchange and mutual assistance. Here again there is a basis in our human nature in so far as there is a natural inclination to associate with others and to share. Moreover, to make sharing our wealth less difficult, it might help to point out with Aristotle that human happiness in its more perfect form is an activity of the human mind, to promote interest in continuing education and foster concern with those values which leave behind the superficial and trifling. In way an ethical theory addressing man's real happiness may perhaps make the inevitable transition from an extremely affluent way of life to a more sober and simple lifestyle somewhat easier.

A question often mentioned in modern ethical literature is that of collective responsibility, an issue which has become very actual after World War II. To what extent are the German and the Japanese peoples responsible for the suffering of so many and for the cruelties committed by their armies and leaders? A first point to be made is that no one can shake off his personal responsibility by hiding behind the group or its leaders. Man can be physically forced, and subjected to formidable pressure but the decisions of his free will are reserved to himself alone. Being a member of a society, however, he shares to some extent in the good which is done, in the name of his country or nation but also in the evil, the war crimes and oppression wrought by his compatriots. It is difficult, not to say in most cases practically impossible, to hold individual citizens responsible or guilty for the crimes committed by their con-nationals. Moral theology nevertheless uses some rules concerning the *cooperatio in malum*. There should not be any consent to directly morally wrong actions and efforts should be made to prevent one's compatriots from committing such crimes, even if this carries risks for oneself. There is also material cooperation which involves people much less: a company which makes surgical instruments used for abortion, laboratory workers who clean these instruments are not directly guilty of the killing of the unborn. One might also wish that people express publicly their opposition to and condemnation of immoral actions by their own country, government, judiciary and fellow soldiers. Those who by their silence seem to condone these crimes will to a certain extent become personally guilty. An often quoted case is that of abortion: politicians and judges who made permissive laws possible are co-responsible for the death of many of our unborn human babies, as are also those who voted into power political parties which defended free access to abortion in their program. Corporations and enterprises are a different case of collective responsibility. The president and the board take decisions, which official of lower rank and shareholders may not approve of, without their being able to directly influence them. The members of the board are all hold responsible for the better and for the worse[22].

Besides this responsibility there is a more diffused and harder to define form of collective guilt: citizens feel ashamed of the cruel or harsh treatment inflicted by their ancestors on the native Indian population of the United States and on the Black. On the other hand, they are elated when a national sport's team scores a victory, out of solidarity. This means that there is solidarity between people of the same group or country. This kind of sharing does not involve any direct personal decision or participation. It expresses a sort of social kinship, and may lay claim on us to support or defend certain activities and events. It is given with our social nature, with our life in human communities which people need for their own subsistence and development.

In the last analysis it goes back to man's social nature and results from the mysterious connections between all human beings.

---

[22] The issue is discussed in extenso and with great acumen by *Jude Dougherty* in his paper "Responsibility: Recognition and Limits".

Summary

A new world is shaping up, new moral attitudes are required of people to cope with the situation. The former "good will ethics" no longer seems sufficient. Kant's *Pflichtethik* argues that practical reason formulates our obligations, but Hans Jonas believes that in view of the power man has now acquired, past experiences provide no guidance. The new tasks we are facing will provoke in us the feeling of responsibility. This "feeling" is elicited by the objective situation, not by apriori' s of practical reason. Jonas describes different types of responsibility, and formulates the fundamental ethical principle: there must always be people. Religion and happiness as man's end, which dominated ethical rules from antiquity to the Modern Time, are absent. But the term responsibility is vague and one may ask *before whom* one is responsible. Moreover, it is not the first time in history that mankind finds itself before new challenges: the discoveries of the Far East and America and the age of industrialization provoked a further development of classical moral theory. The answers given by the ethics of the virtues, grafted on man's natural inclinations as expressed in the natural law, do provide sufficient guidance.

Zusammenfassung

Eine neue Welt nimmt Gestalt an. Von den Menschen werden deshalb neue sittliche Einstellungen verlangt, um mit diesen Gegebenheiten zurechtzukommen. Eine „Ethik des guten Willens" reicht deshalb nicht mehr aus. Kants Pflichtethik argumentiert, dass die praktische Vernunft unsere Pflichten bestimmt; allerdings glaubt Hans Jonas, dass angesichts der Macht, über die die Menschen heute verfügen, frühere Erfahrungen keine verlässliche Orientierung mehr bieten. Die neuen Aufgaben, denen wir gegenüberstehen, rufen in uns das Gefühl der Verantwortung hervor. Dieses „Fühlen" wird durch die konkrete Situation gewonnen, nicht durch Apriori der praktischen Vernunft. Jonas schildert verschiedene Arten der Verantwortung und formuliert das grundlegende ethische Prinzip: Man muss immer Mensch bleiben. Religion und Glück als Zweck des Menschen, die als ethische Maßstäbe von der Antike bis in die Moderne dominierten, gelten heute nicht mehr. Andererseits ist der Begriff der *Verantwortung* unscharf und man könnte fragen, *vor wem* ist jemand verantwortlich. Es ist allerdings nicht das erste Mal in der Geschichte, dass sich die Menschheit vor neue Herausforderungen gestellt sieht: Die Entdeckung des Fernen Ostens und Amerikas sowie das Zeitalter der Industrialisierung bewirkten Weiterentwicklungen der klassischen Moraltheorie. Dabei sorgten die Antworten, die durch die Tugendethik gegeben wurden, und die im Naturrecht zum Ausdruck kamen, in Verbindung mit den natürlichen Neigungen des Menschen für eine ausreichende Orientierung.

Verantwortung als „Heuristik der Furcht“ nach Hans Jonas

Von Karl-Heinz Nusser

Seit der Entdeckung der schädlichen Wirkung des FCKW (Fluor-Chlor-Kohlenwasserstoff) auf die Erdatmosphäre und der Entdeckung eines Zusammenhangs zwischen dem CO_2-Ausstoß und der Erwärmung der Erdatmosphäre ist die Technikfolgenabschätzung als ein zentraler Gesichtspunkt, der im Umgang mit der Technik Beachtung verdient, in das allgemeine Bewusstsein eingekehrt. Die prinzipielle Unsicherheit bei den langfristigen Folgen vieler technischer Neuerungen beunruhigt die Menschen und die von Hans Jonas ausgegebene Regel der „Heuristik der Furcht“, nach der man bei Unsicherheit in Bezug auf die schädlichen Folgen einer Technik auf deren Durchführung verzichten solle, hat Einzug in die Ethiklehrbücher gehalten[1] und verunsichert die Menschen bei ihrem Versuch, den Versprechungen der Biowissenschaften Glauben zu schenken. Dabei ist die philosophische Theorie von Jonas kantianischen, transzendentalpragmatischen und heideggerschen Missverständnissen ausgesetzt. Darauf werde ich in diesem Artikel eingehen.

Die Phänomene, um die es Jonas geht, sind nach wie vor höchst aktuell. Die neue Größenordnung der menschlichen Technik ist dem Menschen nicht mehr, wie bisher, zu Diensten, sie stellt sich ihm in ihren kumulativen Wirkungen auch hinderlich und bedrohlich entgegen: Sie gefährdet nicht nur das Gleichgewicht der Biosphäre, sondern auch das Lebewesen „Mensch“ selbst durch die Techniken der künstlichen Produktion, eines möglichen Eingriffs in die Keimbahn oder auch durch die Erzeugung von Hybriden aus menschlichen und tierischen Genen. Bei Jonas heißt es: „Doch der Mensch selber ist unter die Objekte der Technik geraten. Homo faber kehrt seine Kunst auf sich selbst und macht sich dazu fertig, den Erfinder und Verfertiger alles Übrigen neu zu fertigen.“[2] Jonas macht darauf aufmerksam, dass keine frühere Ethik die globalen

[1] *Julian Nida-Rümelin*, Ethik des Risikos, in: Julian Nida-Rümelin (Hrsg.), Angewandte Ethik. Die Bereichsethiken und ihre theoretische Fundierung, Stuttgart 1996, S. 806–832. Das jüngste Beispiel für die Veränderung, die Jonas' Theorie für die Ethik gebracht hat, ist *Dagmar Fenner*, Ethik, Tübingen 2008, S. 45.

[2] *Hans Jonas*, Das Prinzip Verantwortung. Versuch einer Ethik für die technologische Zivilisation, Frankfurt a. M. und Leipzig 1979, S. 47. Im Folgenden abgekürzt mit: PV und Seitenzahl.

Bedingungen menschlichen Lebens, die ferne Zukunft inklusive der Existenz der menschlichen Gattung zu berücksichtigen hatte.[3] Die moderne Mittelpunktstellung des Menschen, die in Kants „Kategorischem Imperativ“ ihre ethisch-autonome Form gefunden hat, wird von Jonas angegriffen. Die für alle sichtbaren neuen qualitativen Auswirkungen der vom Menschen hervorgebrachten Technik zeigen, dass der Richterstuhl der Vernunft, den Kant in der autonomen Gesetzgebung der menschlichen Vernunft verankert hatte, einer tieferen Verankerung bedarf.

Betrachtet der Biowissenschaftler Tristram Engelhardt den Menschen als „eine Spezies in der Gattung Homo in der Familie der Hominiden, der durch offensichtlich zufällige Unterscheidungsmerkmale gekennzeichnet“[4] ist, so betont Jonas, dass der Mensch nicht nur Zweck der Natur, sondern auch Zweck an sich selbst sei und die Fähigkeit zur moralischen Zwecksetzung habe. Ökologische Grenzen der Biosphäre und Achtung vor der Unantastbarkeit des menschlichen Genoms verlangen vom modernen Menschen einen Blickpunktwechsel, der die Natur nicht nur als Material für die menschliche Forschungstätigkeit, sondern auch als eine mit einem eigenen Streben versehene Wirkmacht ansieht. Damit verändert sich auch die Rolle, die der Mensch spielen kann. Er ist bei Jonas nicht mehr die selbstschaffende Quelle permanenten Fortschritts, sondern die mögliche Ursache der Zerstörung seiner selbst und der Zerstörung der Biosphäre.[5]

Während die aktuelle Diskussion um den Klimawandel erst nach Jonas' Tod in ihrer ganzen Dringlichkeit einsetzte, ist die Auseinandersetzung mit dem Naturbegriff der medizinischen Science und dem medizinischen Fortschrittsbegriff von ihm selbst durchgeführt worden und nach wie vor in der Gegenwart

---

An Literatur zu Jonas ist zu nennen: *Dietrich Böhler* (Hrsg.), Verstehen und Verantworten, Münster 1993; *ders.* (Hrsg.), Ethik für die Zukunft, München 1994; *Stuart F. Spicker*, Organism, Medicine and Metaphysics, Dordrecht 1978; *Franz Josef Wetz*, Hans Jonas, Hamburg 1994.

[3] PV, S. 28.

[4] *Tristram Engelhardt*, Verantwortung als Leitfaden der Biotechnologie. Reflexionen über die Begründung von Hans Jonas' normativer Ethik, in: Ralf Seidel/Meiken Endruweit (Hrsg.), Prinzip Zukunft: Im Dialog mit Hans Jonas, Paderborn 2007, S. 205.

[5] Ein großer Teil der deutschsprachigen Jonas-Rezeption ist durch erstaunliche Missverständnisse ausgezeichnet. Hier sei ein erstes Beispiel erwähnt, weitere folgen in den späteren Anmerkungen. So behauptet Gertrude Hirsch Hadorn, dass Jonas einen kontemplativen Naturbegriff habe. Zwar schreibt sie diesem Begriff auch funktionale Eigenschaften zu, doch liegt der Schwerpunkt des Begriffes „Kontemplation“ bei der bloßen Betrachtung eines Gegenstandes und nicht bei der Praxis. Jonas möchte aber gerade eine Änderung des allgemeinen Handlungsverständnisses vor allem der Naturwissenschaftler, Techniker und Politiker erreichen. Vgl. *Gertrude Hirsch Hadorn*, Umwelt, Natur und Moral, Freiburg i. Br. 2000, S. 33–42; S. 194–198.

relevant.[6] Dabei geht es einmal um die Frage, welche Bedingungen erfüllt sein müssen, damit eine nachhaltige Entwicklung in der medizinischen Forschung möglich ist; zum anderen geht es um ethische Voraussetzungen eines medizinischen Forschungsimperativs. Für beide Fragen liefert die Theorie von Jonas eine Orientierung. Die Regeln der medizinischen Forschung müssen den Bedingungen einer nachhaltigen Entwicklung entsprechen, wobei sowohl die Umwelt als auch das menschliche Genom in seiner Einzigartigkeit erhalten bleiben müssen. Was für die westliche Religion charakteristisch ist, die unendliche Sehnsucht nach dem Vollkommenen und Heiligen, scheint von den säkularen Hoffnungen der modernen wissenschaftlichen Medizin übernommen worden zu sein. Während in der Vormoderne die Endlichkeit des Körpers und ein Leben, das Krankheit und Tod enthielt, akzeptiert wurden, ist in der modernen szientistischen Medizin die Annahme der Naturzugehörigkeit von Schmerzen, Leiden und Krankheit der größte Fehler, den ein Wissenschaftler begehen kann, gleichbedeutend mit der Selbstaufgabe der medizinischen Wissenschaft. Während die Natur als Forschungsobjekt dem wissenschaftlichen Mediziner keine Sinnhinweise gibt, sind die Resultate einer medizinischen Praxis mit der Voraussetzung eines unbegrenzten Fortschrittes für die ausgewogene Entwicklung der medizinischen Forschung wiederum problematisch. In dieser Situation wünscht sich der Mediziner, wie Daniel Callahan ausführt[7], eine Natur, die gewisse Grenzen enthält und in bestimmte Richtungen weist. Gerade auch in diesem Zusammenhang kann Jonas' Naturauffassung Orientierungshilfe bieten.

In einem ersten Schritt erläutere ich die Nähe und den grundsätzlichen Unterschied von Jonas' „Heuristik der Furcht“ zu Hobbes' Theorie der Furcht vor dem gewaltsamen Tod. Nach Jonas ist der in der Moderne gestiegenen Gefahr für Mensch und Natur nicht mit einer Vorteilskalkulation, sondern nur mit einer ethischen Theorie zu begegnen. Gegenüber dem aktuell verbreiteten Meliorismus betont Jonas die Notwendigkeit der Beachtung der durch die Biosphäre und die Natur des Menschen vorgegebenen Grenzen. Danach erläutere ich das Verhältnis von *physis* und *ethos* bei Jonas. Er zeigt, dass es logisch eine Brücke vom Sein zum Sollen gibt, weil die Wirklichkeitserfahrung in sich selbst werthaft ist. Philippa Foot und Peter Geach schließen sich insofern Jonas an, als sie der Auffassung sind, dass Bewertungen menschlichen Handelns in einem – analogen – Zusammenhang mit der Bewertung von Eigenschaften und Vollzügen anderer Lebewesen stehen. Das Zentrum der Ethik von Jonas ist die Herausarbeitung des Bezugs und des Unterschieds des moralischen Handelns des Menschen von der sonstigen, die Natur durchwaltenden Zweckmäßigkeit. Aus dem Geist der Bejahung der Wirklichkeit heraus ist der Mensch in der Lage, Projek-

[6] *Hans Jonas*, Technik, Medizin und Ethik. Zur Praxis des Prinzips Verantwortung, Frankfurt a. M. 1985.

[7] *Daniel Callahan*, False Hopes, New York 1998, S. 280.

te, die die Biosphäre und ihn selbst gefährden würden, zu unterlassen. Im Unterschied zu Kants Behauptung, dass das menschliche Bewusstsein des Kategorischen Imperativs ein „Faktum der Vernunft" sei, nimmt Jonas die Abhängigkeit moralischen Handelns von der Erkenntnis des „An-sich-Guten in der Welt, das meinem Willen gegenübersteht und Gehör verlangt"[8], an. Zu jeder Ethik gehört ein moralisches Gefühl und die Rechtfertigung dieses Gefühls durch allgemeine Regeln der Vernunft. Die Bejahung der Wirklichkeit und deren Bewahrung ist für Jonas Grund eines emphatischen Gefühls, das sich in der Haltung der Verantwortung gegenüber der Welt konkretisieren muss. Als Beispiele konkreter personaler Verantwortung wählt Jonas die Verantwortung der Eltern für ihr Kind und die Verantwortung des Staatsmannes für das Gemeinwesen. Die Verantwortung für die Biosphäre und für die Erhaltung des menschlichen Genoms ist ethisch und verpflichtet jeden Menschen als Mensch.

I. Menschliche Macht und Sinnerfahrung

1. Die Furcht vor dem gewaltsamen Tod bei Hobbes und die „Heuristik der Furcht" bei Jonas

Für die Moderne ist es charakteristisch, dass die Suche nach einem vollkommenen Glückszustand einerseits und nach Sicherheit und Frieden andererseits in gegensätzliche Theorien auseinandertritt. Dies hängt damit zusammen, dass die Moderne nicht mehr von einem Begriff des „guten Lebens" ausgeht, das durch eine bedeutungshaltige Natur auf die Vollkommenheit von Wesen verweist, dadurch aber auch dem menschlichen Handeln Grenzen vorgibt.

Die neuzeitliche Naturwissenschaft besteht bei Descartes, Hobbes und Bacon im Glück der – fast – grenzenlosen Freiheit des Menschen gegenüber sich selbst und der außermenschlichen Natur. Der Mensch kann tun, was er will, sofern er es technisch kann. Die Physik ist vor allem Kausalerkenntnis auf der Basis der empirischen Erfahrung, nämlich des Experiments.[9] Die Erfahrung der inneren Zielgerichtetheit der Lebewesen, die die Basis für ein teleologisches Ordnungsverständnis des Seienden war, wird bei diesen Denkern methodisch ausgeschlossen.[10] Die Natur ist nur Material für den Forscher. Aus sich heraus enthält sie kein Maß und keine Grenze. Der Fortschritt der menschlichen Wissenschaft ist grenzenlos. So ist das Überlebensinteresse des Individuums das vorrangige

---

[8] PV, S. 162.

[9] Informativ dazu: *Reinhard Maurer*, Ökologische Ethik, in: Allgemeine Zeitschrift für Philosophie 1982, S. 17–39.

[10] Zur Bedeutung teleologischen Denkens ist nach wie vor wichtig: *Robert Spaemann/Reinhard Löw*, Die Frage wozu? Geschichte und Wiederentdeckung des teleologischen Denkens, München 1981.

Motiv, das in Thomas Hobbes' Theorie zur Einrichtung des Staates führt, wobei die Individuen in ihrem ordnungsstiftenden Handeln nicht an einigende Tendenzen, die sie in ihrer Natur vorfinden, anknüpfen können, sondern die Normen ihres Handelns rein aus sich schaffen müssen. Das Streben nach Glück, das bei Hobbes in der grenzenlosen Befriedigung fortlaufender unersättlicher Begierden besteht, wird bei Hobbes zugunsten der Selbsterhaltung des Individuums im Naturzustand gehemmt. Das Individuum kann seine Sicherheit nur durch seine Selbstunterstellung unter die unbegrenzte Macht eines Souveräns erreichen.[11] Obwohl Jonas scheinbar ähnlich dazu mit der „Heuristik der Furcht“ einen Imperativ der Begrenzung des Handelns für die Naturwissenschaftler aufstellt, ist dessen Verhältnis zum „guten Leben“ ganz anders als bei Hobbes. Selbsterhaltung und staatliche Gesetze bleiben in Hobbes' Theorie negativ-dialektisch. Die Gesetze sollen als Vernunftgesetze aus der Struktur der Selbsterhaltung hervorgehen. Es gilt aber ebenso, dass die Selbsterhaltung als „Naturrecht“ nicht in die staatliche Ordnung eingeht, sondern dieser als kritischer Grenzbegriff gegenüber positioniert bleibt. Bei Jonas dagegen ist die Heuristik der Furcht ein Grenzbegriff, der das Glücksstreben des Menschen, insofern dieses ein ihn gefährdendes „Mehr-Haben-Wollen“ ist, einschränkt. Aber mit dieser Einschränkung wird das Glücksstreben der Wirklichkeit gerecht; denn die „Heuristik der Furcht“ gilt gerade der Erhaltung der Biosphäre und des Genoms des Menschen, ist also eine innere Voraussetzung des Glücks des Menschen. Es gibt somit bei Jonas – im Gegensatz zu Hobbes – keinen negativen dialektischen Gegensatz zwischen der „Heuristik der Furcht“ und dem Glückstreben.

Eine Nähe zu Hobbes' Auffassung von der Materie zeigt jedoch die moderne medizinische Forschung. In dieser zeigt sich Natur als sinnleeres und noch dazu widerspenstiges Material, dem der Mensch seine Erkenntnisinteressen aufzwingen muss, um schließlich alle Krankheiten besiegen zu können. Hans Jonas konstatiert die Gefahr einer sinnleeren Natur, sinnleer wie bei Hobbes, wenn auch aus anderen Gründen. Für ihn ist im Verlaufe der Neuzeit durch die Macht des Menschen, die sich in der kaum mehr beherrschbaren Entwicklung der Technik zeigt, die sinnstiftende Macht der Natur und des Kosmos zum Schweigen gebracht worden.

Der Sinn des Ganzen, der den Menschen zu orientieren in der Lage war, den die Antike im Kosmos und das Christentum in einem weisen und weltlenkenden Gott zu finden meinten, wird durch die neue Mittelpunktstellung, die sich der Mensch in der modernen Erfahrungswissenschaft gibt, aufgehoben. Entsprechend dem Vico-Axiom, dass wir nur das verstehen können, was wir selbst ge-

---

[11] *Thomas Hobbes*, Leviathan, edited by C. B. Macpherson, Part I & II, London 1985 (Erstveröffentlichung: 1651).

Zur Interpretation von Hobbes: *Karl-Heinz Nusser*, Menschenrechte und Leistungsgerechtigkeit, Hamburg 2007, S. 86–105.

schaffen haben, wird auch der Sinn ein Produkt des Menschen. Gerade weil die Natur nach John Rawls nicht sinnvoll ist, gewinnen die Menschen die Freiheit, ihr einen Sinn zu geben.

In dieser Bedrohungslage rettet die Menschen nicht, wie Hobbes meinte, die unbegrenzte Macht des Souveräns, der das individuelle Bedürfnis nach Sicherheit des Überlebens garantieren soll, sondern – und dies ist die Hobbes' Theorie ergänzende Korrektur durch Jonas – die Ehrfurcht vor dem Leben in der Biosphäre, insbesondere vor dem menschlichen Leben. Der staatliche Souverän, der sich bei Jonas der „Heuristik der Furcht" unterstellt, tut dies im Gehorsam gegen die Grenzen der Natur und des Menschen.

2. Das moderne Glücksversprechen

Was muss sich nach Jonas ändern? Das Streben nach Glück, das im Verbunde mit der Technik gerade zu der den Menschen selbst gefährdenden Naturbeherrschung geführt hat, darf in der Hierarchie der Handlungsregeln nicht mehr die erste Stelle einnehmen. Machtmehrung, die auf Glücksmehrung hinausläuft, muss transformiert werden in Macht, die auf die Grenzen der Natur achtet. Die Haltung und das ethische Prinzip, aus der die Machtbegrenzung resultiert, nennt Hans Jonas Verantwortung. Der Mensch, der die Erfahrung menschheitsgefährdender Techniken macht, muss diese abwägen mit den Versprechungen ebenderselben Technik, die vollkommen im Sinne der Moderne liegen. Bei der Moderne geht es prinzipiell um eine Steigerung der Bedürfnisbefriedigung, die aus einer Steigerung des Anspruchs an das Leben resultiert. Es ist geradezu charakteristisch für die Moderne, dass ihre Erwartungen nicht mehr durch realistische Erfahrungen gedeckt sein müssen. Zeigt sich, dass die Erwartungen an die Wirkkraft des Atoms von der Entwicklung dieser Technik nicht gedeckt werden, so wechselt der Hauptstrom der Moderne in den Bereich der biotechnischen Konstruktion des Lebens, dessen Erforschung und Transformation zu der neuen Utopie führen soll, dass alle menschlichen Krankheiten geheilt werden können. Michael Fossel behauptet in einem Buch über das menschliche Altern sinngemäß, wir wären innerhalb von zwei Jahrzehnten fähig, das menschliche Altern zu verhindern, ja sogar umzudrehen, und ebenso als Teil desselben Fortschrittes, die meisten Krankheiten zu heilen, die uns jetzt Angst einflößen.[12]

Der Dreh- und Angelpunkt der Korrektur, die Jonas vornimmt, besteht in der Bestreitung des Anspruchs der Moderne, dass es selbstproduzierten menschlichen Sinn geben kann. Der Sinn liegt vielmehr im moralischen Anspruch, der von der Unantastbarkeit des Lebens ausgeht, schon vor und verlangt eine Erweiterung des höchsten moralischen Prinzips: Das höchste naturrechtliche Prin-

[12] *Michael Fossel*, Human Aging, New York 1996.

zip, dass unschuldiges menschliches Leben nicht verletzt bzw. getötet werden darf, ist auf das Gebot der Erhaltung der biologischen Integrität der menschlichen Gattung auszudehnen. Aus diesem Erhaltungsgebot fließt ein Verbot all jener Experimente, die den Weg zu einer gentechnisch-kontrollierbaren manipulativen Veränderung der menschlichen Keimbahn öffnen könnten. Dazu gehören sowohl Versuche, Hybridembryonen aus Mensch und Tier herzustellen[13], als auch Experimente zur Klonierung des Menschen. Demgegenüber gilt, dass der Mensch zwar eine selbstschaffende Quelle für die Zerstörung der Natur sein kann, und zwar rein aus eigener Macht heraus, dass er aber die Natur, ohne sich deren Zielen unterzuordnen, nicht erhalten kann. In dieser liegen die entsprechenden Sinnstrukturen schon bereit, die dem Menschen eine Grenze vorgeben. Diese will Jonas herausarbeiten.

Um seine These durchzuführen, muss er einmal den reduktionistischen Haupttrend der modernen Evolutionstheorie, nach dem die Geistseele des Menschen ein zu vernachlässigendes Etwas, ein Epiphänomen der Naturentwicklung ist, korrigieren, ebenso aber auch den Standpunkt der Immanenz, der existenzphilosophisch im Sinne von Heideggers *Sein und Zeit* das Dasein des Menschen als Geworfenheit interpretiert, in seiner Selbstwidersprüchlichkeit enthüllen.[14] In beiden Fällen, beim Menschen als Nebenprodukt der Naturentwicklung und im Falle der Geworfenheit des Menschen ins existentielle Dasein, böte der Mensch als Ausgangspunkt keinen Erfahrungsraum mehr, von dem aus sich das innerlich Gute und Werte an sich feststellen ließen. Ganz das Gegenteil ist nach Jonas der Fall. Statt dass der Mensch wegen mangelnder wissenschaftlicher Überprüfbarkeit von Werten auf selbstgeschaffene Konventionen ausweichen müsste, ist er prinzipiell in der Lage, das Gute zu erkennen, absolut geltende Regeln und Gebote zu achten.

II. Das Sein als Wert und Verpflichtung

Gegenüber dem modernen reduktionistischen Evolutionismus ist Hans Jonas in einer ähnlichen Lage wie Sokrates im Platonischen Dialog *Gorgias* gegenüber dem Machttheoretiker Kallikles. Sokrates will zeigen, dass das Recht auf-

[13] Solche Chimären wurden bislang in England, USA, Südkorea und China hergestellt.

[14] Ganz im Gegensatz zur These von Franz Josef Wetz. Nach dessen Auffassung überträgt Jonas den heideggerschen Begriff der Sorge auf die übrige Natur. Er übersieht dabei aber, dass dadurch die ganzen fundamentalontologischen Implikationen, die der Begriff in Heideggers Sein und Zeit hat, aufgelöst werden, sodass man nicht mehr von Sorge sprechen kann. Jonas ist hier nicht von Heidegger inspiriert, sondern vom Konzept der inneren Zweckmäßigkeit von Aristoteles (*Franz Josef Wetz*, Hans Jonas, a. a. O, S. 95 und 140).

grund eigenen Anspruchs gilt und nicht durch die Macht des Stärkeren aufoktroyiert wird. Jonas kritisiert die Vorstellung eines bloß faktischen Seins, die dem Reduktionismus zugrunde liegt, und behauptet, dass es eine ursprüngliche Wirklichkeitserfahrung gibt, die in sich selbst werthaft ist, und dass der Mensch als Naturwesen in einer solchen Ordnung steht und als Art (Spezies) keiner weiteren Verbesserung, etwa durch Eingriff in seine Keimbahn, bedarf. Gesichtspunkte des Seins enthalten Verpflichtungen, weil Eigenschaften unzertrennlich zum Sein der Sache gehören und der Mensch mit ihnen konfrontiert wird. Die Aussage, „dass Sokrates sterblich ist", ist empirisch und ontologisch verstehbar. Die empirische Begründung seiner Sterblichkeit bezieht sich auf die Beobachtung aller Menschen in Vergangenheit und Zukunft. Ontologisch betrachtet gehört die Sterblichkeit zum Wesen des Menschseins, sodass sie immer mit dem Auftreten des Menschseins verbunden sein wird. Das Sein im Sinne ursprünglicher Wirklichkeitserfahrung hat einen Wert an sich und enthält einen Sinnanspruch. „Das Sein", so formuliert Jonas, „wie es sich selbst bezeugt, gibt Kunde nicht nur davon, was es ist, sondern auch davon, was wir ihm schuldig sind."[15] Jonas ist der Auffassung, dass die Merkmale, die Pflanzen und Tieren zukommen, eine unabhängige, intrinsische, eben eine natürliche Qualität haben, und er würde Philippa Foot in der Auffassung folgen, die die Bewertungen menschlicher Handlungen in einen Zusammenhang mit der Bewertung von Eigenschaften und Vollzügen anderer Lebewesen stellt.[16] Es gibt auch für die nichtmenschlichen Lebewesen ein Sollen. Und dieses fließt insofern aus dem Sein, als ihre Entwicklung, Selbsterhaltung und Fortpflanzung das Vorhandensein bestimmter Eigenschaften und Merkmale erfordern.[17] Ein Hirsch benötigt eine gewisse Schnelligkeit, um seinen Verfolgern zu entkommen, und eine Eule ist auf Nachtsicht angewiesen, wenn sie überleben und ihre Jungen aufziehen will.[18] Ähnlich wie es ein Gedeihen von Pflanzen und Tieren gibt, gibt es Merkmale menschlicher Vorzüglichkeit, die ein gutes menschliches Leben ausmachen. Foot zitiert zustimmend die Behauptung von Peter Geach, dass Menschen auf die Tugend so angewiesen sind wie Bienen auf Stacheln.[19] Die moralische Qualität von Menschen zeigt sich in dem eindeutigen Gegensatz zwischen dem Halten eines Versprechens und dessen Bruch. Das Brechen des Versprechens ist in Abwesenheit mildernder Umstände eine schlechte Handlung.[20]

[15] *Hans Jonas*, Zur ontologischen Grundlegung einer Zukunftsethik, in: Philosophische Untersuchungen und metaphysische Vermutungen, Frankfurt a. M./Leipzig 1992, S. 130.

[16] *Philippa Foot*, Die Natur des Guten, Frankfurt a. M. 2004, S. 44.

[17] Ebd., S. 53.

[18] Ebd., S. 55.

[19] *Peter Geach*, The Virtues, Cambridge 1977, S. 17.

[20] *Philippa Foot*, a. a. O., S. 90.

Die analoge Verwurzelung des moralisch Guten in der Natur ist in der deutschen, von Kant geprägten philosophischen Diskussion ein überraschender Vorschlag. Verlässt man aber einmal die kantische Vorstellung, dass die Moral ausschließlich eine Selbstbestimmung des menschlichen Willens ist, dann lassen sich – mit Aristoteles – die verschiedenen Arten des Guten auf die betreffende Natur des Gegenstandes zurückführen: „Alles ist insofern gut, als es seine natürlichen Potentialitäten verwirklicht, d. h. eine möglichst weitgehende Verwirklichung seiner spezifischen Natur erreicht.“[21] Alles natürlich Seiende strebt zur eigenen Seinsvollendung und stellt einen „Übergang von der physis als Seinkönnen zur physis als Vollendungsgestalt“ dar.[22] Zur Moral des Menschen gehört es dann ferner, dass er mit dem Nus als natürlicher Ausstattung mit sich und anderen zu Rate gehen kann, um gelungene Vollendungsgestalten der menschlichen Natur anzustreben.

Diese Überlegungen zur objektiven Theorie der Moral erleichtern uns das Verständnis für die Behauptung von Jonas, dass es logisch eine Brücke vom Sein zum Sollen gebe und dass die Moral und damit die Verantwortung objektiv, d. h. mit der menschlichen Natur, gegeben sei. Jonas geht es darum, dass der engere Begriff der Verantwortung, der in einer genau eingegrenzten Aufgabe besteht, sodass bei deren Nichterfüllung der Verantwortungsträger zur Rechenschaft gezogen werden kann, zu einer Verantwortung gegenüber der Natur ausgeweitet wird. Insofern der Mensch frei ist und handelt, hat er auch Verantwortung.[23] Die allgemeine und unbestimmte Verantwortung des Menschen besteht, wie Jonas sagt, „mit oder ohne Gott und natürlich erst recht mit oder ohne einen spezifischen Gerichtshof“.[24] Jonas möchte einen möglichst breiten Kreis von Wissenschaftlern und interessierten Laien ansprechen, sodass er Verantwortung nicht an spezifisch religiöse Voraussetzungen koppelt. Es ist aber nicht eine bloße Strategie; denn Jonas hat auch sachliche Gründe. Nach Jonas kann „der Glaube sehr wohl der Ethik die Grundlage liefern, ist aber selber nicht auf Bestellung da. ... Die Metaphysik dagegen war von jeher ein Geschäft der Vernunft und diese lässt sich auf Aufforderung bemühen.“[25] Das Wovor der Verantwortung, die Instanz, vor der man sich zu verantworten hat, ist das „unabhängig Gute“, das „verlangt, Zweck zu werden“.[26] Was ist dieses „Sein im Ganzen“? Es ist die Wirklichkeit, die aus sich heraus Bejahung verlangt. Zur Wirklichkeit gehören alle Wesen der Natur, selbstverständlich auch der Mensch.

[21] *Jörn Müller*, Physis und Ethos. Der Naturbegriff bei Aristoteles und seine Relevanz für die Ethik, Würzburg 2006, S. 141.

[22] Ebd., S. 134.

[23] *Hans Jonas*, Zur ontologischen Grundlegung einer Zukunftsethik, a. a. O., S. 130.

[24] Ebd., S. 131.

[25] PV, S. 94.

[26] PV, S. 161.

Ohne Zweifel hat Jonas' Position metaphysische Implikationen. Obwohl er – zu Recht – der Ansicht ist, dass der Sinn von Sein und der Anspruch des Sollens aus sich selbst einleuchtet und in direkter Intention ohne metaphysische Begründung möglich ist,[27] ist bei einer skeptischen Infragestellung die göttliche Ursache als Bestätigung des Sinnes unbedingt erforderlich. Jonas diskutiert diese Frage durch die Erwähnung der Ansicht von Duns Scotus, dass das Gutsein der Welt rein auf den göttlichen Willen zurückgehe, sodass, wenn Gott anders gewollt hätte, die Welt auch schlecht hätte sein können. Unter Bezugnahme auf das Beispiel der Genesis und auf Platons Timaeus erklärt jedoch Jonas: „dass auch für einen göttlichen Schöpfer ein solches Seinsollen gemäß dem Begriff des Guten der Grund für sein Schaffen war: er wollte sie, weil er fand, dass sie sein sollte."[28] Damit löst Jonas das Dilemma zwischen dem Guten als göttlichem Willensprodukt und dem Guten als dem Unbedingten, das letzten Endes Gott selbst ist, ganz im Sinne des Platonischen Dialogs *Eutyphron,* der die Frage klärt, ob man das Fromme achten soll, weil es in sich dies verlangt, oder weil die Götter es so wollen. Dies hat ihm von Seiten der Schülerschaft Heideggers den Vorwurf der – angeblich unzulässigen – Ontotheologie eingebracht.[29]

Wie Jonas sagt und wie ich es oben formuliert habe, ist es die ursprüngliche Wirklichkeitserfahrung, die in sich selbst werthaft ist. Anders die Situation des forschenden, mit reduktiven Vorurteilen arbeitenden modernen Mediziners. Für ihn klaffen die philosophische Reflexion und sein empirisches Forschen auseinander. Die unmittelbare Zielsetzung der medizinischen Science ist die Erforschung der „materiell-gesetzlichen Natur" des Menschen, was implizit eben schon eine reduktive Hypothese ist. Das Material, das der medizinische Forscher untersucht, zeigt ja die Natur nicht als sinnstrukturiert, sondern als widerständig und gewissermaßen als irrational. Die empirische Forschungsperspektive liefert keinen Wesensbegriff des Menschen. Der Forscher muss – insofern er Mensch ist – schon wissen, dass der Mensch bereits ein relativ vollkommenes Wesen ist, sodass phantastische medizinische Zielsetzungen, die die Aufhebung des Älterwerdens oder aller Krankheiten implizieren, von vornherein utopisch, finanziell nicht realisierbar und moralisch unverantwortlich sind. Das Ziel, woraufhin der Mensch in Wissenschaft und Technik handelt, ist nicht nur ein Material für ihn und seine Macht. Jonas betont, dass alle Extrapolationen in die Zukunft die schlimmen Folgen menschlichen Wirkens unterschätzen, da die menschliche Macht immer größere Zerstörungen nach sich ziehen wird, als diese jeweils vorher berechnet werden könnten. Auf eben dies deutet die „Heu-

[27] PV, S. 99.

[28] PV, ebd.

[29] *Annemarie Gethmann-Siefert*, Ethos und metaphysisches Erbe. Zu den Grundlagen von Hans Jonas' Ethik der Verantwortung, in: Herbert Schnädelbach/Geert Keil (Hrsg.), Philosophie der Gegenwart – Gegenwart der Philosophie, Hamburg 1993, S. 171–215.

ristik der Furcht“ bei Jonas: Wo irreversible negative Spätfolgen nicht sicher auszuschließen sind, muss das Handeln begrenzt bzw. unterlassen werden. Wenn der Zuwachs an technologischer Macht den Menschen in die Lage versetzen würde, nicht nur seine Umwelt, sondern auch seine eigene biologische Natur radikal zu ändern, so würde dies dem Verantwortungsbegriff von Jonas strikt zuwiderlaufen.

III. Die Begründung des Lebens im Sein

1. Die Zweckhaftigkeit der Natur und die Freiheit für das Gute

Die Grundlage von Jonas' Zukunftsethik ist nicht nur eine Philosophie des Organismus, sondern eine Philosophie des Seins, eines Seins, das, wie schon die klassische Transzendentalienlehre gelehrt hat, vertauschbar ist mit dem Guten. Die Werthaftigkeit des Seins und die diesem implizite Teleologie ebenso wie der Hinweis auf die ontologische Grundlage der Zukunftsethik verstehen sich nur auf dem Hintergrund eines Zusammenhangs von Leben und Ethik. Jonas erklärt: „Nur eine Ethik, die in der Breite des Seins und nicht lediglich in der Einzigkeit oder Absonderlichkeit des Menschen begründet ist, kann Bedeutung im All der Dinge haben.“[30] Die Zweckkausalität der Natur geht beim Menschen in eine „sehende Freiheit“ über, sodass die Zwecke, die der Mensch hat bzw. realisieren will, darauf befragt werden müssen, ob sie gut oder schlecht sind. Der Mensch als fühlendes und strebendes Wesen ist nicht nur „ein Zweck der Natur, sondern auch ein Zweck an sich selbst“[31]. Die endlos offene Entwicklung der menschlichen Art, die dieser in empirischen Evolutionstheorien beigelegt wird, wird dadurch der „blinden“ Natur entrissen und in die „sehende Freiheit“ eingebettet. Mit diesem Herausstehen aus der übrigen, ihren Zweck „automatisch“ verfolgenden Natur, ist der Mensch zwar des Nihilismus, aber auch zur Bejahung des Seins durch die Erkenntnis des moralisch Guten fähig. Und dazu ist er nun wirklich aufgerufen. Jonas, der Theoretiker der Evolution und des Lebens, steht in einer langen Tradition des Denkens, aus der er schöpfen kann.

Als allgemeines Prinzip ist der Zusammenhang von ethischem Wissen und Selbsterhaltung zum ersten Mal von Platon im Kontext einer Theorie der politischen Ordnung entwickelt worden. Das Wissen darum, dass sich die Freiheit, wenn sie erhalten bleiben soll, die richtigen Beschränkungen auferlegen muss, ist eine der zentralen Einsichten, die Platon für den Bereich des menschlichen

---

[30] *Hans Jonas*, Das Prinzip Leben, Frankfurt a. M. 1997, S. 403.

[31] PV, S. 157.

Handelns entwickelt hat.[32] Selbsterhaltung geschieht nicht, wie Hobbes gemeint hat, durch die schöpferische Hervorbringung einer Ordnung, sondern durch die Entdeckung einer bereits vorhandenen Ordnung. Die Zielgerichtetheit der Ordnung ist zugleich die Lehre vom Guten. Bei Platon umfasst die Zielgerichtetheit alles Seiende und enthält die entscheidende Antwort auf die Frage, warum etwas geschehen soll. Im Platonischen Dialog *Phaidon* erklärt der bereits zur Todesstrafe verurteilte Sokrates, dass er im Gefängnis deshalb bleibe, weil er nicht gegen die Gesetze der Polis verstoßen wolle. Käme es auf seine Sehnen, Muskeln und Knochen an, so würden diese ihn ohne weiteres in ein anderes Land bringen. Der Gehorsam gegen die Gesetze ist für Sokrates eine moralische Pflicht, die die bloß subjektive Zwecksetzung übersteigt.[33] Im selben Sinn übersteigt bei Jonas die moralische Zwecksetzung diejenige, die auf Neigung oder subjektiver Willkür beruht:

„*Wirklich* der-Mühe-wert muss bedeuten, dass der Gegenstand der Mühe *gut* ist, unabhängig vom Befinden meiner Neigungen. Eben dies macht ihn zur Quelle eines Sollens, mit dem er das Subjekt anruft in der Situation, in der die Verwirklichung oder Erhaltung *dieses* Guten durch *dieses* Subjekt konkret in Frage steht.“[34] Nur das in sich Gute vermag rechtens den Willen zu binden. „Erst seine Gründung im Sein stellt es [das Gute K.-H. N.] dem Willen gegenüber. Das unabhängig Gute verlangt, Zweck zu werden. Es kann den freien Willen nicht zwingen, es zu seinem Zweck zu machen, aber es kann ihm die Anerkennung abnötigen, dass dies seine Pflicht wäre.“[35]

Die Notwendigkeit, das moralisch Gute über die richtige Entscheidung des freien Willens zu denken, führt nach Jonas zu dem Irrtum Kants, bei dem der Kategorische Imperativ sein eigener Zweck ist und die willentliche Selbstbestimmung des Menschen ohne eine vorgegebene menschliche Natur und ohne real außerhalb des Menschen liegende moralische Zwecke gedacht wird.

2. Die Verwurzelung des unbedingten Imperativs

Während die Kopernikanische Wende Kants zu einem Anthropomorphismus führt, der in den Lebewesen keine Zwecke an sich zu erkennen vermag, fordert Jonas eine Ergänzung dieser Kopernikanischen Wende, die deren Richtungsdynamik korrigiert. Nicht mehr die Hinordnung der Natur auf den Menschen ist die alleinige Erklärungsgrundlage des Wissens und Tuns des Menschen. Die

[32] Zur Platoninterpretation: *Karl-Heinz Nusser,* Menschenrechte und Leistungsgerechtigkeit, a. a. O., S. 30–61.

[33] *Platon*, Phaidon 98 d – 99 b.

[34] PV, S. 161.

[35] PV, ebd.

Natur und das Lebendige stellen einen Seinsbereich dar, der dem Menschen gegenüber ein Eigenrecht hat. Die Annahme, die Kant in der *Kritik der Urteilskraft* (§ 82, 84, 86) entwickelt, dass die Natur nur insofern einen Zweck an sich enthalte, als sie auf die Moralität des Menschen hingeordnet werden könne, wird von Jonas korrigiert: „Moralität kann sich nie selber zum Ziel haben.“[36] Gerade moralisches Handeln muss auch in der Natur, insofern diese einen Zweck an sich enthält, sein Ziel und seine Grenze finden. Jonas formuliert zwar einen neuen kategorischen Imperativ, der sich in der Formulierung an Kant anlehnt: „Handle so, dass die Wirkungen deiner Handlung verträglich sind mit der Permanenz echten menschlichen Lebens auf Erden“[37], dies darf jedoch nicht darüber hinwegtäuschen, dass dieser Imperativ nicht auf der Autonomie der menschlichen Vernunft, sondern auf dem Eigenrecht des Lebens aufruht. Die Autonomie der menschlichen Vernunft und das spezifische Kriterium Kants, die Achtung vor dem Gesetz, werden von Jonas – ähnlich wie schon von Scheler – als formalistischer Irrtum erkannt: „Das Gesetz als solches kann weder Ursache noch Gegenstand der Ehrfurcht sein; aber das *Sein* (hervorgehoben von H. J.), erkannt in seiner Fülle oder einer Einzelerscheinung derselben, begegnend einem Sehvermögen, das nicht durch Selbstsucht verengt oder durch Stumpfheit getrübt ist, kann wohl Ehrfurcht erzeugen.“[38] Nicht die Pflicht oder das Sittengesetz motivieren das sittliche Handeln, „sondern der Appell des möglichen An-sich-Guten in der Welt, das meinem Willen gegenübersteht und Gehör verlangt – *gemäß* dem Sittengesetz.“[39] Jonas analysiert scharfsinnig die – unzureichende – Erklärung des moralischen Gefühls bei Kant, die im moralischen Gesetz in „der Erhabenheit des unbedingten *du sollst*, das von der Vernunft ausgeht“, wurzeln soll.[40] Wie aber die Vernunft zur Quelle eines Affektes werden kann, vermag Kant ebenso wenig begreiflich zu machen wie seine Behauptung, dass die Vernunft „ein Faktum“ sei.[41]

Das moralische Gefühl kann nach Jonas nur von der Sache selber erzeugt werden, „und zwar durch ihre durchaus einzige Selbstgültigkeit“. Und wenn umfassende ontologische Prinzipien das Gefühl affizieren, „dann durch ihren *Inhalt* und nicht durch den Grad ihrer Allgemeinheit“.[42] Solche Inhalte einer echten moralischen Einsicht sind die Eigenwürde der Person und der grundsätzliche Wert des Lebens und diese können in einem Imperativ gefasst werden.

---

36 PV, S. 162.

37 PV, S. 36.

38 PV, S. 170.

39 PV, S. 162.

40 PV, S. 168.

41 Kant: „Man kann das Bewusstsein dieses Grundgesetzes ein Faktum der Vernunft nennen.“ Kritik der Praktischen Vernunft, § 7, Anmerkung, zitiert in: *Immanuel Kant*, Werke in sechs Bänden, hrsg. von W. Weischedel, Band IV, S. 141.

42 PV, S. 169.

Jonas führt aus: „Aber Kant selber erlöste die bloße Formalität seines kategorischen Imperativs durch ein ‚materiales' Prinzip des Verhaltens, das angeblich aus ihm folgt, in Wahrheit aber ihm hinzugefügt ist: Achtung vor der Würde von Personen als Zwecken an sich selbst."[43] Besonders klare Beispiele sind die von Jonas gewählten Verantwortlichkeiten der Eltern für ihr Kind, aber auch des Staatsmannes gegenüber den von ihm regierten Menschen. Dabei ist das Kind als Individuum und als Gattungswesen Gegenstand der Sorge und Verpflichtung der Eltern. Eine vermeintliche Verbesserung des Erbguts mit dem Ziel, die Gattungsgrenzen zu verschieben oder ein Individuum zu klonen, verbietet sich bereits durch die unmittelbare moralische Verantwortung der Eltern für das Kind und dessen eigenständige Entwicklung. Dass Jonas die Existenz der Menschheit als solche als ontologisch verpflichtend ableiten will,[44] resultiert aus der Notwendigkeit, das Sein des Menschen gegenüber dem bloß prozesshaften Werden der Evolutionstheorie in sich zu bejahen. Ich habe bereits oben darauf hingewiesen, dass das Auftreten der Gestalt des homo sapiens aus der Perspektive der Evolutionstheorie durchaus kontingent ist, sodass dessen weitere Identität aufgrund der Offenheit der Evolution ebenfalls offenbleiben müsste. Wenn Jonas davon spricht, dass „es eine *unbedingte Pflicht* der Menschheit zum Dasein" gebe[45], dann tut er dies aus dem Recht des Geistes, der naturphilosophisch betrachtet durch seine Kontinuität mit dem Organismus möglich wird, aber gleichzeitig vom Ursprung her, im Gegensatz zu jeder reduktionistischen Erklärung der Evolutionstheorie am Anfang des Werdens bereits Geist ist. Eine adäquate Evolutionstheorie ist deshalb nicht ohne Metaphysik möglich und so weist Jonas an verschiedenen Stellen auf die Notwendigkeit der Annahme der Metaphysik hin und nennt deren moderne Leugnung ein verbreitetes Dogma, das jedoch auf der notwendig nur empirischen Basis der Wissenschaft nicht beweisbar sei.[46] Umgekehrt verfährt der moderne Biologe tatsächlich dogmatisch, weil er bei seinen Forschungen eine Perspektive einnimmt, die nur Gott als dem Schöpfer zur Verfügung gestanden hat: „Der Biologe, bei der Erforschung elementarer Lebensvorgänge, z. B. auf der molekularen Ebene, verfährt, *als ob* er nicht wisse, dass es den ganzen Organismus gibt, in dem sie stattfinden; bei der Erforschung niederer Organismen, als ob er nicht wisse, dass es höhere gibt; bei der Erforschung der höheren, als ob er nicht wisse, dass ihnen eine Subjektivität eignet; bei der Erforschung des höchsten (und seines Gehirns), als ob er nicht wisse, dass Denken sein Sein bestimmt. Das heißt, er stellt sich auf den Stand-

[43] PV, ebd.

[44] PV, S. 91.

[45] PV, S. 80.

[46] PV, S. 93.

punkt jener *Anfänge*, bei denen in der Tat niemand außer Gott vorhersehen konnte, was in der Evolution einmal daraus hervorgehen würde...“[47]

Insofern der Mensch in seiner Würde existiert und diese von uns erkannt wird, ist nicht irgendeine diffuse evolutionstheoretische Genese der primäre Grund der Erklärung der Existenz seiner Würde, sondern seine Endgestalt, die, wie Aristoteles für alle Arten feststellt, ein „Bestes“ ist.[48]

3. Das Gefühl der Verantwortung

Jonas weist bei dem In-Beziehung-Setzen von Natur und Ethos darauf hin, dass die Seinsbejahung „emphatisch“ sei, so wie es die Bejahung des Lebens sei.[49] Damit ist eine wichtige Voraussetzung für jede Ethik genannt; denn diese beruht immer auf dem Sich-Einstellen eines moralischen Gefühls, dem eine verallgemeinernde Regel zur Geltung verhilft. Eine moralische Intuition oder ein Impuls bedarf immer der Rechtfertigung in Bezug auf seine Richtigkeit. Die Rolle des Gefühls in der Ethik hat somit in der personalen Verantwortung ihren Ort und Jonas wählt Beispiele, die deutlich machen, dass sittliche Verantwortung durchaus asymmetrisch bei einer Person beginnen kann, weil eben dies auch von der Verantwortung gegenüber der Biosphäre bzw. dem Genom des Menschen gilt. Die Verantwortung gegenüber dem Lebendigen läuft immer über nächstliegende personale Beziehungen, die sittliche Verhältnisse implizieren und deshalb entsprechende Verpflichtungen auslösen. Das erste Beispiel ist die Verantwortung, die die Eltern für das Kind haben.[50] Diese Verantwortung besteht von Natur aus und unterscheidet sich somit von der aus einem Vertrag hervorgehenden rechtlichen und symmetrischen Verantwortung. Ähnlich personal und ebenfalls asymmetrisch ist die Verantwortung von jedem Menschen für die Erhaltung der Biosphäre und des menschlichen Genoms. Das zweite Beispiel, das Jonas wählt, ist der Staatsmann. Dieser hat „im Vollsinn des Wortes für die Dauer seines Amtes oder seiner Macht die Verantwortung für das Lebensganze des Gemeinwesens, das sogenannte öffentliche Wohl“.[51] Moralisch-rechtlich zeigt sich diese Verantwortung im Eid auf die Verfassung, den die ent-

---

[47] PV, S. 136 f.

[48] *Aristoteles*, Peri zoon geneseos, B, 731 b 18 ff.; Phys. 198 b 9. Zur Interpretation der Evolutionstheorie, die die Gesichtspunkte des Aristoteles miteinbezieht: *Horst Seidl*, Evolution und Naturfinalität. Traditionelle Naturphilosophie gegenüber moderner Evolutionstheorie, Hildesheim 2008.

[49] PV, S. 156.

[50] PV, S. 178.

[51] PV, S. 190.

sprechende Regierung ablegt. Auch im Falle des Staatsmannes handelt es sich nicht um die Verantwortung vor der Menschheit an sich, etwa als eines Zwecks an sich selbst, sondern es sind lebendige Personen, genauer gesagt, Bürger und Bürgerinnen, vor denen der Staatsmann Verantwortung hat.

IV. Ausblick

Hans Jonas' Heuristik der Furcht mit ihrer Aufforderung, irreversible Risiken der Naturwissenschaften und Technik zu vermeiden, liefert das ethische Prinzip, um die Rettung der Biosphäre und den unveränderlichen Bestand des menschlichen Genoms zu begründen. Durch diese Begründung wird die Verantwortung für die Biosphäre und für die Erhaltung des menschlichen Genoms für jeden Menschen zur Pflicht.

Der eigentliche Sinn der Aufforderung von Jonas, die menschlichen Artgrenzen nicht manipulativ zu überschreiten und nichts zu tun, was uns auf den Weg dazu bringt, es doch zu unternehmen, ist ein naturrechtlich-ethischer. Er ist somit nicht nach dem engeren Verständnis von Verantwortung, das sich in die Aspekte der Zurechnung einer Verantwortung zu bestimmten Personen oder Gruppen und der Zuständigkeit einer Instanz, vor der man sich verantworten muss, auszulegen. Da der Kern der „Heuristik der Furcht“ noch nicht als allgemeine Regel für alle Menschen und überall auf dieser Erde akzeptiert und sanktioniert worden ist, helfen ethische Überlegungen, die sich auf eine formale menschliche Vernunft oder auf in der bisherigen Kultur geläufige Gerichtsverfahren stützen, nicht weiter. Da die Klimaveränderung von allen Menschen verursacht wird, müssen auch alle – nach ihren je eigenen Möglichkeiten – dabei mitwirken, die Auswirkungen menschlichen Lebens umweltfreundlicher zu gestalten. Dieser Prozess ist durchaus weltweit im Gange und es ist das Verdienst von Jonas, diesen durch seine Mahnungen mitangestoßen zu haben. Es genügt nicht, die Verantwortung rein innerlich – etwa existenzphilosophisch – zu interpretieren, oder sie extern auf die Regelung durch vorhandene ethische Gremien und deren diskursive Verfahren zu reduzieren. Die entscheidende Frage ist doch, ob mit der Beschleunigung der Erkenntnisfortschritte in den Biowissenschaften auch eine stets wachsende Verfügungskompetenz des Menschen einhergehen darf. Die „Heuristik der Furcht“ besteht gerade in der Vorgabe einer Regel, die das Lebensrecht der menschlichen Art nicht unter Bedingungen der Risikoabschätzung stellt, sodass dieses Recht Gegenstand kollektiver Entscheidungen werden könnte. So wenig wie das Lebensrecht unschuldiger Menschen unter keinen Bedingungen zum Gegenstand kollektiver Entscheidungen gemacht werden darf, so wenig darf ein Eingriff in die menschliche Keimbahn stattfinden, und zwar auch dann nicht, wenn kein Widerspruch Betroffener zu erwarten wäre.[52] Die Gefahr der Selbstabschaffung der menschlichen Art durch den forschend-manipulierenden Menschen selbst sollte als größtes zu vermeidendes Übel einer diskursiven Instanz der Folgenabschätzung entzogen sein. In dieser Hinsicht sind die Mahnungen von Jonas so gut wie wirkungslos geblieben; denn ganz im Gegensatz zu dieser absoluten Grenze für die Legitimität menschlicher Handlungen betrachten manche Lebenswissenschaftler die Erforschung des menschlichen Genomprojekts als eine moralisch neutrale, rein theoretische Aufgabe, während die Fragen der moralischen Beurteilung prinzipiell standpunktrelativ aufgefasst werden.

Als ein Beispiel dafür soll die Theorie des Bioethikers Tristram Engelhardt angeführt werden, der ethische Reflexionen nur auf eine zwischenmenschliche „Immanenz“ bezieht, die durch eine „säkulare und postreligiöse Kultur“ kraftlos geworden sei, während das menschliche Genomprojekt mit dem sicheren Gang einer Wissenschaft fortschreite.[53] Engelhardt leugnet den moralischen Verpflichtungscharakter der Wirklichkeit. Das Universum ist nach ihm letztendlich ohne Bedeutung[54], sodass moralische Bedenken hinter der strategischen Klugheit menschlicher Interessen zurücktreten müssen. In schroffem Gegensatz zur realistischen Begründung der Ethik bei Jonas betrachtet Engelhardt den Menschen als „eine Spezies in der Gattung Homo in der Familie der Hominiden, der durch offensichtlich zufällige Unterscheidungsmerkmale gekennzeichnet sei“.[55] Ähnlich wie Sternensysteme, Galaxien und das gesamte Weltall in der Sphäre der „Immanenz“ „ein bloß zufälliger Zustand der Dinge“ sind, ist die biologische Natur des Menschen „offensichtlich frei von jeglicher anhaltender Bedeutung“.[56] Nach Engelhardt geht das menschliche Genomprojekt werturteilsfrei seinen sicheren Gang. In dieser Perspektive, als Gegenstand der medizinischen Forschung, zeigt sich die menschliche Natur als ungerichtetes und widerspenstiges Material. Sieht man von dieser künstlich herbeigeführten Konstellation ab und betrachtet den Menschen nicht in der Situation des Bearbeitens eines Materials, dann zeigen sich menschlich-spontane Regungen wie das Mitleid, das wir mit einem Hungernden haben, oder die Sorge der Eltern für ihre Kinder. In diesen spontanen Reaktionen zeigt sich die menschliche Natur als zielgerichtete. Die Primärregung unserer Natur zeigt eine Verantwortung, die

[52] Nach Nida-Rümelin gehört das Lebensrecht zwar zu den Dimensionen, die die Optimierung des Risikos von außen einschränken. Es kann jedoch bei „Zustimmung der Betroffenen“ eingeschränkt werden. *Julian Nida-Rümelin*, Ethik des Risikos, in: ders. (Hrsg.), Angewandte Ethik, a. a. O., S. 826.

[53] *Tristram Engelhardt*, Verantwortung als Leitfaden der Biotechnologie. Reflexionen über die Begründung von Hans Jonas' normativer Ethik, in: Ralf Seidel/Meiken Endruweit (Hrsg.), Prinzip Zukunft, a. a. O., S. 205.

[54] Ebd., S. 206.

[55] Ebd., S. 212.

[56] Ebd.

als Verpflichtung schon wirksam ist, bevor sie über Verallgemeinerungsmodelle die Zustimmung aller einfordern kann. Die Verantwortung für den Planeten und die menschliche Gattung lässt die Auswahl der Werte nicht beliebig, sondern strukturiert sie. Die Erhaltung des Planeten und der natürlichen Abläufe, und nicht irgendwelche Wunderheilmittel sind das, was die Nachkommen von uns erwarten.[57]

Zusammenfassung

Hans Jonas hat sehr früh auf die immer größer werdenden schädlichen Nebenfolgen unserer Technik aufmerksam gemacht, ohne dass seine Mahnungen nachhaltig Beachtung gefunden hätten. Dabei bestehen die Gefahren, vor denen er gewarnt hatte, in erhöhtem Maße fort, denken wir nur an das gestörte Gleichgewicht der Biosphäre und an die überschwänglichen Hoffnungen, das menschliche Genom verbessern zu können.

Der Artikel arbeitet heraus, wie es Jonas darum geht, dass die menschliche Vernunft die Aufgabe hat, das kostbare Erbe des Lebens in uns und außer uns zu schützen, und dass wir nur dann unserer Vernunft Autonomie zuschreiben können, wenn wir durch sie die Grenzen unserer Naturbeherrschung erkennen. Die ethischen Prinzipien der Beurteilung des menschlichen Wesens dürfen nicht dem diffusen Werdensprozess der Evolution entnommen werden, sondern der Erkenntnis des Seins und des Guten.

Die Gegenwart ist erfüllt von Vorschlägen, die körperlichen und geistigen Fähigkeiten des Menschen gentechnisch zu verbessern. Jonas, der einen wachen Sinn für den falschen Glanz jeder Art von Übermenschentum hat, gibt gute Gründe dafür, „Verbesserungen" des menschlichen Genoms, die immer unbekannte Risiken mit sich führen, zu unterlassen.

Summary

Although Hans Jonas was one of the first to focus our attention on the steadily increasing harmful side effects precipitated by technology, his warnings seem to have had no lasting effect. In fact, the dangers of which he warned continue to grow to an alarming extent. Consider, for example, how our biosphere has been thrown out of balance or the exuberant efforts being made to improve or enhance the human genome.

The article explores how Jonas develops the themes that human reason has a responsibility to protect life's invaluable legacy, both within and without ourselves and that we can only maintain our autonomy of reason if we acknowledge limits in our efforts to control nature. The ethical principles by which human beings are judged cannot be derived from the diffuse process of evolutionary development and formation but must be recognized in the universal contexts of Being and Goodness.

---

[57] *Hans Jonas*, Philosophical Reflections of Experimenting with Human Subjects, in: ders., Philosophical Essays: from ancient creed to technological man, Englewood Cliffs, NJ, 1974, S. 129. Anders: *Tristram Engelhardt*, Verantwortung als Leitfaden der Biotechnologie. Reflexionen über die Begründung von Hans Jonas' normativer Ethik, in: Ralf Seidel/Meiken Endruweit (Hrsg.), Prinzip Zukunft, a. a. O., S. 205.

While contemporary times are charged with suggestions for how to utilize genetic engineering to improve human physical and mental capabilities, Jonas, always alert for the specious luster of every sort of human haughtiness, provides excellent reasons for abstaining from the extraordinarily risky business of attempting to “improve” the human genome.

The Feeling of Responsibility

By M. A. Casey

When I was a boy my father owned a farm in a region of south-eastern Australia known as Gippsland. Gippsland, in the state of Victoria, was one of the last corners of the south-east to be settled by Europeans, beginning in the 1840s. The area was first explored by Angus McMillan who gave it many of its place names after his Scottish homeland, although it was a Polish explorer, Sir Paul Edmund de Strezlecki, who named the region after the colonial governor of the day, Sir George Gipps. It was settled mainly by Highland Scots and was strongly influenced by Presbyterianism, although today Presbyterians are easily out-numbered by Anglicans and Catholics, who themselves are out-numbered by those indicating they have no religion. In the 2006 census those with no religion formed the largest single religious grouping in the region[1].

My father's farm was situated at a locality called Perry Bridge, in between the Avon and Perry rivers. At the south of the property the Perry runs into the Avon, forming a sandy point of land, and shortly thereafter the Avon runs into a large lake. The lake is named for the Duke of Wellington, but the spit at the confluence of the Perry and Avon rivers, known as Boney Point, is named for an altogether more inglorious reason. I remember my father telling me how, well into the 1960s, you could still find bones and bone fragments on this sandy point from a massacre of the local Aborigines, the Kurnai, which took place in 1840. The massacres of the Aborigines in Gippsland often occurred near water, to which the Kurnai were driven and then trapped. The massacre at Boney Point took place after a settler was killed and sheep were found with their legs broken. It is not clear how many Kurnai were killed at Boney Point, but four years af-

[1] Australian Bureau of Statistics, 2006 Census Tables, 2006 Census of Population and Housing (Cat. No. 2068.0). When all denominations are aggregated Christians still out number those professing no religion in Gippsland by a factor of 2.5. Those with no religion comprise 24.2 per cent of the region's population, compared to 22 per cent for Catholics and 21 per cent for Anglicans. Presbyterians comprise 4.4 per cent of the population and the Uniting Church (into which a number of Presbyterians were absorbed in the 1977) makes up 7.3 per cent. Nationally, those professing no religion comprise 19 per cent of the population.

terwards, in 1844, a missionary found so many bones and skulls at this place that it could have been mistaken for a native burial ground[2].

Like many places in frontier societies such as Australia and the United States, Gippsland too, in its own small way, "has been one of the dark places of the earth"[3]. There were four major massacres of the Aborigines in Gippsland, and some lesser ones, typically as the conclusion of a series of skirmishes and retaliations between Aborigines and settlers. Numbers killed seem to be more in the order of dozens or hundreds, much smaller in scale to the death tolls of thousands and millions that we have become used to, but for that very reason the horror of them is harder to avoid. Not much imagination is needed to appreciate the horror of what happened at Gammon Creek in 1843 when perhaps sixty Kurnai – men, women and children – were shot and their bodies thrown into a waterhole[4].

The Kurnai population declined, but in Gippsland as elsewhere this occurred mainly through the impact of disease and steep falls in fertility. The dispersal of families and the destruction of traditional life took a particular toll[5]. The demoralisation of communities and the human dysfunction that followed, typically when alcohol or substance abuse were involved, have had especially horrible consequences. The world glimpsed an extreme instance of this when the most appalling and almost unbelievable reports of widespread child sexual assault and child neglect led the Australian federal government to assume control of Aboriginal settlements from the government of the Northern Territory in 2007. The demoralisation of Aboriginal communities has not always taken such extreme and endemic form, but its lesser forms have plagued these communities intermittently since European settlement. I recall my father telling me, from a much earlier time, how he encountered Aboriginal men outside hotels in the township of Lake Tyers, where there was a significant Aboriginal mission station, offering their daughters in prostitution for alcohol.

So when one looks, for example, at the foundation stone of what was St Columba's Presbyterian church in the city of Sale and reads that it was erected "to the memory of the Presbyterian pioneers of Gippsland", it is difficult not to have mixed emotions. Assertions of collective or inherited guilt are more often the products of political ideology than good moral reasoning, and I do not subscribe to the view that the crimes committed in the course of European settlement discredit everything that has followed, or cast an immoveable shadow over

---

[2] Patrick Morgan, "Gippsland Settlers and the Kurnai Dead", *Quadrant* 48:10 (October 2004).

[3] Joseph Conrad, *Heart of Darkness* (1902), (Penguin, Harmondsworth: 1973), p. 7.

[4] Morgan, "Gippsland Settlers and the Kurnai Dead".

[5] Ibid.

everything that is great about the Australian achievement. Gippsland today is one of the most domesticated regions imaginable, but when McMillan first explored it the scrub was so thick in some places that he could only get through it by crawling on his hands and knees. The European settlers of Australia built a civilisation from the mulga while nineteenth century Europe was incubating the "great politics" which would take modernity beyond all restraint. And without great politics or any kind of secularised eschatology Australians created a society which, measured in terms of the spread of prosperity, social mobility, educational opportunity and basic fairness, would look to people in almost every preceding age as a type of utopia. It was and is nothing of the sort, of course, but despite its injustices and imperfections the achievement and the civilisational genius behind it are not to be disavowed.

At the same time, the disaster that befell the Aboriginal population of Australia is not to be dismissed or minimised by invoking history and treating it as an accident, like a tree falling on a passer-by. History is of course replete with episodes of occupation, colonisation, and invasion, and the sufferings that follow for the defeated typically encompass some combination of atrocity, deprivation, disease and disorder. The disintegration of communities and families and the disorientation of individuals usually give rise to brutality, humiliation and destruction, whether they occur in the wake of conflict or in the conditions of peace and freedom that prevail in modern democracies. The squalor and anarchy that blight some Aboriginal communities today is not qualitatively different from that which can be found in the family-less zones of Western towns and cities, although there may be differences in degree. In all cases, it is the most vulnerable who suffer the most. But while the general sorts of things which happened to the Aborigines in Australia during European settlement have also happened to Europeans, during and after World War II and more recently in the Balkans, and even to Americans during and after the Civil War, the crucial difference lies in their duration and effect. The societal impact of the disasters which defeat inflicted on populations in Europe and America were enormous but proved to be temporary, and recovery from them is now complete (or well underway in the case of the Balkans). For Aborigines, however, recovery from the societal consequences of European settlement is uneven to say the least, and the suffering it engendered has lasted for generations.

There is a sense in which events take on a life of their own and seem to become larger than any human agency, quickly outrunning the individual decisions and choices that set them in train. War is a classic example of this. Perhaps the liberalisation and secularisation of Western societies is another. While it is usually possible to identify those responsible for particular actions committed in the midst of great upheavals, apportioning responsibility for the creation of the wider situation these individuals found themselves in, and which made the decision they took possible, is difficult if not completely beyond us. To express this problem another way: if a group of soldiers or settlers commits an atrocity, to what extent are those who sent them to war or away from their homeland responsible for putting these men in a situation where an atrocity became possible, a possibility which may never have opened up if they had been left in peace?

Even if the locus of ultimate responsibility could be accurately identified it is not clear what practical significance it would have. The chain of responsibility can be traced back so far that it ceases to make sense. But on the other hand, we are not usually content to isolate a particular incident and the particular responsibility for it when it forms part of a larger situation. While historical events sometimes resemble forces of nature in the way that control over them eludes us, we generally do not regard the sufferings that the Aboriginal people endured in the wake of the European settlement of Australia in the same way as those caused by an earthquake or cyclone. Nor do we seriously entertain the proposition that no one today need accept responsibility for their plight. The *feeling* of responsibility for their situation worries us, even when responsibility is not strictly ours.

Reflecting on the massacres of the Kurnai in Gippsland the Australian writer Patrick Morgan offers the advice that "we should tell the truth about the past, but not moralise about it, nor feel personally guilty"[6]. I agree with this. There remains, however, the strange problem of feeling responsible for sufferings which we have not caused. When people speak of feeling guilty for the historic actions of their ancestors or country in which they themselves have taken no part either by act or omission, I suspect that they are attempting to articulate this feeling of responsibility and misnaming it. They are also confusing responsibility to the demands of justice with responsibility to other goods[7]. Responsibility to justice arises from our free and intentional actions, committed either with knowledge of their nature and likely consequences for others, or with recklessness towards them. Responsibility to justice faces backwards, as it were. It takes its orientation from what we have done and what we may owe others as a consequence. Responsibility to other goods, in contrast, faces forwards. It is oriented to seeking the good of other people, especially those who may need our help, by means that are good and which support other good things, and in particular the realisation of human flourishing. Responsibility to justice is based on individual culpability. Responsibility to other goods is based on natural sociability which directs us to other people and requires us to realise our own good by seeking theirs.

---

[6] Ibid.

[7] I am grateful to Hayden Ramsay for clarifying this distinction for me, and for the idea of "backward" and "forward" responsibility.

It is not surprising that the feeling of responsibility which arises from concern for the good of others should become confused with the feeling of responsibility to justice, and make itself felt as a matter of justice, because the different goods, while distinct and incommensurable, are not easily or neatly separated. Those who have suffered injustice have a right to reparation, and when the wrong-doers are no longer alive or otherwise unable to meet the demands of reparative justice others who have had no part in the wrong-doing may have a duty to meet these demands (if they are not prevented from doing so by other primary moral obligations). That is, the innocent may be required to assume responsibility not only in the course of attending to the good of those who have suffered historic wrongs, but also to address their right to justice. Not surprisingly, the material resources that modernity has put at the disposal of people in the West to fulfil their most immediate primary obligations, if they are minded to do so, has naturally enough created an openness to addressing other and more remote obligations. This has to be judged a good thing, although problems also arise. There are a host of questions about the political exploitation of this openness by some activist groups and NGOs; the naïveté and cynicism that can sometimes inform the responses which politicians, businessmen, academics, churches, journalists and celebrities make to it; and the instances of mismanagement, incompetence, corruption and failure that have occurred in some of the different programs generated from it. There is also the widespread confusion about what responsibility means, one token of which is what some have called "telescoped morality", whereby individuals validate their idea of themselves as good people by investing all their moral (and moralising) energy in problems and injustices far away, while simultaneously disregarding those they create for the people nearest them by their own bad choices and habits.

Fellow feeling or natural human sympathy obviously plays a part in why we sometimes feel responsible for the injustices which others have done, but a more complicated part than is first apparent. The sociability which orients us towards the good of others reflects among other things the recognition of our shared humanity, and this initially registers itself not as a philosophical proposition but as an emotion of one sort or another. This is particularly the case when we are concerned with the good of others who are suffering or have been treated unjustly. But emotions, of course, are not enough. Pity and fellow feeling come easily when a ready identification with the sufferer is possible, or when children are concerned. But as we know acutely from the experience of the twentieth century, when suffering and injustice have so degraded a person that the humanity they share with us becomes something we have to look for rather than recognise immediately, our emotions are more likely to be repugnance and fear, at least initially, rather than sympathy and pity. It is also true that when those who suffer are difficult, unpleasant or resentful people, either because of their sufferings or their personality, we need more than emotions to persevere in seeking their good. Emotions can provide the impetus to seek the good of others, but resolution – a choice and commitment – is necessary to sustain this in action. Perhaps this is just another way of saying that love is not merely a feeling but a choice, and obviously the same can be said for responsibility.

But there is another aspect to the role that emotions can play in the feeling of responsibility and the choice to assume responsibility for others, even though we are innocent of any harm they have suffered. A not unusual emotion that we can experience before the sufferings of others is horror that such things could happen – or be done – to another human being. Horror is in fact a normal emotion to feel in response to the gross violation of another person, especially by extreme violence, cruelty or maltreatment. Another important emotion is shame. We can feel ashamed of the sufferings that other people cause, ashamed at how far another person can fall, either in degrading themselves or causing suffering and degradation to others. This is not simply a matter of being embarrassed or disconcerted. We feel shame that these are the sort of things of which human beings, including ourselves, are capable.

Shame thus points us to another form of fellow feeling which we can resist recognising. Identifying with the sufferer is normal and estimable. But we also need to acknowledge those moments when we can see ourselves in the perpetrators of violence and the atrocity makers. Our experiences of resentment, fear, hatred, and hardness of heart do not need to be extreme for us to recognise that where they have taken others in different circumstances, they can also take us. Obviously there are some – men for whom violence is a way of life, people who enjoy torture or domination, and psychopathic criminals – whose interior life is so alien to that of most normal people that no inkling of self-recognition with them is possible. But the strange way in which, for example, even normal or everyday levels of anxiety and frustration can distort our responses and make us do hateful things allows us to sense the horrors of which we too might be capable in situations of greater stress, and particularly in situations involving violence or the threat of violence. Fear and anger – not least when driven by resentment – are highly labile emotions, and when they have been called forth our control over them can be very fragile indeed. Fear in particular can turn on a dime, slipping in a moment from helplessness and panic to a ferocious determination to hurt or destroy what frightens us or stands in our way. It can take us in an instant from feeling utterly powerless to imposing our will against the world and against others brutally[8]. And all of this is to say nothing of the more mundane circumstances in which we can choose to allow our hearts to become steadily hardened over time to the good of others and to the harm caused by asserting our will against them. We can think that we are sure of ourselves in our decency and moderation and the reassuring assumption that we would simply

[8] One fictional example is the intellectual Gestapo officer Rutkowski in Borislav Pekić's novel *How to Quiet a Vampire* (1977), trans. by Stephen M. Dickey & Bogdan Rakić (Northwestern University Press, Evanston IL: 2005), pp. 208–211.

not be capable of certain things. But as Conrad observes, if that is all we are sure of then we are sure of nothing. Being sure of himself "is the last thing a man ought to be sure of"[9]. Recognising this, recognising ourselves not only in those who suffer but also in those who cause suffering, is an important and neglected aspect of the feeling of responsibility.

It is interesting to consider the relationship between feeling responsible for people who are suffering because of the wrong-doing of others, and the feeling of responsibility that arises when we have caused suffering or harm to others blamelessly. A textbook example of this is the driver who, while observing the rules of the road and concentrating on his driving, is unable to stop his car in time when a child runs on out in front of him. The driver did not intend to kill the child and did not contribute to her death by recklessness or negligence. Strictly speaking he has no moral responsibility for her death at all. But if he is a normal human being this is not how he feels. He will accuse himself of killing her and if asked to put a name to the form of responsibility he feels, he will most likely choose the word *guilt*.

In thinking about this particular form of the feeling of responsibility the Australian philosopher Hayden Ramsay has employed the concept of *piacularity*, which is discussed by Adam Smith in *The Theory of Moral Sentiments* (1759). Smith described piacularity as follows:

> As, in the ancient heathen religion, that holy ground which had been consecrated to some god, was not to be trod upon, but upon solemn and necessary occasions, and the man who had even ignorantly violated it, became *piacular* from that moment ... so by the wisdom of Nature, the happiness of every innocent man is ... not to be wantonly trod upon, without requiring some expiation, some atonement in proportion to the greatness of the undersigned violation[10].

As Ramsay goes on to comment, the concept of piacularity "seeks to do justice to the feelings of victim and agent, accurately describing the harm caused and explaining as rational the deep feelings stirred up, but without implying moral blame or guilty intent". The person who becomes piacular is not to be blamed for the harm he has caused because he is not morally responsible, but he "*is* to be regarded as an agent, and not as a falling tree". Although such an agent does not deserve punishment for what he has done, some restitution might be required of him, perhaps as part of the learning from the experience, and in any case as part of acknowledging that "some morally serious thing has happened", so that "the blameless agent who caused the harm" can be brought "fully back into the moral community"[11].

---

[9] Joseph Conrad, *Nostromo* (1904), (Oxford University Press, Oxford: 1984), p. 310.

[10] Adam Smith, *The Theory of Moral Sentiments*, 2, 3.3. Cited in Hayden Ramsay, "Insensitivity", *Heythrop Journal* 158 (2007), pp. 546–560, at p. 557.

[11] Ramsay, "Insensitivity", pp. 557–558.

The person who is piacular is not culpable. He feels responsible when responsibility is not strictly his to feel, and he feels this because despite his innocence he has nevertheless violated something sacred. He needs to make expiation for what he has done, even though he has done it blamelessly. As Smith says, it is nature's law that "the happiness of every innocent man is ... not to be wantonly trod upon, without requiring some expiation, some atonement in proportion to the greatness of the undersigned violation". It does not make sense to apply the concepts of atonement and expiation beyond those individuals who are directly responsible, wittingly or unwittingly, for the violation of another person. For this reason, piacularity excludes the idea of collective or inherited guilt. At the same time, however, I think piacularity illuminates what ideas of collective or inherited guilt are attempting to explain. For when we are confronted with the violation of other human beings we feel compelled to assume responsibility for them. The violation of the sacred cannot leave us unmoved – even or perhaps especially when we have had no part in the violation which has been committed. We cannot atone for what others have done, nor should we seek to do so. Only the culpable – or the piacular – need to make atonement. But it is a mark of being fully human to assume responsibility for those who have been violated and to make their good our own.

In sum, I think there are four elements to why we sometimes feel responsible for those who are suffering because of the actions of others in which we have had no part. The first is our natural sociability and the concern that this elicits for the good of others. A second element is the responsibility we have to justice, particularly when the wrong doer is incapable of making amends and those who have suffered at his hands are yet to receive reparation. The third element is fellow feeling, which encompasses not only sympathy and identification with those who are suffering, but also horror and shame at the evils which we are capable of committing against each other. Central to this is the recognition of our own personal capacity for evil, our likeness to those normal people who actually commit atrocities. The fourth element draws on the concept of piacularity, and the way the violation of something sacred compels us to share in the task of restoring right order.

The feeling of responsibility as I have tried to describe it needs to be clearly distinguished from the concept of guilt, and we need to be particularly alert to the manipulation of moral sentiments for political and ideological purposes. Deepening our understanding of what responsibility entails is a useful antidote to this, and this is one reason why I think the feeling of responsibility is so important. First and foremost, it requires us to take responsibility for ourselves. The Colombian politician Íngrid Betancourt was liberated from three years of captivity by rebels in July 2008. Asked about the degradations she endured, she replied: "The only thing to say about that is that we all have a duty to watch ourselves. I felt there were temptations to let yourself go towards diabolical behaviour... I think you need tremendous spirituality to stop yourself falling into the abyss"[12]. Remember that Betancourt spoke not as a torturer or hostage taker, but as one taken hostage and tortured. We need to keep two things in mind: the evil of which we are each only too capable in both mundane and extraordinary circumstances; and the need to maintain a steady commitment to the good of others. In this we can see that the purpose of the feeling of responsibility is to save us from the abyss which is always at our feet.

Summary

"We should tell the truth about the past, but not moralise about it, nor feel personally guilty". There remains, however, the strange problem of feeling responsible for sufferings which we have not caused. This paper identifies four elements to why we sometimes feel responsible for those who are suffering because of the actions of others in which we have had no part. The first is our natural sociability and the concern that this elicits for the good of others. A second element is the responsibility we have to justice, particularly when the wrong doer is incapable of making amends and those who have suffered at his hands are yet to receive reparation. The third element is fellow feeling, which encompasses not only sympathy and identification with those who are suffering, but also horror and shame at the evils which we are capable of committing against each other. Central to this is the recognition of our own personal capacity for evil, our likeness to those normal people who actually commit atrocities. The fourth element draws on Adam Smith's concept of *piacularity*, and the way the violation of something sacred compels us to share in the task of restoring right order.

Zusammenfassung

„Wir sollten die Wahrheit über die Vergangenheit kennen, uns aber nicht moralisch über sie entrüsten, noch sich persönlich schuldig fühlen." Es bleibt jedoch der merkwürdige Umstand, dass wir uns verantwortlich fühlen für Leid, das wir nicht verursacht haben. Dieser Beitrag behandelt vier Aspekte, die sich damit befassen, warum wir uns bisweilen verantwortlich fühlen für jene, die durch Taten anderer, an denen wir keinen Anteil haben, leiden. Als Erstes ist hier unsere von Natur aus gegebene Soziabilität zu nennen und die Bedeutung, die diese für das Wohl des Mitmenschen hat. Das zweite Element ist die Verantwortung, die wir für die Gerechtigkeit haben, vor allem wenn der Übeltäter nicht in der Lage ist, Genugtuung zu leisten und diejenigen, die unter seinen Händen zu leiden hatten, noch keine Wiedergutmachung erhalten haben. Das dritte Element ist Mitmenschlichkeit, das nicht nur Sympathie und Mitleiden umfasst, sondern auch Abscheu und Scham bezüglich des Unrechts, dessen wir uns gegenseitig zuzufügen fähig sind. Wesentlich dazu ist die Anerkennung unserer persönlichen Disposition für das Böse, unsere Ähnlichkeit mit jenen Menschen, die Schandtaten begehen. Das vierte Element knüpft an das Konzept der *piacularity* von Adam Smith an, der Haltung, die uns dazu drängt, sich daran zu beteiligen, die Entweihung des Heiligen zu sühnen.

---

[12] "Freed hostage Betancourt spent three years in chains", *Straits Times*, 4 July 2008.

II. Verantwortung in Wirtschaft und Gesellschaft

Das Subsidiaritätsprinzip zwischen Ordnungsprinzip der katholischen Soziallehre und rechtlicher Verwertbarkeit

Von Christian Waldhoff

Das Subsidiaritätsprinzip gehört zu den Errungenschaften der katholischen Soziallehre, das national – wie weltweit – den größten Erfolg aufweist. In diesem Zusammenhang wird von einem „sämtliche Wissenschaftssparten von der Ökonomik über die Politikwissenschaft bis zur Rechtswissenschaft" umspannenden „Siegeszug" und einer „ebenso beständige[n] wie gegenwärtige[n] Hochkonjunktur" des Prinzips gesprochen[1]. Zumindest im deutschsprachigen Bereich wird es teilweise mit katholischer Soziallehre oder gar mit dem Katholischen schlechthin identifiziert[2]. Die Quantität des Schrifttums über das Subsidiaritätsprinzip entspricht diesem Befund[3].

---

[1] *Ansgar Hense*, Der staats- und europarechtliche Gehalt des Subsidiaritätsprinzips in den päpstlichen Enzykliken, in: Peter Blickle/Thomas O. Hüglin/Dieter Wyduckel (Hrsg.), Subsidiarität als rechtliches und politisches Ordnungsprinzip in Kirche, Staat und Gesellschaft, Beiheft 20 zu der Zeitschrift Rechtstheorie, 2002, S. 401; *Manfred Spieker*, Das Subsidiaritätsprinzip, Die Neue Ordnung 48 (1994), S. 22.

[2] *Karl Gabriel*, Das Subsidiaritätsprinzip in „Quadragesimo anno", in: Anton Rauscher (Hrsg.), Subsidiarität – Strukturprinzip in Staat und Gesellschaft, 2000, S. 13.

[3] Kompendium der Soziallehre der Kirche, hrsg. vom Päpstlichen Rat für Gerechtigkeit und Frieden, deutsche Ausgabe 2006, Nr. 185 ff.; *Joseph Kardinal Höffner*, Christliche Gesellschaftslehre, Neuausgabe durch *Lothar Roos*, 2. Aufl. 2000, S. 58 ff. An dieser Stelle sei weiter nur auf einschlägige Lexikonartikel und neuere Sammelwerke verwiesen: *Michael Droege*, Art. „Subsidiarität (J[uristisch])", in: Werner Heun u. a. (Hrsg.), Evangelisches Staatslexikon, Neuausgabe 2006, Sp. 2415 ff.; *Walter Schöpsdau*, Art. „Subsidiarität (Th[eologisch])", ebd., Sp. 2422 ff.; *Anton Rauscher/Alexander Hollerbach*, Art. „Subsidiarität", in: Staatslexikon der Görres-Gesellschaft, Bd. 5, 7. Aufl. 1989, Sp. 386 ff.; *Alois Ricklin/Gerard Batliner* (Hrsg.), Subsidiarität, 1994; *Knut Wolfgang Nörr/Thomas Oppermann* (Hrsg.), Subsidiarität. Idee und Wirklichkeit, 1997; *Wolfgang J. Mückl*, Subsidiarität. Gestaltungsprinzip für eine freiheitliche Ordnung in Staat, Wirtschaft und Gesellschaft, 1999; *Anton Rauscher* (Hrsg.), Subsidiarität – Strukturprinzip in Staat und Gesellschaft, 2000; *Peter Blickle/Thomas O. Hüglin/Dieter Wyduckel* (Hrsg.), Subsidiarität als rechtliches und politisches Ordnungsprinzip in Kirche, Staat und Gesellschaft, Beiheft 20 zu der Zeitschrift Rechtstheorie, 2002; als Standardmonografien aus dem deutschen juristischen Schrifttum können aufgeführt werden *Josef Isensee*, Subsidiaritätsprinzip und Verfassungsrecht, 1. Aufl. 1968, 2. Aufl. 2001; *Christian Calliess*, Subsidiaritäts- und Solidaritätsprinzip in der Europäischen Union, 1. Aufl. 1996, 2. Aufl. 1999.

Anliegen dieses Beitrags ist es, für eine stärkere Trennung zwischen einem mehr oder weniger fest gefügten Grundprinzip katholischer Soziallehre einerseits, dessen Verwertung im Recht und in anderen Zusammenhängen andererseits (erneut) zu werben[4]. Die Verwendung der Vokabel „Subsidiarität" und des Subsidiaritätsprinzips ist heute derart ubiquitär, dass nach wie vor die Gefahr besteht, das ursprüngliche Prinzip zu verwässern und sich einen unkontrollierbaren Begriffsrahmen mit unkontrollierten Assoziationen zu schaffen[5]. Sozialpolitische Floskeln der Gegenwart wie „Fördern und Fordern"[6], „Hilfe zur Selbsthilfe"[7] oder die Rede vom „aktivierenden Staat"[8] – um einige aktuelle Beispiele zu nennen – sind sich der Herkunft ihrer Leitbilder entweder gar nicht mehr bewusst oder suchen sie zu verschweigen[9].

Im Folgenden sollen zunächst Inhalt und Entstehung des Subsidiaritätsprinzips in der katholischen Soziallehre und der kirchenamtlichen Verlautbarung kurz in Erinnerung gerufen werden (unten unter 1.); anschließend ist der Verwendung in rechtlichen Zusammenhängen am Beispiel der deutschen Rechtsordnung exemplarisch nachzuspüren (unter 2.), bevor Fragen der disziplinären, d. h. der methodischen Abgrenzung behandelt werden (unter 3.). Der Vortrag mündet in ein Plädoyer für eine stärkere terminologische Trennung zwischen dem Institut der katholischen Soziallehre einerseits und einer verallgemeinernden Begriffsverwendung andererseits. Es wird daher vorgeschlagen, von „Subsidiaritätsprinzip" nur in dem engeren, technischen und entstehungsgeschichtlichen Zusammenhang zu sprechen und bei den Verallgemeinerungen und Übertragungen in anderen Disziplinen, insbesondere in der Rechtswissenschaft, den Terminus „Subsidiaritätsgedanken" zu verwenden.

---

[4] Ganz ähnlich bereits *Reinhard Marx*, Subsidiarität – Gestaltungsprinzip einer sich wandelnden Gesellschaft, in: Rauscher (Hrsg.) (Fn. 3), S. 35 (38 und durchgehend).

[5] Nach wie vor treffend *Trutz Rendtorff,* Kritische Erwägungen zum Subsidiaritätsprinzip, Der Staat 1 (1962), S. 405: „Das Subsidiaritätsprinzip formuliert, für sich genommen, einen sympathisch knappen und klaren Grundsatz sozialen Handelns. Diese Klarheit wird zum Schein, wenn die unmittelbare Anwendbarkeit dieses Prinzips auf Situationen der differenzierten modernen Gesellschaft postuliert wird."

[6] Vgl. nur *Roman Herzog,* Freiheit ist anstrengend: Fördern und Fordern, Frankfurter Allgemeine Zeitung vom 6. November 1997, S. 9.

[7] Vgl. etwa *Arno Waschkuhn*, Was ist Subsidiarität? 1995, S. 9.

[8] *Gunnar Folke Schuppert,* Aktivierender Staat und Zivilgesellschaft, in: Gerd Winter (Hrsg.), Das Öffentliche heute, 2000, S. 101.

[9] Vgl. zu solchen Tendenzen *Josef Isensee*, Subsidiarität – Das Prinzip und seine Prämissen, in: Peter Blickle/Thomas O. Hüglin/Dieter Wyduckel (Hrsg.), Subsidiarität als rechtliches und politisches Ordnungsprinzip in Kirche, Staat und Gesellschaft, Beiheft 20 zu der Zeitschrift Rechtstheorie, 2002, S. 129 (131).

I. Inhalt und Entstehung des Subsidiaritätsprinzips als eines Kernprinzips katholischer Soziallehre – eine Erinnerung

Subsidiarität als gesellschaftsphilosophisches oder gesellschaftspolitisches Prinzip meint, dass eine Aufgabe vom Einzelnen oder von der niedrigst möglichen Gemeinschaft verwirklicht werden soll, bevor eine höhere Ebene helfend („subsidiär") eingreift. Andersherum formuliert: Die höhere Ebene soll erst dann helfend eingreifen, wenn der Einzelne oder die niedrigere Ebene überfordert sind[10]. Seine kirchenamtliche Formulierung hat das Prinzip in der Enzyklika *Quadragesimo anno* von *Papst Pius XI.* im Jahr 1931 gefunden. Der die begriffliche Gestalt prägende Text ist damit Hauptbezugspunkt der gesamten Diskussion. Wichtigster Inspirator dieser Sozialenzyklika war *Oswald von Nell-Breuning*. Der Begriff selbst wird auf *Gustav Gundlach* zurückgeführt[11]. Das Prinzip wird als „ordnungsethisches Kernstück" der Enzyklika angesehen[12]:

> „79. Wenn es nämlich auch zutrifft, was ja die Geschichte deutlich bestätigt, dass unter den veränderten Verhältnissen manche Aufgaben, die früher leicht von kleineren Gemeinwesen geleistet wurden, nur mehr von großen bewältigt werden können, so muss doch allzeit unverrückbar jener höchst gewichtige sozialphilosophische Grundsatz [sic!] festgehalten werden, an dem nicht zu rütteln noch zu deuteln ist: wie dasjenige, was der Einzelmensch aus eigener Initiative und mit seinen eigenen Kräften leisten kann, ihm nicht entzogen und der Gesellschaftstätigkeit zugewiesen werden darf, so verstößt es gegen die Gerechtigkeit, das, was die kleineren und untergeordneten Gemeinwesen leisten und zum guten Ende führen können, für die weitere und übergeordnete Gemeinschaft in Anspruch zu nehmen; zugleich ist es überaus nachteilig und verwirrt die ganze Gesellschaftsordnung. Jedwede Gesellschaftstätigkeit ist ja ihrem Wesen und Begriff nach subsidiär; sie soll die Glieder des Sozialkörpers unterstützen, darf sie aber niemals zerschlagen und aufsaugen.
>
> 80. Angelegenheiten von untergeordneter Bedeutung, die nur zur Abhaltung von wichtigen Aufgaben führen müssten, soll die Staatsgewalt also den kleineren Gemeinwesen überlassen. Sie selbst steht dadurch nur um so freier, stärker und schlagfertiger da für diejenigen Aufgaben, die in ihre ausschließliche Zuständigkeit fallen, weil sie allein ihnen gewachsen ist: durch Leitung, Überwachung, Zügelung, je nach Umständen und Erfordernis. Darum mögen die staatlichen Machthaber sich überzeugt halten, je besser durch strenge Beobachtung des Prinzips der Subsidiarität die Stufenordnungen der verschiedenen Vergesellschaftungen innegehalten wird, umso stärker stehen gesellschaftliche Autorität und gesellschaftliche Wirkkraft dar, um so besser und glücklicher ist es auch um den Staat bestellt."

Ziffer 79 der Enzyklika enthält die Begriffsumschreibung, Ziffer 80 die Anwendung des Prinzips. Die weitere Auffächerung in Exegese und Diskussion

---

[10] Statt vieler nur *Waschkuhn* (Fn. 7), S. 9.

[11] Zur Entstehungsgeschichte vgl. *Gabriel* (Fn. 2), S. 13 ff.; zu Gundlach vgl. *Anton Rauscher*, Art. „Gundlach", in: Staatslexikon der Görres-Gesellschaft, Bd. 2, 7. Aufl. 1986, Sp. 1150 f.; *ders.*, Gustav Gundlach (1892–1963), in: Rudolf Morsey (Hrsg.), Zeitgeschichte in Lebensbildern, Bd. 2, 1975, S. 159–176.

[12] *Gabriel* (Fn. 2), S. 21.

kann hier nur angedeutet werden: Schon *von Nell-Breuning* unterscheidet eine positive und eine negative Seite des Prinzips: Die negative Seite setzt der übergeordneten Ebene Schranken, die positive Seite fordert die übergeordnete Ebene zur Hilfeleistung auf. Freiheitssicherung wird so dem Solidaritätsgedanken zugeordnet. Das Prinzip erweist sich als Grenze, als Austarierung zwischen diesen gegenläufigen Postulaten. Ganz ähnlich ist die Auffächerung in eine subsidiäre Kompetenz, eine subsidiäre Assistenz und eine subsidiäre Reduktion: Zuständigkeitsbeschränkung im Sinne von Freiheitssicherung der unteren Ebenen (subsidiäre Kompetenz) und anspruchsorientierte Hilfeleistungspflicht (subsidiäre Assistenz) stehen unter der dynamischen Beobachtungspflicht, ob die der Aufteilung zugrunde liegende Situation sich verändert[13]. Schon durch Papst *Johannes XXIII.* wurde das Prinzip auch auf die internationale Ebene transponiert[14]. Heikel ist seine Diskussion im Zusammenhang mit dem innerkirchlichen Bereich[15].

Diese Formulierungen katholischer Soziallehre können auf Äußerungen des 19. Jahrhunderts zurückgeführt werden, also auf die Zeit, in der die Kirche sich der sozialen Frage bewusst wird[16]; Bischof *Wilhelm Emmanuel von Ketteler* verwendete den Terminus bereits 1848[17]. Trotz der Versuche auch biblische Ursprünge aufzudecken[18], sollte der Vernunftcharakter gegenüber demjenigen einer offenbarten Wahrheit betont werden[19].

---

[13] *Lothar Roos*, Art. „Subsidiarität“, in: Lexikon für Wirtschaftsethik, 1993, Sp. 1045 (1046 ff.); *Lothar Schneider*, Subsidiäre Gesellschaft, 1983, S. 35.

[14] In der Enzyklika „Pacem in terris“ von 1963, Nr. 140; vgl. auch die Pastoralkonstitution des Zweiten Vatikanischen Konzils „Gaudium et spes“ von 1965, Nr. 86.

[15] Vgl. etwa die Ansprache Papst *Pius' XII.* an das Kardinalskollegium am 20. Februar 1946, in: Arthur-F. Utz/Joseph-F. Groner (Hrsg.), Aufbau und Entfaltung des gesellschaftlichen Lebens. Soziale Summe Pius' XII., Bd. 2, 1954, Nr. 4094; *Paul-Stefan Freiling*, Das Subsidiaritätsprinzip im kirchlichen Recht, 1995; *Joachim Hagel*, Solidarität und Subsidiarität – Prinzipien einer teleologischen Ethik? 1999, S. 317 ff.; zur evangelischen Sicht *Schöpsdau* (Fn. 3), Sp. 2424 f. sowie die Übersicht bei *Waschkuhn* (Fn. 7), S. 31 ff.

[16] *Karl Gabriel*, Art. „Soziallehre, kath.“, in: Werner Heun u. a. (Hrsg.), Evangelisches Staatslexikon, Neuausgabe 2006, Sp. 2220 f.

[17] Predigt vom 3. Dezember 1848, in: Erwin Iserloh (Hrsg.), Wilhelm Emmanuel von Ketteler 1811–1877, Quellentexte zur Geschichte des Katholizismus, Bd. 4, 1990, S. 47 f.; vgl. *Schöpsdau* (Fn. 3), Sp. 2422; zu *Ketteler* siehe *Adolf M. Birke*, Art. „Ketteler“, in: Staatslexikon der Görres-Gesellschaft, Bd. 3, 1987, Sp. 394; *Lothar Roos*, Wilhelm Emmanuel Frhr. von Ketteler (1811–1877), in: Jürgen Aretz/Rudolf Morsey/Anton Rauscher (Hrsg.), Zeitgeschichte in Lebensbildern, Bd. 4, 2000, S. 22.

[18] Vgl. nur die Hinweise bei *Isensee*, Rechtstheorie (Fn. 9), S. 133 f.; zu den Problemen einer unmittelbar theologischen Begründung des Prinzips *Alois Baumgartner*, „Jede Gesellschaftstätigkeit ist ihrem Wesen nach subsidiär“, in: Knut Wolfgang Nörr/Thomas Oppermann (Hrsg.), Subsidiarität: Idee und Wirklichkeit, 1997, S. 13 (19 ff.).

[19] Zu den „Quellen“ der Katholischen Soziallehre vgl. den Überblick bei *Oswald von Nell-Breuning*, Art. „Katholische Soziallehre“, in: Staatslexikon der Görresgesellschaft,

Gerade die Protagonisten der katholischen Soziallehre haben jedoch stets auch außerkatholische Ideenströme in diesem Zusammenhang betont: Der Calvinist *Johannes Althusius* beschreibt 1603 den Staat als eine aus Gemeinschaften wie Familie, Stand, Gemeinde oder Provinz sich aufbauende „consociatio"[20]; durchaus in Anlehnung an alttestamentliche Bundesvorstellungen folgen daraus Beistandspflichten: Schwächere Bundesglieder sind auf das solidarische „subsidium" der höheren Gemeinschaften angewiesen[21] (eine Vorstellung, die in der Rechtsprechung des deutschen Bundesverfassungsgericht zur solidarischen finanziellen Unterstützung bei Notlagen im Finanzausgleich Widerhall gefunden hat; das Gericht spricht in diesem Zusammenhang vom „bündischen Einstehen füreinander"[22]). *von Nell-Breuning* hat stets – an diesem Ort betone ich das gerne – auf Formulierungen *Abraham Lincolns* von 1854 hingewiesen: „Die Regierung hat für die Bevölkerung das zu besorgen, wonach die Menschen ein Bedürfnis haben, was sie aber selbst nicht tun können oder doch, auf sich selbst gestellt, nicht ebensogut selber tun können. In all das, was die Menschen ebensogut selber tun können, hat die Regierung sich nicht einzumischen."[23]

II. Subsidiaritätselemente in der deutschen und europäischen Rechtsordnung – ein Überblick

Zum juristischen Thema wurde Subsidiarität nach dem Zweiten Weltkrieg, als angesichts der totalitären Katastrophe eine Rückbesinnung auf die Grenzen staatlicher Wirksamkeit und den anthropozentrischen Bezug von Herrschaft und Staat einsetzte[24]. Zwar wurde eine explizite Bezugnahme, wie sie während des

Bd. 3, 7. Aufl. 1987, Sp. 349 ff. Die Instruktion „Libertatis conscientia" der Glaubenskongregation von 1986 betont den Charakter als Reflexionsprinzip aufgrund der Expertise der Kirche im Sozialen.

[20] Übersetzung zentraler Passagen aus dem einschlägigen Werk „Politica methodice digesta atque exemplis sacris et profanis illustrata" von 1603 bei *Alfred Voigt* (Hrsg.), Der Herrschaftsvertrag, 1965, S. 124 ff. Vgl. dazu *Wolfgang Kersting*, Die politische Philosophie des Gesellschaftsvertrags, 1994, S. 222 ff.; *Waschkuhn* (Fn. 7), S. 22 ff.

[21] Vgl. auch *Isensee,* Subsidiaritätsprinzip und Verfassungsrecht (Fn. 3), S. 37 ff.

[22] BVerfGE 72, 330 (386, 387); dazu insgesamt kritisch *Klaus Vogel/Christian Waldhoff*, in: Rudolf Dolzer/Christian Waldhoff/Karin Graßhof (Hrsg.), Bonner Kommentar zum Grundgesetz, Vorb. z. Art. 104a–115, Rdnr. 60 ff. (= *dies.,* Grundlagen des Finanzverfassungsrechts, 1999, Rdnr. 60 ff.).

[23] Vgl. *Waschkuhn* (Fn. 7), S. 9; *Schöpsdau* (Fn. 3), Sp. 2423; zu den Verbindungslinien zwischen Subsidiaritätsprinzip und Liberalismus näher *Isensee,* Subsidiaritätsprinzip und Verfassungsrecht (Fn. 3), S. 44 ff.

[24] *Isensee*, Rechtstheorie (Fn. 9), S. 129; vgl. insgesamt zu diesen Faktoren bei der Entstehung des Grundgesetzes *Peter H. Merkl,* Die Entstehung der Bundesrepublik Deutschland, 1965, S. 39 ff.; *Karlheinz Niclauß*, Der Weg zum Grundgesetz, 1998,

Verfassungskonvents von Herrenchiemsee erwogen worden war, nicht eingeführt[25]. Vor allem in der Frühphase der Bundesrepublik gingen viele Autoren jedoch davon aus, dass das Prinzip der Verfassungsentscheidung implizit zugrunde liege[26].

Treffend spricht *Alexander Hollerbach* davon, dass die „Kategorie der Subsidiarität" im Rechtsbereich der „Bestimmung des Verhältnisses von Normen, Rechtsinstituten oder Zuständigkeiten" diene[27]. Daneben tritt – wenn auch eher vereinzelt – Subsidiarität als (materielle) Rechtsmaxime im Verhältnis von Staat und Gesellschaft[28].

Föderalismus und Bundesstaatlichkeit können als durch das Subsidiaritätsprinzip imprägniert verstanden werden[29]. Subsidiarität setzt stets eine Stufung voraus – modern wird von Mehrebenensystemen oder -architekturen gesprochen[30]. Die bundesstaatliche Zuständigkeitsverteilung des Grundgesetzes geht von einer Zuständigkeitsvermutung zugunsten der Gliedstaaten, der Länder aus. Artikel 30 Grundgesetz lautet: „Die Ausübung der staatlichen Befugnisse und die Erfüllung der staatlichen Aufgaben ist Sache der Länder, soweit dieses

---

S. 73 ff.; die sogenannte Naturrechtsrenaissance steht damit in Verbindung. In diesem Zusammenhang ist auch die ursprünglich favorisierte Formulierung des Einleitungsartikels des Grundgesetzes zu sehen: „(1) Der Staat ist um des Menschen willen da, nicht der Mensch um des Staates willen. (2) …"; zur Funktion der Menschenwürdegarantie für die Staats- und Rechtsordnung insgesamt *Peter Häberle*, Die Menschenwürde als Grundlage der staatlichen Gemeinschaft, in: Josef Isensee/Paul Kirchhof (Hrsg.), Handbuch des Staatsrechts der Bundesrepublik Deutschland, Bd. 2, 3. Aufl. 2004, § 22.

[25] Vgl. *Franz Reimer*, Verfassungsprinzipien. Ein Normtyp unter dem Grundgesetz, 2001, S. 425 m. w. N.

[26] Nachweise dieses frühen Schrifttums bei *Roman Herzog*, Subsidiaritätsprinzip und Staatsverfassung, Der Staat 2 (1963), S. 399 (401, Fn. 7).

[27] Art. „Subsidiarität II. Rechtliche Aspekte", in: Staatslexikon der Görres-Gesellschaft, Bd. 5, 7. Aufl. 1989, Sp. 389; *Arno Anzenbacher*, Art. „Subsidiaritätsprinzip", in: Axel Frhr. von Campenhausen/Ilona Riedel-Spangenberger/Reinhold Sebott (Hrsg.), Lexikon für Kirchen- und Staatskirchenrecht, Bd. 3, 2004, S. 632 f., spricht insoweit von einem „Organisationsprinzip".

[28] Zur Unterscheidung dieser Ebenen wiederum *Isensee*, Rechtstheorie (Fn. 9), S. 136; zu dem Verhältnis Subsidiarität – Sozialstaat *Manfred Spieker*, Legitimationsprobleme des Sozialstaats, 1986, S. 222 ff. Vgl. insgesamt die Zusammenstellungen von Rechtsinstituten bei *Isensee*, a. a. O., S. 151 ff.; *ders.*, Subsidiarität und Verfassungsrecht (Fn. 3), S. 191 ff.; *Helmut Lecheler*, Das Subsidiaritätsprinzip. Strukturprinzip einer europäischen Union, 1993, S. 46 ff.; *Michael Droege*, Art. „Subsidiarität (J)", in: Werner Heun u. a. (Hrsg.), Evangelisches Staatslexikon, Neuausgabe 2006, Sp. 2415 ff.

[29] Grundlegend *Isensee*, Subsidiaritätsprinzip und Verfassungsrecht (Fn. 3), S. 35 ff., 95 ff., 130 ff.

[30] Vgl. zur Terminologie des „Mehrebenensystems" *Fritz W. Scharpf*, Optionen des Föderalismus in Deutschland und Europa, 1994; *Rainer Wahl*, Der einzelne in der Welt jenseits des Staates, in: ders., Verfassungsstaat, Europäisierung, Internationalisierung, 2003, S. 53.

Grundgesetz keine andere Regelung trifft oder zulässt.“[31] Das kann als Präferenz für die kleinere Einheit, die Länder, gelesen werden[32]; die tatsächliche Entwicklung des deutschen Föderalismus hat jedoch zu einer weitreichenden Konzentration der Gesetzgebungszuständigkeiten auf zentraler Ebene, beim Bund, geführt. Die 2006 beschlossene Föderalismusreform steuert hier durch Rückverlagerung von Kompetenzen auf die Länder und ein Bemühen um Entflechtung begrenzt entgegen[33].

Im Kommunalrecht ist der Subsidiaritätsgedanke besonders deutlich ausgeprägt[34]. Artikel 28 Absatz 2 Grundgesetz sichert den Gemeinden einen grundsätzlich alle Angelegenheiten der örtlichen Gemeinschaft umfassenden Aufgabenbereich, sowie die Befugnis zu eigenverantwortlicher Führung der Geschäfte in diesem Bereich[35]. Das Bundesverfassungsgericht hat in seiner Entscheidungspraxis die Bedeutung der kommunalen Selbstverwaltung im Sinne eines vom Subsidiaritätsprinzip geprägten Staatsaufbaus betont, ohne den Begriff ausdrücklich zu verwenden:

> „Die gesetzliche Aufgabenverteilung zwischen Staat und Kommunen wie auch innerhalb der kommunalen Ebene zwischen Kreisen und kreisangehörigen Gemeinden steht stets im Spannungsverhältnis zwischen Verwaltungseffizienz und Bürgernähe. Das Ziel optimaler Verwaltungseffizienz trägt die Tendenz zu immer großräumigeren Organisationen und stetigen ‚Hochzonungen' von Aufgaben in sich, während das Ziel möglichster Bürgernähe und Bürgerbeteiligung dem widerstreitet und dezentrale Aufgabenansiedlung anempfiehlt. … Das Grundgesetz hat sich innerhalb der Länder für einen nach Verwaltungsebenen gegliederten, auf Selbstverwaltungskörperschaften ruhenden Staatsaufbau entschieden … Es hat darüber hinaus die Gemeinden mit Allzuständigkeit … für Angelegenheiten der örtlichen Gemeinschaft ausgestattet und damit die dezentrale Verwaltungsebene noch besonders hervorgehoben. Im gleichen Sinne haben die Länderverfassungen nach 1945 eine Vermutung zugunsten der kommunalen gegenüber der staatlichen Zuständigkeit normiert. Dass diese Festlegung eines Regel-Ausnahme-Verhältnisses nicht bloße Rechtstechnik, sondern Aus-

---

[31] Articel 30 Basic Law: “[Governmental Powers] Except as otherwise provided or permitted by this Constitution, the exercise of governmental powers and the discharge of governmental functions is incumbent on the States [Länder].” Übersetzung nach *Axel Tschentscher*, The Basic Law (Grundgesetz), 2008.

[32] *Isensee,* Subsidiaritätsprinzip und Verfassungsrecht (Fn. 3), S. 224 ff.; *Wolfgang März*, in: Hermann von Mangoldt/Friedrich Klein/Christian Starck, Das Bonner Grundgesetz, Bd. 2, 4. Aufl. 2000, Art. 30 Rdnr. 18; *Christian Hillgruber*, in: Rudolf Dolzer/Christian Waldhoff/Karin Graßhof (Hrsg.), Bonner Kommentar zum Grundgesetz, Art. 30 Rdnr. 67 ff.

[33] BGBl. I, 2034; dazu im Überblick *Hans Meyer*, Die Föderalismusreform 2006, 2008.

[34] Zu Dezentralisation bzw. Selbstverwaltung und Subsidiarität *Isensee,* Subsidiaritätsprinzip und Verfassungsrecht (Fn. 3), S. 99 ff.

[35] BVerfGE 79, 127 (143). Artikel 28 Absatz 2 Grundgesetz lautet: “[Self Government] (2) The communes must be guaranted the right to regulate, on their own responsibility, all the affairs of the local community within the limits set by statute. …” Übersetzung nach *Tschentscher* (Fn. 31).

druck eines auch materiell verstandenen Prinzips dezentraler Aufgabenansiedlung war, zeigt der Umstand, dass verschiedene Länderverfassungen ... den materiellen Aufgabenentzug an erschwerte materielle Voraussetzungen knüpften ... Mit dieser Stärkung der dezentralen Verwaltungsebene wollte der Verfassungsgeber auf die gegenläufigen zentralistischen Tendenzen während des nationalsozialistischen Regimes antworten. Er tat dies im Zutrauen in die Gemeinden, im Sinne eines ‚Aufbaus der Demokratie von unten nach oben' ... Keimzelle der Demokratie und am ehesten diktaturresistent zu sein."[36]

Das dargelegte Aufgabenverteilungsprinzip gelte sogar zwischen den Kreisen und den Gemeinden[37].

Aus dem Staatskirchenrecht kann die Regelung des Artikels 2 Absatz 1 Satz 3 des Reichskonkordats vom 20. Juli 1933[38] angeführt werden, wonach das Reichskonkordat nur subsidiär in den Ländern gilt, die selbst Konkordate abgeschlossen haben.

Im Verfassungsprozessrecht wird von der „Subsidiarität der Verfassungsbeschwerde" gesprochen: Über die vorherige Erschöpfung des Rechtswegs hinaus muss derjenige Bürger, der die Verfassungsbeschwerde einlegt, alle ihm nach Lage der Dinge zur Verfügung stehenden sonstigen prozessualen Möglichkeiten ergreifen, um die geltend gemachte Grundrechtsverletzung zu verhindern oder zu beseitigen[39].

Alle diese Regelungen sind *rechtstechnischer* Natur[40]: Es geht um die Konkurrenz von Normen oder Zuständigkeiten. Im Sozialrecht finden sich demgegenüber auch *inhaltliche* Ausprägungen des Subsidiaritätsgedankens: Nach deutschem Sozialhilferecht verbietet der (sozialrechtliche) Grundsatz der Subsidiarität Leistungen der Sozialhilfe, sofern sich der Hilfsbedürftige selbst helfen kann oder von anderen, etwa seinen Angehörigen, Hilfe erhält[41]. Dies umfasst auch, dass der Hilfsbedürftige nicht auf andere Ansprüche verzichten darf. Die Hilfsbedürftigen müssen zunächst ihr eigenes Einkommen und ihr eigenes Vermögen einsetzen. Die zivilrechtlichen Unterhaltspflichten bewirken ein Übriges. Die Nachrangigkeit der Sozialhilfe gilt demnach sowohl in Bezug auf andere Sozialleistungen, als auch in Bezug auf Eigenhilfe und private Hilfe. We-

---

[36] BVerfGE 79, 127 (148 ff.).

[37] BVerfGE 79, 127 (150 ff.).

[38] Konkordat zwischen dem Heiligen Stuhl und dem Deutschen Reich vom 20. Juli 1933, RGBl. II, 679.

[39] BVerfGE 112, 50 (60); *Klaus Schlaich/Stefan Korioth,* Das Bundesverfassungsgericht, 7. Aufl. 2007, Rdnr. 253 ff.; *Christian Hillgruber/Christoph Goos*, Verfassungsprozessrecht, 2. Aufl. 2006, Rdnr. 216.

[40] *Isensee,* Subsidiaritätsprinzip und Verfassungsrecht (Fn. 3), S. 86.

[41] § 2 Absatz 1 SGB VII, vgl. aber etwa auch §§ 9 Absatz 1; 11; 19 SGB XII; zu diesem sozialrechtlichen Grundsatz *Stefan Muckel*, Sozialrecht, 2. Aufl. 2007, § 13 Rdnr. 4; *Raimund Waltermann*, Sozialrecht, 7. Aufl. 2008, Rdnr. 457 ff.

niger eindeutig erscheint demgegenüber das Verhältnis zwischen „freier“ und staatlicher Wohlfahrtspflege[42].

Eine atemberaubende Renaissance hat der Begriff im Kontext des europäischen Gemeinschaftsrechts gefunden. Schon das die Gemeinschaften und ihr Verhältnis zu den Mitgliedstaaten[43] grundsätzlich prägende Prinzip der begrenzten Einzelermächtigung in Artikel 5 Absatz 1 EG-Vertrag, erst Recht aber die ausdrückliche Erwähnung des Subsidiaritätsprinzips in Absatz 2 dieses Artikels[44] haben neben Einzelausprägungen in zahlreichen Vertragsnormen[45] dem Grundsatz eine neue Aktualität und neue Bedeutung eingeräumt[46]. Das Subsidiaritätsprinzip wurde damit erstmals nicht nur zu einem Rechts-, sondern sogleich zu einem Gesetzesbegriff. Die offene Flanke dieser Verheißung besteht jedoch in ihrer Umsetzung, in ihrer konkreten Anwendung in europäischen Rechtsetzungsprozessen. Das Protokoll über die Anwendung der Grundsätze der Subsidiarität und Verhältnismäßigkeit[47] sucht hier Verfahrensmaßgaben aufzurichten; ob solche Instrumentarien wirken oder auch nur wirken können, ist allerdings eine offene Frage. Das Grundgesetz hat seine Staatszielbestimmung zur europäischen Integration an den inzwischen im Europarecht positivierten Subsidiaritätsprinzip im Sinne eines Reimports ausgerichtet[48].

Die „Verwirklichung“ von Subsidiaritätsgedanken in Mehrebenensystemen, in gestuften Rechtsordnungen oder „Bünden“ besitzt auch eine historische Di-

---

[42] Vgl. BVerfGE 22, 180.

[43] Vgl. allgemein *Rudolf Streinz*, Europarecht, 8. Aufl. 2008, Rdnr. 147 ff., 166, 188.

[44] „In den Bereichen, die nicht in ihre ausschließliche Zuständigkeit fallen, wird die Gemeinschaft nach dem Subsidiaritätsprinzip nur tätig, sofern und soweit die Ziele der in Betracht gezogenen Maßnahmen auf Ebene der Mitgliedstaaten nicht ausreichend erreicht werden können und daher wegen ihres Umfangs oder ihrer Wirkungen besser auf Gemeinschaftsebene erreicht werden können.“ – “In areas which do not fall within its exclusive competence, the Community shall take action, in accordance with the principle of subsidiarity, only if and in so far as the objectives of the proposed action cannot be sufficiently achieved by the Member States and can therefore, by reason of the scale or effects of the proposed action, be better achieved by the Community.”

[45] Vgl. nur *Calliess* (Fn. 3), S. 127 ff.

[46] *Calliess* (Fn. 3); *ders.*, in: ders./Matthias Ruffert (Hrsg.), EUV/EGV, 3. Aufl. 2007, Art. 5 EGV; *Lecheler* (Fn. 28).

[47] Amtsblatt der Europäischen Union vom 16.12.2004, C 310/207.

[48] Vgl. Artikel 23 Absatz 1 Satz 1 GG: „Zur Verwirklichung eines vereinten Europas wirkt die Bundesrepublik Deutschland bei der Entwicklung der Europäischen Union mit, die demokratischen, rechtsstaatlichen, sozialen und föderativen Grundsätzen und dem Grundsatz der Subsidiarität verpflichtet ist und einen diesem Grundgesetz im wesentlichen vergleichbaren Grundrechtsschutz gewährleistet. …“ In der Übersetzung von *Tschentscher* (Fn. 31): “[European Union] To realize a unified Europe, Germany participates in the development of the European Union which is bound to democratic, rule of law, social, and federal principles as well as the principle of subsidiarity and provides a protection of fundamental rights essentially equivalent to that of this Constitution. …”

mension bzw. Varianz: In vormoderner Zeit konnte sich der Gedanke u. U. als notwendiges Organisationsprinzip angesichts des Fehlens oder der Schwäche der zentralen Ebene erweisen; „Subsidiarität" war insofern alternativlos. In der Gegenwart ist demgegenüber gerade die zentrale Ebene oft besonders stark, Subsidiarität erfüllt hier eher einen Gegenpol zu Effektivität. Es scheint allerdings so, dass auf europäischer Ebene auch in der Gegenwart Subsidiarität für Effektivität bzw. Effizienz steht: „Diese Effizienzmechanik der Kompetenzaufteilung stellt das Ziel des ursprünglichen Subsidiaritätsprinzips zwar nicht notwendigerweise auf den Kopf, aber die Anerkennung des höheren Wertes der kleineren Gemeinschaft als Anwendungsvoraussetzung hat in ihr keinen Platz mehr."[49]

III. Das Subsidiaritätsprinzip und der Subsidiaritätsgedanke – ein Plädoyer für eine stärkere Differenzierung

Der eingangs herausgestellte Erfolg des Subsidiaritätsprinzips ist Folge seiner „wissenschaftlichen Anschlussfähigkeit und Entwicklungsoffenheit", letztlich seines Charakters als Blankett-[50] bzw. Relationsbegriffs[51]: „Als freistehendes, zusammenhangloses Prinzip wird es zu einer abstrakten Norm, deren inhaltliche Füllung beliebigen Zwecken und Intentionen nutzbar gemacht werden kann."[52] Diese Unschärfe und die damit zusammenhängende Verwendung in anderen wissenschaftlichen oder politischen Zusammenhängen entfernt das Prinzip von seinem Ursprung in der katholischen Soziallehre als „Ausdruck einer materialen Teleologie"[53], von seinem spezifischen Kontext: Die „Entkatholisierung" des Prinzips hat es zu einer bloßen Inspirationsquelle in anderen Zusammenhängen gemacht. Die Breite des Erfolgs verdünnt die Substanz des Ursprungs[54]. Es wäre eine reizvolle – hier nicht zu leistende – Aufgabe, zu untersuchen, ob nicht die Säkularisierung theologischer Begriffe regelmäßig zu ihrer Formalisierung führt. Bei aller Unschärfe stehen die Formulierungen in *Quadragesimo anno* (1931) doch in einem bestimmten historischen, politischen, sozialen und auch methodischen Kontext[55]: Die eine gewisse katholische Tradition aufweisende Idee berufsständischer Ordnungen und eines organisch-stän-

---

[49] *Matthias Jestaedt*, Die Relativität des Subsidiaritätsprinzips, Arbeitgeber 1993, S. 725 (727).

[50] *Hense* (Fn. 1), S. 401.

[51] *Jestaedt* (Fn. 49), S. 725.

[52] *Rendtorff* (Fn. 5), S. 428.

[53] *Isensee*, Rechtstheorie (Fn. 9), S. 149.

[54] Vgl. ähnlich *Baumgartner* (Fn. 18), S. 13.

[55] Grundlegend zu den daraus resultierenden Verallgemeinerungsproblemen *Rendtorff* (Fn. 5).

dischen Gesellschaftsmodells zur Überwindung von Klassengegensätzen und dem Grundkonflikt zwischen Arbeit und Kapital[56]. Das richtete sich gegen totalitäre Zumutungen von links, wie von rechts. In seiner modernen, „pluralistischen" Deutung oder Rezeption stellt das Subsidiaritätsprinzip heute die Bedeutung intermediärer Gewalten zwischen Individuum und Staat heraus[57]. Die Tatbestandsmerkmale „können je nach politischem, ökonomischem und historischem Kontext unterschiedlich implementiert werden. Was in einer bestimmten politischen, ökonomischen und historischen Lage von einer kleineren Sozialeinheit geleistet werden kann, muss in einer anderen politischen, ökonomischen und historischen Lage nicht notwendigerweise auch von der kleineren anstatt von der größeren Einheit geleistet werden. Subsidiarität beurteilt sich immer konkret und situativ."[58] In jedem Fall handelt es sich um eine sozialethische, sozialphilosophische Maxime und nicht lediglich um eine wie auch immer geartete Vermutung der Sinnhaftigkeit einer bestimmten Stufung. Die expliziten kirchlichen Bezugnahmen bleiben dabei auf wenige Enzykliken beschränkt, Siegeszug und Inflationierung erfolgten dementsprechend jenseits des kirchlichen Lehramts; in den Worten *Ansgar Henses*: „Das Lehramt beschwört, dies wird durch den relativ seltenen Verweis auf den Subsidiaritätsgrundsatz sehr deutlich, keine inhaltsoffene Zauberformel, sondern zeichnet sich diesbezüglich eher durch eine wohl nicht immer ganz wahrgenommene Zurückhaltung aus. Vielmehr stellt sich das Lehramt den jeweils durch die Zeit konstituierten konkreten sozialpolitischen Fragestellungen, zumal sich die Kirche darum bemüht hat, die ‚Zeichen der Zeit' … zu erkennen und zu verstehen."[59] An die Stelle der „inhaltlichen Zauberformel" tritt so Begrenztes, aber Konkretes[60]. Die authentischen Texte der Sozialenzykliken bleiben so Bezugspunkt der Diskus-

---

[56] Näher *Gabriel* (Fn. 2), S. 21 f.; *Hagel* (Fn. 15), S. 298 ff.; *Hense* (Fn. 1), S. 408; umfassend bereits *Anton Rauscher*, Subsidiaritätsprinzip und berufsständische Ordnung in „Quadragesimo anno", 1958, v. a. S. 104 ff.

[57] Vgl. den sechsten Teilgehalt in der Auffächerung durch *Otfried Höffe*, Subsidiarität als staatsphilosophisches Prinzip, in: Knut Wolfgang Nörr/Thomas Oppermann (Hrsg.), Subsidiarität: Idee und Wirklichkeit, 1997, S. 49 (53 ff.); *Baumgartner* (Fn. 18), S. 17 f.; zum antitotalitären, pluralistisch-demokratischen Charakter des Prinzips in der sozialwissenschaftlichen Diskussion *Waschkuhn* (Fn. 7), S. 9; *Manfred Spieker,* Art. „Subsidiarität", in: Uwe Andersen/Wichard Woyke (Hrsg.), Handwörterbuch des politischen Systems der Bundesrepublik Deutschland, 2003, S. 618; verfehlt sind demgegenüber Versuche, eine spezifische Form von Demokratie aus dem Subsidiaritätsprinzip herzuleiten und als verfassungsrechtlich gefordert darzustellen, wie dies *Thomas Würtenberger*, Subsidiarität als verfassungsrechtliches Auslegungsprinzip, in: Blickle/Hüglin/Wyduckel (Fn. 3), S. 199 (210 ff.), unternimmt; vgl. zu diesen Deutungsversuchen bereits *Adolf Julius Merkl,* Enzyklika „Quadragesimo anno" und Verfassungsfrage, in: ders., Gesammelte Schriften, 1995 (Erstveröffentlichung 1934), S. 115 (118 f.).

[58] *Jestaedt* (Fn. 49), S. 726.

[59] *Hense* (Fn. 1), S. 401.

[60] Vgl. etwa auch die erhellende Rezension von *Michael Germann*, Zeitschrift für Rechtssoziologie 28 (2007), S. 294 (296).

sion: „Von ihm aus lässt sich bestimmen, ob der Gebrauch des Wortes die Sache trifft oder verfehlt oder ihm einen anderen Sinn unterlegt, wie es gängig ist in der politischen Rhetorik, die gern die Reputation des Begriffs erborgt und für heterogene Zwecke ausnutzt. Vollends ermöglicht der Rekurs auf die Urfassung, das Prinzip als solches zu unterscheiden von seinen Deutungen, die es konkretisieren und anreichern, um es den raumzeitlichen Gegebenheiten anzupassen und für die Praxis aufzubereiten."[61] Die Verwendung des Prinzips in anderen Zusammenhängen verändert notwendig seinen Charakter: „Das Prinzip nimmt der jeweiligen Konstellation gemäß besondere Gestalt an."[62]

Die Verwendung des Begriffs Subsidiarität in juristischen Kontexten ist – wie gezeigt – demgegenüber zumeist eine andere: Normgeltung und Zuständigkeitsstufung stehen hier im Vordergrund, eine funktionale Sichtweise überwiegt. Als Sozialmodell operationabel wird das Prinzip nur in konkreten und damit notwendig begrenzten Kontexten, wie bei der rechtlichen Ordnung für die Gewährung von Sozialhilfe[63]. Man könnte den Befund der bisherigen Überlegungen auch dahingehend zusammenfassen, dass das Subsidiaritätsprinzip in der katholischen Soziallehre zumindest im Ursprung ein materielles sozialethisches Prinzip darstellt, das auf bestimmten Prämissen ruht[64], wohingegen es im juristischen Kontext zu einem letztlich inhaltsleeren Relationsbegriff, zu einem methodischen Instrument, letztlich vielleicht sogar zu einer Art Darlegungs- und Argumentationslastregel mutiert und verdünnt[65].

Wichtiger noch sind die von der Rechtsordnung aufgerichteten methodischen Grenzen einer unmittelbaren Rezeption sozialethischer Prinzipien im Recht. Sowohl bei der Normschaffung als auch bei der Normanwendung entscheidet die Rechtsordnung selbst und autonom über äußere Einflüsse. Ein unkontrollierter Methodenpluralismus bzw. -synkretismus ist in der modernen Rechtswissenschaft in Deutschland – wenn die Beobachtung nicht trügt – eher auf dem Rückmarsch[66]. Versteht man Rechtsnormen als in Rechtsregeln gegossene, politische Entscheidungen, so entscheiden die Rechtsnormen, welche Angebote sie aus den „staats- und europarechtlichen Gehalten in den päpstlichen Enzykli-

---

[61] *Isensee*, Rechtstheorie (Fn. 9), S. 131.

[62] *Isensee*, Rechtstheorie (Fn. 9), S. 166; *Baumgartner* (Fn. 18), S. 13; *Jestaedt* (Fn. 49), S. 725, 726.

[63] Vgl. auch *Heinrich de Wall,* Art. „Subsidiarität III", in: Religion in Geschichte und Gegenwart, Bd. 7, 4. Aufl. 2004, Sp. 1824.

[64] Dies wird dann nicht ohne Berechtigung als Grenze der Verallgemeinerungsfähigkeit herausgestellt, vgl. etwa *Rendtorff* (Fn. 5).

[65] Vgl. *Hense* (Fn. 1), S. 429 f.; zu dem aus dem Prinzip resultierenden Rechtfertigungszwang etwa *Isensee*, Rechtstheorie (Fn. 9), S. 147.

[66] Vgl. zuletzt die Beiträge in *Christoph Engel/Wolfgang Schön* (Hrsg.), Das Proprium der Rechtswissenschaft, 2007; sowie *Matthias Jestaedt/Oliver Lepsius* (Hrsg.), Rechtswissenschaftstheorie, 2008.

ken"[67] übernehmen oder nicht; das gilt auch, sofern kirchliche Verlautbarungen nach *kirchlichem* Selbstverständnis Rechtscharakter haben oder beanspruchen. Es ist selbst wiederum Ausfluss des Subsidiaritätsgedankens, es den Staaten und ihren Rechtsordnungen zu überlassen, ob und wie viel sie von dieser kirchlichen bzw. theologischen Erkenntnis übernehmen oder nicht[68]. Und noch wichtiger: Falls eine solche Übernahme erfolgt sein sollte, verändert das übernommene Prinzip durch den neuen, den rechtlichen Kontext seine Wirkung und seine Anwendung. Diese kann nämlich nur noch nach Rechtsregeln, nach der spezifisch juristischen Methodik erfolgen. Nur so kann die Grundfunktion von Recht, die friedliche Streitvermeidung und -schlichtung mittels der Durchsetzung von Recht[69] Erfolg haben.

Als Einwand könnte hier der Verweis auf den Prinzipiencharakter zahlreicher Rechtssätze gebracht werden[70]: Die moderne Rechtstheorie – in den USA *Richard Dworkin*[71]; Übertragung in die deutsche Diskussion v.a. durch *Robert Alexy*[72] – unterscheidet Regeln von Prinzipien: Unter Regeln kann subsumiert werden, Prinzipien enthalten demgegenüber Optimierungsgebote. Zahlreiche Maximen der Rechtsordnung bestehen aus solchen Prinzipien, zeichnen sich dementsprechend durch eine gewisse Unschärfe aus[73]. Das Gewaltenteilungsprinzip könnte hier genannt werden. Gleichwohl handelt es sich bei den Rechtsprinzipien um durch die Rechtsordnung selbst – explizit oder implizit – anerkannte Prinzipien, und nicht um „fachfremde" Grundsätze. Ein Grundproblem solcher Prinzipien im Recht wird bei der unkontrollierten Einführung außerrechtlicher Prinzipien noch verschärft: Geltende Rechtssätze können nicht unter Verweis auf Prinzipien überspielt werden. Stets ist der Gefahr gegenzusteuern, dass aus dem Prinzip das und noch mehr herausdeduziert wird, was zuvor in es

---

[67] Vgl. in jeweils unterschiedlichen Kontexten *Adolf Julius Merkl*, Der staatsrechtliche Gehalt der Enzyklika „Quadragesimo anno", in: ders., Gesammelte Schriften, 1995, S. 129 (Erstveröffentlichung 1934); *Hense* (Fn. 1).

[68] In anderem Zusammenhang, insbesondere im Verhältnis von Kirchenrecht und staatlichem Recht, leistet nach richtigem Verständnis Art. 137 Abs. 3 WRV, der über Art. 140 GG fortgilt, diese Aufgabe: Den Kirchen und Religionsgemeinschaften wird Autonomie, Selbstbestimmung eingeräumt, deren Ergebnisse jedoch unter dem Vorbehalt der staatlichen Rechtsordnung stehen.

[69] Vgl. statt vieler nur *Christian Waldhoff*, Staat und Zwang, 2008, S. 13 ff.

[70] *Hense* (Fn. 1), S. 417; zum Prinzipiencharakter des Subsidiaritätsprinzips in der katholischen Soziallehre *Marx* (Fn. 4), S. 45; Überblick über Prinzipien in Recht und Rechtsordnung bei *Klaus F. Röhl,* Allgemeine Rechtslehre, 1994, § 32.

[71] Hauptwerk: Taking Rights Seriously, 2. Aufl. London 1978; deutsch: Bürgerrechte ernstgenommen, 1984.

[72] Theorie der Grundrechte, Taschenbuchausgabe 1994, S. 71 ff.; Kritik etwa bei *Henrik Klement*, Vom Nutzen einer Theorie, die alles erklärt. Robert Alexys Prinzipientheorie aus der Sicht der Grundrechtsdogmatik, JZ 2008, S. 756.

[73] Für Deutschland grundlegend *Reimer* (Fn. 25).

hineingelegt wurde[74]. Das Subsidiaritätsprinzip der katholischen Soziallehre würde missbraucht, sähe man in ihm ein Rechtsprinzip im technischen, im rechtsdogmatischen Sinn[75].

Gleichwohl können Gemeinsamkeiten von Subsidiaritätsvorstellungen in katholischer Soziallehre und Rechtsordnung herausgestellt werden[76]. Dabei handelt es sich nach dem zuvor Gesagten allerdings um heuristische Aussagen, nicht um rechtsdogmatische Erkenntnisse. Es geht um „prinzipielle Analogien", um „inhaltlich-thematische Entsprechungen"[77]. Blendet man einmal die rein technischen Vorschriften zur Normenkonkurrenz oder -kollision aus, so kann für die rechtlichen Subsidiaritätsgedanken wie für das sozialethische Subsidiaritätsprinzip als Gemeinsamkeit der Rückbezug auf den Menschen, auf die Person als kennzeichnend herausgestellt werden[78]. Dabei muss freilich beachtet werden, dass auch hier die unterschiedlichen Disziplinen unterschiedliche Personbegriffe zugrunde legen[79]: Während die Theologie einen voraussetzungsvollen, theologischen Begriff von Personalität verwendet[80], gehen das Recht und die Philosophie, wiederum bei zahlreichen Unterschieden im Einzelnen, notwendig vom Menschen als Individuum, als autonomer Person aus. Für die theologische Argumentation werden in katholischer Dialektik die „zerstörerischen Folgen des Individualismus" durch den Bezug auf den Menschen als Individuum gesteuert[81]. Demgegenüber sieht etwa *Otfried Höffe* als ersten Punkt seiner Entfaltung des Subsidiaritätsprinzips den Einzelmenschen, den homo singularis, als ersten und letzten Bezugspunkt gesellschaftlichen Handelns[82]; die Kompetenzordnung forme sich dementsprechend nicht von oben nach unten,

---

[74] Auf das Subsidiaritätsprinzip bezogen *Peter Lerche*, Christentum und Staatsrecht, in: Theodor Tomandl (Hrsg.), Der Einfluss des katholischen Denkens auf das positive Recht, 1970, S. 85 (92): „Ich glaube aber schon einmal nicht, dass man das Subsidiaritätsprinzip so ohne weiteres den geltenden Verfassungen unterschieben kann, um es dann als unmittelbar verbindlichen Rechtssatz wieder herauszuziehen; ..." Derartige Gefahren werden deutlich bei den Argumentationen von *Würtenberger* (Fn. 57).

[75] *Isensee*, Rechtstheorie (Fn. 9), S. 169; vgl. jedoch *Peter Häberle*, Das Prinzip der Subsidiarität aus der Sicht der vergleichenden Verfassungslehre, in: Alois Riklin/Gerard Batliner (Hrsg.), Subsidiarität, 1994, S. 267 ff.; *Stefan Ulrich Pieper*, Subsidiarität, 1994, S. 41 ff., 61 ff.

[76] In den Worten *Germanns* (Fn. 60), S. 296: „Mit seiner Rezeption in säkularen Kontexten hat das Subsidiaritätsprinzip ... seine theologische Begründung abgestreift. Was verbindend bleibt, sind Affinitäten im Gesellschafts- und Menschenbild."

[77] Vgl. auch *Hense* (Fn. 1), S. 417.

[78] Vgl. auch *Baumgartner* (Fn. 18), S. 15; *Isensee,* Subsidiaritätsprinzip und Verfassungsrecht (Fn. 3), S. 25; *Spieker* (Fn. 1), S. 26.

[79] Näher und kritisch *Rendtorff* (Fn. 5), S. 418 ff.

[80] Siehe statt vieler hier *Rauscher,* Berufsständische Ordnung (Fn. 56), S. 19 ff.

[81] *Baumgartner* (Fn. 18), S. 16 f.

[82] *Höffe* (Fn. 57), S. 49 (53 ff.); vgl. auch *Marx* (Fn. 4), S. 41; zum „personalen Fundament" der katholischen Soziallehre vgl. näher Kompendium (Fn. 3), Nr. 105 ff.

sondern vom Einzelmenschen zu höherrangigen Vergesellschaftungen. Erst die Mangelhaftigkeit der Fähigkeiten des Einzelmenschen legitimiert nach dieser Lesart das Eingreifen übergeordneter Ebenen. „Letzter Bezugspunkt der gesellschaftlichen Institutionen und Prozesse ist immer das personale Subjekt, normativ formuliert: die Ermöglichung seiner Entfaltung in unverkürzter Menschlichkeit."[83] *Matthias Jestaedt* unterscheidet vor diesem Hintergrund das „personalistische" vom „individualistischen Subsidiaritätsprinzip". Inwiefern es sich um unterschiedliche Lesarten einer gemeinsamen Basis handelt, bedürfte noch genauerer Untersuchung[84].

Nach richtiger Ansicht sind auch die staatsrechtlichen Institutionen aus einem Individualbezug heraus zu konstruieren und d. h. zu rechtfertigen. Im demokratischen Verfassungsstaat gilt dies in besonderem Maße: Alle Legitimationsfragen müssen bei der freien, autonomen Person ansetzen oder zu ihr zurückführen; das Individuum erweist sich als letzte Bezugsgröße des Rechts. Nur von der autonomen Person aus kann Herrschaft und können institutionelle Regelungen ihre Rechtfertigung erfahren[85]. Dies ist im demokratischen Verfassungsstaat Folge des notwendigen Aufeinanderbezogenseins individueller und demokratischer Selbstbestimmung[86], individueller und demokratischer Freiheit[87]. Individuelle und staatliche Autonomie werden damit nicht gleichgesetzt[88]; die wechselseitige Bezogenheit ist vielmehr Element eines Legitima-

[83] *Baumgartner* (Fn 18), S. 15.

[84] An dieser Stelle sei nur auf die einschlägigen Lexikonartikel von theologischer Seite verwiesen: *Armin G. Wildfeuer/Gisbert Greshake/Konrad Hilpert,* Art. „Person", in: Lexikon für Theologie und Kirche, Bd. 8, 3. Aufl. 1999, Sp. 42 ff.; *Hans-Peter Schütt/Eilert Herms,* Art. „Person", in: Religion in Geschichte und Gegenwart, Bd. 6, 4. Aufl. 2003, Sp. 1121 ff.

[85] *Immanuel Kant,* Metaphysik der Sitten, Einleitung in die Rechtslehre, § B (AA VI 230), Rechtslehre, § 46 (AA VI 313 f.); *ders.,* Über den Gemeinspruch: Das mag in der Theorie richtig sein, taugt aber nichts für die Praxis, Vom Verhältniß der Theorie zur Praxis im Staatsrecht (AA VIII 289 f.); *Jürgen Habermas,* Faktizität und Geltung, 1992, S. 15 f., 122 ff.; vgl. ferner etwa auch *Peter Unruh,* Der Verfassungsbegriff des Grundgesetzes, 2002, S. 7 ff., 340 ff.; *Albert Janssen,* Die Reformbedürftigkeit des deutschen Bundesstaates aus verfassungsrechtlicher Sicht, in: Hans Günther Henneke (Hrsg.), Verantwortungsteilung zwischen Kommunen, Ländern, Bund und EU, 2001, S. 59 (63).

[86] *Christoph Möllers*, Gewaltengliederung, 2005, S. 15 ff., 28 ff.

[87] *Josef Isensee,* Grundrechte und Demokratie, Der Staat 20 (1981), S. 161 ff.; *Christian Starck,* Grundrechtliche und demokratische Freiheitsidee, in: Josef Isensee/Paul Kirchhof (Hrsg.), Handbuch des Staatsrechts der Bundesrepublik Deutschland, Bd. 3, 3. Aufl. 2005, § 33 Rdnr. 2 und durchgehend; *Udo Di Fabio*, Der Verfassungsstaat in der Weltgesellschaft, 2001, S. 17 f.

[88] Vgl. zur (individuellen) Autonomie als Grundlegitimationsfigur von Recht *Unruh*, Verfassungsbegriff (Fn. 85).

tionszusammenhangs zwischen Individuum und Herrschaft[89]. Die konsequent personale Ausrichtung des jeweiligen Modells, der jeweiligen Prämissen erweist sich so als das einigende Band über die disziplinären Grenzen hinweg.

Aus Gründen der Klarheit bietet es sich an im Zusammenhang mit diesem „begriffsinhaltlichen Chamäleon“[90] vom „Subsidiaritätsprinzip“ (mit bestimmtem Artikel) zu sprechen, sofern das mehr oder weniger festgefügte sozialethische Prinzip der katholischen Soziallehre in einem materiellen Sinn gemeint ist; wird der Terminus im Sinne eines Relationsbegriffs, d. h. als Vorrangregel ohne eigenständigen materiellem Gehalt in anderen Kontexten verwendet, wäre die Redeweise vom „Subsidiaritätsgedanken“ oder schlicht von „Subsidiarität“[91] vorzuziehen. Terminologische Fragen sind bekanntlich Fragen der Zweckmäßigkeit. Eingeschliffene Terminologien lassen sich zudem nur sehr schwer verändern, selbst wenn sie unzweckmäßig sein sollten. Zudem taucht der Begriff „Subsidiaritätsprinzip“ in Art. 5 Abs. 2 EGV – wie gezeigt – als Rechts- und sogar Gesetzesbegriff auf (während die Rezeption in Art. 23 Abs. 1 GG treffender von dem „Grundsatz der Subsidiarität“ spricht). Ein Teil der Verwirrungen und Verirrungen um das Subsidiaritätsprinzip ließe sich durch solche terminologische Exaktheit vermindern.

Zusammenfassung

Das Subsidiaritätsprinzip gilt als eines der Kernprinzipien der katholischen Soziallehre. Zugleich ist es durch unterschiedliche andere Disziplinen aufgegriffen und für ihre Zwecke fruchtbar gemacht worden. In der Rechtsordnung und in der Rechtswissenschaft wurde in der Frühzeit des Grundgesetzes mit seiner föderalistischen, kirchenfreundlichen, teilweise einer „Naturrechtsrenaissance“ verpflichteten Ambiance und wird seit einigen Jahren im Zusammenhang mit der europäischen Integration vermehrt über das Subsidiaritätsprinzip diskutiert. Durch den Vertrag von Maastricht und durch den „Reimport“ in Art. 23 des deutschen Grundgesetzes ist es sogar zum Rechtsbegriff geworden. Dies alles darf nicht darüber hinweg täuschen, dass es sich bei diesen Begriffsverwendungen nicht um das Ursprungsprinzip der Enzyklika *Quadragesimo anno* aus dem Jahr 1931 handelt, sondern um mehr oder weniger lockere begriffliche Anleihen dieser populären Begriffsprägung. Der Beitrag wirbt für eine stärkere Abgrenzung und Abschichtung zwischen dem sozialethischen Kernprinzip einerseits, den vielfältigen Begriffsverwendungen und begrifflichen Anleihen andererseits.

[89] Vgl. auch *Janssen* (Fn. 85), S. 63; *Rainer Wahl,* Der einzelne in der Welt jenseits des Staates, in: ders., Verfassungsstaat, Europäisierung, Internationalisierung, 2003, S. 53 ff.; *Möllers,* Gewaltengliederung (Fn. 86), S. 32.

[90] *Jestaedt* (Fn. 49), S. 725.

[91] So konsequent *Waschkuhn* (Fn. 7).

Summary

The principle of subsidiarity is considered as one of the core principles of Catholic social doctrine. At the same time, the principle has been adapted by various other disciplines for their specific benefit. There were intense debates in jurisprudence on the principle of subsidiarity in the early days of the German constitution with its federal, proclerical, and to some extent, natural-law based approach as well as recently in the context of European integration. Due to the Maastricht Treaty and the revised version of Art 23 of the German Constitution's reimporting the principle, it has even become a legal term. However, one must bear in mind that this usage of the term in connection with legal issues does not correlate with the original use of the Encyclical *Quadragesimo anno* from 1931 but rather represents a more lax allusion to this popular nature meaning. This essay argues in favor of a sharper distinction and differentiation between the social ethical core of the principle, on the one hand, and the diverse use and employment of the term, on the other hand.

Responsibility and the Multinational

By Nicholas T. Pinchuk

The guidance of multinational corporations is an uncertain exercise which depends on a constant awareness of responsibility, a firm grasp of appropriate standards and, most of all, a finely-tuned sense of judgment. In the days of Enron and Tyco, and their aftermath – the controversial U.S. legislation known as Sarbanes-Oxley – it's common practice to view corporations with suspicion. In this calculus, the multinational is often seen as a kind of predatory organism which, by its nature, drives irresponsibility in the pursuit of remuneration. After all, Michael Douglas (also known as businessman Gordon Gecko) proclaimed in the movie *Wall Street* that "greed is good".[1] Milton Friedman, the brilliant University of Chicago economist, greatly favored corporations that optimize the use of capital as their solitary function. As entertaining as Mr. Douglas was in his role and as much as I admire Mr. Friedman for bringing monetary theory to the forefront, I respectfully disagree with their conclusions regarding business and responsibility. After decades working in multinationals at varying levels, I can say, unequivocally, that guidance of such organizations is not about greed. With many opportunities to both observe and participate firsthand, I can attest that corporate leadership is not practiced effectively, or even typically, with a single-minded focus on shareholder or personal return. On the contrary, guiding a multinational is very much about broad responsibility, appropriate standards, and the judgment to strike a balance among varying interests.

Unlike Mr. Friedman, I feel strongly that a corporation has multiple constituencies and several missions. The great economist was correct in some measure. A multinational does exist to optimize deployment of capital. It also, however, has an almost equal obligation to create returns on the energy and commitment of its employees, expanding their livelihood along the way. Beyond this, a corporation has an additional duty to provide its customers with reliable products or services for appropriate value. Primacy among these roles may change from place to place and time to time but it has been my experience that all corporations must fulfill these basic functions on a continuous basis ... or they will cease to exist.

---

[1] *Wall Street* produced by 20th Century Fox Studios, 1987.

A corporation, therefore, has continuous responsibility to the relatively broad set of constituencies. The stockholders rightfully expect that the operation will guard their investments and provide a return appropriate to the confidence shown in committing the capital to support the organization. The employees, every day, invest energy and time of massive proportion in the business. It's the corporation's responsibility to guide these efforts so that they lead to prosperity, stability and reasonable fulfillment of individual and collective potential. Finally, but not in any way least, the multinational is also responsible to the customer, rewarding the faith implied in a purchase with reliability, functionality, value, and safety.

Identifying the basic responsibilities is usually straightforward. The difficulty lies in balancing what may be the conflicting interests of these various constituents. The process is further complicated by the fact that multiple standards of performance often exist, especially across cultures in a multinational environment. Choosing which benchmark to target can be a not-so-obvious task.

What follows is an exploration of what I see as the relevant issues. It starts with an examination of the trade-offs necessary in deciding what best serves the multiple stakeholder groups. The discussion then moves to the process of balancing among the constituents. There is then a tour of the issues potentially confronting the choice of appropriate standards. The paper concludes, based on these discussions, that leading a functional multinational is an imprecise exercise which includes being aware of responsibility, applying ethical standards, and wielding finely-tuned judgment. Done correctly, success follows and responsibility is properly discharged. However, even having done all relevant tasks with the best of intentions, the result may be unacceptable and may, after all, represent a failure of responsibility in the eyes of many.

This paper is an attempt to explore the interface between multinational corporations and responsibility in the complex world of the late 20th and early 21st centuries. It's based on my experience as a member of various corporations and on direct participation in their struggle to fulfill their obligations. In the following pages, I have tried to describe the events I have witnessed, and the episodes that have been relayed to me by reliable sources. I have mixed them with various pertinent data and set forth the conclusion drawn from these real life situations. There are, of course, alternate views of the implications. I only offer my own interpretations in the hope that they are both persuasive and helpful.

I. Responsibility: A Complex Chessboard

The concept of multinational responsibility is a complex issue that is inhabited by competing interests, tradeoffs, cultures, and practicality. While occasionally there are guiding principles, rooted in what might be regarded by the layman as natural law, the vast majority of decisions in corporate responsibility have no such clear beacon. The task of leadership, therefore, is that of defining the correct path among competing voices. In the end, balance is a key element in a corporation's fulfillment of its responsibility to its various constituencies. The tradeoffs, of course, become more difficult when you apply the term multinational. The landscape is substantially more complex with competing constituents spread across multiple countries with different cultures and varying priorities. Let's now discuss the Corporation's relationship with its primary stakeholders.

1. Stockholders: That Which Sustains

The essential ingredient in establishing and maintaining a corporation is investment capital. It purchases the assets, enables day-to-day operations, and provides the means to pursue a future. In this regard, it's the responsibility of the corporation to create an appropriate return on that trust. Stockholders, large and small, invest in a business because of their faith in those potential returns. As this constituency becomes more confident, the value of shareholdings increases. This, in turn, contributes to the overall health of the corporation, the country and the world by, in effect, adding to liquidity, reducing risk premiums and driving economic prosperity.

When investors start to doubt that they will receive adequate returns, bad things happen. The stock market crash of the early twentieth century or the bursting of the dot-com bubble in the late part of that same century are examples of the impact of uncertainty. In many ways, the economic difficulties of 2007 and 2008 also demonstrate this phenomenon. As real estate lost value, reflecting loss of confidence in ongoing property value, the associated contraction of wealth directly impacted general prosperity. It's similar for corporations. Confidence in corporate stock value has a clear relationship to prosperity, and ongoing corporate financial performance is a key ingredient in buttressing that value. Downward revision in investor confidence can, in fact, be seen in the cascading stock market meltdowns of mid-2008 and other periods. So it's the responsibility of the corporation to create encouraging returns for the stockholders. And, that responsibility does have implications for the general prosperity of the immediate community, the nation and, in some ways, the world.

The importance of stockholder value is also evident from the perspective of the people and communities with which the corporation is aligned. A major threat to that interest is acquisition/absorption by another company. In fact, the primary ingredient in such an unfavorable action is deterioration of stock value. This negative impact has been played out over time in acquired corporations from Chrysler to Digital to Pan American Airways. The culture, many of the jobs, and the relationship to the communities impacted, tend to disappear over time after acquisition. Each such event represents a situation where the corporation was unable to maintain the necessary value creation for that special group of constituents known as stockholders. As a result, they collectively lost confidence in the enterprise, abandoned the organization, agreed to an acquisition, and allowed the organization's identity to be dissolved and absorbed into other entities.

Responsibility for guaranteeing stable shareholder support, therefore, is one of a corporation's most important roles. Often, however, achieving this is a balance between the short term and long term. Stock value tends to grow with repeatable, consistent, quarterly increase in profit. To the extent a corporation invests in the future ... develops new product lines, pushes into emerging markets, sponsors community events, spends on training, or explores a new technology ... to the extent it devotes resources to the future ... it reduces its margin for near-term success. It makes meeting the investment community's quarterly expectations more challenging. On the other hand, the organization will eventually weaken without investment in the future. The trick is the balance ... the tradeoff between the responsibility for near-term prosperity and for longer-term health.

An example might be seen in the U.S. auto industry. General Motors had enjoyed strong market shares with its individual brands: Chevrolet, Oldsmobile, Buick and Cadillac. The drive to optimize shorter-term profits led the GM Corporation to commonize parts in a widely-endorsed cost-saving move. In this case, however, the automaker went too far. Famously, it was discovered that Oldsmobile engines were the same as those used in lower-priced Chevrolet models. The publicity greatly wounded the Oldsmobile brand position, contributing to the eventual demise of that car line and a loss of overall GM market share. In pursuing its short-term responsibility to the shareholders and by driving the conventional wisdom of cost reduction through commonization, GM killed a car line, damaged its long term and contributed to its difficult situation of today.

Another example of balance between long- and short-term interests might be evident in corporations' approach to property holdings. Generally, short-term performance can be optimized by leasing real properties. Corporations tend to favor this method because it raises near-term return on investment. Operating businesses further explain this preference by viewing real estate management/holding as outside their scope. In many instances, especially for emerging markets, however, this approach is not the best for long term because of the high property appreciation rates. A privately-held market-leading company in the Philippines recently realized a mega-gain on the sale of its factory property which had been made redundant by relocation to a new facility. The principals of that market leader indicated that the profit made on the land was greater than all of that achieved by operating their business over the entire five-decade history of the company. In effect, the companies' long-term profits were substantially increased by owning, not leasing, the property. This example is repeated quite regularly in many geographies throughout the world. Clearly, public companies lean toward foregoing that type of long-term benefit because such profits are only recognized on the eventual sale and do not assist regular quarter-to-quarter performance, so valued by the investment community.

Inescapably, responsibility to shareholders is a balance between the long term and the quarter's results. What must be done is to focus on achieving reasonable quarterly performance while still maintaining some attention to the future. Quarterly progress must be shown as the clear trend. However, should the forward focus be shrunk to under some reasonable limit, leading to chronically uncompetitive costs, or decreasing market share, it will be damaging to the organization and to *all* the constituents. It's a similar tradeoff that inhabits almost all decisions and policies for a corporation.

The balance becomes more complicated for an operation which has a multinational shareholder base. The priority of short- and long-term considerations differs from jurisdiction to jurisdiction. The American investment community tends to weight quarterly performance more heavily, emphasizing the short term. Asian investors, on the other hand, have more focus on financial trajectories over a number of years. In effect, what passes for reasonable quarterly progress in the West is different than that for Asia. Managing responsibility among a multinational array of stockholders with divergent values substantially adds to the complexity of striking the appropriate mix between short and long term.

There are many other examples of successful long/short balance including General Electric (under Jack Welch), IBM (under Lou Gerstner), etc. In each case, the corporate team briefed its stakeholders and won approval for long-term directions including plans for investments that would attenuate earnings near term growth. GE's investment in new jet engines for commercial airplanes is a good example. IBM's transformation away from larger main frame computers is another. Each of these investment programs, though costly and a drag on the near term, was consistent with an overall strategy which the investment community had previously accepted. The companies in question outlined a direction and made continual investment to that end. But the balance between the long- and the short-term interest was maintained such that the earnings grew with predictability, if not at the highest rate possible. In the end, both of these organizations were widely held to be successful in discharging their responsibility to shareholders. It's clear that while it's challenging, corporate management can and should be expected to navigate the necessary tradeoffs.

2. Employees: The Most Invested

It's often said that shareholders are the owners of corporations and it's quite true. Employees, however, do invest substantially in almost any business enterprise. The value of the hours they dedicate to an operation in a single year is significant, even when compared to the shareholder capital invested over the entire life of the corporation. Employees, therefore, are one of the most crucial and invested constituencies of any corporation. In a broad sense, they invest as much as, or more than, any other group. Beyond that, employees are heavily dependent on their particular business for a majority of their short- and long-term prosperity. They also tend to deposit their emotion and the faith in their enterprise. To maintain this necessary trust and support, a corporation must take a careful and active interest in the ongoing returns employees receive from their investment in their occupation. The welfare of employees is, therefore, a very real responsibility of any organization.

A corporation's responsibility to employees includes wages, safety, personal opportunity, job stability and, in the U.S., healthcare. Often, these varied considerations can be diametrically opposed within themselves and require a balance be struck between two or among several particular interests. For example, in the 2008/2009 period in the U.S., it appears that a major challenge will be to manage the need to balance wages and job stability. It is the clear responsibility of a multinational to compensate employees adequate to their environment, that is, competitively with other similar workers. The business organism is also charged with providing a viable wage with which people can carry on life with dignity. It's also the task of the corporation to guide its employees' efforts such that they maximize their prosperity. There is, however, a balance in deciding the appropriate compensation level that will not threaten long-term job stability. Consider the U.S. airlines. These corporations helped their employees prosper through decades of wage and benefit increases. These improvements, however, made the traditional airlines uncompetitive and instead, damaged overall worker welfare and stability. Because the wages eventually rose to fundamentally unsustainable levels, jobs had to be trimmed, allowing the airlines to focus on only the most profitable routes, with a smaller workforce.

Did United, Delta and American discharge their responsibilities to employees? The consensus is that they did not. The overall wages increased, but the general future for the broad population either as active employees or retirees was compromised. Now, somewhat as a result of these serial concessions, the traditional U.S. airlines are disadvantaged compared with new and more focused entrants such as Southwest Airlines. This has caused considerable disruption and dislocations as layoffs and bankruptcies roll through the industry.

A similar question can be raised about the U.S. auto industry. In that situation, GM, Ford and Chrysler allowed wages to rise steadily also leading to fundamentally uncompetitive levels. These manufacturers now find themselves in a downward spiral of losses, job cuts, and employee difficulty and are in a fight for their very existence. The question of responsibility in this matter, however, is somewhat less straightforward than what might appear to the casual examiner. The manufacturers did agree to a damaging set of concessions which led their employee constituents to near-term benefit but longer-term pain. The nature of the periodic contract negotiations, however, favored the union's position and contributed greatly to the problem. The United Auto Workers (UAW) Union would pick a target manufacturer. If an agreement was not reached, a strike ensued. The company in question would suffer with loss of cash and market share while its domestic rivals continued. Striking workers, however, would be supported by the Brotherhood's general strike fund. The dispute, of course, would eventually be settled with some compromise. In what was a brilliant strategic play, the union would then target the remaining companies one by one, but offer each essentially the same agreement, hard-won by their competitor in taking the strike. In effect, the initial target company would be damaged during the strike but win no competitive benefit from its industry rivals. Close collaboration among the Union organizations at each of the auto companies gave the UAW a distinct advantage. Meanwhile, the companies were banned from such coordination. In this situation, it's not surprising that the auto companies' taste for resisting union demands was limited and the workers' salaries moved steadily upward. The negotiating structure shifted the financial balance substantially in favor of the Union and the short term. History shows the auto companies exercised some bad judgment. They should have resisted the inflationary pressure in successive contract encounters. They failed to manage their long-term responsibility to their employee/retiree constituents. It's easy to see, however, that the challenges they faced from the negotiating structure did make it quite difficult to take the long-term view.

Another area inhabited by corporate responsibility is the movement of employee populations. This happens often in today's environment where operations in developed countries are relocated to the very competitive locations in Eastern Europe or Asia. The closure of a facility disrupts many lives and carries substantial economic and often psychological pain for the disenfranchised. On the other hand, there are occasions where a factory can become so uncompetitive by wage and practice that it cannot be resurrected. In such cases, the corporation is responsible to act on problem facilities before they excessively damage the whole organization, depriving the stockholders, the other employees, and the customers. Of course, the corporation must exercise careful judgment in deciding on such an action. It must be responsible for aiding the disenfranchised as they transition to new activities, even as it acts on behalf of the collective good.

Responsibility to employees is one of its most important, if not always the most publicized, concern of a corporation. As in many situations, however, it has to compete with obligations to other constituencies which can often be more pressing. In the end, as in the auto companies balancing long-term vs. short-term interests ... or in the decision to close or try to resurrect a facility, it is a matter of judgment.

3. Customers: The Responsibility of Trust

A corporation clearly also has strong responsibilities to its customers. It's algorithmic, however, that businesses fail customers at their direct peril. Trust is primary in all customer relationships. Corporations, therefore, must create and maintain confidence that its products are safe, perform reliably, and represent value, all within the envelope of reasonable expectations. If such trust erodes, a business cannot continue.

Safety, of course, is a good example of corporate customer responsibility. It's clear the Chinese manufacturers of toys, which risked lead poisoning for children, were clearly shirking the reasonable obligation to provide safety. Another famous example is the fire safety of the Pinto automobile in the U.S. market. In the late 1970's there were accidents in which the gas tanks of those compact models exploded when struck from the rear end. The precautions designed into the Pinto did meet the U.S. Government's safety standards. They did not, however, fully guard against problems which resulted from collisions that had some probability of occurring. The Ford Motor Company, in this case, was in legal compliance but did not fulfill its responsibility to keep customers safe. In the end, however, it was not malfeasance or an overt shirking of responsibility that led to the problem. It was poor judgment in making the choice of how safe to build the car. After all, safety and cost are related. In the Pinto's case, that balance was struck poorly. Customers viewed Ford as having not fulfilled its responsibility and they punished that corporation by deserting Ford products in large numbers.

II. Responsibility To Meet a Standard: But Whose Standard?

The question of whose standard must be followed regularly confronts all corporations, and multinational business operations have this dilemma with amplified complexity. Even excluding global considerations, there are often debates within a single country regarding what benchmark is appropriate. Consider the discussion in the U.S. regarding vehicle emissions. It still includes questions such as: what is the permissible amount of hydrocarbon emissions? Should there be one national standard or should individual regulations be allowed for California and other states reflecting their special conditions? Should emissions be relaxed to allow wider use of diesel fuels to improve fuel economy? Another example is the use of refrigerants for air conditioning, where debate continues on whether ozone depletion, greenhouse emissions or cost should be the primary goal in progressing standards. Of course, one approach for a business would be simply to follow the government standard. As we have seen with the Pinto, however, this is not always adequate. A corporation can be held, by the court of public opinion, as not fulfilling its responsibility if it does not make an appropriate judgment regarding standards. And, this public perception can be reached regardless of the Government's position. An example is the fuel economy standard in the U.S. where the auto manufacturers are often seen not to have sufficiently raised the miles-per-gallon of their vehicles offered for sale. This is the perception even though the auto makers fully comply with Government standards and their approach has been widely endorsed by the public's enthusiastic embrace of lower fuel economy SUV's.

In this context, the same auto companies could be considered to face similar choices regarding emissions. What standard should they follow? Should they match the government targets? Should they follow the tougher California standards nationwide? Or should they make their own judgments, push even more stringent standards and risk economic rejection by the market, associated with the higher costs? Would customers be willing to pay more for cleaner cars? It is, after all, a judgmental choice around the standard and the market reaction.

The situation becomes even more complicated in a multinational environment. Chinese emissions standards do not agree with the U.S. policy. The Middle Kingdom may feel the costs of emission control are too high given the current position of its just-emerging economy. Further, its scientists may not agree with Western conclusions regarding the appropriate emission-control procedures. In an uncertain emissions world, the corporation does have some responsibility to make an informed judgment regarding which standard to follow and if one standard should be applied to all jurisdictions. Fair or not, the businesses will be judged by their future constituents based on success in these choices. If no environmental problem arises, it will have been judged to have acted responsibly. If a problem does become evident, the corporation or corporations involved will be viewed as not having properly fulfilled their obligations.

Standards, of course, are not restricted to the physical; they can be philosophical. The area of business ethics is an example. All agree that corporations should act ethically in their activities. This is well accepted by businesses and governments from Boston to Brussels to Bombay to Beijing. But whose ethics should be the guideline? Should the ethics of one country govern the activity of the world? The U.S. Foreign Correct Practices Act (FCPA) was enacted, among other things, to enjoin American-based companies from bribing public officials anywhere in the world. In effect, it imposed American ethics as an absolute standard. At first glance, this may seem to be simple and straightforward. It isn't always so. For example, FCPA allows for certain facilitating payments to be made to public officials to fund additional services such as special traffic control. In South Korea, these payments are possibly illegal under the local business ethics legislation. At the same time, other payments, which are legal in Korea, such as confidential salary payments to employees, are viewed as unethical under the FCPA. In effect, the misalignment of these standards makes ethical considerations more restrictive than was intended by either government. U.S. corporations must follow the codes of both countries while operating in South Korea. This can create some challenging circumstances. The example points out that there can be conflict of standard from country to country and where it is not a matter of law, the corporation must make a judgment as to which standard is best aligned with its responsibility to constituents. However, it's not often a clear path or an easy choice.

1. Juggling: The Balance Among Constituents

One of the crucial aspects in fulfilling practical corporate responsibility is deciding which constituency will be ascendant in any particular situation. Unfortunately, the interests of the shareholders, the employees, or the customers will often be in conflict. The corporation is required to choose among the possibilities based on its judgment of which interests may carry the most benefit to the collective welfare. For example, it was in the stockholders' interest for Anheuser Busch to accept the acquisition offer of the Belgian brewer, InBev, in the summer of 2008. The premium paid was very attractive to the shareholders. It's unlikely that they would have been able to generate a similar return from continuing ownership of an independent Anheuser Busch.

It's also quite likely that the acquisition will not be in the interest of the employees. Jobs are almost sure to be made redundant by the combination. The probable loser in that consolidation will be the original Anheuser Busch workers in St. Louis and other U.S. locations. The history of acquisitions has shown that the acquired employee population is almost always at risk. Their salaries are usually part of the costs that are projected to be eliminated in justifying the acquisition purchase price. Beyond employee interests, it's also not clear how customers will fare in such a takeover. In the Budweiser case, the slogan "This Bud's for you", and the associated American beer taste may give way to brews that are based on foreign preferences, and the American consumer may face a more narrow choice in the beer aisles of the future.

2. Responsible to Whose Standard?

A further complication in responsibility is that, on any given corporate subject, there are often a number of potential standards. In the early 1990's, refrigerant for air conditioning was a major issue with those who had concerns about the danger of escaping gases and the impact on the planet's atmosphere. In fact, there was wide acceptance that such discharges were a problem. Directionally, however, all parties agreed that the relevant devices, refrigerators and air conditioners, should be migrated toward more environmentally-friendly refrigerants. The devices of the day utilized the chemical designated R-11, a "CFC" compound that when released into the atmosphere would impact the protective ozone layer and create the potential for further global warming. Soon a more environmentally-friendly compound was developed and designated R-123. The new formulation did reduce refrigerant impact on the ozone by more than 90 % ... a fairly significant movement. In addition, it operated at pressures similar to the earlier compounds and, therefore, could be safely used in already-installed systems. Legislation was passed calling for gradual reduction in the use of R-11 (the earlier refrigerant). The entire industry moved to adopt the new R-123 solution. R-11 hardware continued to be sold but with promises to customers that these systems would be refitted for the new, environment-friendly-compliant refrigerant when the government timeline eventually required the change.

Technological remedies, however, are often purchased at a price of potential problems. And, so it was with R-123. After some period of commercial use, an industry study found that long-term exposure to high concentrations of R-123 caused tumors in laboratory animals. The growths so found were, in fact, benign. Nevertheless, this was a troubling finding. Reactions of the air conditioning industry to this news were varied. The industry leader, Carrier, declared that the safety of its servicemen who might come in contact with the chemical was paramount. It, therefore, moved its refrigerant strategy dramatically in a new direction, adopting a chemical designated R-22 as its new refrigerant. It further stated that it would not honor its promises to convert its already-installed machines to R-123 upon customer request. Needless to say, the customers impacted were not pleased. Many vowed never to purchase a Carrier product again. They felt strongly that the company had reneged on relatively narrow evidence. It was not clear that exposure to R-123 in real application would have any impact on humans. Further, it was not demonstrated that the product, even in high concentrations, was a carcinogen. The other two major competitors, Trane and York, agreed with the aggrieved customers. These two organizations continued to offer new R-123 units and to convert older R-11 products to the new refrigerant.

There were differences between the Carrier solution and the competitor positions. From an ozone perspective, Carrier's R-22 was an improvement from the older refrigerants but was not as effective as the York/Trane R123 solution. Regarding global warming, however, the Carrier R-22 approach was more environmentally friendly. The Carrier solution, however, also had some operating challenges. Because of the higher pressures required for R-22, it could not be used in existing machines. Use of the Carrier R-22 refrigerant, therefore, could not be achieved by a relatively inexpensive conversion. To comply with the phase-out of the older refrigerant, a new, specially-designed manufactured unit would have to be purchased at significant customer cost.

In such a situation, one might look to the government for guidance. It was not to be forthcoming. International jurisdictions had limited interest in the subject. The Asians were not yet awakened regarding environmental issues and the Europeans used too little stationary air conditioning to make it a significant focus. The U.S., on the other hand, was interested. The problem was that there was no agreement among the relevant American agencies. The U.S. Environmental Protection Agency (EPA) supported R-123, endorsing its superior ozone-friendly characteristics as primary. In effect, the EPA supported the York and Trane position, indicating that the lab-animal study was quite inconclusive and certainly not clear enough to offset the benefits of R-123. The U.S. Energy Department, however, weighed in for the Carrier R-22 position, stating that the refrigerant's stronger performance from a global warming perspective was its priority. In this situation, the affected companies were left to ponder the choices on their own, without singular governmental guidance.

The dilemma for the three air conditioning competitors was in choosing which standard defined their primary responsibility. Many stakeholders weighed in on the subject including governments, customers and employees. As it played out, Carrier chose the U.S. Energy Department and employee safety as its standard setters. Trane and York chose the EPA and the interests of the general customer population. In time, the industry came to consensus around another new refrigerant, designated R-134a, which had neither ozone nor global warming problems and appeared to have no health risks. In the interim, however, the customer population punished Carrier for its choice. In fact, health problems did not result from the continuing use of R-123 and the initial alarming study proved to be flawed. Carrier, the one-time industry leader, lost substantial market share. Stockholder profits were reduced, hundreds of employees lost their jobs, and a major Carrier factory was closed and relocated ... seriously damaging the community left behind.

Reviewing the facts of this case, the proper path is not evident. I can certainly testify personally that the way forward was also not clear to Carrier management at the time. Exercise of corporate responsibility played out to be a judgment made among several interests and standards. In the end, Carrier was seen not to have properly discharged its responsibility to its constituents ... stockholders lost ... employees lost their jobs ... customers lost ... and the management was purged. They were seen not to have had the correct sense of responsibility. From another perspective, however, it can be concluded that they just made a poor judgment, without any sense of avoiding responsibility or malfeasance.

3. An Added Dimension: One Country – One Standard

The question of whose standard to follow adds another entire dimension when viewed from the perspective of a multinational corporation. Even such a commonizing force as the McDonald's Corporation recognized cultural business differences upon entering Germany. The "golden arches must be garbed in a German suit"[2] was their mandate when entering that country. In the case discussed previously regarding refrigerants and environment, the balance between ozone depletion, global warming, cost and operating efficiency changed dramatically from jurisdiction to jurisdiction. Americans had a strong, if varied, view on protecting the environment while the Asians emphasized efficiency. Asian customers and governments were less interested in the environment and more focused on efficiency. It was left to the corporations involved to balance among these jurisdictions and preferences, making their task more complex.

Another example highlighting the difficulties in global tradeoffs can be seen in the events surrounding Tiananmen Square in the early summer of 1989. Students had occupied the prominent Beijing landmark without a permit, in a spontaneous demonstration of support for the swing toward democracy in China. The world watched as the days rolled by and the students became more emboldened in their rhetoric and in their confrontation with the police and the army. Finally, after one particularly humiliating episode between the Army and the crowd, the Chinese Government moved to clear the Square by direct force. The international reaction was an avalanche of disapproval. Relations with China and western governments entered a kind diplomatic freezer and the business community was generally pressured by public opinion to slow down, if not stop, dealings with China.

Overnight the galloping Chinese economy decelerated to a very slow crawl. Western companies simply stopped investing in, dealing with, or traveling to China for several months. For example, in April of 1989, one had to have considerable clout to obtain a hotel room in the Shanghai Hilton without substantial lead time. Every public venue was bustling with the commercial activity of Western investors, much the way the California towns must have been during the gold rush days. In July of the same year, I returned to Shanghai and lodged at the Hilton, the same place I had had so much difficulty in booking just two months before. My July stay was for three days and in that entire time, I never saw another hotel guest ... not in the lobby ... nor in the coffee shop ... nor in the elevator. The world business community had simply stopped coming to China because they believed their visits would be seen to endorse the questionable acts of the communist regime.

This raised the question of standards and responsibility in companies like United Technologies that had significant employee populations in China. From an American perspective, the Chinese government had acted immorally, physically harming students because of their demonstration against the government and in support of democracy. On the other hand, the general Chinese view, and here I mean the proverbial "man on the street", was that the government's pa-

[2] John F. Love, *McDonald's: Behind the Arches* (New York: Bantam Books, 1995), p. 435.

tience with the disruption had been extraordinary. Although it was unfortunate that injuries resulted, the government was justified in taking back the square which, after all, is a national landmark.

Beyond those perspectives, there was a multinational's responsibility to the workers in China. United Technologies (UTC) had well over 3500 employees in the Shanghai area at this time. These men and women had placed their economic futures in the hands of their American business leaders and partners. Should those corporations abandon that trust? Should they overlook that responsibility in order to support the Western perspective of the Tiananmen events? Many UTC stockholders were Americans who might prefer a slowdown, if not withdrawal, from China activities. On the other hand, the Corporation's responsibility to the workers was considerable. On balance, UTC chose to fulfill its obligation to its employees, risking the displeasure of stockholders and various western governments/customers. UTC executives ventured to China immediately after the event. It eventually earned an extraordinary loyalty from their local employees who learned that they could, indeed, trust their American managers and partners. In addition, the Chinese government was quite appreciative on all levels. As a final postscript, the United Technologies China operation went on to be among the most profitable businesses throughout China and, indeed, the entire world. It substantially enhanced the prosperity of both the stockholders and the employees. The Corporation chose to follow the Chinese standard in interpreting Tiananmen and had prioritized the welfare of its employees even before that of its other constituents. Based on the results, it appears that the management acted responsibly. It made the appropriate judgment that paved the way to satisfied stockholders and prosperous and loyal employees. They employed good judgment; it worked; and they were seen to have discharged their responsibility quite appropriately.

4. 3500 or 1.3 Billion?

Some might ask if a corporation, in this case UTC, might have a greater responsibility to 1.3 Billion Chinese citizens than to the 3500 Chinese people who were part of its local operation. It's a legitimate consideration. It, however, required a judgment on whether the Chinese government had behaved so badly as to be considered clearly outside the reasonable envelope of generally accepted conduct. If that were the case, then I still believe the corporation would have an obligation to its 3500 Chinese employees. But that responsibility would be to extricate them from harm's way ... to find them a way out of China and its threatening environment.

In the opinion of many on the scene at the time, the West's reaction to China over the Tiananmen event and the associated business boycott, however, was out of proportion. It represented more a desire to imprint Western behavior on the Chinese rather than an objective view of the events. In the end, it did not appear to UTC that the government's behavior was malfeasant, even if the result was tragic. This was the view of UTC officials most familiar with the situation and of many local Chinese who spoke privately and not under the threat of intimidation. In occupying the Square, the protestors had violated the rights of the Chinese community and should have been removed safely. UTC believed, therefore, that its primary responsibility was to support its 3500 employees by continuing to support their enterprise, even against the weight of Western opinion.

III. Conclusion

It's clear that multinational corporations have responsibilities to multiple constituencies including stockholders, customers, and employees. Further, the direct interests of these groups are sometime diametrically opposed. For example, plant consolidations are often favorable to the stockholders but certainly are not a near-term benefit to the disenfranchised.

In addition, the choice of the appropriate standard against which performance should be measured is quite problematic, even with regard to important subjects such as safety, profitability, and environmental compliance. At any time, in any place, opinions vary as to which benchmarks are appropriate. And, this diversity is amplified when reaching across country boundaries, as was demonstrated in the case of Tiananmen Square and the continuing support for Chinese employees.

Sometimes, the balance among constituencies and the choice among standards can be guided by something akin to natural law. The safety of the Pinto should have been improved. A proper choice would have been to realize that even a remote potential for a fiery explosion and the terrible human cost is enough of risk to require upgrade, even against an outcome of low probability. As stated eloquently in *Controversies in International Corporate Responsibility*,[3] "For a corporation, there is no conflict between business and responsibility. The balance defines who we are" as an organization. Successful guidance of multinational organizations requires such judgments regularly. And, the presence of a strong moral compass is a necessary ingredient for any who would aspire to lead such an organization.

---

[3] *Controversies in International Corporate Responsibility*, edited by John Hooker, John F. Hulpke, Peter Madsen (Pittsburgh: Carnegie Mellon University, 2007), p. 109.

In the majority, however, the balances and choices inhabiting the orb of a multinational corporation are more uncertain. As in the case of choosing a refrigerant, the correct path is not usually clear and the elements of natural law cannot always be an effective guide in determining an acceptable and moral decision. Well-meaning business judgments can be wrong, leading to a breech in responsibility toward one or more of the constituencies. In the Carrier refrigerant case, all stakeholders lost, despite the best of motives and careful judgment.

It is a practical reality that appropriate discharge of corporate responsibility is judged not based on intent but rather on results. My experience in business indicates that shortfalls in performance are often characterized as a lack of responsibility. There is, of course, the occasional demonstration of malfeasance, such as was on display in Enron. Mostly, however, the disappointments are simply a result of poor judgment, not of an abdication of responsibility. The facts are that, if the corporation acts with good judgment and the results are favorable, it will be seen to have exercised its tasks responsibly. If events go poorly, it will be seen to have been irresponsible. In most cases, therefore, as in the case of auto company pay, lack of responsibility is primarily defined by poor or unacceptable performance. This is not a complaint or a criticism. It represents an observation of the realities that govern the world of corporate leadership.

Of course, by its nature, the multinational corporation must, in the end, be responsible for advancing the interests of its stakeholders. This is quite appropriate. Stockholders, employees and customers invest substantially in the business with which they align. The corporate leadership must act accordingly. The task, however, is quite complex and can only be accomplished by ample use of a strong internal compass enabled by prudence and natural law, a knack for balancing diverse interests in some stable way and a well-developed sense of business judgment. If leaders with ample reservoirs of these talents are chosen, the corporations which benefit from their guidance will have a strong chance of being seen to fulfill their duties to constituents. In the end, however, society's view of success or failure in responsibility is based on the actual result. This is as it should be. Multinational corporations are in place to improve the welfare of their constituents ... their stockholders, employees, customers. If progress is made, the business and its leaders are successful. If the result is short of reasonable expectation, they have, indeed, failed to meet their responsibilities.

Summary

Multinational corporations are often viewed as single-focused pursuers of immediate financial return for stockholders. In fact, leadership of such business organisms is much broader. It embraces responsibility for the interests of multiple clients including employees and customers, as well as the much publicized stockholder population. The discharge of these obligations is quite complex across the various constituencies and geographies. It requires leadership with a strong internal compass enabled by prudence and natural law, a talent for balancing diverse interests and a well-developed sense of business judgment. In the end, the purpose of a corporation is to create progress and prosperity. In this context, the standard for responsible action is based on results, not intent. If a corporation furthers the interest of its constituents without venturing outside the envelope of accepted morality, it is deemed to have discharged its responsibilities. If it does not create the expected success, even despite good intention, it will be seen to have acted irresponsibly.

Zusammenfassung

Multinationale Konzerne werden häufig in einer Weise betrachtet, als würden sie einzig und allein eine höchstmögliche Kapitalverzinsung für die Aktionäre verfolgen. In Wirklichkeit ist die Leitung eines solchen Unternehmens viel komplexer. Es umfasst die Verantwortung für die Interessen verschiedener Personenkreise – einschließlich der Mitarbeiter, der Kunden und, was häufig im Fokus der öffentlichen Berichterstattung steht, der Aktionäre. Die Erfüllung all dieser Verpflichtungen ist ziemlich schwierig, angesichts der administrativen und geographischen Gegebenheiten. Es erfordert Führung mit einem starken inneren Kompass, der ausgerichtet ist auf Vernunft und der natürlichen Ordnung, einem Talent für das Ausgleichen der verschiedenen Interessen und einem gut entwickelten Sinn für geschäftliche Entscheidungen. Letztlich ist es der Zweck eines Unternehmens, Fortschritt und Wohlstand zu schaffen. In diesem Kontext stützt sich der Maßstab für verantwortliches Handeln auf Ergebnisse, nicht auf Absichten. Wenn ein Unternehmen den Interessen seiner Kunden Genüge tut, ohne zu riskieren, den Bereich der anerkannten Moral zu überschreiten, dann kann man sagen, es komme seinen Verantwortlichkeiten nach. Wenn es den erwarteten Erfolg nicht erreicht, trotz guter Absichten, dann ist das Urteil schnell gefällt, es habe unverantwortlich gehandelt.

Verantwortung der Unternehmensleitung für die Mitarbeiter im Betrieb

Von Eduard Gaugler

I. Führungsstile und unternehmerische Verantwortung

In Deutschland und in anderen westeuropäischen Ländern begann die Industrialisierung vor ungefähr 170 Jahren. Zunächst hatten damals die Industriebetriebe, die Fabriken, meistens noch eine überschaubare Größe. Sie wurden in der Regel persönlich vom Eigentümer bzw. von einer kleinen Unternehmergemeinschaft geleitet. Oft waren es – wie zuvor die kleinen Handwerks-, Handels- und Agrarbetriebe – noch Familienbetriebe. Die patriarchale Struktur der damaligen Familie und der Gesellschaft ging fast automatisch auf die Industriebetriebe über. Weit verbreitet war in der deutschen Wirtschaft im 19. Jahrhundert der sogenannte patriarchale Führungsstil (Lattmann 1975).

Der patriarchale Unternehmer übte in seinem Betrieb selbstverständlich Macht über die Mitarbeiter aus. Er steuerte ihren Arbeitseinsatz und schrieb die Arbeitsordnung im Betrieb vor. Er achtete streng auf Disziplin im Betrieb und bestrafte Verstöße gegen die Arbeitsordnung. Er war bestrebt, sie zu guten Arbeitskräften zu erziehen. Ein Großteil der damaligen Arbeiterschaft hatte nur eine geringe Allgemeinbildung und zeigte große Schwierigkeiten in der alltäglichen Bewältigung ihres eigenen Lebens und des Lebens ihrer Familien. Der patriarchale Unternehmer nahm diese Defizite seiner Arbeitnehmer wahr; er sah darin eine Herausforderung an seine eigene soziale Verantwortung. Er war sich bewusst, dass er als Unternehmer nicht nur „Fabrikherr" war, sondern auch für das persönliche Wohl seiner Mitmenschen im Betrieb zu sorgen hatte. Er war bestrebt, als patriarchaler Unternehmer – wie ein Vater für seine Kinder – für seine Mitarbeiter im Betrieb Sorge zu tragen. Zusätzlich zum Lohn entstanden die ersten betrieblichen Sozialleistungen und Sozialeinrichtungen. Auch um die Probleme der Familien seiner Mitarbeiter außerhalb des Betriebes kümmerte sich der patriarchale Unternehmer. Machtausübung im Betrieb und soziale Verantwortung für seine Mitarbeiter innerhalb und außerhalb des Betriebes waren die Kennzeichen dieses patriarchalen Unternehmers. Dabei ergaben sich nach und nach Entwicklungen von einem eher paternalistischen zu einem mehr protektoralen Führungsverhalten.

Ganz anders zeigte sich in der zweiten Hälfte des 19. Jahrhunderts der liberal-feudale Führungsstil. Er war eine Anwendung der altliberalen Gesellschafts- und Wirtschaftskonzeption auf die Arbeitsbeziehungen im Betrieb. Nach diesem paläoliberalen Konzept hatte der Unternehmer als „Fabrikherr" nur eine einzige Verpflichtung; er musste lediglich den Lohn bezahlen, den er mit dem einzelnen Arbeitnehmer frei – ohne staatliche oder gewerkschaftliche Einwirkung – ausgehandelt hatte. Darüber hinaus hatte der Unternehmer gegenüber dem Arbeitnehmer keinerlei Verpflichtungen. Er war „Herr im Betrieb" und konnte uneingeschränkt von staatlichen Eingriffen seine Macht im Betrieb gegenüber den dort tätigen Menschen ausüben. Im Ergebnis war der liberal-feudale Führungsstil eine Machtausübung im Betrieb ohne soziale Verantwortung gegenüber den Mitarbeitern. Die Folgen dieses Führungsstils zeigten sich in der materiellen Ausbeutung vieler Arbeiter, in ihrer geistigen Proletarisierung und in einer Übersteigerung der Unterschiede zwischen Kapital und Arbeit. So wurde dieser liberal-feudale Führungsstil zum Ausgangspunkt für klassenkämpferische Ideologien.

Gegen Ende des 19. Jahrhunderts zeigten sich in Deutschland erste Ansätze für einen neuen Führungsstil. Einige Unternehmer größerer Betriebe begannen damit, Vertreter ihrer Mitarbeiter bei sozialen Angelegenheiten des Betriebes mitberaten zu lassen. Zwar blieb damals die Entscheidung auch in solchen sozialen Angelegenheiten zunächst allein beim Unternehmer, aber er zog die Mitarbeiter bzw. ihre Vertreter zur Information und Beratung hinzu. Diese Bestrebungen setzten in einer Reihe von Unternehmen zu einer Zeit ein, als man die Verfassung des deutschen Staates als „konstitutionelle Monarchie" kennzeichnete. Diesen Begriff übertrug man auf die Unternehmen und sprach dann diesbezüglich von der „konstitutionellen Fabrik". Daraus entwickelte sich in den folgenden Jahrzehnten das Konzept des kooperativen Führungsstils (Gaugler 1969). Allmählich ging dabei die Kooperation bei der Entscheidungsvorbereitung teilweise auch auf die Mitentscheidung durch Vertreter der Mitarbeiter über.

Der kooperative Führungsstil stellt gegenüber dem patriarchalen Konzept eine bedeutende Weiterentwicklung dar. Beim patriarchalen Führungsstil waren die Mitarbeiter das Betreuungsobjekt jener Unternehmer, die soziales Verantwortungsbewusstsein praktizierten. Der kooperative Führungsstil anerkennt die Mitarbeiter und ihre Vertreter als Partner der Unternehmensleitung für die soziale Verantwortung gegenüber der Belegschaft. Nicht mehr die einseitige, alleinige Betreuung der Mitarbeiter durch die Unternehmensleitung ist das Ziel; der kooperative Führungsstil beteiligt die Mitarbeiter und ihre Vertreter an der sozialen Gestaltung des Betriebes (Gaugler 1993).

Dieses Konzept von der kooperativen Verantwortung des Arbeitgebers mit der Mitarbeitervertretung (Betriebsrat) spielt in Deutschland im Arbeitsrecht seit Jahrzehnten eine zentrale Rolle. Dafür existiert inzwischen eine kaum noch überschaubare Vielzahl von Vorschriften. Die wichtigsten arbeitsrechtlichen Normen sollen kurz genannt werden.

II. Arbeitsrechtliche Verpflichtungen des Unternehmers

Im Arbeitsrecht gibt es für die soziale Verantwortung des arbeitgebenden Unternehmens insbesondere drei Quellen: den individuellen Arbeitsvertrag zwischen dem einzelnen Arbeitgeber und dem einzelnen Arbeitnehmer, die Tarifverträge zwischen Gewerkschaften und Arbeitgebern bzw. Arbeitgeberverbänden, die arbeits- und sozialrechtlichen Gesetze des Staates (mit der Rechtsprechung der Arbeits- und Sozialgerichte). Die arbeitsrechtlichen Quellen haben in Deutschland eine lange Tradition und werden laufend weiter entwickelt. Immer stärker beeinflusst zusätzlich die Europäische Union (EU) das deutsche Arbeitsrecht mit verbindlichen Richtlinien und mit Gerichtsurteilen.

Die rechtlich normierte Verantwortung der Unternehmensleitung für die Mitarbeiter im Betrieb ergibt sich aus jenen Vorschriften, die man als die arbeitsrechtlichen Pflichten des Arbeitgebers bezeichnet. Die wichtigsten Verpflichtungen des Unternehmens gegenüber dem einzelnen Arbeitnehmer aus dem kodifizierten Arbeitsrecht sind:

- Beschäftigung des Arbeitnehmers mit ihm zumutbaren Arbeiten,
- Treu- und Fürsorgepflicht des Arbeitgebers,
- Gleichbehandlung der Arbeitnehmer im Betrieb (Vermeidung von Willkür gegenüber Mitarbeitern),
- Zahlung eines Arbeitsentgelts als Gegenleistung für die vom Mitarbeiter erbrachte Leistung,
- Lohnfortzahlung bei Krankheit etc.,
- Gewährung von Freizeit (Urlaub, Weiterbildung etc.),
- Schutz von Leben und Gesundheit des Arbeitnehmers im Betrieb,
- Schutz des Eigentums des Arbeitnehmers im Betrieb (z. B. seines privaten Pkw).

Für solche Regelungen im individuellen Arbeitsvertrag gibt es in den Tarifverträgen und in staatlichen Gesetzen eine Vielzahl von Mindestvorschriften. Für einzelne Mitarbeitergruppen (Jugendliche, Frauen, Mütter, Behinderte, Ältere etc.) existieren zahlreiche Sonderregelungen, die für den individuellen Arbeitsvertrag bindend sind.

Die Unternehmensleitung hat jedoch nicht nur arbeitsrechtliche Vorschriften zugunsten des einzelnen Arbeitnehmers zu beachten; ihre soziale Verantwortung richtet sich auch auf die ganze Mitarbeiterschaft eines Betriebes. Viele Bestimmungen im Betriebsverfassungsrecht und in den Mitbestimmungsgesetzen regeln in Deutschland die gesetzlich gewollte Verantwortung der Unternehmensleitung gegenüber der gesamten Mitarbeiterschaft eines Betriebes und ihren Vertretern. In arbeitsrechtlicher Hinsicht besteht demnach die Verantwortung der Unternehmensleitung aus Arbeitgeberpflichten gegenüber dem einzelnen Mitarbeiter und aus Verpflichtungen des Unternehmens gegenüber der ganzen Belegschaft bzw. ihren Repräsentanten (Gaugler 2008); man unterscheidet deshalb zwischen individuellem und kollektivem Arbeitsrecht. Zu diesem kollektiven Arbeitsrecht zählt auch die noch nicht genannte Betriebsvereinbarung, mit der das Betriebsverfassungsgesetz dem Arbeitgeber und dem Betriebsrat ein Instrument gibt, das eine kooperative Wahrnahme der Verantwortung des Betriebes für seine Mitarbeiter ermöglicht.

Die große Zahl arbeitsrechtlicher Vorschriften durch den Gesetzgeber und ihre teilweise sehr detaillistischen Inhalte haben seit einiger Zeit eine Diskussion über die Notwendigkeit und über die Möglichkeiten einer Deregulierung im Arbeitsrecht ausgelöst. Es stellt sich die Frage, inwieweit gesetzliche Normen des Arbeitsrechts die Verantwortungsbereitschaft des Arbeitgebers gegenüber seinen Arbeitnehmern beeinflussen. Nach dem heutigen Erkenntnisstand wird man dysfunktionale Wirkungen aus dem Arbeits- und Sozialrecht nicht grundsätzlich verneinen können.

In der Bundesrepublik Deutschland bildet das eben skizzierte Arbeitsrecht einen wichtigen Bestandteil der Verantwortung der Unternehmensleitung für die Mitarbeiter im Betrieb. Deshalb wachen der Staat, die Tarifvertragsparteien (besonders die Gewerkschaften) und die Betriebsräte darüber, dass das arbeitgebende Unternehmen diese rechtlichen Verpflichtungen auch tatsächlich erfüllt. Trotz der Vielzahl der geltenden Normen des Arbeitsrechts geht die soziale Verantwortung der Unternehmensleitung für die Mitarbeiter über diese Vorschriften hinaus, wie der folgende Abschnitt zeigt.

III. Kernbereiche unternehmerischer Verantwortung für Mitarbeiter im Betrieb

Aus der großen Zahl einzelner Verantwortungsfelder konzentrieren sich die anschließenden Überlegungen auf fünf zentrale Verantwortungsbereiche.

1. Deutschland besitzt eine freiheitliche Wirtschafts- und Gesellschaftsordnung. Ihre Verfassung (Grundgesetz) kennt kein „Recht auf Arbeit“, mit dem der Staat ein Unternehmen zwingen könnte, einen Arbeitnehmer zu beschäftigen. Der Rechtsstaat wäre überfordert, wenn er dem einzelnen Arbeitnehmer eine Arbeitsplatz-, eine Beschäftigungsgarantie in der Wirtschaft geben und verwirklichen müsste. In einer Marktwirtschaft kann das einzelne Unternehmen grundsätzlich nur diejenigen Mitarbeiter nach Zahl und Qualifikation beschäftigen, deren Leistungsbeiträge das Unternehmen am Absatzmarkt gegen ein kostendeckendes Entgelt veräußern kann.

Aus diesen staatlich-rechtlichen Überlegungen folgt jedoch nicht, dass die Unternehmensleitung keinerlei Verantwortung für die Beschäftigung von Mitarbeitern trägt. In einer Marktwirtschaft, besonders bei scharfem internationalen Wettbewerb treten immer wieder Schwankungen im Personaleinsatz auf. Auch die Gesamtzahl der erforderlichen Mitarbeiter, ihre gruppenmäßige Zusammensetzung und die Qualifikationsstruktur des Personalbedarfs können sich von Zeit zu Zeit ändern. Dabei können sich für die Mitarbeiter erhebliche persönliche Belastungen und Nachteile ergeben. Dies trifft bei der Globalisierung insbesondere dann zu, wenn Unternehmen aus unterschiedlichen Gründen Arbeitsplätze, Betriebsteile und ganze Betriebe ins Ausland verlagern. Zur sozialen Verantwortung der Unternehmensleitung gehört es dabei, negative Auswirkungen des Wettbewerbs an den Absatzmärkten für die Beschäftigung der Mitarbeiter so gering wie möglich zu halten. Vor allem mittlere und größere Unternehmen können mit beschäftigungspolitischen Maßnahmen zu einer gewissen Stabilisierung des Personalbedarfs und des Personaleinsatzes beitragen. Insbesondere kann und muss die Unternehmensleitung dafür moderne Formen der betrieblichen Personalplanung einsetzen. Die Mitarbeiter können erwarten, dass ihre Unternehmensleitung vermeidbare Belastungen, die sich aus der Wettbewerbswirtschaft für die Mitarbeiter ergeben können, abfängt oder wenigstens abschwächt.

2. Die Entlohnung der Mitarbeiter bildet eine zentrale arbeitsrechtliche Verpflichtung des arbeitgebenden Unternehmens. Für die meisten Arbeitnehmer stellt das Arbeitsentgelt die vorrangige ökonomische Existenzgrundlage für sie selbst und für ihre Familien dar. Über die arbeitsrechtlichen Pflichten hinaus zählt das Streben nach Verwirklichung der „Lohngerechtigkeit“ zur sozialen Verantwortung der Unternehmensleitung. Die Vorstellungen von der Lohngerechtigkeit besitzen verschiedene Inhalte.

Unter betriebswirtschaftlichen Gesichtspunkten sind die Arbeitsentgelte der Mitarbeiter leistungsgerecht zu gestalten. Die Löhne und Gehälter der Mitarbeiter sollen sich an den unterschiedlichen Anforderungen ihrer Arbeitsplätze und an ihren verschiedenen Leistungsbeiträgen orientieren (Äquivalenzprinzip). Seit vielen Jahrzehnten wird diskutiert, ob die Mitarbeiter zusätzlich zu Lohn und Gehalt auch einen Anspruch auf einen Anteil am Erfolg des Unternehmens (Ertrag, Gewinn) besitzen. In vielen Industriestaaten – auch in Deutschland – praktizieren zahlreiche Unternehmen seit langem für ihre Mitarbeiter verschiedenartige Formen einer Erfolgsbeteiligung (Gewinn-, Ertragsbeteiligung). Vielfach wollen diese Unternehmen damit die Lohngerechtigkeit besser verwirklichen.

Mit den tarifvertraglich vereinbarten Löhnen und Gehältern gibt es in vielen Ländern Mindestbeträge für das Arbeitsentgelt, die deutlich über dem Existenzminimum der Arbeitnehmer liegen. Häufig bezahlen die Unternehmen übertarifliche Entgelte (Lohndrift), so dass für die Mitarbeiter ein gewisser Lebensstandard gewährleistet ist, solange sie beschäftigt sind. Dagegen hat sich in der

Bundesrepublik Deutschland in der Zeit nach dem Zweiten Weltkrieg gezeigt, dass in einer marktwirtschaftlichen Ordnung die familiengerechte Entlohnung durch die arbeitgebenden Betriebe auf große Schwierigkeiten stößt. Viel erfolgreicher waren und sind bis heute die Bestrebungen, mit Formen des Investivlohns die Vermögensbildung der Arbeitnehmer intensiv zu fördern. Inzwischen verfügen zahlreiche Arbeitnehmer-Haushalte in Deutschland über Geldvermögen, Gebrauchsvermögen, Wohnungseigentum und teilweise auch über Produktivvermögen der Wirtschaft. Die finanzielle Vermögensbeteiligung der Arbeitnehmer bringt ihnen zusätzlich zu ihrem Arbeitsentgelt eine weitere Einkommensquelle.

3. Die Zahlung von Arbeitsentgelten an die Mitarbeiter erschöpft die soziale Verantwortung der Unternehmen nicht. Seit vielen Jahrhunderten gewähren die Betriebe ihren Mitarbeitern Sozialleistungen und schaffen betriebliche Sozialeinrichtungen. Seit Beginn der Industrialisierung haben die patriarchalen Unternehmer die betriebliche Sozialpolitik stark entfaltet. Heute kennt man mehrere hundert Arten unterschiedlicher betrieblicher Sozialleistungen. In der gewerblichen Wirtschaft Deutschlands erreicht der gesamte betriebliche Aufwand für gesetzliche, tarifliche und zusätzliche Sozialleistungen jährlich nahezu die Summe der Arbeitsentgelte (Löhne und Gehälter).

Für die Gewährung dieser Sozialleistungen haben die Unternehmen vielerlei Gründe und Motive (erleichterte Rekrutierung von Mitarbeitern, Leistungsanreize für die Mitarbeiter, Ausgleich einseitiger Belastungen bei der Arbeit, Gesundheitsschutz, Disziplinierung etc.). Immer wieder äußert sich im betrieblichen Aufwand für Sozialleistungen und Sozialeinrichtungen auch das soziale Verantwortungsbewusstsein der Unternehmensleitung gegenüber den Mitarbeitern und ihren Familienangehörigen. Soziale Verantwortung für die gesellschaftliche Umwelt wird erkennbar, wenn die Unternehmen bestimmte Sozialeinrichtungen nicht nur ihren Mitarbeitern, sondern auch der Allgemeinheit – etwa bei Defiziten in der lokalen und regionalen Infrastruktur – anbieten.

4. Mit der fortschreitenden Technisierung und Rationalisierung der Wirtschaft wurde die Humanisierung der Arbeit (im umfassenden Sinne verstanden) immer mehr zu einem Zentrum der sozialen Verantwortung der Unternehmensleitung für die Mitarbeiter im Betrieb. Die menschengerechte Gestaltung der Arbeit im Betrieb ist eine große Herausforderung an die Unternehmensleitung; sie umfasst eine Vielzahl einzelner Teilaufgaben.

Einmal richtet sich die Humanisierung an den einzelnen Mitarbeiter, an seine Arbeitsbedingungen, an seine Arbeitsinhalte und an die Arbeitsorganisation. Der körperliche Arbeitsschutz und die Verringerung gesundheitsschädigender Arbeitsbedingungen gehören ebenso hierher wie die Befreiung der Arbeitsorganisation von psychischen Belastungen. Die Arbeitsinhalte sollen dem Mitarbeiter eine sinnvolle Beschäftigung ermöglichen und seine geistigen Fähigkeiten entfalten helfen. Gerade unter humanen Aspekten hat die Arbeitsteilung ihre

Grenzen; extreme Formen der Spezialisierung widersprechen dem Wesen des Menschen, wenn sie zu dessen Entfremdung führen.

Auch hinsichtlich der zwischenmenschlichen Beziehungen (human relations, Interaktionen) ist die Humanisierung der Arbeit eine Herausforderung an die Unternehmensleitung. Kooperative Formen der Arbeitsorganisation (Team-Strukturen) ermöglichen dem Mitarbeiter die Entfaltung seiner Persönlichkeit im Kontakt mit seinen Arbeitskollegen. Die Arbeitszeiten sollen möglichst so geregelt werden, dass der Mitarbeiter in der Freizeit sein Leben mit seiner Familie pflegen und das kulturell-gesellschaftliche Angebot seiner Umwelt nutzen kann. Man spricht von einer familienfreundlichen Gestaltung der Arbeitswelt und sieht darin auch eine Verantwortung der Unternehmensleitung. Immer mehr werden die arbeitgebenden Unternehmen aufgefordert, ihren männlichen und weiblichen Mitarbeitern bei der Vereinbarkeit von Beruf und Familie zu helfen.

5. Seit einigen Jahren spricht die Management-Literatur viel von der sogenannten Unternehmenskultur (corporate culture). Dieser Begriff knüpft an ähnliche Bezeichnungen der Vergangenheit (Betriebsgemeinschaft, Betriebsklima etc.) an und meint, dass eine Unternehmung nicht allein als Kapitalinvestition, als Einsatz von Technik, als Glied in der Gesamtwirtschaft zu verstehen ist. In allen Wirtschaftszweigen verkörpern die Unternehmen insbesondere auch soziale Gebilde, in denen Menschen gemeinsam Aufgaben zu erfüllen haben. Trotz der in Deutschland vielfach reduzierten Wochen- und Jahresarbeitszeiten verbringen die Mitarbeiter einen Großteil ihres Lebens zusammen mit anderen Menschen im Unternehmen. Daraus ergibt sich für die Unternehmensleitung die Aufgabe, das Unternehmen als einen Lebens- und Arbeitsbereich der dort tätigen Menschen zu verstehen und im Unternehmen eine menschenwürdige Kultur entstehen zu lassen. Seit einigen Jahren spricht die Internationale Arbeitsorganisation (ILO) in Genf von „Decent Work“; in deutscher Sprache ist damit „menschenwürdige Arbeit“ gemeint. Der Begriff der Unternehmenskultur stellt an die Verantwortung der Unternehmensleitung vor allem drei Anforderungen.

Zunächst muss die Unternehmensleitung darauf hinwirken, dass sich die Führung der Mitarbeiter human, d. h. menschenwürdig vollzieht. Sie muss bestrebt sein, dass möglichst viele Führungskräfte im Unternehmen einen kooperativ-partizipativen Führungsstil praktizieren, der im Mitarbeiter die menschliche Person achtet. Außerdem soll das Führungsverhalten der Führungskräfte der jeweiligen Führungssituation entsprechen (Wunderer 2001). Die Unternehmensleitung soll den Führungskräften auf allen Führungsebenen ein entsprechendes Vorbild geben und sie für diesen humanen Führungsstil qualifizieren. Die Unternehmenskultur kann sich nicht nur auf die vertikale Dimension zwischen Führungskräften und Mitarbeitern erstrecken; sie muss auch die zwischenmenschlichen Beziehungen (human relations) auf der horizontalen Ebene human gestalten. Eine entsprechende Pflege und Förderung des Verhaltens der Menschen im Betrieb gehört daher zu den Aufgaben der Unternehmensleitung (Reber 1973). Sie wird ihrer sozialen Verantwortung gerecht, wenn sie dazu beiträgt, dass Offenheit, Fairness und gegenseitiges Vertrauen in der Mitarbeiterschaft nicht verkümmern.

Schließlich zeigt sich die Unternehmenskultur darin, dass die Menschen im Betrieb bei ihren dortigen Arbeiten menschlich reifen und ihre Persönlichkeit entfalten können. Dieses persönliche Wachstum der Mitarbeiter im Betrieb bei ihrer beruflichen Arbeit hängt natürlich nicht nur von der Unternehmensleitung und von den Führungskräften ab. Die Macht und die Kompetenz der Unternehmensleitung geben ihr jedoch besondere Chancen, um den Mitarbeitern die Entfaltung ihrer menschlichen Eigenschaften und Fähigkeiten möglich zu machen. Es gehört zur Verantwortung der Unternehmensleitung, dass nicht nur die Produkte im Betrieb in ihrem Wert zunehmen, sondern auch die im Betrieb tätigen Mitarbeiter in ihrer menschlichen Qualifikation wachsen können.

Die genannten fünf Kernbereiche der Verantwortung der Unternehmensleitung mit den Hinweisen auf die zahlreichen Einzelaufgaben stellen die Frage nach den Prinzipien, an denen sich die Unternehmensleitung zu orientieren hat.

IV. Basiskonzept und Gestaltungsprinzipien

Bevor man nach den relevanten Prinzipien für verantwortungsgemäße Aktivitäten der Unternehmensleitung fragen kann, muss man sich die konzeptionellen Grundlagen der hier vorgetragenen Überlegungen bewusst machen.

1. Zum Basiskonzept von der Verantwortung der Unternehmensleitung für die Mitarbeiter im Betrieb gehören das Menschenbild und ein bestimmtes Verständnis von der Gesellschaftsordnung.

In der abendländischen Tradition bezeichnet man den Menschen als Person, die sich in ihrer Menschenwürde von allen anderen Lebewesen in dieser Welt so unterscheidet, dass sie einen einmaligen Rang besitzt.

Das einzelne Unternehmen in der Wirtschaft entsteht nach dem Willen und durch die Fähigkeiten von Menschen; es stellt einen Bestandteil der menschlichen Kultur dar. In den westlichen Industriestaaten agiert das Unternehmen in einer freiheitlichen, rechtsstaatlichen und demokratischen Gesellschaftsordnung.

Aus diesem Menschenbild und aus diesem Verständnis vom Unternehmen und der Gesellschaftsordnung lassen sich einige Grundsätze (Prinzipien) für die Verantwortung der Unternehmensleitung gegenüber den Mitarbeitern im Betrieb ableiten.

2. Die primäre Verantwortung der Unternehmensleitung für die Mitarbeiter erstreckt sich auf deren Einsatz im Betrieb und am Arbeitsplatz, also auf ihre Berufstätigkeit. Insbesondere bei Mitarbeitern mit langjähriger Betriebszugehörigkeit endet die Fürsorgepflicht des Unternehmens aber nicht mit deren Aus-

scheiden aus dem Berufsleben. Viele Unternehmen pflegen die menschlichen Beziehungen auch zu und zwischen ihren ehemaligen Mitarbeitern; sie unterstützen sie auch im Ruhestand mit finanziellen Leistungen. Auch während des Arbeitslebens greift die soziale Verantwortung der Unternehmensleitung für die Mitarbeiter über den Betrieb hinaus. Die betrieblichen Arbeitsbedingungen beeinflussen auch das Privatleben der Mitarbeiter außerhalb des Betriebes. Auch die Familienangehörigen der Mitarbeiter sind von deren Arbeitseinsatz im Betrieb betroffen. Deshalb bezieht sich die soziale Verantwortung der Unternehmensleitung für die Mitarbeiter in abgestufter Weise gesamtheitlich auch auf deren privaten Lebensbereich und auf die Familien ihrer Mitarbeiter.

Eng mit dieser gesamtheitlichen Verantwortung der Unternehmensleitung ist der Respekt vor der Menschenwürde der Mitarbeiter verbunden. Die heutigen Mitarbeiter sind nicht mehr unmündig; die meisten von ihnen besitzen eine gute Allgemeinbildung und sind fähig, ihr Leben selbstverantwortlich zu gestalten. Bei der Ausübung der sozialen Verantwortung muss die Unternehmensleitung daher das Subsidiaritätsprinzip beachten. Ihre Hilfe für den Mitarbeiter muss eine „Hilfe zur Selbsthilfe“ sein; sie soll deshalb erst dort einsetzen, wo sich der einzelne Mitarbeiter nicht aus eigener Kraft helfen kann. Diese Respektierung der Personenwürde schließt auch ein, dass die Unternehmensleitung die außerbetrieblichen Beziehungen ihrer Mitarbeiter zum Staat, zu politischen Parteien, zu Gewerkschaften und Vereinen, zu Kirchen und Gemeinden, zur Familie und Verwandtschaft achtet und zumindest nicht beeinträchtigt. Schließlich gilt das Subsidiaritätsprinzip für die Unternehmensleitung auch gegenüber arbeits- und sozialrechtlichen Normen des Staates und der Tarifvertragsparteien; betriebliche Maßnahmen und Aktivitäten zugunsten der Mitarbeiter sollen die rechtlichen Regelungen für die betriebliche Arbeitswelt nicht stören, sondern sie bei Bedarf ergänzen.

Ein weiteres Gestaltungsprinzip für die Verantwortung der Unternehmensleitung ist die Beteiligung der Mitarbeiter und ihrer Vertreter an ihren Bemühungen zugunsten der Belegschaft (Gaugler 2008). Die Mitarbeiter sind nicht das Objekt der sozialen Verantwortung der Unternehmensleitung; ihre Menschenwürde verlangt es, die Mitarbeiter und ihre Repräsentanten als Partner zu verstehen und zu behandeln. Mit selbstverantwortlichen Mitarbeitern hat die Unternehmensleitung Partizipation zu üben, wenn sie ihrer Verantwortung gerecht werden will. Die Ausübung der Verantwortung der Unternehmensleitung erstreckt sich auf eine vertrauensvolle Zusammenarbeit mit dem einzelnen Mitarbeiter und mit den Vertretern der Arbeitnehmer (Betriebsrat, Gewerkschaften). Zweifellos ist diese Partizipation eine große Herausforderung gerade in jenen Ländern und in jenen Betrieben, in denen noch immer Ideologien des Klassenkampfes nachwirken.

Die Ausübung der Verantwortung der Unternehmensleitung für die Mitarbeiter muss sich an grundlegenden Werten orientieren. Ohne Wertvorstellungen lässt sich eine menschliche Unternehmenskultur nicht verwirklichen. Seit einiger Zeit wird auch in Deutschland zunehmend die Werteorientierung des Managements diskutiert. Die Werte, die das Verhalten der Unternehmensleitung zu den Mitarbeitern steuern, müssen einerseits am personalen Wohl der Mitarbeiter selbst orientiert sein; sie dürfen aber auch nicht den Nutzen für das Unternehmen und das Gemeinwohl in Staat und Gesellschaft aus dem Auge verlieren. Diese Hinweise zeigen, dass sich die Unternehmensleitung bei der Wahrnahme ihrer sozialen Verantwortung an den Werten ausrichten soll, die von unterschiedlichen Personengruppen stammen. Sie muss daher versuchen, Maßnahmen zu treffen, die unterschiedlichen Wertvorstellungen entsprechen und damit Zielkonflikte reduzieren.

Zur sozialen Verantwortung der Unternehmensleitung gehört es ferner, dass sie ihre Aktivitäten mit Bezug zu den Mitarbeitern rational und ökonomisch gestaltet. Die Ausübung ihrer Verantwortung gegenüber den Mitarbeitern verlangt Planung, Steuerung und Kontrolle der Maßnahmen zugunsten der Mitarbeiter. Der Einsatz geeigneter personeller und finanzieller Ressourcen soll auch in diesem Verantwortungsbereich der Unternehmensleitung den größtmöglichen Nutzen bringen. Im Einzelfall kann es zu diesem Grundsatz gehören, dass die Unternehmensleitung bei der Wahrnahme ihrer Verantwortung für die Mitarbeiter mit Dritten kooperiert; Gemeinschaftsträger in Kooperation mit dem Unternehmen zum Wohl der Mitarbeiter können andere Firmen, Sozialeinrichtungen von Kirchen und freien Wohlfahrtsverbänden sowie öffentliche Einrichtungen des Staates und der Kommunen sein. Kooperationen mit solchen Einrichtungen können den Wirkungsgrad der gemeinsamen Aktivitäten erhöhen; nicht selten stellt die zielstrebige und anhaltende Zusammenarbeit mit Dritten aber auch erhebliche Anforderungen an die Unternehmensleitung.

V. Voraussetzungen und Grenzen der sozialen Verantwortung

Voraussetzung für die Wahrnahme der sozialen Verantwortung durch die Unternehmensleitung ist es, dass sie die Existenz des Unternehmens dauerhaft sichern und seine wirtschaftliche Ertragskraft erhalten kann. Nur gesunde und leistungsfähige Unternehmen können ihre Verantwortung für die Mitarbeiter auch tatsächlich und effektiv realisieren (Drumm 2004). Dies gilt insbesondere in einer Marktwirtschaft, in der ständig der Wettbewerb mit anderen Anbietern darüber entscheidet, ob und inwieweit die Zukunft des Unternehmens und seine Ertragskraft gesichert bleiben. Dabei bestehen zweifellos auch Interdependenzen zwischen der Leistungsfähigkeit eines Unternehmens am Absatzmarkt und seinen Aktivitäten zugunsten seiner Mitarbeiter. Eine verantwortungsbewusste Förderung des Wohls der Mitarbeiter kann man als eine Investition in das sogenannte Humankapital des Unternehmens betrachten. Der Erfolgsbeitrag, den diese Investition bringt, bildet in einer Wettbewerbswirtschaft dann auch eine Obergrenze für die finanziellen Aufwendungen zugunsten der Mitarbeiter.

Offensichtlich hängen die Aktivitäten der Unternehmensleitung für die Mitarbeiter im Betrieb auch vom Verantwortungsbewusstsein der Spitzenführungskräfte ab, von ihrem Verständnis des Faktors Arbeit und von ihrer Sensibilität für die Interessen und Bedürfnisse der Mitarbeiter innerhalb und außerhalb des Betriebes. In vielen Ländern ist dieses Verantwortungsbewusstsein der Führungskräfte in den letzten Jahrzehnten deutlich gewachsen. In der Aus- und Weiterbildung der Führungskräfte und des Führungsnachwuchses wird man auch in Zukunft die Verantwortungsfähigkeit und die Verantwortungsbereitschaft für die Mitarbeiter im Betrieb fördern müssen, damit sich die menschliche Qualität aller Mitglieder der Unternehmensleitung weiter positiv entwickelt.

Eine dritte Voraussetzung für die Wahrnahme der sozialen Verantwortung der Unternehmensleitung liegt bei den Mitarbeitern und ihren Vertretern. Die Unternehmensleitung hat wenig Chancen, Aktivitäten zugunsten der Mitarbeiter gegen die Ablehnung durch die Mitarbeiter erfolgreich durchzuführen. Ebenso wie ihr Widerstand lähmen auch ihre Zurückhaltung und ihre mangelnde Kooperationsbereitschaft die Unternehmensleitung. Für die Mitglieder der Unternehmensleitung ist es eine große Erschwernis, wenn ein erheblicher Anteil der Belegschaft und der Mitarbeitervertreter (Betriebsräte, Gewerkschaften) eine vertrauensvolle Zusammenarbeit zum Wohle der Mitarbeiter verweigert. Um solche Behinderungen zu überwinden, muss die Unternehmensleitung immer wieder um die Aufgeschlossenheit der Mitarbeiter und ihrer Repräsentanten werben; auch dies gehört zu ihrer sozialen Verantwortung.

Zusammenfassung

In fünf Bereichen zeigen sich wesentliche Inhalte der Verantwortung der Unternehmensleitung für die Mitarbeiter im Betrieb: Steuerung des Personaleinsatzes – Entlohnung der Mitarbeiter – betriebliche Sozialleistungen – Humanisierung der Arbeit – Unternehmenskultur. Diese Verantwortungsbereiche haben sich aus dem Wandel der Führungsstile seit Beginn der Industrialisierung entwickelt. In Deutschland enthält das Arbeitsrecht zahlreiche Regelungen für die Verantwortung der Unternehmensleitung gegenüber den Mitarbeitern. Das Menschenbild und die Gesellschaftsordnung bilden die Grundlage für diese Verantwortung der Unternehmensleitung.

Summary

Five areas comprise the main fields for managerial responsibility to employees: controlling personal management – paying employees – managing fringe benefits – humanizing work – corporate culture. These main areas today are a consequence of the changes in management styles since the beginning of industrialization in 19th century in Europe. Labour Law in Germany now includes many directives to employers. An understanding of human beings and of society strongly influences the perception of the employers' responsibility to employees.

Literaturverzeichnis

Drumm, Hans Jürgen: Ethik in der Personalwirtschaft, in: Eduard Gaugler/Walter A. Oechsler/Wolfgang Weber (Hrsg.): Handwörterbuch des Personalwesens, 3. Aufl., Stuttgart 2004, Sp. 721–733.

Gaugler, Eduard: Elemente des kooperativen Führungsstils, in: Eduard Gaugler (Hrsg.): Verantwortliche Betriebsführung, Stuttgart 1969.

– Führung in der unternehmerischen Wirtschaft, in: Führung im demokratischen Staat und in der pluralistischen Wirtschaft (Walter-Raymond-Stiftung, Bd. 33), Köln 1993, S. 117–142.

– Betriebs- und Unternehmensverfassung, in: Anton Rauscher (Hrsg.): Handbuch der Katholischen Soziallehre, Berlin 2008, S. 615–629.

Kieser, Alfred/*Reber*, Gerhard/*Wunderer*, Rolf (Hrsg.): Handwörterbuch der Führung, 2. Aufl., Stuttgart 1995.

Lattmann, Charles: Führungsstil und Führungsrichtlinien, Bern/Stuttgart 1975.

Reber, Gerhard: Personales Verhalten im Betrieb, Stuttgart 1973.

Wunderer, Rolf: Führung und Zusammenarbeit, 4. Aufl., Neuwied 2001.

Subprime (Ir)responsibility

By Patrick Quirk[*]

The subprime lending crisis[1] of 2007–2008 may well be the best example we will see in our lifetime of the difficulties now faced in assigning responsibility for globalized financial near-catastrophe.[2] The daunting list of potential parties in upcoming lawsuits gives little hope that the law will be able to resolve the issues of liability in the near future.[3] As a leading publisher has stated in its advertising for subprime litigation resources for lawyers:

> "Homeowners are suing lenders. Lenders are suing investment banks. Investment banks are suing loan specialists. And investors are suing accountants, lawyers and investment advisers claiming that they weren't adequately advised of the risks. A

---

[*] An earlier version of this article was presented at the tenth bi-annual German/American Colloquium held at Philadelphia, PA from July 27 – August 2, 2008. I am grateful to Nathan Collins of the Ave Maria Law Library and Mark Pataky, David Cobb and Scott Dewey for their helpful assistance in researching this article. The paper covers events as they occurred up to July 2008.

[1] Various other terms have been employed in its description, including credit crunch, credit bubble, credit squeeze, housing crisis, and distressed credit market crisis. The term "prime" is confined, technically, to those loans that can be sold to U.S. Government sponsored entities Freddie Mac or Ginnie Mae. Subprime cannot be so sold. The European Central Bank (ECB) has defined a sub-prime borrower as "a borrower with a poor credit history and/or insufficient collateral who does not, as a consequence thereof, qualify for a conventional loan and can borrow only from lenders that specialise in dealing with such borrowers. The interest rates charged on loans to such borrowers include a risk premium, so that it is offered at a rate above prime to individuals who do not qualify for prime rate loans." ECB, Financial Stability Review, December 2007, p. 194.

[2] Other key events with market impacts since 1990 include the First Gulf War (January 1991), the bond market crash (February 1994), the Asian currency crisis (August 1997), the Russian bond crisis (July 1998), the "Tech Wreck" (July 2001), the terrorist attack on the U.S. (September 2001), and U.S. entry into Iraq (March 2003). Source: BT Financial Group, Datastream.

[3] For an outline of pending legal issues see Allen Ferrell, Jennifer E. Bethel and Gang Hu, "Legal and Economic Issues in Subprime Litigation" (March 2008), Harvard Law and Economics Discussion Paper No. 612, available at SSRN: http://ssrn.com/abstract=1096582. "Table 1 provides a summary of the securities class action suits that have been filed to date against investment banks, mortgage originators, bond insurers and credit rating agencies based on subprime losses." (136 securities class actions) (p. 4). The authors believe this to be a substantial underestimation of the extent of likely litigation (p. 5).

subsequent wave of suits is not far behind. One thing is clear: the legal issues involved in the securitized mortgage market are complex and daunting."[4]

Regulators and governments are also keenly interested in allocating responsibility for the crisis and in finding ways to lessen its effects, as well as pursuing malefactors.[5] Finding the "fault" in the systems of subprime, and of those behind it, will take a great deal of energy and wisdom. There can be no doubt that greed, at many levels, played an important part in the bubble and its burst.[6] So too did the "unknown unknowns" of economics in an imperfect world.[7]

Part I of this paper will briefly outline the crisis and how it came about, including an explanation of who were the lead players involved in the popular game of securitization, and courts' approach to exotic financial products. Part II will explain some of the key differences between the European and U.S. markets for collateralized debt obligations ("CDOs") and discuss possible implications for the notion of "responsible" lending. Part III will explore the search for meaningful limits on "responsibility" in a globalized market. In particular, some of the insights of Weber and MacIntyre on bureaucracy and the law will be used to point beyond greed to more systematic causes lying within modernity.

---

[4] Website advertisement for Current and Future Trends in Subprime Litigation: http://westlegaledcenter.com/program_guide/course_detail.jsf?courseId=12605232 (Production Date: 2/26/2008). See also Talcott J. Franklin and Thomas F. Nealon, Mortgage and Asset Backed Securities Litigation Handbook, West Legalworks, Binder/Looseleaf, 2008. This work is designed to provide "information essential to effectively litigating an asset or mortgage-backed securities case."

[5] On May 5, 2008, the Wall Street Journal reported that U.S. state and federal law enforcement agencies had announced formation of a "task force" to investigate both regulatory and possible criminal violations connected to the subprime crisis; Amir Efrati, Lenders Face Subprime Scrutiny, Wall Street Journal, p. A4. According to a Reuters report, members of the task force will include members of the Federal Bureau of Investigation, the U.S. Postal Inspection Service, the U.S. Secret Service, the Federal Deposit Insurance Corp. and the U.S. Securities and Exchange Commission; Martha Graybow, Prosecutors in NY form subprime task force, Monday May 5, 2008 3:22 pm (Reuters). See also Michael Corkery, Fraud Seen as a Driver In Wave of Foreclosures, The Wall Street Journal, December 21, 2007, p. A1; Judith Burns, FBI Mortgage-Fraud Probe Is Looking at Big Firms, The Wall Street Journal, June 20, 2008, p. A2.

[6] Alec Klein and Zachary A. Goldfarb, The Bubble, How homeowners, speculators and Wall Street dealmakers rode a wave of easy money with crippling consequences, The Washington Post, Sunday, June 15, 2008, p. A1.

[7] Gordon Crovitz, Inherently Risky Business, Wall Street Journal, June 16, 2008, p. 13. Crovitz refers to the 1921 work of University of Chicago economist Frank Knight and his book "Risk, Uncertainty and Profit" which draws a careful line between risk (as related to probability) and the more pure form of "uncertainty" that is impossible to calculate or provide for; this has also been described as an "unknown unknown" or "unk unk".

I. The Crisis in Outline

This Part will set out the players and the "game" of mortgage securitization. Motivations for playing will also be explored, as will some of the justifications for the practice (also known as "why subprime lending is a good thing and should be pursued"). Finally, we will investigate the unfavorable judgment of some courts and commentators on the rules of the game.

1. The Players

There are many players in the global financial marketplace. The following eight groups are central to the process that will be explained in more detail below.

– Borrowers. There can be multiple borrowers and lenders in any complicated financial transaction. Here we are concerned with the most basic use of the term borrower, to describe those who borrowed money to buy real estate in the fantastic U.S. housing market of the past several years. The "check a pulse, qualify for a mortgage"[8] era led into the strange world of the "Ninja borrower" – "No Income, Job, or Assets"[9] – and the mirage of endless credit. Borrowers who take out such loans on the basis of their good credit may be described as "prime" (the loans are sometimes called "conforming")[10] and those with lesser credit, "subprime".[11] Political pressure for "affordable housing" and the American dream of home ownership has added to a bubble and arguably hurt those who were meant to benefit the most, including minority groups.[12] A series of laws require various disclosures (e.g. about true

[8] Ritch Workman, president of the Florida Association of Mortgage Brokers, quoted by Dawn Wotapka, Builders Get Creative to Sell Homes, Wall Street Journal, Friday May 23, 2008, p. B4.

[9] Gavin Graham, Fifty Ways to Leave Your Lender, LA Times, May 9, 2008, available at: http://articles.latimes.com/2008/may/09/business/fi-forbes-fiftyways9, discussing a speech by Paul McCulley at the Guardian Group of Funds 2008 annual conference.

[10] Randall Dodd, Subprime: Tentacles of a Crisis, Finance & Development – A quarterly magazine of the International Monetary Fund, December 2007, Vol. 44, No. 4, p. 2.

[11] The category known as "Alt-A" mortgages should also be mentioned. Their risk value lies between that of "prime" and "subprime". Ibid., p. 3.

[12] See Paul Krugman, Home Not-So-Sweet Home, New York Times, June 23, 2008, p. 21 "All I'm suggesting is that we drop the obsession with ownership, and try to level the playing field that, at the moment, is hugely tilted against renting."

costs of borrowing) during the course of borrowing[13] and these are likely to feature in future litigation in this area.

- Originators and brokers. Originators are banks or bank-like institutions that "originate" loans in the sense that they are directly involved in lending money to the borrowers described above. Examples include Countrywide Financial, the largest U.S. mortgage lender, and Indymac.[14] These originators earn fee income when they write loans, but such loans are then on-sold as part of the securitization process; in simplest terms, they (usually) do not retain any substantial interest in the "bricks and mortar" against which the loan is secured. Mortgage brokers assist originators by finding new borrowers and thereby earn a commission. This gives brokers an incentive to increase the number of loans written.
- Loan 'servicers'. These specialist companies often take over the day-to-day running of a portfolio of mortgage loans. For a fee they will become contractually responsible for collecting loan repayments from consumers/borrowers, for overseeing collateral, and perhaps undertaking a foreclosure if that becomes necessary. It is not uncommon for there to be multiple servicers performing different roles over the life of a loan.[15]
- Ratings agencies. Ratings agencies[16] have been aptly named the platypuses of the financial world because of their hybrid nature: They are "private entities that wield public power."[17] In 1975 the Securities Exchange Commission (SEC) designated them as Nationally Recognized Statistical Rating Organizations (NRSROs) and they play an important role in the financial world:

---

[13] See the Truth in Lending Act (TILA), the Home Ownership and Equity Protection Act (HOEPA) and the Real Estate Settlement Procedures Act (RESPA).

[14] Indymac is a contraction of Independent National Mortgage Corporation. Indymac failed in July of 2008 and was taken over by the Federal Deposit Insurance Corporation (FDIC). Countrywide Financial also suffered in the crisis and was bought by Bank of America in January 2008.

[15] R. K. Arnold, 'Is There Life on MERS' (July/August 1997) 11 Property and Probate 32, 34, cited by Christopher Lewis Peterson, "Over-Indebtedness, Predatory Lending, and the International Political Economy of Residential Home Mortgage Securitization: Comparing the United States' Subprime Home Mortgage Lending Crisis to Home Finance in the United Kingdom, Germany, and Japan" (January 11, 2008). Available at SSRN: http://ssrn.com/abstract=1083184; at n. 26.

[16] The three major ratings agencies are Moodys, Fitch Ratings, and Standard & Poors.

[17] James Surowiecki, The Dreaded Downgrade, The New Yorker, January 7, 2002, p. 23. See also Steven L. Schwarcz, Private Ordering of Public Markets: The Rating Agency Paradox 2002 U. ILL. L. Rev. 1. When British naturalists first saw the platypus, they assumed it was a hoax and looked for the hidden glue used to keep it together, see Rick Weiss, Platypus Genome Found Fittingly Strange – Cobbled-Together Creature Yields New Evolutionary Insights, Washington Post, Thursday, May 8, 2008, p. A1.

they tell investors about risk by providing a "rating".[18] Their role in the magic of the asset-backed securities market was to apply their skills to the bonds produced when a securitization took place. In the scramble to find someone to blame for the crisis, they are now subject to a number of potential liabilities.[19] Apart from the possibility that they will be required to defend private lawsuits, the SEC has also launched an investigation into the rating of mortgage-related securities.[20] Their role as de facto lawmakers has been extensively discussed by Kettering,[21] who has expressed concern that legal opinions issued by law firms (as opposed to court judgments) may have led to sub-prime techniques becoming "too big to fail."[22] In Europe in late 2007, at the request of the European Commission, the Committee of European Securities Regulators (CESR) put a series of questions to the ratings agencies about their role in the subprime turmoil.[23]

---

[18] For a detail explanation of how ratings agencies actually rate products see David J. Reiss, "Subprime Standardization: How Rating Agencies Allow Predatory Lending to Flourish in the Secondary Mortgage Market" (September 2, 2005), 33 Florida State University Law Review, 2006. Available at SSRN: http://ssrn.com/abstract=797164. According to Reiss, ratings agencies evaluate the following legal risks in a securitization: "(1) the effects of a bankruptcy of the issuer on the structure and cash flows, (2) the regulatory issues of the issuer/industry, (3) the legal structure of the sale (that is, true sale or a loan), (4) the requirements necessary for a perfection of security interests, (5) contractual restrictions (such as negative pledge covenants), and (6) the tax implications on the Special Purpose Entity and investors." p. 1016.

[19] Aaron Lucchetti and Serena Ng, How Rating Firms' Calls Fueled Subprime Mess, Benign View of Loans Helped Create Bonds, Led to More Lending, The Wall Street Journal, August 15, 2007, p. A1.

[20] Aaron Lucchetti, Kara Scannell and Neil Shah, Moody's Tone About Probe Into Ratings Takes a Turn, The Wall Street Journal, May 28, 2008, p. C1.

[21] Kenneth C. Kettering, Securitization and its Discontents: The Dynamics of Financial Product Development, forthcoming in 29 Cardozo L. Rev. 1553 (2008) (Issue No. 4, February/March) (hereafter "Kettering").

[22] Kettering, op. cit. 1632. A "legal opinion" in this sense is a document produced by a lawyer or law firm that confirms, confirms with qualifications, or denies the workability of a particular legal structure, based on a given set of facts. Such letters provide comfort to clients who may also be able to sue in the event that the advice proves incorrect. Others have also been critical of securitizations legal basis; see for example David Gray Carlson, The Rotten Foundations of Securitization, 39 Wm. & Mary L. Rev. 1055 (1998).

[23] See Linklaters, CESR progresses review of rating agencies, Structured Finance Update, Issue 22, November 2007. According to this leading UK law firm, the review is to cover such issues as "public accessibility of ratings methodologies, the availability of explanations and the measures taken to draw changes to the attention of market participants and potential investors; trends in staffing levels and staff turnover in the past ten years; frequency of rating reviews, incentives to monitor ratings on an ongoing basis, whether existing ratings are reviewed following changes in relevant ratings methodologies, and rating agencies' procedures for assessing the quality of underlying assets; whether analysts give advice on structural changes to a deal which would raise the rating

– Investment banks. Investment banks provide a staging point for lenders seeking to sell off their mortgages. Their basic role is to make deals. In the context of subprime, their role is to "sell through" the mortgage loans to willing purchasers for appropriate prices, depending on the quality of the loans. Quality of the underlying housing loans will vary, as will the quality of the underlying asset (the house itself), and so there arose an incentive for investment banks to "slice" up parcels of loans of differing quality and to sell them at appropriate prices. Higher quality bonds (typically called "CDOs" – collateralized debt obligations)[24] are easier to sell than are the risky lower grade "toxic waste" issues.[25] The latter are sold in a variety of ways, including via hedge funds, which in some cases seem to 'bet' on rising real estate prices to increase the value of their holding, generate positive ratings, and attract more (risky, but high return) investment. The actual operation of such hedge funds has been likened to that of a uniquely designed, one-off, high performance motorcar whose inner workings are kept secret, even from its ultimate purchasers.[26] It should also be remembered that the money that is actually raised by floating the "bonds-linked-to-real-estate-lending" in the first place goes back into the very same housing market to provide more loans, thereby supporting an already rising market. Rapidly falling real estate values can have a strongly detrimental effect on investment banks (and their hedge funds) as was seen in the case of Bear Stearns difficulties in 2007[27]

---

and whether the rating agencies' fees increase in line with the complexity of a transaction; and whether rating agencies are satisfied with the level of information received from European servicers."

[24] The European Central Bank had defined CDOs as follows: "A structured debt instrument backed by the performance of a portfolio of diversified securities, loans or credit default swaps, the securitised interests in which are divided into tranches with differing streams of redemption and interest payments. When the tranches are backed by securities or loans, the structured instrument is called a "cash" CDO. Where it is backed only by loans, it is referred to as a collateralised loan obligation (CLO) and when backed by credit default swaps, it is a "synthetic" CDO." See European Central Bank, Financial Stability Review, December 2007, p. 189.

[25] For a discussion of how accounting standards have affected the valuation of "toxic waste" and how such waste may one day be worth its book value or more, see R. Christopher Whalen, "The Subprime Crisis: Cause, Effect and Consequences" (March 1, 2008). Networks Financial Institute Policy Brief No. 2008-PB-04, available at SSRN: http://ssrn.com/abstract=1113888.

[26] Dean P. Foster and H. Peyton Young, "Hedge Fund Wizards," The Economists' Voice: Vol. 5: Iss. 2, Article 1 (2008). Available at: http://www.bepress.com/ev/vol5/iss2/art1.

[27] "News that two hedge funds managed by Bear Stearns, which were active in structured markets for credit instruments that had sub-prime exposure, had almost lost all their capital triggered a significant deterioration in credit markets." Key developments in international financial markets, European Central Bank, Financial Stability Review, December 2007, p. 34. See also Michel Crouhy and Stuart M. Turnbull, The Subprime Credit Crisis of 07 (May 11, 2008), available at: http://ssrn.com/abstract=1112467.

and the subsequent intervention by JP Morgan and the New York Federal Reserve. Apart from sale to complicated and secretive hedge funds, there are even more exotic means of disposing of the "toxic waste", including transforming them into so-called "synthetic" collateralized debt obligations based on credit default swaps (CDS), explanation of which lies beyond the scope of this paper.[28]

– Supervisory bodies and accounting standards. The regulatory quilt that covers the above players is rich in variety and jurisdiction. Inside the U.S. market, the first line to draw is between commercial banks (e.g. JP Morgan Chase, Citigroup), which are overseen by the Federal Reserve System, and the investment banks (e.g. Lehman Brothers, Goldman Sachs), which are partly overseen by the Securities Exchange Commission ("SEC"). The line has been blurred by the Federal Reserve's decision to grant non-depositary financial firms (like Bear Stearns) *temporary* access to the "discount window" in order to provide liquidity in a crisis. Local regulators in other countries include the Financial Services Authority (Britain), the *Autorite des Marches Financiers* (France), BaFin (Germany), and CNMV (Spain). There is also a level of "soft" regulation in place via International Financial Accounting Standards and what is known as the "mark to market" or "fair value" standards.[29] In the USA in 2007 a division of the SEC known as the FASB (Financial Accounting Standards Board) also applied this standard in a definitive move away from the more traditional "book value" accounting. Because these standards mark to market, once the market (for, say, CDOs) dries up or contracts, they must be written down to low or zero value thus precipitating potential panic in the markets.[30] Some have gone so far as to blame the credit crunch on such "fair value" standards because "it can cause a downward spiral in prices by encouraging institutions to sell assets quickly and forcing them to take write-downs that do not reflect the "true" value of the underlying assets."[31] Finally, mention must be made of the European

---

[28] A credit default swap has been described as "a form of insurance contract for which each regular payment is a premium and the 'default' is the contingency being insured against." See R. E. Bailey, Economics of Financial Markets, 2004, Chapter 18, Swap Contracts and Swap Markets, p. 172 (Cambridge University Press, 2005).

[29] "Mark to market: The revaluation of a security, commodity, a futures or option contract or any other negotiable asset position to its current market, or realisable, value." See European Central Bank, Financial Stability Review, December 2007, p. 192.

[30] See R. Christopher Whalen, "The Subprime Crisis: Cause, Effect and Consequences" (March 1, 2008). Networks Financial Institute Policy Brief No. 2008-PB-04, available at SSRN: http://ssrn.com/abstract=1113888.

[31] Black Mark: An accounting standard comes under the microscope (A Special Report on international banking), The Economist, May 17, 2008, p. 13. For discussion of how various accounting standards may play a role in litigation see Allen Ferrell, Jennifer E. Bethel and Gang Hu, "Legal and Economic Issues in Subprime Litigation" (March

Central Bank, which was responsible for flooding the financial system with extra funds to steady fears about creditworthiness[32] and (together with the Federal Reserve) the stability of the money market.[33]

- The U.S. real estate market. Some aspects of the U.S. real estate market and related lending practices deserve particular attention in light of the subprime crisis. First, all players appeared to be in the thrall of an unrealistic expectation that real estate prices would continue to rise without stopping. Second, the use of short-term ("honeymoon") interest rates to attract borrowers who were incapable of sustaining the higher rate when it cut in.[34] Third, the use of 100 % (or greater) loan-to-value (LTV) ratios allowing borrowers to purchase homes with very little money down in the (vain) hope that rising prices would provide a cushion and effectively make up for the want of a deposit.[35] Fourth, prepayment penalties were employed which made it nearly impossible for borrowers to re-finance once the mortgage burden became too heavy.[36] Fifth, financially illiterate borrowers had little or no understanding of the risks which clung to the above four factors.[37] Finally, the advent of second mortgages and so-called "piggyback" loans,[38] which assist weaker

---

2008), Harvard Law and Economics Discussion Paper No. 612, available at SSRN: http://ssrn.comabstract=1096582, p. 47–49.

[32] Joellen Perry, Europe's Central Banks Inject Additional Cash, The Wall Street Journal, March 21, 2008, p. C2.

[33] "In December 2007, central banks initiated coordinated actions to address heightened market tensions arising from year-end funding pressures, including the establishment of swap lines between the Federal Reserve, the European Central Bank and the Swiss National Bank that enabled the ECB and SNB to provide dollar funds to their counterparties. Similar actions have been taken since March 2008. These coordinated operations, which also involved actions by other central banks to widen collateral and lengthen terms, were seen as a sign of central banks' determination to maintain control of the money market." Report of the Financial Stability Forum on Enhancing Market and Institutional Resilience, 7 April 2008, p. 48.

[34] These are called short-reset loans whereby "[T]he interest rate initially charged on them is much lower than for a standard mortgage but it is typically reset to a much higher rate, usually after a two to three year period." See European Central Bank, Financial Stability Review, December 2007, p. 13.

[35] It is interesting to note that "Before the 1930s, American mortgages featured variable interest rates and down payments of at least 50 %, and homeowners generally renegotiated their loans every 12 months." See Wharton School of the University of Pennsylvania, How We Got into the Subprime Lending Mess (http://knowledge.wharton.upenn.edu/article.cfm?articleid=1812), published September 19, 2007 in Knowledge @Wharton, p. 3.

[36] Ibid., p. 4.

[37] Ibid., p. 4.

[38] See Todd J. Zywicki and Joseph Adamson, "The Law & Economics of Subprime Lending" (March 2008). George Mason Law & Economics Research Paper No. 08–17, available at SSRN: http://ssrn.com/abstract=1106907, p. 36 ff.

borrowers to avoid the need for private mortgage insurance (PIM) and also help the loan to conform to Fannie Mae standards.[39]

- Some related inhabitants of the U.S. real estate market: Real estate developers, homebuilders, title companies, and loan brokers.[40] This large group has been described as the "Homebuilder-Realtor-Mortgage Banker Industrial Complex"[41] and undertook to create "a mythology that said you could not have enough housing and it was up to the government to make sure that happened."[42] Collectively, and as individuals, these groups are under harsher scrutiny. Apart from the standard claims of fraud and contractual breaches, their liability may arise because they stood too close to lenders and could thereby incur some form of agency liability, or because they participated in schemes designed to defraud borrowers or other parties to the loan transaction.

2. The Game

Securitization – the process by which loan risks are distributed beyond their originators[43] – has been variously described as "factoring on steroids,"[44] a form

[39] Ibid.

[40] Also mentioned above.

[41] "GSE Nation: Interview with Robert Feinberg," The Institutional Risk Analyst, March 17, 2008, quoted in R. Christopher Whalen, "The Subprime Crisis: Cause, Effect and Consequences" (March 1, 2008). Networks Financial Institute Policy Brief at Indiana State University, No. 2008-PB-04, available at SSRN: http://ssrn.com/abstract=1113888, p. 3.

[42] Ibid.

[43] Also called the "originate and distribute" model of banking. According to the European Central Bank "The model offers banks a choice of whether to bear or mitigate the credit risks they normally incur through lending. When credit risks are distributed, this frees up capital and allows banks to further increase their lending." See European Central Bank, Financial Stability Review, December 2007, p. 12.

[44] "One might define securitization as factoring on steroids. Others might define it as a brazen attempt to avoid the automatic stay and cash collateral provisions of bankruptcy. Both would be right. In a securitization, a company "sells" its receivable or other assets, and receives cash in return. So far, so good. But the buyer is a specially created entity, formed by the purchasers just for the particular securitization transaction. This special purpose vehicle, or SPV, is established for one purpose and one purpose only: to buy the receivables. Its managing officers are appointed by the financial wizards who set up the transaction in the first place. The SPV gets its capital, or its funds for the purchase, from investors who lend money to the SPV on the strength of the receivables, or who invest directly." Bruce Markell, What if Bankruptcy Reform is not Dead? Securitization Exclusions Could Pose Problems, 38 No. 11 Bankr. Ct. Dec. (LRP) 3, October 9, 2001.

of "alchemy",[45] and even as fiscally "seductive".[46] (References to drug use, sex, and a means of manufacturing gold from base metals are, it is submitted, frighteningly appropriate given the *consequences* that have been observed to flow from the attempt).

The process itself is relatively simple: transform money flows that originate in the mortgage market (in this case, housing) into bonds in such a way as to lower the overall cost of borrowing for a corporation debtor. Examples of the process abound in the financial and legal textbook literature.[47] An essential part of any securitization is the creation of a "bankruptcy remote" legal entity that will hold the assets on which the bonds are based. These assets could be credit card receivables, home mortgage payments, motorcar loans, sports-venue revenues, income from pubs, and have even included revenues from intellectual property rights to music.[48]

"Bankruptcy remoteness" is a (somewhat courageous) lawyer term for a distinctive attribute of a purposely created legal entity (called *inter alia*, an SPV, a Special Purpose Vehicle[49]) that lawyers believe is quite unlikely to ever become subject to the claims of creditors in the event of bankruptcy of the originator (bank). By isolating the "assets" from the "originator" the collateral is in one sense "purified" of the liabilities of the originator (lending bank) and so (theoretically) of greater value to the lender or bondholder whose money is secured against the asset.[50] If the originating bank goes bankrupt, its securitized assets

---

[45] Steven L. Schwarcz, The Alchemy of Asset Securitization, 1 Stan. J.L. Bus. & Fin. 133 (1994).

[46] Todd Davenport, The Crisis So Far: A Market Restructured, American Banker, April 23, 2008, p. 1.

[47] Steven L. Schwarcz, Bruce A. Markell & Liss Lamkin Broome, Securitization, Structured Financc and Capital Markets (2004). This well-known text reproduces the structures for the Honda Auto Receivables 2003-1 Owner Trust, which is typical of such transactions. See also P. R. Wood, Title Finance, Derivatives, Securitizations, Set-Off and Netting, Sweet & Maxwell, 1995; J. Kravitt, (ed.), Securitization of Financial Assets, Prentice Hall Law & Business, New Jersey, 1993.

[48] Jennifer Burke Sylva, "Bowie Bonds Sold for Far More than a Song: The Securitization of Intellectual Property as a Super-Charged Vehicle for High Technology Financing", 15 Santa Clara Computer & High Tech Law Journal, 195 (1999).

[49] Also known as an SPE (Special Purpose Entity), SPC (Special Purpose Corporation), or SIV (Structured Investment Vehicle). In more formal terms it is an entity that is "created subject to an array of constraints designed to eliminate, to the extent possible, the risk that the SPE might in the future become subject to a proceeding under the Bankruptcy Code, whether involuntarily, voluntarily, or through the SPE being substantively consolidated with its Originator in the event of the Originator's bankruptcy." See Kenneth C. Kettering, Securitization and Its Discontents: The Dynamics of Financial Product Development, New York Law School Public Law and Legal Theory Research Paper Series 07/08, n. 7, p. 10. Also published at 29 Cardozo Law Review, 1553 (2008).

[50] See Claire A. Hill, Securitization: A Low-Cost Sweetener for Lemons, 74 Washington University Law Quarterly, 1061 (1996).

will not be dragged into the mess because the bank no longer "owns" the assets – they have been sold on to other investors. The downside for the bank's other (non-secured) creditors is that they no longer have access to these assets and so bear a greater risk in the event of bankruptcy. It bears noting that Enron made significant use of SPVs and off-balance-sheet companies in its accounting and business structures.[51]

Other incentives to play the securitization game include improved liquidity by the transformation of illiquid assets into marketable securities.[52] Banks also gain "the opportunity to attain diversified funding sources, improve risk management, accounting-related benefits, and lowering its own effective interest expenses."[53]

One of the key commercial laws on the US statute books that facilitates this process is Revised Article 9 of the Uniform Commercial Code (UCC). The UCC is a model commercial code – proposed by the National Conference of Commissioners on Uniform State Laws (the NCCUSL) and the American Law Institute (the ALI) – and adopted by the various State legislatures. Article 9 provides a system for "perfection" of security interests in personal property, including mortgage debts such as those used in the typical case of asset backed securitization. "Perfection" in this context has nothing to do with the quality of the assets but rather refers to the fact that a form of public notice[54] may be filed on a public register indicating that a particular lender and borrower have concluded[55] a transaction by which one has entered into a security arrangement with the other.[56] Such a security arrangement (usually a loan contact) combined with the aforementioned public registration[57] gives both parties various rights and duties under the contract, as well as under other provisions of article 9 about what is to happen in the event of failure to pay the original debt. The public notice also stands as a warning to potential lenders: "Beware! This borrower may already be in debt to someone else with respect to this class of assets, and

[51] Indeed, some of Enron's "accounting machinations were carried out by use of securitization-like techniques." See Kettering, p. 1653.

[52] José Manuel González-Páramo, "Financial turmoil, securitisation and liquidity", Global ABS Conference 2008, Cannes, 1 June 2008, p. 4.

[53] Lois R. Lupica, Revised Article 9, Securitization Transactions and the Bankruptcy Dynamic, 9 Am. Bankr. Inst. L. Rev. 287 at 288.

[54] Called a UCC Form 1. These are searchable on the Internet in many States.

[55] Or will conclude in the future.

[56] For more detailed discussion of the "publicity" aspect of Article 9 filings see Dr. Boris Kozolchyk, John M. Wilson, Esq., The Functional Notice of Article 9 of the UCC, in: The Organization of American States Model Inter-American Law on Secured Transactions, National Law Center for Inter-American Free Trade, 2002, p. 14.

[57] Typically in the office of the Secretary of State of the relevant State, e.g. Delaware, California, New York.

you should ask questions of the borrower to clarify your priority position[58] in the event of bankruptcy."

To sum up, how exactly does Article 9 help securitization? Simply put, it assists those who wish to sell an income stream (e.g. from a portfolio of home loans) to do so safely and with a higher level of legal certainty. It does this also by specifically providing that sales of certain assets will fall within its scope, thereby allowing the buyer to assert a "true sale". Put another way, the SPV – not the originator – is now able to claim they are the true owner of the asset and are removed ("remote") from the originator's possible bankruptcy and thus from their potentially lower credit rating.[59]

3. Is this game illegal? – LTV Steel

Towards the end of 2000, American courts considered the securitization process in an important bankruptcy case called *In Re LTV Steel*.[60] In Kettering's prizewinning words "the court ruled against the product, [but] (e)ven that did not discourage the continued growth of securitization, but it was, at the least, a portent."[61]

To say that the "game" of securitization is illegal is to say too much. However, some commentators will assert that there are serious legal doubts about whether or not the "true sale" necessary to move assets from the originator into the SPV (see above) is possible or effective.

---

[58] Priority here refers to the hierarchy of those who will be paid out in the course of a bankruptcy. An Article 9 security interest, properly documented, executed and registered, can take an asset completely beyond many creditors who are later or less well secured in their interest. Those creditors who are completely unsecured typically end up with little or nothing at the end of the day.

[59] UCC § 9-318(a) provides that "A debtor that has sold an account, chattel paper, payment intangible, or promissory note does not retain a legal or equitable interest in the collateral sold."

[60] In re LTV Steel Co., 274 B.R. 278 (Bankr. N.D. Ohio 2001).

[61] Kettering, op. cit., p. 1558.

II. Europe & the U.S.A. – A Brief Comparison

1. Economic and Supervisory Differences

The United States is the birthplace of modern securitization, beginning with the mortgage-backed security of the 1970s.[62] European banks were much slower to adopt this technique and have generally been better placed to weather the crisis,[63] although they too have been directly and indirectly exposed to recent turmoil. Their late entry to the game of securitization may mean that European bankers find it easier to remember what "old style" banking was about. As José Manuel González-Páramo, Member of the Executive Board of the European Central Bank noted in June of 2008, "it may be worth recalling that this [originate to distribute model] is not the way banks have historically done business. Under the traditional – perhaps, I should say secular – "originate to hold" business model, banks extend loans to firms and households and hold them in their balance sheets until they mature or are paid off."[64]

Most sophisticated banks in Europe are active in securitization, although activity forecasts for 2008 have now fallen well below those of previous years.[65] There were a number of high profile defaults in Europe, most notably Northern Rock[66] in the UK, and problems for some large German banks such as SachsenLB,[67] WestLB, and IKB Deutsche Industriebank.[68] Overall, the direct eco-

---

[62] The early roots of a secondary market for housing mortgages arguably lie in Roosevelt's New Deal, and the founding in 1938 of the Federal National Mortgage Association (Fannie Mae). See Randall Dodd, Subprime: Tentacles of a Crisis, Finance and Development (A Quarterly Magazine of the International Monetary Fund), December 2007, Vol. 44, No. 4, p. 2.

[63] Notwithstanding the UK's Northern Rock bailout. Some have used this disaster as a basis to argue for drastically "narrower" (simplified, less risky, more transparent) banking services for those who want them. The average Northern Rock depositor and the UK government would perhaps both have been glad of this advice. See Oz Shy and Rune Stenbacka "Rethinking the Roles of Banks: A Call for Narrow Banking," The Economists' Voice: Vol. 5: Iss. 2, Article 6 (2008). Available at: http://www.bepress.com/ev/vol5/iss2/art6.

[64] José Manuel González-Páramo, "Financial turmoil, securitisation and liquidity", Global ABS Conference 2008, Cannes, 1 June 2008, p. 3.

[65] ESF Securitisation 2008 Market Outlook, published by European Securitisation Forum, London, available at: www.europeansecuritisation.com.

[66] The Bank of England supplied emergency financial aid to this mortgage lender on 14 September, 2007; it was subsequently nationalized on 22 February 2008. This fiasco included the first bank run in Britain in roughly 140 years.

[67] Recently purchased January 1, 2008 by the Stuttgart-based Landesbank Baden-Württemberg.

[68] A Düsseldorf-based commercial bank, see Peter Gumbel, Subprime on the Rhine, Fortune, September 3, 2007, available at: http://w4.stern.nyu.edu/news/news.cfm?doc_id=7571.

nomic damage on the Continent has been more limited, in part due to greater number of state banks,[69] stronger balance sheets,[70] and a lower appetite for risk. Standard & Poors issued a press release on September 19, 2007 reassuring investors about the German banks' exposures to U.S. subprime mortgages.[71]

As mentioned above, with the advent of the Euro in 1999, the European Central Bank does not directly oversee individual banks, rather this is left to local authorities which in the case of Germany is divided between the *Bundesbank*, (overall financial strength), and the *Bundesanstalt für Finanzdienstleistungsaufsicht* ("BaFin" – responsible for levying fines and other administrative and supervisory functions.)[72]

2. Legal differences

As outlined above, there are a number of bankruptcy and commercial laws that drive the securitization process in the USA and as commentators have pointed out, these are modified in various European jurisdictions.[73] German law experts Michael Kern and Werner Meier of Cleary Gottlieb, a leading interna-

---

[69] Kim Murphy, Germany is feeling sub-prime fallout; Taxpayers could be on the hook for half the estimated $69 billion in bank losses, Los Angeles Times, June 4, 2008, p. C1.

[70] Philip Alexander, Germany – Funds Waiting For Willing Issuers – Behind The Alarming Headlines About Bank Bail-outs In The State Sector, Leading Players In Germany's Capital Markets Are Quietly Making Headway, The Banker, April 1, 2008.

[71] Standard & Poors, German Banks' Subprime Mortgage And Structured Vehicle Exposure Concerns Are Overstated (Publication Date: September 19, 2007): "... we consider that credit risk in the German banking sector from U.S. subprime mortgage exposures is limited as it is generally concentrated in the 'AAA' and 'AA' rated tranches and we consider the potential market valuation effects to be manageable."

[72] "BaFin has 1,600 employees working in Bonn and Frankfurt am Main. They supervise around 2,079 banks, 718 financial services institutions, 633 insurance undertakings, 26 pension funds, 6,000 investment funds and 78 investment companies (as of January 2008). BaFin operates only in the public interest. Its primary objective is to guarantee the proper functioning, stability and integrity of the German financial system. Bank customers, insurance policyholders and investors are meant to be able to trust the financial system. Under its solvency supervision remit, BaFin ensures the ability of banks, financial services institutions and insurance undertakings to meet their payment obligations. Through its market supervision, BaFin also enforces standards of professional conduct which preserve investors' trust in the financial markets. BaFin also has an investor protection role in that it seeks to prevent unauthorised financial business being carried out." See BaFin web page at: www.bafin.de.

[73] Christopher Lewis Peterson, "Over-Indebtedness, Predatory Lending, and the International Political Economy of Residential Home Mortgage Securitization: Comparing the United States' Subprime Home Mortgage Lending Crisis to Home Finance in the United Kingdom, Germany, and Japan" (January 11, 2008). Available at SSRN: http://ssrn.com/abstract=1083184.

tional law firm, take many pages to outline the complicated legal issues surrounding a securitization in Germany.[74] Such explanations typically assume familiarity with the US markets. Detailed discussion of the differing legalities associated with common law and civil law structured finance lies well beyond the scope of this paper, but one important difference deserves mention: German *Pfandbriefe* ("covered bonds") do not result in a "true sale" of the relevant mortgages to the SPV[75] and so must remain on the balance sheet of the originating bank. In simple terms, this makes them far more "bankruptcy proximate" than the more complicated "bankruptcy remote" SPV. Not all German bonds are *Pfandbriefe* so securitization *per se* still "works" in Europe. A purchaser of securities can obviously still get into difficulties merely by buying these products – they need not have done the securitizing in-house.

Recent press reports indicate that the US is now looking to adopt some aspects of these covered bonds – the major source of mortgage funds in Europe – an interesting reversal in the flow of ideas.[76] Covered bonds are less risky and so provide a lower rate of return than recent US subprime practices. The UK Treasury has been working for some time to implement legislation to allow for covered bonds in accordance with the Undertakings for Collective Investment in Transferable Securities (UCITS) Directive.[77] Some regulators remain wary of these since pledging balance-sheet assets to investors (bond purchasers) may "undermine the first preference [that] … should be given to depositors in the event of a bank failure."[78]

---

[74] Michael Kern and Werner Meier (Cleary Gottlieb Steen & Hamilton LLP), The International Comparative Legal Guide to: Securitisation 2007, Chapter 20 – German, Global Legal Group, London, 2007.

[75] Peterson, op. cit. at p. 14.

[76] See Deborah Solomon, U.S. Pushes a European Method To Help Banks Make Home Loans 'Covered Bonds' May Lure Investors Wary of Defaults, Wall Street Journal, June 17, 2008, p. A3. Solomon notes that "Some analysts have predicted that a covered-bond market in the U.S. could grow to $1 trillion over the next few years. Currently, the market is minuscule compared with the $11 trillion in home mortgages outstanding in the U.S. ... Covered bonds are considered safer investments because they stay on a bank's balance sheet and the buyer of the bonds gets double protection. The bonds are backed first by a "cover pool" of high-quality mortgages that must meet certain criteria, such as being in good standing. If the mortgages go bad, the bank must step in to ensure bond holders get their interest."

[77] HM Treasury Press Release, 120/07, 8 November 2007, Government to implement covered bonds regime in March 2008. For the relevant Directive see 85/611/EEC.

[78] David Uren, Mortgage bundling supported, The Australian, 24 June, 2008, p. 23, discussing the approach of the Australian Prudential Regulation Authority (APRA).

III. Assigning "Responsibility" in a Global Market

1. Responsibility and Causation

Apportioning blame in a financial crisis is difficult, but in the case of the subprime debacle the imagination is stretched beyond normal limits. Corporations notoriously have "no body to kick and no soul to damn"[79] and this suggests a certain simplicity in their nature. However, while there is no shortage of corporate and regulatory "bogeymen" in the myriad of financial products affected by the crisis, the complex effects of the subprime crisis suggest very complex causes. This section will attempt to refine those causes while pursuing a meditation on the concept of "responsibility". Various solutions will hopefully suggest themselves as a conclusion.

Max Weber's dissertation was on the topic of medieval trading companies.[80] In the common law world of torts (delicts) his counterfactual "but for" test[81] has been incorporated by judges and has proven most useful in identifying multiple causes (e.g. in cases of multiple negligent actors) but has been less successful in discerning which of *several* causal possibilities is of most significance.[82] A "but for" test will be of limited use in deciding who is at fault in the subprime mess since we have too many actors on the stage.

However, we may meet greater success if we take up another aspect of Weber's thought, namely, the ideas of *formal rationality,* excessive *bureaucracy*

---

[79] Craig Miner, The Cherokee Oil and Gas Co., 1889–1902: Indian Sovereignty and Economic Change, The Business History Review, Vol. 46, No. 1 (Spring 1972), pp. 45–66 at p. 66.

[80] Max Weber (1864–1920), in: The Philosophy of Law: An Encyclopedia (C. Gray ed.), Garland Publishing Inc., 1999, p. 901, entry by John Drysdale.

[81] In simple terms the test states "The defendant's conduct is not a cause of the event if the event would have occurred without it." See William L. Prosser, Handbook of the Law of Torts, 220–221 (2d ed. 1955), cited in Roscoe Pound, Causation, The Yale Law Journal, Vol. 67, No. 1 (November 1957), pp. 1–18.

[82] "Max Weber strove to define and determine causality by means of a test for the counterfactual, later incorporated into United States tort law as the "but-for" test. Causality in both history and law has remained abundantly problematic, however, as attempts to decipher causation with, among others, Weber's formula have been riddled with difficulty. In United States tort law, the counterfactual is helpless in dealing with multiple causes because Weber's method enables causes to be identified as such, but does not yield a determination of their relative causal significance." See Vivian Grosswald Curran, Fear of Formalism: Indications from the Fascist Period in France and Germany of Judicial Methodology's Impact on Substantive Law, 35 Cornell Int'l L.J. 101 at 184. Grosswald cites Max Weber and Tony Honor in this connection: Max Weber, Economy and Society (Guenther Roth & Claus Wittich eds., Ephraim Fischoff et al. trans, 1968); Max Weber, Max Weber on The Methodology of the Social Sciences 177–178 (Edward A. Shils & Henry A. Finch eds. & trans., 1949); Tony Honoré, Responsibility and Fault (1999).

and the modern emphasis on *procedure*, and apply it not only to modern institutions but to the *formally rational* (but unreasonable) idea of a "bankruptcy-remote business". In *Economy and Society*,[83] Weber wrote that a bureaucratic discipline

> "is nothing but the consistently rationalized, methodically prepared and exact execution of the received order, in which all personal criticism is unconditionally suspended and the actor is unswervingly and exclusively set for carrying out the command."[84]

If, for the moment, we apply this to the securitization factories (bureaucracies) of the investment banks that "sold" these financial products we indeed find a kind of bureaucracy at work. A bureaucracy of banks, brokers, regulators and originators,[85] all of whom stood to profit from the trade and none of whom had any interest in pointing out the weaknesses of the core concept of bankruptcy remoteness. As Zeitlin has put it

> "A bureaucracy, no less than a factory, tends to mould a person's psycho-physical being in an effort to adapt it to the demands of the organization. In short, bureaucracy 'functionalizes' human beings."[86]

Put another way, the idea that one can enter commerce and expect to trade without any (or almost without any) possibility of going broke or bankrupt is silly, and ought not to be contemplated by any sensible economic actor. Not even governments expect to trade forever without taxpayer support (in the form of taxes) and the only way one could come to such a conclusion would be to (I) focus almost exclusively on the procedure (method, alchemy) of securitization at the expense of its economically limited (illogical?) substance, and then (II) implement such alchemy through a form of bureaucracy thereby avoiding exposure to independent reason. The form of bureaucracy is perhaps novel – stretching as it does across many banks, brokers and institutions – but it is submitted to be real and something more than a mere collective hallucination or collaboration in financial fraud.

The fact that it was government support (Fannie Mae)[87] that first led to the secondary mortgage market only adds to the argument that, once privatized, such transactional structures should be subject to the full force of the market at

---

[83] Economy and Society (ed. Roth and Wittich, 1968).

[84] Ibid. at 1149. Quoted in Irving M. Zeitlin, Review: Max Weber's Sociology of Law, Max Weber by Anthony T. Kronman, The University of Toronto Law Journal, Vol. 35, No. 2 (Spring 1985), pp. 183–214.

[85] A "pan-institutional" bureaucracy.

[86] Zeitlin, supra, at 213.

[87] Federal National Mortgage Association founded 1938. Freddie Mac (Federal Home Loan Mortgage Corporation) was founded in 1970.

large, and will be, despite the (illusory) collective wisdom maintaining that it will not.

A few other criticisms flow from the above. Firstly, we must consider the separation of the asset from the originator in the overall securitization process. Todd Davenport, writing in *American Banker* observed recently:

> "Whether the government or investors force it, change is coming to the country's credit markets. A key element of that change will be reuniting asset originators with some responsibility for their products. Their dissociation emphasized volume rather than quality, put fees in front of interest and principal repayment, and further commoditized lending."[88]

This bifurcation of asset and ownership is reminiscent of the collective farms of socialist Russia – if everybody is responsible for the asset them nobody really cares what happens to it. When that asset has been on-sold a number of times, the incentives to check credit-worthiness of borrowers, or the quality of the asset, becomes less and less until the critical point is reached and disaster falls, perhaps more through carelessness than any active adverse event.[89]

Second, there is the problem of blurred exposure and spreading risk. Quoting *American Banker* once again:

> "The initial crisis, though precipitated by delinquencies and traditional credit problems, spread because investors could not draw borders around their exposure."[90]

This raises the problem of market players' obvious inability to measure their risk in meaningful ways – an inherent malfunction in the feedback that markets are supposed to supply to their participants. One is here reminded in part of the early forms of English life insurance, which degenerated into a form of gambling based on the life expectancies of (mostly) foreign monarchs. A policy could be taken out over the life of almost anybody in an attempt to insure against the "risk" of untimely death. Newspapers were known to publish the odds on how long a notable but frail member of the establishment might survive. Human nature being what it is, this even became an incentive to "arrange" such untimely deaths in the hope of a windfall gain. The English Parliament finally put a stop to this market by the requirement that the insured have an "insurable interest" – meaning that only the lives of close relatives could be covered by the policy.[91] Presumably these relatives were worth more alive than dead, and we

---

[88] Todd Davenport, Turmoil in Financial and Credit Markets, The Crisis So Far: A Market Restructured, Risk management returns, American Banker, Wednesday, April 23, 2008.

[89] This is not to deny the role of falling U.S. house prices – another utopian fantasy upon which the crisis was built.

[90] Ibid.

[91] Life Insurance Act 1774 (Imperial Acts). See also the Marine Insurance Act 1745 (Imperial Acts) and the Gaming Act 1845 (Imperial Acts). This was also a problem in

observe how defined exposure avoids the dangers of abusing an otherwise legitimate business model.[92]

Third, the question of moral hazard, a concept that also springs originally from the insurance industry. In the world of finance, moral hazard is used to cover "any situation that rewards a debtor for financial misbehaviour."[93] Government bailouts are one example of a moral hazard,[94] so too is deposit insurance,[95] especially in a world where structured financing became "too big to fail".[96] Acting responsibly before the temptations of moral hazard requires unusual fortitude, even more so in the light of shareholder demands, and a world of historically low interest rates.[97]

Chicago economists have attempted to show that securitization cultivated the seeds of moral hazard amongst mortgage originators. Atif Mian and Amir Sufi claim that "an expansion in the supply of mortgage credit to high latent demand zip codes led to a rapid increase in house prices from 2001 to 2005 and subsequent defaults from 2005 to 2007."[98] They are skeptical of other explanations of the expansion of credit, such as increased productivity, or an increase in credit quality.[99]

---

the United States, see Viviana A. Rotman Zelizer, Morals and Markets: The Development of Life Insurance in the United States, (1983); "For many, life insurance not only offended religious sensitivities, but weakened the very fiber of society by institutionalizing gambling and encouraging murder for money." Ibid. at 79.

[92] Apart from causing wars and moral degeneration, the abuse would have also caused insurance companies to stop offering life insurance.

[93] Buchheit, "Moral hazards and other delights", IFLR, April 1991, 10 at 11; and Anayiotos & De Pinies, "The Secondary Market and the International Debt Problem", Vol. 18, No. 12, World Development (1990) 1655 at 1657. Both are quoted in Ross Buckley, Six Lessons for Banking Regulators from the Asian Economic Crisis, in Weerasooria (ed), Perspectives on Banking, Finance & Credit Law (Sydney: Prospect Media, 1999), pp. 51–67.

[94] Buckley, Ibid.

[95] Ronald I. McKinnon, Limiting Moral Hazard and Reducing Risk in International Capital Flows: The Choice of an Exchange Rate Regime, 579 The Annals of The American Academy of Political and Social Science, January 2002, p. 200 at 202.

[96] See Kettering, op. cit.

[97] The Federal Reserve moved its key interest rate ("federal funds rate") to 1 % in June of 2003 where it remained until June 2004. Federal Reserve Statistical Release – H.15 – Selected Interest Rates.

[98] Atif R. Mian and Amir Sufi, "The Consequences of Mortgage Credit Expansion: Evidence from the U.S. Mortgage Default Crisis" (May 2008), p. 1, available at SSRN: http://ssrn.com/abstract=1072304.

[99] Ibid., p. 2.

Some also argue that the Federal Reserve acted irresponsibly in keeping interest rates so low in a market where house prices were rocketing.[100] Others have warned that we must re-learn (so soon!) the lessons of the East Asian currency crisis; bad decisions have to be let run through to those who made them. In this connection, Nobel Prizewinner Joseph E. Stiglitz of Columbia University has stated

> "What is remarkable to me today is that there are those who favor easy money to bail Wall Street out of the current credit crunch to dam the problems that could otherwise flow downstream. Is this learning or hypocrisy? I fear hypocrisy."[101]

Fourth, formal rationality and blooming complexity in the economic sphere has arguably brought a disregard for thrift in favor of over-consumption. Carolyn Jones has brought attention to the changes in consumer virtues – from thrift to conspicuous spending – over the course of the twentieth century:

> In a series of articles in the years before World War I, Martha and Robert Bruere presented case studies of middle class families' budgets. They criticized excessive thrift and an insufficient level of comfort. In critiquing the Wells family living near Boston, the Brueres admonished Mrs. Wells' for making her clothes at home and „considering her savings too carefully" in purchasing a hat. Mrs. Bruere saw the result of thrift as turning „loose an ugly home and ugly clothes on an unprotected community." The Brueres and others argued for more spending on goods and refinement, especially for the education and acculturation of children. Average middle-class families put aside three hundred dollars for savings, which the Brueres characterized as the families' „most serious financial mistake" causing them to "cut off $ 300 a year from their pleasure and usefulness."[102]

It is no mistake that Time Magazine highlighted America's need to "keep shopping"[103] after the 9-11 attacks.

Finally, one cannot discount over-reliance on proclaimed experts as an important factor. Davenport has argued that "[p]ackagers generally priced the products with models that failed utterly. Investors will require the banks – and the rating agencies – to come up with better models before they commit their money again to those types of structures, whatever their name."[104] These pack-

---

[100] See George Magnus reviewing Charles Morris's 2008 book The Trillion Dollar Meltdown: Easy Money, High Rollers and the Great Credit Crash, The Australian, 16 June 2008, p. 9.

[101] Joseph E. Stiglitz, "Financial Hypocrisy," The Economists' Voice: Vol. 4: Iss. 6, Article 2 (2007). Available at: http://www.bepress.com/ev/vol4/iss6/art2.

[102] Carolyn C. Jones, Symposium: The Death of the "Death Tax?": The Moral Hazard of the Estate Tax 48 Clev. St. L. Rev. (2000) 729 at 744.

[103] Frank Pellegrini, The Bush Speech: How to Rally a Nation, Time Magazine, Friday, September 21, 2001, available at: http://www.time.com/time/nation/article/0,8599,175757,00.html.

[104] Todd Davenport, The Crisis So Far: A Market Restructured, American Banker, April 23, 2008.

ages were often created by quantitative researchers ("quants"), which have been described by the *Washington Post* as "a motley crew of math wonks, computer scientists, PhDs and electrical engineers, many of them immigrants from China, Russia and India."[105] This so-called "crew" maintains an information website for those wanting to join the ranks of the elite financial engineers of Wall Street (Quantnet.org – "where Quants meet Quants"). From here, one can link to various Masters and PhD programs at the cream of U.S. universities. Princeton's *Bendheim Center for Finance* describes the work of a financial engineer as follows:

> "Financial engineers design and evaluate products that help organizations manage risk-return trade offs. Financial engineering is no longer limited to quantitative traders and derivatives specialists, but is now used widely throughout the private sector for purposes including hedging foreign currency exposures, financing real investment, and managing real and financial risks."[106]

Courses include probability, optimization under uncertainty, stochastic calculus, dynamic programming, and financial economics. Columbia advertises its M.S. in Financial Engineering for those wishing to enter

> " … a multidisciplinary field involving financial theory, the methods of engineering, the tools of mathematics and the practice of programming. The Financial Engineering Program … provides … training in the application of engineering methodologies and quantitative methods to finance. It is designed for students who wish to obtain positions in the securities, banking, and financial management and consulting industries, or as quantitative analysts in corporate treasury and finance departments of general manufacturing and service firms."[107]

For those mathematically inclined souls wishing to become more easily acquainted with this area, the *Wikipedia* entry for Computational Finance[108] provides a link to an 83-page paper (dated April 30, 2008) by Peter Forsyth of the University of Waterloo entitled *An Introduction to Computational Finance Without Agonizing Pain.*[109]

---

[105] Alec Klein and Zachary A. Goldfarb, The Bubble, How homeowners, speculators and Wall Street dealmakers rode a wave of easy money with crippling consequences, The Washington Post, Sunday, June 15, 2008, p. A01.

[106] See http://www.princeton.edu/bcf/graduate/tracks.

[107] See http://www.ieor.columbia.edu/pages/graduate/ms_financial_eng/index.html.

[108] See http://en.wikipedia.org/wiki/Computational_finance. The internet-based Wikipedia is regarded by some as a dubious source. It is submitted that Forsyth's work is too recent to be easily found in most libraries.

[109] See http://www.cs.uwaterloo.ca/~paforsyt/agon.pdf. For an analysis of the related issue as to what exactly occurred in financial markets in August 2007 and for an answer to the question "Did 'Quant' Fail?" see the detailed analysis by Khandani and Lo: Amir E. Khandani and Andrew W. Lo, "What Happened to the Quants in August 2007?" (November 4, 2007). Available at SSRN: http://ssrn.com/abstract=1015987.

The epistemic authority[110] of experts and the problems they pose in modern society has been an important theme in the writings of Alasdair MacIntyre.[111] According to Rowland,

> "Central to MacIntyre's critique of the culture of modernity is the argument that there are types of institutional structures which prevent or impoverish the ability of persons involved in those institutions to understand themselves or develop as moral agents, and his conclusions have been supported by other scholars within the Thomist tradition."[112]

The question of institutional structures can, it is submitted, be asked beyond single institutions. In a world where financial products are "engineered" by specially trained experts who alone are able to bear the "agonizing pain" of understanding them, how is one to allocate blame when the products fail? Who is responsible for the crashed derivative, and who must clean up the wreckage? Looking at MacIntyre's concept of "practice",[113] we should also ask about the internal effects on its participants: in what ways is a life led "manufacturing" financial products a life worth living? What, specifically, are the "virtue-requiring and virtue-engendering capacities"[114] of the life of a quant?[115]

2. Globalization

A final task is to consider the globalization of financial markets as both a threat and an opportunity for those who participate. Popes and Presidents alike are open to its good and bad possibilities:

> "Globalization, *a priori*, is neither good nor bad. It will be what people make of it. No system is an end in itself, and it is necessary to insist that globalization, like any other system, must be at the service of the human person; it must serve solidarity and the common good."[116]

---

[110] Authority springing from what an expert *knows*. For a discussion of epistemic authority and professional responsibility in a legal context see Professor Jude Dougherty, Western Creed, Western Identity – Essays in Legal and Social Philosophy, The Catholic University of America Press, Washington, D.C., 2000, p. 183 ff.

[111] Tracey Rowland, The Authority of "Experts" and the Ethos of Modern Institutions, Communio 28 (Winter 2001), p. 745.

[112] Ibid., p. 746.

[113] MacIntyre defines "practice" as "a typical undertaking in which the goods to be possessed depend for their acquisition on the inner development of the capabilities and character traits of the person engaged in the enterprise." A. MacIntyre, "Interview with Dmitri Nikulin," Deutsche Zeitschrift für Philosophie, 44 (1996), pp. 671–683 at 674. Cited in Rowland, op. cit. at p. 746.

[114] Rowland, op. cit., p. 747.

[115] This is certainly not to suggest there are none. I merely pose the question.

[116] Pope John Paul II, addressing the Pontifical Academy of Social Sciences, 27 April, 2001, para. 2, available at: http://www.vatican.va/holy_father/john_paul_ii/

The World Bank has indentified two groups of countries most vulnerable to a combination of financial turbulence and worldwide slowdown. First, those that have "large external imbalances financed largely through financial intermediaries that themselves depend on international markets for funding"[117] and second, "those in which foreign banks dominate the domestic banking sector."[118] While acknowledging that "Lack of transparency in financial markets severely hampered the ability of investors to identify exposures",[119] the World Bank also identified problems with the role of credit rating agencies and regulatory pressures to keep balance sheets clear of risky investments.[120] Referring to a G-7 finance ministers' discussion of a Financial Stability Forum (2008) report, the World Bank stated that

> "Of particular note were calls to raise capital requirements for certain structured credit products; improve oversight of banks' risk management practices (including for off-balance-sheet exposures); toughen requirements governing financial institutions' disclosure of risks and provision of information on securitized products; and require credit rating agencies to better manage conflicts of interest surrounding rating structured finance products and to differentiate ratings of such products from bond ratings."[121]

The U.S. government is currently considering reforming the supervision of investment banks, as well as supporting non-banks through the *Term Securities Lending Facility* and the *Primary Dealer Credit Facility*.

Economists seem to have at least some working level of agreement over the key causes of the credit crunch, but much less so over the effects on developing countries. In a constellation of opinions recently documented by Karen Krebs-

---

speeches/2001/documents/hf_jp-ii_spe_20010427_pc-social-sciences_en.html. See also so-called Transformationalist school holds that globalization reconstitutes States in a way neither necessarily weakens nor strengthens the state, its merely presents new challenges which must be met in new ways. "Transformationalism. A third interpretation, transformationalism, views the phenomenon of globalization as an historically unprecedented and powerful set of processes (with multiple causes) that result in a more interconnected and organizationally multifaceted world. But, contends the transformationalist, it is too simple to say that state power is *either* eroded *or* reinforced – it is more accurate to conclude that the nation state is increasingly reconstituted as part of regional, hemispheric, and global institutions, with some nations gaining and other losing power." David Crocker, Development Ethics and Globalization, Philosophy and Public Policy Quarterly, Vol. 22, No. 4 (Fall 2002), p. 12 at p. 16.

[117] The International Bank for Reconstruction and Development / The World Bank, Global Development Finance, The Role of International Banking, I: Review, Analysis, and Outlook 2008, Washington D.C., p. 105. The cutoff date for data used in this report was May 15, 2008.

[118] Ibid.

[119] Ibid., p. 107.

[120] Ibid.

[121] Ibid., p. 109.

bach of U.S. Banker,[122] U.S. economists Rodrik and Subramanian argue against free flow of capital and that "developing countries would do better to put domestic savings to work – not foreign capital."[123] Support for this approach comes from Indian economists Chandrasekhar and Ghosh of New Delhi, who go so far as to argue that certain aspects of capitalism may be the biggest problem factor that is slowing world growth.[124] Free capital flows do not always and everywhere help developing countries since (as Rodrik and Subramanian argue) they are caught in

> "… a second-best world, which means that they suffer from multiple distortions and constraints. While some nations may be severely constrained by inadequate access to finance, others – and perhaps a majority – are constrained primarily by inadequate investment demand, due either to low social returns or to low private appropriability."[125]

Could it be true that merely exporting a duplicate US-style credit economy to developing countries sets them up for the same kind of problems observed in the recent foreclosure and credit crisis?

***

Charles Fried wrote in 1964 that "an important, indeed a crucial technique for moving another to act is to make the desired performance the right thing for him to do, that is, to put him under a moral obligation to act in the desired way."[126] If we also accept Kallen's formulation that (in) "(e)ach moment the incidence and the quality of responsibility alters"[127] then we might be led to ask: how do we get a broad range of actors in the financial world to do the right thing, at the right time, in future situations like the one we are facing?

Three bedrock principles suggest themselves.

---

[122] Karen Krebsbach, Upending an Idol of Globalization, U.S. Banker, June 2008. See: http://www.americanbanker.com/usb_article.html?id=20080527WW9CSWD6.

[123] Ibid.

[124] Ibid.

[125] Ibid.

[126] Charles Fried, Moral Causation, 77 Harvard Law Review, No. 7 (1964) 1258 at 1259.

[127] H. M. Kallen, Responsibility, *Ethics*, Vol. 52, No. 3 (April 1942), pp. 350–376 at 358. "Each moment the incidence and the quality of responsibility alter; each moment, in each place, at each time, it deviates anew, as instant and particularized and specific as an individual character. Only as a word is responsibility universal. As a fact, it is an event that happens in the life of this or that particular individual."

First, assets should be presumed best left on the balance sheets of those who originated them.[128] This would leave the consequences of poor lending decisions where they first began – at the feet of those who made the decision to lend in the first place. Bad lending decisions should not be "on sold" except in the most transparent manner possible.

Second, utopian dreams of "bankruptcy remote" businesses and constantly rising prices must be recognized for what they are. They must not be supported by lawyers, accountants and ratings agencies that are paid commissions and fees to perpetuate the dream.

Finally, modern bureaucratic structures that reach across institutions must not be allowed to dictate fashion when the Emperor clearly has no clothes.

Summary

This paper briefly outlines the sub-prime lending crisis and how it came about, including an explanation of who were the lead players involved in the popular practice of securitization, and American courts' approach to exotic financial products. It also explains some of the differences between the European and U.S. markets for collateralized debt obligations ("CDOs"), and discusses possible implications for the notion of "responsible" lending, both in domestic and global contexts. Some of the insights of Max Weber and Alasdair MacIntyre on bureaucracy and the law are used to point beyond greed to more systematic causes lying within modernity.

The paper concludes by suggesting that assets should be presumed best left on the balance sheets of those who originated them and that bad lending decisions should not be "on sold" except in the most transparent manner possible. It also questions utopian dreams of "bankruptcy remote" businesses and constantly rising prices. Modern bureaucratic structures that reach across institutions must not be allowed to command unrealistic and unsustainable economic models.

Zusammenfassung

Dieser Beitrag umreißt kurz die *Subprime*-Kreditkrise und wie es dazu kam. Dabei geht es auch um die Hauptakteure und das von ihnen entwickelte System der verbrieften Sicherheit sowie um das Verhalten der amerikanischen Gerichte gegenüber diesen Finanzprodukten. Außerdem werden die Unterschiede zwischen den europäischen und den US-amerikanischen Märkten für *Collateralized Debt Obligations* (CDO) erläutert, sowie die möglichen Implikationen des Begriffs „responsible lending" sowohl in inländischen als auch in globalen Kontexten. Unter Rückgriff auf Erkenntnisse von Max Weber und Alasdair MacIntyre über Bürokratie und Recht werden – über die Gier hinaus – auf die

[128] Vinod Kothari, The new face of securitization, securitization in future will be back on the balance sheet, 4 April 2008, available at: http://www.vinodkothari.com.

mehr systematischen Zusammenhänge eingegangen, die für die derzeitige Situation entscheidend sind.

Der Beitrag kommt zu dem Schluss, dass es künftig unterbunden werden sollte, minderwertige Kredite durch entsprechende Verbriefungen in handelbare Wertpapiere umzuwandeln und auf diese Weise die Bilanzen zu schönen. Außerdem sollte es bürokratischen Strukturen – unter Absehung individueller Verantwortung – nicht gestattet sein, unrealistische und nicht nachhaltige ökonomische Modelle zu beherrschen.

“Je m’accuse!”

or

Unraveling Collective Financial Irresponsibility

By Peter L. P. Simpson

Dean Jude P. Dougherty has given us, in his paper, a discussion of the nature and limits of collective responsibility and collective guilt. I am inclined to agree with him that both notions, to make sense, must be traced back somehow to the actions and decisions of definite individuals. It seems central to the idea of responsibility that some actual person or persons be responsible. An unthinking thing cannot be responsible, nor can a sociological or a political construct, unless and until there are identifiable individuals behind them to be the bearers of the responsibility, and of the guilt. Still, collective responsibility is in some sense real because collective action is in some sense real. Many men together pushing a boulder up a hill are performing a collective act for which they are collectively responsible. But this is a simple case. My interest is in a more complex case as well as in a more topical one, I mean the current economic downturn and crisis we are experiencing. This is clearly something in the human world brought about by human actions. The economy is not a naturally occurring thing like a mountain, nor is an economic crisis a naturally occurring event like an earthquake. Who then is responsible for this crisis and who, further, is responsible for putting it right? For if some real individuals must be the ultimate bearers of responsibility some real individuals must be behind this. Otherwise, contrary to the supposition, we will have to admit that there can be responsibility without real people being its bearers.

I. Collective Finance

An economy I take to be a system of making and selling the goods and services that people need to satisfy their wants. Money I take to be a means of exchanging such goods. Actual economies are highly complex and the processes of exchange, and especially the transfer of monies, involve multiple stages and take multiple forms. People’s needs and wants are subject to change and what used to be needed before may no longer be needed now, or not to the same extent. Those who were producing some particular thing and relying on what they could get for exchanging it to satisfy their needs may find, because of reduced demand, that they can no longer rely on it and are forced to find some other way to make a living. Others, who were producing some different thing which people now want more, will find, because of increased demand, that they can satisfy much more than their needs and are able to indulge in luxuries. This process of goods falling or rising in demand, and of new and different goods taking the place of old ones, is happening all the time, though it will happen more quickly and more extensively in an energetic and enterprising economy than in a slow and relatively uninventive one. The general result is that there are always some people and some products that are economically failing and others that are economically booming. An economic upturn I take to be when many more people and their products are succeeding than failing, and an economic downturn when, conversely, many more people and their products are failing than succeeding.

What causes an upturn or a downturn? The answer would seem to be almost anything, from the weather to health to war to sheer accident. An economy is some sort of use and manipulation of material things to meet human needs, so anything that destroys or damages these material things must destroy or damage the economy based on them. But if we consider what is proper to the form itself of economics and not to its material substrate, the answer must be in terms of some action that is directly economic. Here there is one pattern of behavior that, whatever else happens, must eventually cause a downturn, and must cause downturns following on upturns. This 'boom-bust' syndrome, attributed by many to the inherent nature of capitalism, is caused, at least in most cases, by the activity of the political class – I mean elected politicians, their appointees, their backers, and bureaucrats. The activity in question is multiform, from spending programs to regulations to the inflation of money. I will concentrate on the last, which is also the most significant, but mention the others as I go along.

In previous ages money was something independently valuable, as gold or silver or other precious items, and while this system had its drawbacks it also acted as a check on political action. Rulers who wanted to wage war (and rulers always want to wage war, if only to leave a glorious name behind them) had first to find the gold to pay for men and arms, and that was usually hard to do. Seldom did kings have much gold to hand (profligacy or previous wars depleted reserves), and increased taxes were always unpopular and might as much provoke internal resistance as finance a foreign war. Borrowing was an alternative but it required believable assurances of repayment, which would usually require in turn the resort to the same unpopular device of increased taxes. Debasing the coinage, while sometimes tried, was too obvious to escape notice for long and just defeated itself. Not only did it induce people to hide their gold and use alternative means of exchange, it also made the remaining and debased coin worthless for purchasing the needed men and arms.

Another device was the issuing of paper money, or money that was not backed up by gold or silver or some other independently valuable thing. Such money would have printed on it a denomination of gold or silver, its face value as it was called, to which it claimed to be equivalent. The only guarantee that it did have such value was the pledge of the rulers, or the issuers of the paper, that they themselves would redeem it at that value, or would exchange it for its equivalent in gold or silver, at some future time. If the word of the rulers was trusted, people would then themselves take the paper in exchange for whatever the rulers wanted to buy and had printed it for, and this paper would then circulate as an accepted means of exchange. But what would make the word of the rulers to be trusted? Not, to be sure, because the rulers had enough gold or other valuable thing on hand to back up their paper. If that were the case the issuing of paper money would not have been necessary in the first place. The rulers could have used the gold directly for whatever purchases they needed. The resort to paper money was only necessary because the rulers did not have enough gold or its equivalent on hand and, to avoid having to wait until they did, they tried the expedient of issuing promissory notes, as it were, that they said they would redeem at some future date. In the meantime the notes would just have to be accepted as promises of future payment. Why, then, should people who have goods to sell accept these promissory notes from the rulers as opposed to selling to people who already have real metal money to pay at once?

There are two reasons. The first is trust in the promise of the rulers. Such trust could only be generated if the rulers are known to have some guaranteed means of acquiring enough gold or its equivalent in the future to keep their promise. Such a means could only be, apart from conquest (never a reliable policy), the power to tax, and the power to tax is essentially the power to coerce people by main force to pay up the tax that the rulers impose. The second reason to accept the rulers' promissory notes is that, regardless of whether one trusts them or not to use force to collect taxes in the future, one is oneself forced right now to take these notes in payment for the goods the rulers want (as American farmers, for instance, were forced during the Revolutionary War to accept the notes issued by the Continental Congress). This second way is worse than the first, for if the rulers cannot or will not use force in the future to collect taxes, then the notes are already worthless (for they will not be redeemed), and yet one is oneself under force right now to accept them in exchange for one's goods (thus indeed were American farmers ruined by the Continental Congress). But whichever of these ways is used, the way is always one of force. Force alone is able to make paper money, as opposed to gold or silver, an actual medium of exchange.

At the present day, this is the situation everyone has been reduced to. Only government issued paper money is legal tender and this paper money has no backing save in the government's power to tax. The government uses this power, and the paper money it supports, to build the transportation system, the schools, the hospitals, the hydroelectric dams. It uses it to provide people with medical care and pensions, with mortgages and banking insurance, with child support and welfare of all kinds. It uses it to regulate food and medicines, houses and automobiles, commercial sites and wilderness areas, waterways and deserts. The amount of money it needs to finance these programs is huge and made all the more huge by the army of bureaucrats it must hire to administer them. Were the government forced to pay hard cash up front for all these expenses, it would not be able to. So it does not use hard cash. It uses paper, and forces everyone else to do the same.

The temptation to print more paper money than the economy needs or than its rate of production can justify (though not more than politicians can find an excuse for) is hard to resist. The effects, however, are grim. They are twofold: booms and busts on the one hand and a decline in the value of money on the other. I will take each in turn beginning with the second.

If there is more money around for spending and no proportionate increase in goods produced, the goods available for being spent on will be in more demand than the money. So the money will fall in its purchasing value while the goods will rise in their money value. The law of supply and demand makes such rise in prices inevitable. But if the only money is paper money, and if everyone is forbidden by force from using any other, and if the state's managers are careful about how fast they increase the supply of it, this decline in the value of money can first be masked by being made to happen slowly and, then, through custom, made to seem a simple fact of life, like birth or death. The state can have its inflation, and finance all its projects, without running the risk, as governments that debased the currency in the past always did, of alienating the people.

Inflation is a sort of hidden taxation which, while responsible for, the state can avoid all blame for. If the $10 I earn this year is, because of government expansion of the money supply, worth only $9 next year then I have in effect paid a tax of $1. But since my $10 note is and feels exactly the same now as it did last year, it seems not to have changed. So if what I paid $10 for last year I must pay some $11 for this year, it can seem, not that my money has lost value, but that the thing I want is more expensive. So I will be inclined to blame, not the state for devaluing my money, but business or capitalism for taking more profits. I will be even more inclined to do this if in addition the state uses the public media to feed me propaganda that businessmen and capitalists are greedy and that I need the state to protect me from their selfish lust for gain.

Enterprise is another way in which inflation is masked. By enterprise I mean the application of intelligence whereby those who produce, transport, and sell the things that money can buy are always inventing and implementing new ways to reduce costs so that prices can be lowered and profits still maintained. Suppose that an article priced at $11 can, because of reduced costs brought about by enterprise, be priced at $10 instead. Suppose further that, because of inflation, the $11 in my pocket is now worth only $10. So to get an article priced at $10 I must use $11, or thereabouts, to pay for it. But we assumed that the article priced at $11 had, because of reduced costs, fallen to $10 in pre-inflation prices. So I can still buy it for $11 in post-inflation prices. It will seem to me, therefore, that the article just costs the same as it did before. No doubt I would prefer it if the article cost less, but I will not have cause to complain if it costs the same. In fact the article does cost less, and I just can't see it, or benefit from the fact, because of the inflation. More to the point, I can't see the inflation either. The two cancel each other out.

Who wins from this result? There has, after all, been a real fall in costs, so some gain has been achieved. Where has it gone? Not to me because I have to pay out as many of my hard-earned dollars as I did before. Nor to the producer or seller because, while they have reduced their costs and are getting the same number of dollars as they did before, they gain nothing because the value of the dollars they receive has fallen in line with the costs. The gain can only have gone to those who control the money supply. They can print, and spend, $1 now for every $10 that existed before and not cause an increase in prices. They get $1 (or the equivalent in post-inflation prices) for no cost to themselves. They have pocketed for themselves, or for alleged government programs, the amount in reduced costs that would otherwise have gone to the producers and sellers and buyers. But, and here is the marvel, they have done this in such a way as to make the pocketing virtually invisible. They pocket out of thin air, as it were, the money that they also create out of thin air.

This analysis and example have been simplified for ease of exposition, but the principle they illustrate is correct. When real costs fall but money is inflated, then, whether the money price of articles rises or falls, there is a real gain that goes to the masters of money. The amount by which the reduction of costs should lower money prices or limit their rise but does not, by that amount the masters of money gain, and by that amount too can they print money for themselves without cost, that is, without discernible effect on money prices. They gain also, of course, by the amount of the inflation that is not hidden but publicly admitted. They enjoy for this too the extra money they have printed and can use it to make purchases for their own purposes. This admitted and discernible amount of inflation is less, perhaps much less, than the real amount. The real amount is, because of enterprise, always greater than appears. Part of the real inflation is hidden by the reduction that enterprise achieves in costs, and all that is left visible is the change in money price and not also the change in money's value.

It is amazing how well this trick works. States do have to be careful not to inflate the money supply too quickly since that will lead to economic ruin (as in Weimar Germany), but states have become more skillful at that over the years. Even when a state does get things wrong and, by over-inflation, precipitates the economy into recession or depression or worse, it can still turn the result to its own advantage. All it need do is feed the public propaganda about the evils of capitalism and business, demand in the name of the common good that businesses do as the state bids, and force everyone, for the sake of survival, to rely more and more on the state and its services by handing over more and more of their lives, and their money, to its control. That none of this will make things really better (for the cause lies with the state's own manipulation of money) does not matter as long as the people can be made to feel that they have someone to blame, capitalists or private business, and someone else, the state, to trust to look after them.

So much, then, for inflation and the decline in the value of money. As for booms and busts, the pattern of the one followed by the other must also always result where the money supply is inflated. An increase of money beyond the real needs of the economy makes money more abundant than it need be or than it hitherto was. Abundant money means (besides the increase in prices already discussed) low interest rates and easy terms of credit. Businesses and consumers will be tempted, or even tricked, into borrowing money in a way they would not have done if it were not so abundant. Businesses will use loans to invest in new and increased production, and consumers will use loans to purchase new and more expensive products. The result will be a boom as businesses hire more people to drive more production and consumers throng the shops to purchase more products. Some of these investments and purchases will pay off and others will not. Such a mix of success and failure, while it makes some individuals rise and others fall, need not, if it is moderate, cause any great harm to the larger economy. In the excesses of a booming economy, however, things are different. Business investments and consumer spending are sustained by the ready availability of cheap loans, so that all or most investments and purchases appear sound even if they are not. A sound investment or purchase I call one that will stand on its own merits and will go on making profits and avoiding bankruptcy whether the economy is heating up or cooling down or staying level. An unsound investment or purchase I call one that can make profits or avoid bankruptcy only if at all in a booming economy.

There will always be unsound investments and purchases, if only because the future is uncertain and no one can be sure in advance whether a given investment or purchase will be sustainable. In a booming economy there will be many more unsound investments and purchases and they will continue for a longer time. But the boom is artificial in the sense that it is sustained by abundant and cheap money printed for the purpose and not by any independent demand for the products being produced. Eventually this fact will manifest itself, both because eventually the supply of extra money will all or mainly be used up in loans to businesses and consumers, and also because eventually people will become satisfied with the loans and purchases they have already made and cease to be willing or able to make more. At this point the boom must halt. The money for more investment or more purchases is either not there or not wanted even if it is. People stop borrowing and buying as much. So businesses find they cannot sell as much. But the increased investment, along with the increase in jobs, was predicated on the expectation of selling an increased number and kind of products. This expectation is no longer fulfilled. Businesses start having to slow down production, especially the businesses that were unsound to begin with. They start laying off workers, closing down factories, defaulting on loans, even going bankrupt. The result is a bust.

Such a bust, as caused by a preceding boom, is what we are experiencing now. The sub-prime loans, or loans to unreliable and unwise borrowers, that banks were, because of an excess of paper notes as well as by unwise government policies, falling over themselves to make before are now, not surprisingly, being defaulted on; the unwise home-owners who borrowed against their homes are now losing these homes through foreclosure; the unwise lenders, the banks, are facing bankruptcy and must reduce operations, close down offices, and lay off workers as a consequence. The laid-off workers can now themselves not pay any debts they may have incurred and have to go bankrupt too, thus precipitating more bankruptcies or reductions in business operations, and more laid-off workers, and so on. Even if not all such workers go bankrupt, they will certainly not be able to indulge in much or expensive buying, and that will necessarily lead to less consumption and so less production and so yet more reduction of business operations and laying-off of workers. If one adds to this the increase in prices that inflation is also causing then the severity of the bust and its chances of getting worse are not hard to understand.

This bust will continue until all or most of the unsound investments and purchases have been liquidated. The sooner this happens the better, all things considered. The masters of money, however, or the political class, seem determined to make it last as long as possible. They are continuing or even increasing the inflation by reducing interest rates to keep the money cheap; they are coming to the rescue of failing businesses by the purchase of their failing investments to the tune of billions if not trillions of tax-payer monies; they are even putting more paper money in people's pockets so that they can go out and buy things. The last time government intervention reached levels even remotely close to this to deal with an economic bust it was in the 1930s, and the bust and its accompanying intervention (which within the US went by the name of the New Deal and outside the US by the name of fascism or Nazism or communism) led to world war. One wonders where government intervention will end this time.

II. Collective Irresponsibility

The way that inflation triggers the cycle of boom and bust, and the way that it also tricks people about the value of their money and about the causes of increased prices, are involved. But they are not so involved that they cannot be exposed. If inflation was given up, and the cycle of boom and bust avoided, the result would be a more honest and more stable way of conducting the economy. So why is inflation not exposed or why, when it is exposed (as it has been often enough), are the rulers not forced to admit the fact and give it up? The short answer is that we, the people, do not want them to give it up. Although the politicians would thus lose their ability to inflate, which should please us, we would ourselves lose something we want more, I mean all the government programs and welfare supports and legal regulations that paper currency, along with the political manipulation of it, is chiefly instrumental in making possible. In addition, we the people do not believe that political manipulation of paper money is really theft or cheating. The theft and cheating, or the effects of it in periodic booms and busts in the economy, is, we say and are so told by politicians, really the work of unregulated capitalism, that is, of a capitalism uncontrolled by politicians. What we want, we say and are told, is a socially responsible capitalism, or a capitalism that limits its pursuit of profit by principles of what we, or at least our rulers, call social justice. Since, further, we do not believe that capitalism, or rather capitalists, will voluntarily limit their pursuit of profit for this reason, we demand that politicians compel them to do so. We demand, that is, both government welfare and government regulations, and the more, we think, the better.

The fault does not lie with capitalism. Capitalism is just a name for a certain way of supplying people's needs, namely the way that relies on private ownership, enterprise, and the free market. As such it is morally neutral. It is not a name for greed or irresponsibility, nor is it a name for honesty and fair play. There is no intrinsic necessity that capitalists be greedy or irresponsible, honest or fair, although it is true that those capitalists who are greedy and irresponsible are more likely to fail than to succeed. Badly made and unsafe products priced high will attract few customers and will retain fewer even if priced low. Good products and good service at a reasonable price are what best guarantee the greatest profits over the longest time.

What really promotes greed and irresponsibility is politics, not capitalism, and on both sides of the ballot box, that of the electors and that of the elected. The system of free elections, with a choice among two or more candidates, is said to be the mark of free government. Whether it is or not, it is certainly a mark of free bargaining. Those who campaign for votes must go around promising the voters what they will do for them if elected, and unless they make more and better promises than their rivals they stand little chance of winning. The electors, on the other hand, vote for those candidates or those parties who they judge will most give them what they want. Votes are sold, in effect, to the highest bidder, or to the highest trusted bidder. Even if not all candidates or all voters are so mercenary in their motivations and behavior, the pressure of elections cannot but push them all in that direction.

What then do the voters want and what do the candidates want? To put it simply the latter want power and the former want to be looked after. The being looked after in question is of a special sort. It is material rather than moral. The dominant belief about the duties of government is that government should guarantee for all the basic needs of life, from food to housing to schooling to medical care to pensions. Taxes are levied on everyone, individuals and businesses, to finance the provision of all these needs. But these needs do not include education in the moral virtues. The schooling that the state is supposed to provide is in skills and techniques only and not also in morals. Or it only includes the inculcation of civic duties, as voting, paying taxes, keeping order, and respecting rights, and not also of moral virtue.

The respect for rights, which is held to be the most important of these civic duties, includes toleration of a variety of moral opinions and practices, since the first right to be respected is the right to have and to follow one's own morality. That there might be a true morality that can be worked out by reason and is common to all is either directly denied or declared beyond enforceable political consensus. Whatever each chooses or pursues within the limits of law is right or permissible. The limits of law are that none pursue his ends in such a way as to prevent others from pursuing theirs. This doctrine essentially enshrines as rights the satisfaction of the passions or the pursuit of personal pleasures, and the government's job is to provide the means and secure the conditions whereby everyone can do this without coming into conflict with each other. We call this doctrine liberalism. It embraces two sorts of rights. The first is rights to be left alone to do as one pleases; the second is rights to have, or to be given by government provision, the wherewithal to be able to do as one pleases. The second sort of rights also includes the right to have things corrected when they go wrong, even and especially if they have gone wrong because of one's pursuit of pleasure. The free provision of or easy access to contraceptives and abortion and medical treatment for sexually transmitted diseases are classic cases in point.

The cost of providing these rights, that is, of enabling the people to live as they please, can only be provided by giving government extensive powers and extensive resources, along with the ability to go on extending both more or less at will, or more or less at the demand of the people. Hence manipulation of the money supply and its attendant devaluation of money and its booms and busts are inseparable from the people's rights. The one cannot be had without the other. The present financial and political system, with the political ideology of liberalism that accompanies and helps generate it (and of which the late John Rawls is the chief proponent) form a necessary unity.

Who is responsible for this system and its continuing in existence? It is facile to blame the political class. The political class is only where and what it is because the people want things that way. The people may not want all the regulation and taxation, but they are not prepared to give up their rights, in particular their rights to government support, to achieve that result. Nor are they prepared to vote for politicians who promise to do so (Ron Paul, for instance, in the US). As a matter of simple political fact, no one can get elected and hold the reins of power who will not continue and even extend the existing system.

The curious result of this state of affairs is that the people and the politicians can each deny responsibility for what happens. The people hand over the responsibility for controlling society to the politicians, and the politicians, while they take on this responsibility, deny that they are responsible for this being the responsibility of politicians, for it is the people who demand that this be what the politicians do. The politicians, therefore, can say that they are controlling the money and everything else because that is what the people want, and the people can say that, since they do not have this control but the politicians do, they are not responsible for looking after themselves or for making things go well or for correcting what goes wrong.

Once this system of the people demanding that the politicians care for them and of the politicians competing with each other to provide such care has come into existence, and once it has, through the passage of time and the building up of subsidiary and dependent structures to implement and support it, become a settled and fixed part of life, the changing or abolishing of it becomes harder for anyone to want or to hope for or even to understand the possibility of. The existing system can thus seem to be there by some force of nature and not by human choice, and even less by human responsibility. It can thus seem that no one is responsible, that the collective structure, while it is responsible for caring for the people and for throwing up politicians to do that, is not itself the responsibility of anyone. Thus the thesis that responsibility is ultimately located in concrete individuals can seem to be false. There no longer seem to be concrete individuals responsible for the continuance or further development of the system. Individuals can perhaps do a little here and there, but no one runs the whole system and no one can wholly change it. It has achieved a certain autonomy from all the individuals who in the past worked to create it and who in the present work to preserve it. There is, one might even suppose, a reverse invisible hand at work. The free market is said to produce order and success as the unintended result of many producers and sellers and buyers independently pursuing their goals. So the controlled market seems to produce chaos and failure as the unintended result of many voters and politicians and bureaucrats independently pursuing their goals.

III. Personal Responsibility

Unlike the invisible hand of the free market, the reverse invisible hand is not benevolent. It is malign. It is chief cause of economic booms and busts and of the accompanying delirium and distress where outrageous profits jostle alongside outrageous losses. One understands, therefore, the attractions of blaming the system instead of all the people involved in it, or of picking out, as convenient scapegoats, a few highly visible businessmen, or politicians, who just happen to be in the wrong place at the wrong time. Responsibility is hard. It means making for oneself the tough decisions about one’s life and one’s actions. It means accepting the consequences of those decisions, whether for good or ill. It means not trying to put the blame on someone else, and it means not demanding that that someone else, rather than oneself, shoulder the burden of correcting, as far as possible, what has gone wrong. The doctrine of rights, on which we are nourished from youth up and in which we are ceaselessly instructed by our political and intellectual leaders, is not a doctrine of responsibility. Nor does it do anything to promote such a doctrine. It is a doctrine rather of personal satisfaction and personal gain. Flight from responsibility, not the embrace of it, is what it insinuates.

This flight is an illusion. To evade responsibility is to be responsible for evading responsibility, as Christ’s parable of the talents reminds us. The people who want the politicians to look after them are responsible for putting that task on the politicians. The politicians who accept the conditions imposed on them to get elected are responsible for going along with the people’s demands. The people could, if they wished, refuse to have politicians looking after them, and the politicians could, if they wished, refuse to take on that function. That most do not and will not do either does not excuse them.

Nor does it excuse me. Perhaps I am but a cipher in the general mass. Perhaps only the narrow range of my immediate acquaintance notice either what I say or what I do. But, for all that, I am. And, for all that, he is and he is and he is. There are myriads of people like me in the world, and only because there are is there a mass or a majority. What I do may make no difference, or no discernible difference. But what I do and what that person does and that person and that person, and so on through the whole number, make all the difference. That indeed is why the system keeps going, because all of us or a majority, whether by act or omission, keep it going. That too is how the system will change, if it ever does change. Not because any single one of us acts to change it, but because all of us or a majority do.

Neither all of us nor a majority can do this if I do not do the little that I can do, and if that person and that person and that person do not do the little that they too can do. We must each do our little if the whole is to do its much. I am responsible, then, if I fail to do my little, even though I justify my not doing my little because others are not doing their little. For how do I know, before the event, whether they are doing their little? Or how do I know that, though they did not do their little today, they will not do it tomorrow? So how do I know, if I do my little tomorrow, that many others will not also do their little tomorrow and all of us not do our much? Or how do I know, if they do not do it tomorrow, that they will not do it the day after tomorrow or the day after the day after tomorrow? Indeed, how do I know that my doing my little today, though I depart to my maker tomorrow, will not, in some mysterious way, be a catalyst for each doing their little and all doing their much next week or next year or next century?

None of these things is known or knowable. What is known and what is knowable is whether I will do what I can do, for what I do is up to me. And what is true of me is true of all the others like me. Each of us is an 'I' determining, by its own decisions, its own future. And the future of all, to the extent that the future is a matter of the actions of men and of the structures and institutions built and run by men, is the future that the many 'I's determine by determining, each for themselves, their own future. What is and what will be in the world of men are the creation of this man and of that man and of that man and of what each decides as 'I'. It exists and comes to be in no other way. If the future is good we, the many 'I's, will have reason to be proud. If it is bad we, the many 'I's, will have reason to be ashamed. No less is true of the present, for the present was once a future that some past was creating. If things now are bad, why are they so? Because 'I' made them so. If the future will be bad, why will it be so? Because 'I' will make it so. That is all. "Je m'accuse!"

Summary

Is responsibility always the responsibility of definite persons? If so, which definite persons are responsible for the current economic downturn and crisis? The answer is to be found by an analysis of government action, and in particular of government action in inflating the money-supply, which, it is argued, must always cause an oscillating series of economic booms and busts. But those responsible for government action, while they are immediately the individual politicians, are ultimately the people themselves, who want this government action, despite its attendant booms and busts, to satisfy their passions or what we are nowadays pleased to call their rights. Accordingly, if there is to be change, and if responsibility always belongs to definite persons, as it does, then it must start with the people, and indeed with each of the individuals who together make up the people. It must start with me. Hence the "Je m'accuse!"

Zusammenfassung

Ist Verantwortung immer die Verantwortung von bestimmten Personen? Wenn dem so ist, welche Personen sind dann für den gegenwärtigen ökonomischen Abwärtstrend und die Krise verantwortlich? Die Antwort soll gefunden werden mittels einer Analyse des Regierungshandelns, insbesondere der Ausweitung der Geldmenge durch die Regierung, die, wie behauptet wird, ständig wiederkehrende konjunkturelle Ausschläge verursacht. Aber diejenigen, die für das Handeln der Regierung verantwortlich sind, handeln als Einzelne, als Politiker, die vom Volk gewählt wurden, so dass das Volk letztlich selbst dieses Handeln der Regierung will: Unter Inkaufnahme konjunktureller Schwankungen will das Volk seine Konsumwünsche befriedigen – ein Verlangen, dass heute allzu leicht zu ihrem „Recht“ hochstilisiert wird. Wenn es deshalb einen Wandel geben soll, und wenn Verantwortung – wie üblich – bestimmten Personen zugeordnet wird, dann müssen wir beim Volk beginnen, und zwar bei jedem Einzelnen, die zusammen das Volk bilden. Es muss mit *mir* beginnen. Folglich gilt: "Je m'accuse!"

III. Verantwortung in der Politik

Cicero's Civic Metaphysics As a Basis for Responsibility

By William A. Frank

> *"It is not in order to make honeycombs that swarms of bees gather, but it is because they are gregarious by nature that they make honeycombs."*
>
> *De Officiis 1.157*

> *"It is more repugnant to Nature for man to rob a fellow-man of his own advantage than to endure all possible loss, whether to his own property or person ... or even to his own soul ..."*
>
> *De Officiis 3.28*

Our seminar takes as its theme the recognition and limits of responsibility. I am more interested in its recognition than its limits. In effect, I shall be asking the question: What does it mean to be responsible? How does "being responsible" fit in with the more general concern of "being human" or with "living a good life"? My response will take the form of a commentary and interpretation of themes in Marcus Tullius Cicero's *De Officiis*.

If you allow me to equate Cicero's Latin "*officium*" with our English "responsibility,"[1] *De Officiis* readily lends itself to our purposes. It directly examines the basis of our responsibility. Were we to ask Cicero to explain to us what our duties are in this life, he might well direct us to this discourse, which he originally addressed to his son who was at the time in Athens studying oratory and philosophy.[2] In *De Officiis* he details a broad range of duties divided into

[1] E. Margaret Atkins, for instance, allows for the equivalence in her "Notes to the Translation," in: Cicero, *On Duties*, ed. by Miriam T. Griffin and E. Margaret Atkins (Cambridge, New York, Port Melbourne, Madrid, Cape Town: Cambridge University Press, 1991), p. XLV.

[2] Cicero, *De Officiis* 1.4: "Now when I had decided to write something for you ... I very much wanted to begin with something which was preeminently suitable to your age and my authority. Many weighty and beneficial matters in philosophy have been discussed accurately and expansively by philosophers. However, it is their teachings and their advice on the question of duties that seem to have the widest application. For no part of life, neither public affairs nor private, neither in the forum nor at home, neither when acting on your own nor in dealing with another, can be free from duty. Everything that is honorable [*honestas*] in life depends on its cultivation and everything dishonor-

two sorts, one of which includes duties that are universal and incumbent on any man in virtue of his common humanity and a second that vary and are pegged to the particular endowments of a given person and the distinct roles in society that he assumes.[3]

More interesting than his itemization of the many responsibilities is the rationale he gives for them. As a work of theoretical philosophy, *De Officiis* offers an insightful account of responsibility itself. The main lines of his theory lead back to fundamental notions of anthropology and to what might be termed a "civic metaphysics."[4] Cicero is most philosophically interesting in the way he understands human society. It is as commonplace to observe that man is by nature a social animal as that he is a rational animal. What Cicero sees in an unprecedented fashion is the essential identity between human sociability and rationality.[5] I shall develop these two notions in the first two parts of the follow-

---

able [*turpitudo*] on its neglect." See also E. Margaret Atkins, "Introduction," to the Cambridge, 1991 translation cited above. All English translations of *De Officiis* are taken either from the Cambridge 1991 translation by Griffin or from Cicero, *De Officiis*, with an English translation by Walter Miller (Cambridge, MA and London: Harvard University Press, 1913). In some instances I have made minor adjustments to their translations.

[3] *De Officiis* 1.107: By nature each one is endowed with two roles: (1) the common role of being rational and thereby superior to the brute animals: all *honesta* and *decorum* derive from this role; (2) the one that corresponds to one's individual personality and status which is due to particular differences in birth, wit, health, inheritance, aptitudes, and so forth.

[4] I have adapted to my own purposes an expression I have found in Luca Del Pozzo's "La 'metafisica civile' di Augusto Del Noce: ontologismo e liberalismo," http://mondodomani.org/dialegesthai/ldp01.htm; accessed January 22, 2007.

[5] Cicero grasps the essential social or political nature of man with a rare degree of resolute precision. In order to accept this claim one must put at bay the received opinion that Cicero's philosophy reduces without remainder to a derivative syncretism of classical Greek genius. Michael P. Foley documents the entrenched prejudice in his "Cicero, Augustine, and the Philosophical Roots of the Cassiciacum Dialogues," *Revue des Études Augustiniennes* 45 (1999), pp. 51–52. I do not want to deny that Cicero's philosophical works are replete with straightforward retailing of the opinions of the Greek tradition of philosophy. Nevertheless, so far as I can see, what I am calling his "civic metaphysics" is an original contribution. Cicero understands the especial reality of the web of human relationships. That reality remains for him a sure, steady focus as he details the rich historical particularity of human action and behavior that fills his philosophical discourses. In the broad sweep of the history of philosophy, the genius of Cicero's civic metaphysics is easy to overlook. Premodern philosophers were more readily drawn to the splendor of the great speculative philosophies of Greek antiquity. Insofar as the ancients pursued philosophy as a way of life, the grand speculative systems offered a surer measure of personal beatitude in activity that was more geared toward withdrawal from than engagement with the indeterminate regions of matter and choice. In later modern times, less congenial to metaphysical speculations, Cicero's elevated social-political morality gains little traction against the passion for libertarian individualism and social contract theory that characterizes most modern anthropology and political

ing essay. These more speculative notions of Cicero provide the foundation for his subsequent insistence that human excellence can only be achieved insofar as a man or woman acquires the stable and ready capacity for performing actions governed by an attraction to the *bonum honestum*, a kind of goodness whose attraction passes beyond the promises of personal self-interest. Parts three and four are devoted to the notion of *honestas* and the role of the virtues. In the end it becomes evident that human excellence is achieved in building up the human community and that the human community is built up only by actions responding to the beauty of the *bonum honestum*.

It is worth mentioning in passing that Cicero the rhetorician does not altogether mute his powers for persuasion in the interest of a disinterested philosophical dialectic. As keen as he may be to assist his son in his philosophic studies, he is just as concerned to inspire him to live out his responsibilities. The argument of *De Officiis* appeals to his son's capacity for human excellence and his desire for distinction. By virtue of the explanations and the concrete examples drawn from the lives and times of Greek and Roman history he encourages the young man to envision himself standing among others: either honorably, distinguished as one who by his words and deeds has strengthened the bonds and enriched the common life of society; or disreputably, as an object of shame whose words and deeds, or lack thereof, have diminished or cheapened the common life-of-men-with-one-another. In *De Officiis* Cicero sets before his son the vision of a beautiful and noble life along side the image a vulgar and shameful alternative. I have called these alternative lives the "beautiful and noble" and the "vulgar and shameful," but as becomes evident in the unfolding of the argument, they correspond directly to "responsible" and "irresponsible" lives.

I. Societas

A bee that lives by itself would be a natural curiosity, a kind of anomaly or freak. Bees swarm, they congregate. The fact that they live-with-one-another explains the further fact that they make honeycombs.[6] The material, communal structure of a beehive follows consequent to the formal actuality of apian social nature. Nature has outfitted bees with the instincts for producing the structures that sustain their collective life. The end is a flourishing hive expressed in and sustained by the construction of a honeycomb. Cicero applies the principle *a fortiori* to human conditions: "to a much greater extent, men, living naturally in

---

philosophy. For the ancients, life in society is not the final *telos* for man. For the moderns, it is not a *telos* at all; it is a means or, at the best, a purpose chosen by man himself.

[6] *De Officiis* 1.157: "Atque ut apium examina non fingendorum favorum causa congregantur, sed, cum congregabilia natura sint, fingunt favos ..."

groups, exercise their ingenuity in action and in reflection."[7] The fruits of prudent action and reflective learning are actualizations of man's inherently social nature. The common end of intellectual creativity and reason's wit is an ever more fruitful and stable life-of-one-with-another in society. The well-being of one's community, taken as the end of purposive activity, is prior to the autonomy of the individual.[8] With this argument Cicero aims to overturn the common misperception that social life is somehow derivative of ends and purposes more fundamentally individual. He goes on to observe that "it is not true, as some claim, that men embarked upon communal life and fellowship in order to provide for life's necessities just because we could not manage, without others, to provide ourselves with our natural requirements."[9] In his *Republic* (2.369b), for instance, Plato proposes that men first enter into the bonds of human society, living together in villages and cities, in order to meet the individual's desire for basic necessities. If that were the case, then Cicero wonders what would happen "if everything needed for sustenance and comfort were provided by a magic wand, so to speak." Wouldn't any reasonable, talented individual drop his business affairs? Wouldn't he abandon his efforts aimed at maintaining society and its network of relationships? If it is true that society and its structures are means to an end and the end is amply and securely achieved by other means, then society and its structures lose their purpose and become useless bothers. Cicero finds the thought experiment persuasive; he takes it that a man living by himself, a human isolate, would be as much a freak of nature as, or even more than, the autonomous bee. E. M. Atkins recognizes the claim we are making when she notes that for Cicero "*societas* is not simply another *utile* that contributes to the maintenance or comfort of life. It is the goal that defines the virtue that limits other goals ..."[10] The bond of personal human excellence with a flourishing society constitutes an interesting conceptual unity for Cicero. The two elements – individual perfection and flourishing community – are not pieces that have their independent logics and can be entertained separately of one another. The tight connection becomes evident as we examine Cicero's understanding of human reason and moral virtue.

---

[7] *De Officiis* 1.157.

[8] This is not to say that Cicero does not prize a certain transcendent excellence of the individual. See below in Section IV on the moral virtues.

[9] *De Officiis* 1.158.

[10] E. Margaret Atkins, "'Domina et Regina Virtutum': Justice and Societas in De Officiis," *Phronesis* 35,3 (1990), p. 271. On the natural finality of human sociability see: 1.11–12, 1.22, 1.50, 1.154; 1.157–158, 3.21–28.

II. Reason

In the order of nature, man's reason sets him apart from the beasts.[11] Cicero describes reason as man's ability to grasp consequences, causes, and similarities; it signifies his ability to anticipate or project into the future. In addition to the obvious attention to nature's order of cause and effect, it is easy to see in these attributes of reason the tools for man's own provident behavior. Reason's powers befit man for envisioning the whole of a life and fashioning within its terms the conditions for well-being. His formulation of the same concept in *De Finibus Bonorum et Malorum* puts the key points nicely: "Nature has bestowed on man the gift of Reason, of an active, vigorous intelligence, able to carry on several operations at the same time with extreme speed, and having, so to speak, a keen scent to discern the causes and effects of things, to draw analogies, combine things separate, connect the future with the present, and survey the entire field of the subsequent course of life."[12] This sort of reason clearly belongs to man engaged in the *vita activa*. If there were any doubt, the next lines of *De Finibus* emphasize the social scope of human reason: "It is Reason moreover that has inspired man with a relish for his kind; she has produced a natural conformity both of language and of habit; she has prompted the individual, starting from friendship and from family affection, to expand his interests, forming social ties first with his fellow-citizens and later with all mankind."[13] Reason, man's specific difference, is the social faculty.

Just how is it that reason leads one into binding ties with all mankind, with fellow citizens, family members, and friends? Can we see more clearly the inner logic connecting reason and society? An obvious reply should be dismissed at the start. It will not do to instrumentalize reason, to treat it like a tool or medium of exchange. Let me illustrate the point with a comparison. The mutual exchange of satisfaction between a milk laden mother and a hungry nursling requires no words; it is as common to the beasts as to men. Suppose, however, one man has the skills of goat herder and cheese maker but desires a secure dwelling which he does not know how to make. And further suppose that his neighbor is expert at building but incompetent with livestock. Among such individuals we could imagine a society built up of the mutual exchange of goods and services. Reason would be instrumental: it is necessary in both producing the goods and arranging the exchange. We therefore might see the difference between the bond of mother to child and the ties of farmer to carpenter as a function of nature in the first case and reason in the second. To understand the

---

[11] *De Officiis* 1.11, 1.50; and Cicero *De Finibus Bonorum et Malorum*, 2nd ed., tr. by H. Rackman (Cambridge, MA and London: Harvard University Press, 1931), 2.45.

[12] *De Finibus* 2.45.

[13] *De Finibus* 2.45.

connection between reason and society in this way misrepresents Cicero's intention. The scenario represents reason as subordinated to the purposes of the crafts and the exchange of their products. Cicero, however, understands a more essential relationship between a human person's rational and social being. Being rational and being social are equally ends of being human. As we saw above, man would live in society even if material needs were not at issue, the further point is that man's sociability is constituted in his being rational. The more perfectly men live the life of reason, the more their common life-with-one-another flourishes.

Cicero writes that reason "reminds him that ... man was not born for self alone, but for country and for kindred, claims that leave but a part of him for himself."[14] In other words, he asserts a predominant social or interpersonal intentionality of human reason. The meaning of this passage is not that by some reasoned argument men and women conclude that they ought to live communally. Rather Cicero means that, in the very act of living rationally, men and women find themselves bound to one another in communal life. By its very nature reason's inner structures are largely ordered to the practical and interpersonal categorialities of social existence.[15] Just as the seedling matures into a fruit-bearing vine, so the child grows into a spouse, parent, friend, and citizen. But whereas the vine matures through nature's work in the sun and earth and in the vine's own vegetative powers, the child grows into society, if I may put it so simply, by virtue of education: the extending, strengthening, and subtilizing of reason, a continuum of cultural and societal processes that are the fruit of individual and collective acts of deliberation, judgment, and volition.

The linkage between reason and society is brought out more fully when one sees the cardinal virtue of justice as the middle term, as it were. After asserting that man is not born for himself alone, Cicero then writes that although "Nature has ... engendered in mankind the desire for contemplating the truth ... which is

---

[14] *De Finibus* 2.45. *De Officiis* 1.22 makes the same point: "We are not born for ourselves alone, to use Plato's splendid words [*Letter* IX 358a], but our country (*patria*) claims for itself one part of our birth, and our friends another." He continues: "men are born for the sake of men ... we ought in this to follow nature as our leader, to contribute to the common needs (*communes utilitates*), by giving and receiving expertise and effort and means, to bind fast the society of man with one another (*devincire hominum inter homines societatem*)." Society attends to common needs; of greater significance is its binding of men to one another.

[15] It is important to note how Cicero safeguards a dimension of reason for interests that are not caught within the practical categories of human social and communal life (*De Finibus* 2.46). Reason does have its natural tendency to speculative, theoretical inquiry that seeks truth simply for its own sake. It does not, however, predominate, and ought always to cede precedence to serious moral and political interests: "the bonds between and the sociability of men take precedence over any devotion to learning [for its own sake]." *De Officiis* 1.157.

most evident in our hours of leisure," when we often find ourselves thinking about the most speculative matters,[16] that same love of truth spills over into non-theoretical, practical concerns. The instinct for reason's truth impels us "to love all truth as such, that is, all that is trustworthy, simple, and consistent, and to hate things insincere, false and deceptive, such as cheating, perjury, malice and injustice ..."[17] Reason's ordination to truth moves man to both wisdom and justice. Truth's movement toward justice is what interests us here. Love of truth manifests itself in the words and actions in the midst of one's life-of-one-with-another just insofar as these words and deeds express justice. It is the work of the cardinal virtues, and especially justice, to transform reason's truth into the presence of intrinsic goodness (*honestas*) in the midst of society. The bonds of human fellowship are built up and sustained when men's words and deeds are formed in the light of intrinsic goodness (*honestas*).

Of the natural principles that bond men in fellowship (*societas*) and community the first is reason and speech (*ratio et oratio*) which, in the activities of "teaching, learning, communicating, debating, and making judgments, conciliates men with one another and joins them into a sort of natural society (*concilat inter se homines coniungitque naturali quadam societate*)."[18] The verb "to conciliate" deserves special mention. Reason and speech unite men in the bonds of fellowship and community because it makes possible "justice, fairness, and goodness (*justitiam, aequitatem, bonitatem*),"[19] which "conciliate" men; the separate interests of each man in a group are reconciled into a functioning network of activity marked by a harmony of mind and purpose and desire. Truth, in the form of justice and trust (*fides*), conciliates. Society therefore subsists as an active network of many minds with their various interests and desires acting together in a harmony or mutual accord that is fashioned in speech and reason by its members. Cicero does not believe in any hidden hand that mysteriously harmonizes the independent, autonomous action lines of self-interest. The community or society of men is not the work of natural instincts; it is not the effect of chance; nor is it the work of divine intervention. It is the work of individual men and women who exercise the virtues of practical wisdom, justice and generosity, greatness of spirit or courage, and temperance.[20] Virtuous action needs also to be complemented by effective rhetoric.[21]

---

[16] *De Finibus* 2.46.

[17] *De Finibus* 2.46. In Cicero's vigorous, detailed hatred of falsity in its many social forms, it is easy to see a mentality akin to that of Dante Alighieri who devoted so many cantos of his *Inferno* to the varieties of liars and frauds.

[18] *De Officiis* 1.50.

[19] *De Officiis* 1.50.

[20] Important society-building actions stand out. They acquire a kind of primal authority. It is part of the Roman cast of mind to revere the founding acts in the history of its republic. In fact, any significant subsequent proposal acquires legitimacy insofar as it

III. Honestas

Cicero recalls the story that Plato tells about a lowly shepherd who finds a magic ring that allows him to become invisible at will and thereby to do whatever he wants with complete impunity.[22] And how does the shepherd use this new found freedom? He goes to the city, seduces the king's wife, murders the king, and rules his realm with unchecked self-interest. Within the logic of the story, the magic ring liberates personal choice from any external constraint. In effect, it asks us to imagine what happens when the ring is conferred on a person who is motivated only by personal self-interest and then set loose in society. We see a man, garbed with the appearances of social prominence and dignity, interiorly reduced to nothing more than a feral, calculating beast, ready for the most heinous exploitations of his fellow man. The point of the story is to ask

---

can be justified as a development or enrichment implicit in the original founding. See Hannah Arendt, "What is Authority?" in her *Between Past and Future. Six Exercises in Political Thought* (London: Faber and Faber, 1961), pp. 91–141. "Authority, resting on a foundation in the past as its unshaken cornerstone, gave the world the permanence and durability which human beings need precisely because they are mortals – the most unstable and futile beings we know of. Its loss is tantamount to the loss of the groundwork of the world ... [T]he loss of worldly permanence and reliability – which politically is identical with the loss of authority – does not entail, at least not necessarily, the loss of the human capacity for building, preserving, and care for a world that can survive us and remain a place fit to live in for those who come after us" (p. 95). Authority derives from the Latin '*augere*,' which means "to augment," and those in authority (elders, the Senate, *patres*) augment the foundation. The ancestors are the *maiores* from whom derive the authority of the living. "Authority, in contradistinction to power (*potestas*), has its roots in the past, but this past was no less present in the actual life of the city than the power and strength of the living" (p. 122). Authority itself derives from the foundation of the city; men's action rests on it and develops it: hence the need to be faithful to the original divine *auspices*. A Roman grew old by growing closer to the past and the ancestors. The past is sanctified by tradition, which is preserved by handing down to the next generation the testimony of the ancestors, who had first witnessed the founding. If the tradition is continued uninterrupted, the authority is inviolate. Action is sanctioned by the measures or standards preserved in tradition. Romans needed time-honored standards for thought as well as for action, which is why, as Remi Brague has persuasively argued, they so readily adopted Greek philosophy and likewise provided a cultural framework so fruitful for the development of Christian religion with its commitment to an authoritative tradition See his *Eccentric Culture. A Theory of Western Civilization*, tr. by Samuel Lester (South Bend, IN: St. Augustine Press, 2002), a translation of *Europe, la voie romaine*, rev. ed (Paris: *Éditions Critérion*, 1992).

[21] Walter Nicgorski has convincingly argued that Cicero redirects the central focus of political philosophy away from the Greek concern with the theoretical question of the best regime to the practical consideration of the highest standards of able statesmanship, its realistic responsibilities and limits. See "Cicero and the Rebirth of Political Philosophy," *Political Science Reviewer* 8 (1978), pp. 63–101; Cicero's Paradoxes and His Idea of Utility," *Political Theory* 12:4 (November 1984), pp. 557–578; "Cicero's Focus: From the Best Regime to the Model Statesman," *Political Theory* 19:2 (May 1991), pp. 230–251.

[22] *De Officiis* 3.38–39. Plato, *Republic* 2.357–361.

whether or not this shepherd stands for Everyman. Isn't its logic of unchecked self-interest inexorable? Who would not act as did the shepherd? Given its starting points, one can conclude that man is only raised above the beast by his superior rational powers for manipulating his environment. In reality, where men do not have the shepherd's magic ring, the only thing that restrains a person is his wariness of his inadequacies. They compel him to accommodate his interests with those of his fellow men. Society accordingly develops as a network of limited powers checking one another's "true nature." Communal life represents a compromise: as a condition of membership, each citizen forsakes the pursuit of maximal self-interest, which is the equivalent of individual beatitude, and simultaneously gains the surety of not having to suffer maximal exploitation. In this scheme, the one who gets ahead is the one who excels at *really* pursuing self-interest, even outside the law if need be, while always *seeming* to care for the interests of others. Success in life involves masking vice as virtue. If we have presented accurately the view of man in society behind Plato's myth, then the question becomes whether it is true: Does it adequately depict the essential nature of human society and how man befits himself for success in it? Cicero, of course, thinks it is not true. If not, then it is instructive to ask what is left out in the myth's account of the human condition?

Fundamental to Cicero's moral anthropology is the distinction between *honestas* and *utile*.[23] The latter term refers to the goods of self-interest or personal advantage, which include wealth, health, physical pleasures and comforts, power, and social status. *Utile* can be translated literally as "useful" or more flexibly as what is "beneficial," "advantageous," or "expedient." The core concept of the term signifies that some action, thing, or state-of-affairs is said to be good or desirable just because it pleases or advances someone's personal interests. It can include, for instance, "security, food, and arms," things that answer to "the natural needs of man" and "require a concern for resources and power."[24] Human goods of benefit and expediency find their analogues in the natural, non-rational realms of beasts, insects, and even plants. The concept of

---

[23] Sometimes instead of *utile* Cicero will use the word *commoda*, as at *De Officiis* 1.5: "The man who defines the highest good in such a way that it has no connection with virtue, measuring it by his own advantages [*suis commodis*] rather than by honorableness [*honestate*] cannot (if he is in agreement with himself and is not occasionally overcome by the goodness of his own nature) cultivate either friendship, justice, or liberality."

[24] Walter Nicgorski's "Cicero's Paradoxes and His Idea of Utility," *Political Theory* 12:4 (November 1994), p. 563. Peter Phillips Simpson, in his "Justice, Consequences, and Cicero," in *Vices, Virtues, and Consequences. Essays in Moral and Political Philosophy*, Studies in the Philosophy and History of Philosophy, vol. 35 (Washington, DC: The Catholic University of America Press, 2001), pp. 75–89, makes effective use of Cicero's *honestum/utile* distinction in controverting contemporary consequentialist moral theory.

utile acquires a more ample, appropriate meaning when it is set alongside its contrastive opposite: *honestas*. *Honestas* – "it alone is what is to be sought for its own sake."[25] English has no word that does the Latin word justice; expressions such as "moral goodness," "honorableness," "the noble," "intrinsic goodness" capture aspects of its meaning. Although it signifies a positive value, it is perhaps best conceived by negation; *honestas* is the kind of good or worth that is cancelled or annulled if instrumentalized or sought for its consequences. For instance, if the motivation for telling the truth is financial gain, then truth-telling has its price and can be out-bid. In Cicero's moral vocabulary, *honestas* is the sort of thing that is essentially an end. Part of the experience of being human is the recognition and achievement of one's own excellence in knowing and telling the truth for its own sake, as part of the meaning of human dignity. In truth-telling for its own sake the truth-teller is not conditioned or determined in his action by forces or interests beyond his own knowledge and character. Commitment to the *bonum honestum* means that man's rational nature is not especially perfected in the technological exploits that gain for him a secure and comfortable life. Rather human reason shines forth in exercising the power man has to transcend these interests or even to forsake them in order to do that which is simply just, noble, honorable, or beautiful. Justice, Nobility, Honorableness, Beauty – facets of *bonum honestum* – are categories of desirability that correspond to man's rational spirit. They materialize in human affairs when men and women act beyond self-interest. And for Cicero it is in the sphere of human fellowship, in the securing and enriching the bonds of the human community, whether narrowly circumscribed to regions of friendship and family or more widely extended to one's nation or republic or to humanity at large, that man primarily experiences the *bonum honestum*.

With the idea of *honestas* in mind, we can recall the shepherd's world envisioned in Plato's myth of the magic ring. It is not a fully human world; rationality is truncated. Among men, as represented by the shepherd, there is no category for the *honestum*; all goods are expedient. Imagining men who would pursue the beneficial apart from the honorable, Cicero remarks: "one cannot conceive of anything more foul and disgusting than such greed. In their mistaken judgments they see the profits in things, but they do not see the penalty; I do not mean the penalty of the laws – for they often ride roughshod over that – but that of dishonorableness itself, which is bitter indeed."[26] The refusal of *honestas* is its own punishment: one is, in the spurning act itself, shameful and diminished as a man.

Dishonorableness (*turpitudo*) is the contrary opposite of *honestas*. An important part of the argument of Part 3 of *De Officiis* involves showing the grave

[25] *De Officiis* 1.6.
[26] *De Officiis* 3.36.

theoretical error and disastrous moral and political consequence of separating *utile* from *honestum*: "To this error the assassin's dagger, the poisoned cup, the forged wills owe their origin; this gives rise to theft, embezzlement of public funds, exploitation and plundering of provincials and citizens; this engenders also the lust for excessive wealth, for despotic power, and finally for making oneself king even in the midst of a free people; anything more atrocious or repulsive than such a passion cannot be conceived." With the initial error of dissociating *utile* from *honestum* one enters into a downward spiral of social dissolution. In writing this Cicero was acutely aware of the immanent collapse of his beloved republic through the actual misdeeds of his contemporaries. In *De Officiis* he represents this collapse as the direct effect of the pursuit of *utile* – personal and public advantages taken at the expense of the *honestum* and the consequent collapse of the Roman Republic. Cicero's disgust at those who would break trust with *res publica* finds its apt expression more than a millennium later in Dante's *Inferno*, where he situates so many political characters in the infernal regions set apart for those who broke trust with their fellow men and thereby savaged the bonding ties of human community.

The virtues of friendship, justice, liberality, for example, are only possible insofar as the claims of *honestas* (honorableness, the noble good) take precedence over those of *commoda* (advantage). Inverting the precedence is the essence of hedonism. The dignity or nobility of moral action lies in the exercise of one's own powers on behalf of the good of others, taking precisely the good of another as one's own good. The specifically human capacity for morality lies in the capacity for identifying one's own good with the independent good of the other person. It is important not to misunderstand this identification of goods, one's own and the other's, with instrumentalization, in which one might, in a kind of exchange, advance one's own good by helping or trading with someone else who is at the same time advancing his own good. In the "commercial" exchange there are two separate goods: the other person's and one's own. In the moral exchange there is only one good – that of the other person, and the acting person identifies that good as his own.[27]

Observing the centrality of the distinction between *honestum* and *utile* in Cicero's philosophy of man and society helps make sense of the larger contours of his dialectic in both *De Officiis* and *De Finibus*. On the one hand, he targets Epicureans for their undervaluing, if not outright dismissal, of the *bonum honestum*. Without it they cannot give an adequate account of man's spiritual rationality or the true dignity of the political dimension of human existence. "There can certainly be no brave man who judges that pain [*dolorum*] is the greatest evil, nor a man of restraint who defines pleasure [*voluptatem*] as the

[27] Robert Sokolowski, *Moral Action: A Phenomenological Study* (Bloomington: Indiana University Press, 1985), esp. pp. 41–76.

highest good."[28] On the other hand, he faults the Stoics for failing in the opposite way: they undervalue the relevance of *bonum utile*. In their pursuit of detachment from mere worldly affairs they tend to neglect the real needs and legitimate desires of the human animal and the kinds of exchange that form part of dynamic of social intercourse. The subtlest part of Cicero's *De Officiis* is his argument for the inseparability of *honestum* and *utile*.[29]

IV. Cardinal Virtues

There are four ways that the *honestum* primarily becomes manifest in human affairs.[30] In one way, it becomes evident in those intellectual acts of wisdom and prudence by which one acutely and swiftly sees the truth and explains the reasons in particular things. Wise and prudent men stand out for their capacity to see and say what is or should be the case and to explain why it is so and could or should not be otherwise.[31] Specific achievements in the life of reason lift men above opinions grounded in perception and passion, instinct and custom. They show that man in his beliefs and judgments need not be, as it were, be a mere recipient or victim of external agents or forces. He need not judge only what he feels, nor need he believe what others tell him. Because he can stand in the truth, he can take responsibility for what he believes and says. Moreoever, this knowing and saying what is the case is communicable. One man's wisdom and prudence become resources for many. *Honestas* is manifest insofar as "because it is true" is a necessary and driving reason for belief and judgment. On occasion it may be sufficient; more often the human situation calls for appeal as well to the interests of *utile* or *commoda*. The scope of wisdom and prudence is wide enough to accommodate the interests of what is beneficial and expedient, although within the limits of justice, fortitude, and temperance.[32]

---

[28] *De Officiis* 1.5.

[29] Nicgorski, "Cicero's Paradoxes," has an excellent discussion of the issue.

[30] *De Officiis* 1.15: "Everything that is honorable arises from one of four sourccs: it is involved either with the perception of truth and with ingenuity; or with preserving fellowship among men, with assigning to each his own, and with faithfulness to agreements one has made; or with the greatness and strength of a lofty and unconquered spirit; or with order and limit in everything that is said and done, which here includes modesty and restraint. (Sed omne, quod est honestum, id quattuor partium oritur ex aliqua: aut enim in perspicientia veri sollertiaque versatur aut in hominum societate tuenda tribuendoque suum cuique et rerum contractarum fide aut in animi excelsi atque invicti magnitudine ac robore aut in omnium, quae fiunt quaeque dicuntur, ordine et modo, in quo inest modestia et temperantia)."

[31] *De Officiis* 1.15–16.

[32] *De Officiis* 3.96.

In a second way, *honestas* makes its presence felt in the work of justice, in those moral acts that preserve fellowship (*societas*) among men by both giving to each man that which is his own and keeping faith with the agreements he has made.[33] Justice "is the reasoning by which the fellowship of men with one another, and the communal life are held together."[34] It has two parts, the first of which is justice in the proper sense, what Cicero calls "the most illustrious of the virtues, on account of which men are called 'good.'"[35]

Cicero closely associates with justice in the strict sense the virtue of beneficence (*beneficentia*), which he sometimes also calls either kindness (*benignitas*) or generosity (*liberalitas*).[36] It is interesting to wonder why Cicero considers generosity to be, as it were, a division of justice. This is not the case in Aristotle's *Nicomachean Ethics* where the generous giver gives out of his liberality, out of a motivation unconstrained by any obligation to what is owed or due the recipient. Aristotle's beneficence transcends justice. Its nobility lies precisely in the fact that it is the sort of giving that springs wholly from an abundance of one's resources and extends to others beyond any consideration of need on the part of the giver or justice due the beneficiary. Cicero gives three reasons for closely associating beneficence and justice.[37] Acts of kindness can harm the intended beneficiary; examples are commonplace in friendship, family, and society where kindness in fact leads to a spirit of self-indulgence, immaturity, or irresponsibility.[38] A benefit conferred does harm insofar as it does not correspond to justice and fails to increase the beneficiary's growth toward a responsible life. Secondly, in the answering the impulse to beneficence the donor can exceed his own capabilities or deplete his own resources beyond what is just or worthy of his condition; he becomes less able to answer to his genuine responsibilities. In such a context, the virtuous thing is to resist the temptation to do good. Thirdly, acting out of kindheartedness can become the justification for taking unjustly what belongs to one person in order to give to others whom the donor considers more needy or worthy; Robin Hood's violation of the social order is passed off as a virtue of charity.[39] Beneficence remains virtuous only so

---

[33] *De Officiis,* 1.15: "... in hominum societate tuenda tribuendoque suum cuique et rerum contractarum fide ..."

[34] *De Officiis* 1.20: "... ea ratio, qua societas hominum inter ipsos et vitae quasi communitas continetur."

[35] *De Officiis* 1.20. Cicero's develops the idea of justice and its duties in 1.20–42.

[36] He develops this virtue and its corresponding duties in *De Officiis* 1.42–59.

[37] *De Officiis* 1.42.

[38] The "tyranny of nice" and the frequent belated calls for "tough love" in contemporary society signify contemporary social forces that have separated beneficence from justice.

[39] The proverb "Charity begins at home" aims at correcting the temptation to acts of kindness that benefit strangers at the unjust expense of those to whom one has closer duties of responsibility.

far as it is conditioned by two fundamental duties of justice, namely: (1) harm no one unless provoked by injustice, and (2) treat common goods as common and private goods as private. Beneficence that is not compromised by injustice extends and enriches the web-of-personal-relationships. In acts of beneficence benefactors and beneficiaries are bound to one another in mutual duties of caring for and being grateful for one another. The sort of human good experienced in caring and being grateful are facets of *honestas*, whose value is of a higher order than the *utile* or benefit given or received. In other words, just like justice, true beneficence builds up society and expresses man's social nature.

With respect to the duties of justice, whether taken in the strict sense or more widely so as to include beneficence, one can ask about its range. To whom is one obliged to act in justice? Are there sorts of individuals or groups to whom one is related by no bond other than self-interest? Are there some individuals or groups with whom we interact but with respect to which the claims of *honestas* are irrelevant? Cicero observes that some maintain that one's pursuit of self-interest needs to be restrained only within the ties of fellowship among family members and that there are no restraints of justice or fellowship that obtain among citizens or strangers. He, however, thinks that this refusal to extend the duties of justice beyond the family destroys the structure of civil society. Others, he notes, will extend the ties that limit the pursuit self-interest to fellow citizens, but deny that they pertain to people of foreign countries. Cicero thinks this denial is an impiety: it overturns the society of mankind established by the gods. He insists on a general principle of the universality of justice in man's relationship to man: the natural, god-given bond of human beings is such that "it is more repugnant to Nature for man to rob a fellow-man of his own advantage than to endure all possible loss, whether to his property or his person ... or even to his own soul – so far as these losses are not concerned with justice; for this virtue is the sovereign mistress and queen of all the virtues."[40]

In sum, the virtue of justice protects, sustains, nourishes civil society. It does this in part by limiting or restraining the pursuit of self-interest. There is a range or hierarchy of fellowship or society among men: ties of family (father and brother); citizenship; humanity, all of which are part of a providential order. Within each social level members have what is their own, and others cannot advance themselves by taking, outside the limits of justice, what belongs to them. Acts of injustice destroy society; they are acts of men who absent themselves from the life-together which is the end of human existence.[41] Man is precisely that sort of being that can lift himself above his own self-interest. The specifically human world is the web-of-human-relationships, *societas humanum*, of

[40] *De Officiis* 3.28; trans. by Walter Miller, Loeb Edition, p. 295.

[41] Griffin, p. XXIII, comments on how for Cicero so little is personally required in order to observe the bonds of fellowship beyond family and republic.

each-with-all, bound together in ties of mutual giving and receiving that build up the society. *Honestas* names the good achieved in actions that intentionally build up society and consequently manifest the supreme dignity of the agent. *Honestas* and *societas* are correlative terms; both represent perfection of human reason; they are the fruit of responsible, dutiful action, most especially of justice.

The third way that nobility or honorableness enters into human affairs is through fortitude, which Cicero understands as the greatness and strength of a lofty and unconquered spirit.[42] There are two ways that greatness of spirit manifests itself. The brave and great spirit shows a disdain for external things as a consequence of its conviction that one should admire, choose, pursue only what is intrinsically worthy and seemly (*honestum decorumque*). Such disdain involves knowing that *honestas* is the real good and being free of agitation for gain in money or glory and emptying one's self of fear and desire. The second sign of the courageous spirit is its undertaking difficult tasks that are beneficial and that endanger his life and treasure. Such a spirit pursues its ends undeterred by either fear of harm or the seductions of ease and pleasure.[43] Reason and *honestas* lie at the heart of courage. "It is the mark of a truly brave and constant spirit that one remain unperturbed in difficult times, and when agitated not be thrown, as the saying goes, off one's feet, but rather hold fast to reason, with one's spirit and counsel ready to hand."[44] Courage enables a man to preserve his reason's attention to and attraction for intrinsically worthy goods (the *honesta*) otherwise easily forsaken in the interests of what is expedient and simply advantageous (the *utile*). It is noteworthy that fortitude is inseparable from reason's capacity for *honestas*.

Finally, we see the fourth manifestation of *honestas* in what Cicero calls *decorum*, which can be translated as seemliness, fittingness, or propriety. The term has both a broad and a strict sense. In the broad sense, propriety is an aspect of all of the virtues insofar as they condition actions that are proper to man's specific nature and excellence.[45] In the strict sense, seemliness signifies a measure or balance that specifically tempers words and actions giving them a beauty or luster. The measured appropriateness of a person's speech and deed reflects a reason borne of self-control and moderation. Modesty and self-restraint testify to the judgment, "Enough: neither too little, nor too much," when it comes to the enjoyment of the beautiful and pleasant things of life. With respect to these

---

[42] *De Officiis* 1.15–16; 1.61–92.

[43] *De Officiis* 1.66.

[44] *De Officiis* 1.80.

[45] In the first sense, *decorum* "is customarily defined thus: what is seemly is that which agrees with the excellence of man just where his nature differs from that of other creatures." *De Officiis* 1.96.

sorts of goods, the unlimitedness of "more" need not be better, nor need the "less" be worse. What rises above the simple pleasure in the experience, or at least maintaining a competing interest alongside it, is an enjoyment in the limit and order that temperate agency infuses into the words and deeds. Temperance and modesty manifest facets of *honestas*.[46]

V. Responsibility

What then is responsibility? Responsibility signifies a man's capacity for his own judgment. More particularly it points out his capacity for "owning" the words he speaks and the deeds he does. A man stands by these words and deeds not simply because they are his own, but because they enable him to partake of the *bonum honestum*. He can say and do what he says and does *just because* it is true, or right, or beautiful. The *bonum honestum* appears and appeals to him precisely in his rational nature which enables him to envision and serve what is intrinsically good and worthy. When he stands in the light of the *bonum honestum* a man is beholden in his speech and deeds wholly, or at least finally, to his own judgment. Alien claims of the *bonum utile* are necessarily registered, but in the end they are adjudicated according to their compatibility with the highest interests of human life.

And what comes of the words and deeds begotten from the love of what is intrinsically worthy? Cicero has two answers to the question. First of all, I think he would say it is a just man; and secondly, I think he would say it is Rome's *res publica*. The two responses are moments of one another. The republic subsists in the justice of just men. Society is man's trust. The good man is the one who is faithful to that trust. The good society is the one uniting men with one another in the bonds of that trust, lived out in all the rich actual detail of the interplay of *bona honesta et utile,* in words and deeds, among men and women living together at the various levels of social life, be it friendship, family, nation, or humanity at large.

The patterns of conciliation do not just happen; they are the fruit of thoughtful engagement, of judgment and action. When achieved, this conciliation of one's own self and other persons amounts to a kind of togetherness that emerges among the members of the community. The togetherness is the identity of a society. Our commentary on Cicero's account of duties shows us that a stable and worthy identity is fashioned insofar as men and women adhere to *honestas* in their words and deeds. Individual men and women stand out as noble or ignoble, honorable or shameful the extent to which their presence augments or diminishes the common life of one-with-another.

---

[46] *De Officiis* 1.15–16; 1.93–151.

Being responsible, at its most fundamental level, is recognizing and answering to the demands of man's *telos* as a rational, social being. The *telos* is given. The answering response is never a foregone conclusion. History tells the story of the rise and fall of societies. Cicero helps us understand man's responsibility in the life of society.

Summary

As a work of theoretical philosophy, *De Officiis* offers an insightful account of responsibility. The main lines of his theory lead back to fundamental notions of anthropology and to what might be termed a "civic metaphysics." Cicero is most philosophically interesting in the way he understands human society. It is as commonplace to observe that man is by nature a social animal as that he is a rational animal. What Cicero sees in an unprecedented fashion is the essential identity between human sociability and rationality. These two notions are developed in the first two parts of the essay. These more speculative notions provide the foundation for Cicero's subsequent insistence that human excellence can only be achieved insofar as a man or woman acquires the stable and ready capacity for performing actions governed by an attraction to the *bonum honestum*, a kind of goodness whose attraction passes beyond the promises of personal self-interest. Parts three and four are devoted to the notion of *honestas* and the role of the virtues. In the end it becomes evident that human excellence is achieved in building up the human community and that the human community is built up only by actions responding to the beauty of the *bonum honestum*.

Zusammenfassung

Als ein Werk der theoretischen Philosophie bietet *De officiis* eine aufschlussreiche Interpretation von Verantwortung. Die Hauptlinien der dort dargelegten Theorie verweisen auf grundlegende Begriffe der Anthropologie und darauf, was man als „civic metaphysics" bezeichnen könnte. Cicero ist aus philosophischer Sicht daran interessiert, die menschliche Gesellschaft zu verstehen. Es ist fast trivial, darauf hinzuweisen, dass der Mensch von Natur aus ein soziales Wesen ist, so wie er auch ein vernunftbegabtes Wesen ist. Was Cicero in einer zuvor noch nie dagewesenen Weise sieht, ist die Wesensidentität zwischen menschlicher Soziabilität und der Vernunft. Diese zwei Aspekte werden in den ersten beiden Teilen des Beitrags entfaltet. Diese mehr spekulativen Elemente bilden die Grundlage für Ciceros Annahme, dass menschliche Vortrefflichkeit nur erreicht werden kann, wenn sich ein Mann oder eine Frau unablässig darum bemüht, ihr Handeln auf das *bonum honestum* auszurichten, einer Tugend, die von den eigenen Interessen absieht. Der dritte und vierte Teil ist der Idee der *honestas* und der Rolle der Tugenden gewidmet. Es wird deutlich, dass die Vervollkommnung des Menschen durch den Aufbau der menschlichen Gemeinschaft erreicht wird und dass die menschliche Gemeinschaft auf Handlungen gründet, die für die Schönheit des *bonum honestum* empfänglich sind.

Politische Führung und Verantwortung

Von Klaus Stüwe

„Leadership is as old as mankind"[1], stellte Jean Blondel im Jahr 1987 fest. Und in der Tat: Führung ist unvermeidlich[2]. Führung gibt es überall: In kleinen und großen Organisationen, in Eingeborenenstämmen, in Unternehmen, in jugendlichen Straßenbanden, in Vereinen und Clubs, und natürlich auch in der Kirche. Führung ist ein Machtphänomen. Aber Führung ist nicht identisch mit Macht. Wer Macht hat, kann nach Max Weber in einer sozialen Beziehung *den eigenen Willen* auch gegen Widerstreben durchsetzen. Führung aber wird ausgeübt, wenn ein Individuum eine Gruppe von Menschen beeinflusst, um *ein gemeinsames Ziel* zu erreichen[3]. Die Absichten und Motive von Führern und ihrer Gefolgschaft müssen also übereinstimmen[4]. Der „Leader" braucht den „Follower".

Unter den verschiedenen Aspekten von Führung nimmt die *politische Führung* eine besondere Position ein. Prinzipiell unterscheidet sich Führung in der Politik zwar nicht von Führungsphänomenen in anderen menschlichen Organisationsformen. Aber politische Führung ist sichtbarer und von größerer Bedeutung. Politische Führung hat Folgen für einen größeren Personenkreis, für Staaten, Regionen oder sogar für die ganze Welt.

Auch in der Demokratie gibt es politische Führung. Wenn es stimmt, dass Führung unvermeidlich ist, dann gilt das eben auch für die Demokratie. Aber für diese besondere politische Ordnungsform stellt Führung ein Problem dar: Die moderne Demokratie begegnet politischer Führung eigentlich mit Skepsis. Dies hat damit zu tun, dass sich jede Demokratie der Moderne auf historischen Erfahrungen mit Autokraten gründet: Die Amerikaner hatten ihren George III., die Franzosen ihren Ludwig XVI., die Spanier ihren Franco, die Italiener ihren Mussolini und die Deutschen ihren Hitler. Die Entwicklung des modernen demokratischen Verfassungsstaates war daher eng mit dem Bestreben verbunden,

---

[1] *Jean Blondel*, Political Leadership. Towards a General Analysis, London u. a. 1987, S. 1.

[2] *Thomas Ellwein*, Regierung und Verwaltung. Teil 1: Regierung als politische Führung, Stuttgart u. a. 1970, S. 11.

[3] *Peter G. Northouse*, Leadership: Theory and Practice, Thousand Oaks u. a. 2007, S. 3.

[4] Vgl. *James MacGregor Burns*, Leadership, New York 1978, S. 18 f.

Macht einzudämmen und politische Führung einzuschränken. Gewaltenteilung, „checks and balances“ zwischen den Staatsorganen und regelmäßige Wahlen sollen potentielle Führungspersonen kontrollieren. „Vetospieler“[5] können politische Entscheidungen verzögern, verändern oder gar verhindern.

Diese prinzipielle Skepsis der Demokratie gegenüber politischer Führung manifestiert sich verfassungsrechtlich im Grundsatz der Verantwortlichkeit. Politische Führung ist in der Demokratie stets mit Verantwortung verknüpft. Verantwortung bedeutet, dass jemand für die Folgen eigener oder fremder Handlungen Rechenschaft geben muss. Für den demokratischen Verfassungsstaat der Moderne ist dieser Grundsatz geradezu konstitutiv: Die Demokratie schafft einerseits die formale Legitimität von Führerschaft und kontrolliert politische Führung andererseits derart, dass das Volk die Legitimität wieder entziehen kann. Diese Vorkehrungen können in den meisten Fällen – wenn auch nicht immer – das Aufkommen von Tyrannen verhindern.

Aber die Führungsskepsis der modernen Demokratie hat auch ihre Nachteile. Die Einhegung politischer Führung führt mitunter dazu, dass Entscheidungen verschleppt, notwendige Schritte versäumt und Chancen verschlafen werden. Auch dies lehrt die historische Erfahrung. Die erste Verfassung der USA, die Articles of Confederation von 1777, scheiterte gerade an der Handlungsunfähigkeit ihrer politischen Institutionen. Die Franzosen schufen 1958 ihre fünfte Republik mit einem starken Staatspräsidenten, weil sich die vierte Republik in ihrer politischen Fragmentierung als höchst krisenanfällig erwiesen hatte. Auch in Demokratien besteht eben ein Bedarf an politischer Führung. Mit Recht schrieb Alexander Hamilton, einer der Gründerväter der USA, 1788 im Federalist Paper Nr. 70: „Eine tatkräftige Exekutive ist eines der Hauptmerkmale einer guten Regierung“.

Der Grundsatz der Verantwortlichkeit darf in der Demokratie demnach nicht dazu führen, dass Führung unmöglich gemacht wird. Politische Führung und Verantwortlichkeit sind keine Antagonismen, sondern zwei Seiten einer Medaille. Sowohl der Verantwortungsbegriff als auch der Führungsbegriff verweisen auf eine Zukunftsperspektive: Verantwortung ergibt nur im Rahmen einer Ungewissheit Sinn, wenn also künftige Entwicklungen oder Handlungsfolgen vorab nicht planbar sind. Hier hat der politische Führer seinen Platz. Wer sich mit einer Führungsaufgabe betrauen lässt, übernimmt die Verantwortung für eine absehbare Zukunft. Wird ein politischer Führer diesen Erwartungen nicht gerecht, dann muss er in der Demokratie dafür „die Verantwortung übernehmen“. Insofern ist Verantwortung eine höchst politische Kategorie.

---

[5] *George Tsebelis*, Veto Players: How Political Institutions Work, Princeton 2002, S. 19: „Veto players are individual or collective actors whose agreement is necessary for a change of the status quo“.

I. Politische Führung und Verantwortung in der Ideengeschichte

Man kann sich dem Problem politischer Führung politikwissenschaftlich aus einer empirischen und aus einer normativen Perspektive nähern[6]. Die *empirische* Sichtweise hat sich in vielen Spielarten entwickelt: Eine der ältesten empirischen Ansätze ist die personenbezogene Analyse. Heinrich Oberreuter konnte schon 1992 – mit einem kritischen Unterton feststellen: „Die Geschichtsschreibung klebt an den großen Personen, ihren Ideen und Taten“[7]. Allerdings bildet die deutsche Politikwissenschaft und Geschichtsschreibung damit keinen Einzelfall. Auch in den USA ist die „leadership“-Forschung traditionell stark auf einzelne Personen konzentriert – in erster Linie auf einzelne Präsidentenpersönlichkeiten. Untersuchungen zu den Führungsstilen einzelner Präsidenten gibt es in großer Zahl. Das liegt natürlich in erster Linie daran, dass US-Präsidenten als direkt gewählte alleinige Inhaber der Exekutivgewalt im Zentrum US-amerikanischer Politik stehen. Im Umfeld dieser biografischen Analysen sind in der amerikanischen Politikwissenschaft eine Reihe von klassischen Studien entstanden. Erinnert sei hier nur an das bahnbrechende Werk von James D. Barber, „Presidential Character“[8], in dem die Führungsleistung amerikanischer Präsidenten mit psychologischen Prädispositionen erklärt wird.

Andere empirische Ansätze haben sich bei der Untersuchung politischer Führung stärker auf die *strukturellen Rahmenbedingungen* konzentriert. Dies gilt in besonderem Maße für die vergleichende Politikwissenschaft. Die institutionelle Perspektive steht im Zentrum der international geführten Debatte um die Vor- und Nachteile parlamentarischer bzw. präsidentieller Regierungssysteme. Vor allem im Zusammenhang mit der Transformation ehemals autoritärer Staaten in Südamerika wurde – z. B. von Juan Linz und anderen – die Frage nach der Effizienz politischer Führung in verschiedenen Regierungssystemtypen gestellt[9].

---

[6] Überblick bei *Ludger Helms*, „Politische Führung“ als politikwissenschaftliches Problem, in: PVS 41 (2000) 3, S. 411–434.

[7] *Heinrich Oberreuter*, Politische Führung in der parlamentarischen Demokratie, in: Karl Dietrich Bracher u. a. (Hrsg.), Staat und Parteien. FS für Rudolf Morsey, Berlin 1992, S. 159/160.

[8] *James D. Barber*, The Presidential Character. Predicting Performance in the White House, Englewood Cliffs 1972.

[9] Z. B. *Arend Lijphart* (Ed.), Parliamentary versus Presidential Government, Oxford 1992; *Juan Linz/Arturo Valenzuela*, The Failure of Presidential Democracy, Baltimore 1994. Dazu ausführlich *Klaus Stüwe/Stefan Rinke*, Politische Systeme Amerikas: Ein Vergleich, in: Dies., Die politischen Systeme in Nord- und Lateinamerika, Wiesbaden 2008, S. 9–58.

Eine dritte Gruppe empirischer Ansätze ist darum bemüht, sowohl personelle als auch strukturelle („interaktionistische“[10]) Faktoren zu berücksichtigen. Danach operieren politische Führer zwar innerhalb eines bestimmten Umfelds, welches deren Handlungsspielraum begrenzt und zugleich deren Ambitionen und Verhalten nachhaltig prägt. Gleichwohl sind handelnde Personen in diesem Konzept nicht vollständig von ihrer Außenwelt determiniert. Sie können sich nicht nur teilweise von den strukturellen Rahmenbedingungen emanzipieren, sondern prägen diese zugleich mit[11].

Von Verantwortung ist bei diesen empirisch ausgerichteten Analysen politischer Führung kaum die Rede. Ihnen geht es um individuelle Führungsleistungen, um institutionelle Arrangements politischer Führung, oder um Effizienz und Effektivität. Im Gegensatz dazu ist bei normativen Analysen politischer Führung die Verantwortung eine zentrale Kategorie.

Die *normativ* ausgerichteten Ansätze politischer Führung fragen im Gegensatz zur empirischen Schule nicht nur danach, *wie* geführt wird, sondern auch, wie *gute* politische Führung aussieht bzw. aussehen könnte. Dieses normative Verständnis politischer Führung begegnet uns erstmals in der Philosophie und im Staatsverständnis der Antike. So betonte z. B. Aristoteles, dass ethische Tugenden die Grundlage bilden sollten für praktisches politisches Handeln. Für ihn bildeten Politik und Ethik eine Einheit. Dabei stand das Gemeinwesen, die Polis, im Mittelpunkt des politischen Ethos: „Die Tugend des Bürgers“, schreibt er in seinem Werk über die Politik, „muss auf den Staat hin ausgerichtet sein“[12]. Aus diesem Verständnis heraus entwickelt Aristoteles seine Staatsformenlehre mit den drei guten und den drei schlechten Verfassungen, deren normative Dimension sich in der Frage äußert, ob sie dem Gemeinwohl oder dem Herrscherwohl dienen. Diejenigen Staatsformen, die allein dem Nutzen der Herrschenden dienen (die Tyrannis, die Oligarchie und die Demokratie), werden als entartet abgelehnt. Gute Staatsformen sind hingegen auf das Wohl der Polis ausgerichtet (die Monarchie, die Aristokratie und die Politie). Nach diesem Verständnis, das für Jahrhunderte kanonisch wurde, trägt gute politische Führung Verantwortung gegenüber der Bürgerschaft. Der Heros, der siegreiche Feldherr, der erfolgreiche Magistrat erfuhr Verehrung (später in Rom sogar Vergöttlichung) wegen seiner Verdienste für das Gemeinwesen.

Mit der Ausbreitung des Christentums wurde der Zusammenhang von politischer Führung und Verantwortung strenger gefasst. Die Vergöttlichung politischer Führer erschien den Christen als reine Blasphemie. Aber: Wie der

---

[10] Vgl. *Ludger Helms*, Regierungsorganisation und politische Führung in Deutschland, Wiesbaden 2005, S. 39–43.

[11] Beispielhaft *Fred I. Greenstein*, The Presidential Difference: Leadership Style From FDR to George W. Bush, Princeton 2004.

[12] Aristoteles, Politik, 1267a.

Mensch beim jüngsten Gericht über sein ganzes Leben Rechenschaft ablegen muss, so wurde jetzt auch Führerschaft zum Raum persönlicher Verantwortung vor Gott. Dies galt zum einen für geistliche Ämter. Die „Regula Benedicti", die von Benedikt von Nursia im 6. Jahrhundert verfasste Mönchsregel, welche seit dem Mittelalter die Grundlage des Benediktinerordens bildet, stellt bereits eine eindeutige Verantwortungsbeziehung des Abtes gegenüber Gott her:

> „Der Abt muss wissen: Wer es auf sich nimmt, Menschen zu führen, muss sich bereithalten, Rechenschaft abzulegen. Er sei sich darüber ganz im klaren: Wie groß auch die Zahl der Brüder sein mag, für die er Verantwortung trägt, am Tag des Gerichtes muss er für sie alle dem Herrn Rechenschaft ablegen, dazu ohne Zweifel auch für sich selbst. Immer in Furcht vor der bevorstehenden Untersuchung des Hirten über die ihm anvertrauten Schafe, sorgt er für seine eigene Rechenschaft, wenn er sich um die anderen kümmert."[13]

Diese christliche Sicht von Führungsverantwortung erstreckt sich nicht nur auf den geistlichen, sondern auch auf den politischen Bereich. Sie hat ihre vielleicht eindrucksvollsten Zeugnisse im Zusammenhang mit den mittelalterlichen „Fürstenspiegeln" hervorgebracht. Als Fürstenspiegel bezeichnet man ermahnende und belehrende Schriften des Mittelalters und der frühen Neuzeit, die meist an einen König, Fürst oder dessen Sohn gerichtet sind und ihm die Tugenden und Pflichten eines Herrschers und Grundsätze richtigen Regierens darlegen. Beispielhaft sind in diesem Sinne die berühmten Schriften „Über die Fürstenherrschaft" (ca. 1271) aus der Feder Thomas von Aquins und „Die Erziehung des christlichen Fürsten" (1515) von Erasmus von Rotterdam. Nach Thomas von Aquin muss jede Herrschaft auf das Gemeinwohl bedacht sein – denn ist sie das nicht, ist sie ungerecht und gegen die göttliche Ordnung. Der Fürst als Diener Gottes soll jedoch seinen Lohn nicht von Menschen erwarten, sondern von Gott. Ihm gegenüber muss er sich für sein Herrschaftshandeln rechtfertigen[14].

> „Quoniam autem, secundum praedicta, regis est bonum multitudinis quaerere, nimis videtur onerosum regis officium nisi ei aliquod proprium bonum ex hoc proveniret. Oportet igitur considerare, in qua re sit boni regis conveniens praemium. (...) Quoniam ergo mundanus honor et hominum gloria regiae sollicitudini non est sufficiens praemium, inquirendum restat quale sit eidem sufficiens. Est autem conveniens ut rex praemium expectet a Deo. Minister enim pro suo ministerio praemium expectat a domino; rex autem, populum gubernando, minister Dei est, dicente apostolo quod omnis potestas a domino Deo est"[15].

Auch das Herrscherbild des Erasmus von Rotterdam beruht auf ethischen Werten: In der Gerechtigkeit, Mäßigkeit und im Eifer für das Allgemeinwohl

---

[13] Regula Benedicti, Kap. 2, Nr. 37–39.

[14] Instruktiv hierzu: Hans-Otto Mühleisen/Theo Stammen/Michael Philipp (Hrsg.), Fürstenspiegel der Frühen Neuzeit, Bibliothek des deutschen Staatsdenkens, Bd. 6. Frankfurt a. M./Leipzig 1997.

[15] *Thomas von Aquin*, De Regno, Kap. 8, 53 und 9, 61–62.

sieht er die Hauptattribute eines guten Fürsten. In einem solchen religiösen Kontext taucht übrigens im Mittelhochdeutschen erstmals auch das deutsche Wort „Verantwortung" auf[16]. Es meint, sein Handeln vor einer (irdischen oder himmlischen) Gerichtsinstanz erklären und verteidigen zu müssen.

In radikaler Abkehr von den normativen Grundlagen der Fürstenspiegeltradition formulierte an der Schwelle zum 16. Jahrhundert Niccolo Machiavelli in seinem „Principe" (1513) systematisch die technischen Grundlagen politischer Führung als Machtpolitik. In seinem Werk wurde zum ersten Mal die Politik von der Ethik getrennt und als eigenständiges Subsystem anerkannt[17]. Politische Führung kann nach Machiavelli auch unmoralisch sein, wenn es das Interesse des Machterhalts und die Aufrechterhaltung von Ruhe und Sicherheit erfordern:

> „So muß der Fürst Milde, Treue, Menschlichkeit, Redlichkeit und Frömmigkeit zur Schau tragen und besitzen, aber wenn es nötig ist, imstande sein, sie in ihr Gegenteil zu verkehren. Es ist wohl zu beachten, dass ein Fürst, zumal ein neuer, nicht alle Tugenden befolgen kann, die den guten Ruf des Menschen begründen, da er oft genötigt ist, um seine Herrschaft zu behaupten, gegen Treue, Barmherzigkeit, Menschlichkeit und Religion zu verstoßen."[18]

Die Suche nach der „guten politischen Führung" fand mit dem rationalistischen Entwurf Machiavellis und dem Beginn der Neuzeit keineswegs ihr Ende. Allerdings ist dem Großteil der „klassischen" politischen Schriften, die seit der Aufklärung verfasst wurden, gemeinsam, dass sie die „gute Regierung" nicht mehr durch die Verantwortung und Rechenschaftspflicht gegenüber Gott, sondern durch institutionelle Vorkehrungen gewährleisten wollten.

Symptomatisch für diese Sichtweise sind die beiden Ahnherren der Gewaltenteilungslehre, John Locke („Über die Regierung", 1690) und Charles de Montesquieu („Vom Geist der Gesetze", 1748). Beide entwerfen ein Staatsmodell, in dem politische Macht durch die Aufteilung von Staatsfunktionen auf verschiedene Träger eingeschränkt und kontrolliert wird. Von individueller politischer Führung ist bei beiden wenig die Rede. Locke und Montesquieu konzentrieren sich darauf, die Strukturen des Staates so zu gestalten, dass dadurch die Freiheit der Bürger nicht gefährdet wird. Der Missbrauch politischer Macht soll nicht durch moralische Appelle an das Führungspersonal verhindert werden, sondern durch dessen institutionelle Einhegung. So ist z. B. die Regierung auf die Exekutive, also die Ausführung von Gesetzen beschränkt. Und diese Aufgabe muss *verantwortet* werden: Gegenüber der Legislative, welche

---

[16] *Maximilian Forschner*, Verantwortung, in: Görres-Gesellschaft (Hrsg.), Staatslexikon. Bd. 5, Freiburg u. a. (7. Aufl.) 1989, S. 590.

[17] Vgl. statt vieler: *Herfried Münkler*, Machiavelli. Die Begründung des politischen Denkens der Neuzeit aus der Krise der Republik Florenz, Frankfurt a. M. 1982.

[18] *Niccolo Machiavelli*, Der Fürst. Aus dem Italienischen übersetzt von Ernst Merian-Genast, Stuttgart 1961, S. 105.

die Gesetze macht, vor allem aber gegenüber dem Volk, das im Falle der Nichterfüllung ein Widerstandsrecht gegenüber der Regierung besitzt – dann nämlich, wenn

> „der Träger der höchsten Exekutivgewalt sein Amt vernachlässigt (...). Wo die Gerechtigkeit nicht länger verwaltet wird, um den Menschen ihre Rechte zu sichern, und auch keine dauernde Macht innerhalb der Gemeinschaft verbleibt, um die Gewalt zu lenken oder für die Bedürfnisse der Öffentlichkeit zu sorgen, da besteht mit Sicherheit auch keine Regierung mehr. (...) In diesen und ähnlichen Fällen, wenn die Regierung aufgelöst ist, ist das Volk frei, für sich selbst zu sorgen."[19]

Allenfalls in der Außenpolitik sowie in akuten Krisenlagen, die eine Prärogativgewalt der Exekutive erforderlich machen, kann sich John Locke eine kraftvolle individuelle politische Führungsleistung vorstellen.

Mit diesen neuzeitlichen Politiktheorien wandelt sich also die Verantwortungsdimension des politischen Führers. In den mittelalterlichen Fürstenspiegeln wurde politische Führung durch Gott begründet und folgerichtig auch gegenüber Gott verantwortlich gemacht. Das Geltendmachen von Verantwortung durch Gott war damit auf die Zeit nach dem Tod verwiesen – durch die Belohnung guter Herrscher mit der ewigen Glückseligkeit oder durch die Bestrafung ungerechter Herrscher in der Hölle.

Im Gegensatz dazu existiert in den meisten neuzeitlichen Politiktheorien eine *diesseitige* Verantwortungsbeziehung. Politische Führung wird nicht göttlich begründet, sondern z. B. im Rahmen eines fiktiven Gesellschaftsvertrags durch das Volk legitimiert. Ziel des Staates soll in erster Linie die Sicherung des Friedens und der Erhalt der Freiheit sein. Folgerichtig trägt politische Führung nach dieser modernen Auffassung auch eine Verantwortung gegenüber diesem Volk, dem sie ihre Macht verdankt.

II. Politische Führung und Verantwortung in der modernen Demokratie

Die praktische Umsetzung dieser neuzeitlichen Interpretation von Verantwortung und politischer Führung vollzog sich in der Entwicklung des modernen demokratischen Verfassungsstaats. Seit dem 19. Jahrhundert kam es – beginnend in England und den USA, später auch in anderen Nationalstaaten – zu einer Institutionalisierung der Verantwortungsdimension politischer Führung. Verantwortungsbeziehungen blieben nun nicht mehr bloß eine prinzipielle Idee für das Verhältnis von Herrschern und Beherrschten, die sich lediglich in einem Staatsgründungsakt oder im Widerstandsrecht offenbart. Der gewaltenteilige

---

[19] *John Locke*, Über die Regierung. In der Übersetzung von Dorothee Tidow, Stuttgart 1974, Kap. XIX, Nr. 219–220 (S. 164–165).

demokratische Verfassungsstaat entwickelte nunmehr permanente oder zumindest regelmäßig durchgeführte Verantwortungsbeziehungen, die ein zentrales Organisationsprinzip demokratischer Staatlichkeit darstellen.

Diese permanenten Verantwortungsbeziehungen manifestierten sich in drei Dimensionen. Durch den aufkommenden *Konstitutionalismus*, also die Bindung staatlicher Gewalt an eine geschriebene Verfassung, wurde politische Führung *erstens* zunächst in rechtlicher Hinsicht verantwortlich. Diese Entwicklung hatte seine Ursprünge vor allem im politischen System Großbritanniens, wo die Macht der Krone bereits mit der Magna Charta von 1215 eingeschränkt und in einem jahrhundertelangen Prozess weiter rechtlich eingegrenzt wurde. Verschiedene Rechtskodizes („Statute Law"), Verfassungskonventionen und gewohnheitsrechtliche Regelungen schufen hier im Laufe der Zeit eine Einbindung politischer Gewalten in ein Rechtssystem, das auch mit „the rule of law" bezeichnet wird. Diese Herrschaft des Rechts sichert das Funktionieren politischer Prozesse und garantiert vor allem auch die Einhaltung bestimmter Grenzen bei der Ausübung politischer Macht. Geltend gemacht wird dies durch eine unabhängige Gerichtsbarkeit, die als dritte Staatsgewalt neben Legislative und Exekutive tritt. Die gerichtliche Kontrolle politischer Führung wird in denjenigen Staaten in einem besonderen Maße realisiert, in denen sich nach dem Vorbild des Supreme Courts der USA eine Verfassungsgerichtsbarkeit etablierte. Seit dem Urteil Marbury versus Madison von 1803 muss sich politische Führung in den USA, muss sich selbst der Präsident, der Höherrangigkeit des Verfassungsrechts und zugleich verfassungsrichterlicher Kontrolle unterwerfen.

Eine *zweite* institutionalisierte Verantwortungsdimension politischer Führung entstand mit der *Parlamentarisierung* moderner Regierung. Durch die Einbettung der Regierung in einem System der „checks and balances" wurde die Exekutive als zentraler Ort politischer Führung zunehmend rechenschaftspflichtig gegenüber der Legislative. Regierungschef und Minister waren in Großbritannien seit dem frühen 19. Jahrhundert nicht länger dem Monarchen, sondern dem Parlament verantwortlich. Diese Form des „responsible government" wurde für das Verständnis der modernen parlamentarischen Demokratie von großer Bedeutung. Danach ist es das Recht des Parlaments, die Inhaber der Regierung zu bestimmen und sie für ihre Regierungsführung verantwortlich zu machen. Die politische Führungsaufgabe der Regierung wurde dadurch nicht abgeschafft – im Gegenteil: Parlamentarische Regierungssysteme, wie sie sich in einer Mehrheitsdemokratie nach dem Muster Großbritanniens äußern, leben von einer kraftvollen Regierungsführung[20]. Aber in parlamentarischen Regierungssyste-

[20] Vgl. dazu *Arend Lijphart*, Democracies: Patterns of Majoritarian and Consensus Government in Twenty-One Countries, New Haven/London 1984; *Ders.*, Patterns of Democracy: Government Forms and Performance in Thirty-Six Countries, New Haven/London 1999.

men kann das Parlament die Regierung eben auch wieder abberufen, wenn diese die Unterstützung der Parlamentsmehrheit verliert. Nirgends wird dieser Zusammenhang von politischer Führung und Verantwortung deutlicher als in der Formulierung des Art. 65 im deutschen Grundgesetz, wo es heißt: „Der Bundeskanzler bestimmt die Richtlinien der Politik und trägt dafür die Verantwortung".

Etwas anders gestaltet sich die Verantwortung politischer Führung gegenüber dem Parlament in modernen präsidentiellen Regierungssystemen nach dem Muster der USA. Dort ist der Präsident dem Kongress gegenüber nicht politisch, sondern in erster Linie rechtlich verantwortlich. Im Rahmen eines Impeachments kann der Kongress einen Präsidenten zum Rücktritt zwingen, der gegen seine Amtspflichten verstößt[21].

Die *Demokratisierung* führte *drittens* zu einer Erweiterung der Zustimmungsbedürftigkeit politischer Führung. Dies ist eines der zentralen Merkmale moderner Demokratien. Autokratien gründen Macht nicht auf Zustimmung, sondern auf Gewalt. In der Demokratie hingegen wird politische Führung durch die prinzipielle Zustimmung der Geführten legitimiert. Die Ausbreitung des Wahlrechts seit dem 19. Jahrhundert und die Möglichkeit der plebiszitären Wahl – und Abwahl – von Amtsträgern führte dazu, dass politische Führung in modernen Demokratien einer periodischen Kontrolle ihrer Führungsleistung durch das Volk unterzogen werden kann. Für Karl Popper war dies bekanntlich das wichtigste Element der Demokratie, nämlich die regelmäßig vorhandene Möglichkeit, das Führungspersonal zur Verantwortung zu ziehen und gegebenenfalls unblutig aus ihrem Amt zu entfernen[22]. In der Abwahl eines Amtsträgers drückt sich demnach unter anderem auch mangelndes Vertrauen gegenüber der Führungskompetenz des Kandidaten aus. Demokratische Politiker stehen damit gewissermaßen unter einer permanenten Verantwortungsbeziehung mit dem Wahlvolk.

Die prinzipielle Zustimmungsbedürftigkeit politischer Führung hat unter den Bedingungen der modernen Mediendemokratie noch weiter zugenommen. Demokratien sind im Zeitalter moderner Massenkommunikationsmittel wie Radio, Fernsehen und Internet immer weniger von hierarchischer Steuerung geprägt als von Planung und Koordination. Öffentliche Kommunikation ist dabei zu einem zentralen Medium politischer Führung geworden: Durch die gezielte Ansprache verschiedener Akteure muss politische Führung in der Mediendemokratie darauf zielen, Mehrheiten und Koalitionen zu schmieden. Diese Mehrheiten werden nicht nur in Wahlen, sondern kontinuierlich benötigt – im parlamenta-

[21] Vgl. *Winfried Steffani*, Zur Unterscheidung parlamentarischer und präsidentieller Regierungssysteme, in: Zeitschrift für Parlamentsfragen 7 (1976), S. 322 ff.

[22] Vgl. *Karl Popper*, Zur Theorie der Demokratie, in: Der Spiegel, Nr. 32, 3. August 1987, S. 54 f.

rischen Raum ebenso wie im Gesetzgebungsprozess. Bürger und Organisationen müssen stets in politische Entscheidungen einbezogen werden.

Dies bleibt nicht ohne Folgen für den politischen Prozess. Politiker stehen heute ständig unter öffentlicher Kontrolle. Ein solche permanente mediale Beobachtung von Amtsträgern hat viele Vorteile: Jeder Fehler, jedes Versäumnis wird heute sofort registriert. Politiker können schnell zur Verantwortung gezogen werden. Aber die Mediendemokratie hat auch ihre Nachteile: Der Druck auf die Politiker hat sich erhöht. Die Folge ist einerseits der Rückzug der Entscheidungsfindung hinter die Scheinwerfer der Medien, andererseits die mediengerechte Inszenierung politischer Aktionen[23].

Es ist deshalb kein Zufall, dass die Kommunikations- und Darstellungsseite von Politik immer mehr an Bedeutung gewinnt. Amerikanische Präsidenten verbringen mehr als ein Drittel ihrer Zeit mit öffentlicher Kommunikation[24]. In Deutschland stieg Gerhard Schröder zum „Medienkanzler"[25] auf. In Großbritannien und anderswo kümmern sich „Spin Doctors"[26] um das Image von Regierungschefs.

III. Gute politische Führung: Die Verantwortung der Politiker

Gerade dieser letzte Punkt macht deutlich, dass die Institutionalisierung von politischer Verantwortung allein nicht ausreicht, um *gute* politische Führung zu gewährleisten. Institutionalisierung von Verantwortung bedeutet in erster Linie, den Missbrauch von politischer Macht zu verhindern. Doch was trägt zu einer gemeinwohlorientierten, erfolgreichen politischen Führung bei?

Hier kommen nun individuelle Qualitäten von Politikern ins Spiel. Gute politische Führung wird vor allem von *persönlichen Faktoren* geprägt. Die Persönlichkeit eines Menschen ist eine lebenslang andauernde Kombination von Merkmalen des Temperaments, des Gefühlslebens, des Intellekts und der Art zu handeln und zu kommunizieren. Eine erfolgreiche Führungspersönlichkeit muss viele Eigenschaften besitzen. 1919 hat Max Weber in seinem berühmten Vortrag über „Politik als Beruf" die Persönlichkeitsmerkmale für die Bewerber um politische Führung gekennzeichnet. Er benutzte hierfür drei Begriffe: Leiden-

---

[23] Vgl. *Klaus Stüwe*, Informales Regieren, in: Zeitschrift für Parlamentsfragen 37 (2006), S. 544–559.

[24] Vgl. *Klaus Stüwe*, Die Inszenierung des Neubeginns, Wiesbaden 2004, S. 81 ff.

[25] *Richard Meng*, Der Medienkanzler. Was bleibt vom System Schröder, Frankfurt a. M. 2002.

[26] *Frank Esser/Carsten Reinemann/David P. Fan*, Spin Doctors in the United States, Great Britain and Germany. Metacommunication about Media Manipulation, Harvard 2001.

schaft, Verantwortungsgefühl und Augenmaß[27]. Ein Bewusstsein gegenüber der Kategorie der Verantwortung gehört also nach Weber zu den wichtigsten persönlichen Eigenschaften politischer Führer. Verantwortungsgefühl umfasst vor allem die Orientierung an den Folgen politischen Handelns.

Gute politische Führer brauchen noch mehr persönliche Qualitäten: Dazu gehört z. B. auch der Wille zur Führung, Selbstvertrauen, kommunikative und sozial-emotionale Kompetenzen, Flexibilität im Denken und Handeln, Kritikfähigkeit und Ausdauer. Diese Eigenschaften wurzeln tief in der Persönlichkeit eines Menschen und sind nicht oder nur schwer erlernbar.

Nicht jeder ist daher zum Führen befähigt. Dass es bestimmte Eigenschaften gibt, die eine Person zum Führen befähigen, wird auch von der politikwissenschaftlichen „Leadership"-Forschung nicht bestritten. Der Historiker Thomas Carlyle hat schon im 19. Jahrhundert die so genannte „Great Man Theory" geprägt. Er schrieb im Jahr 1840: „Some people are born great. Greatness is an innate, God-given quality"[28]. Diese Theorie wurde von den verschiedensten Seiten heftig kritisiert – unter anderem, weil sie gegen den prinzipiell egalitären Anspruch der Demokratie verstößt. Die Hirnforschung[29] kommt heute jedoch zu ganz ähnlichen Erkenntnissen: Viele Führungseigenschaften sind Ausprägungen der unbewussten Ebene unseres Selbst, die wir – selbst wenn wir wollten – nicht verändern können. Nicht jeder kann offen-kommunikativ, stress-resistent, optimistisch, kreativ und inspirierend sein.

Solche persönlichen Eigenschaften sind bei jedem in unterschiedlicher Weise ausgeprägt. Entsprechend entwickelt jeder politische Führer auch einen eigenen Führungsstil. Klassische amerikanische Studien haben sich mit dieser Dimension politischer Führung auseinandergesetzt. So untersuchte Fred I. Greenstein in seinem Buch „Leadership Style From FDR to George W. Bush" die Führungsqualitäten der Präsidenten seit Franklin Roosevelt; James David Barber befasste sich in seiner Studie „The Presidential Character: Predicting Performance in the White House" unter dem Eindruck der Watergate-Affäre mit den Charaktereigenschaften von US-Präsidenten. Politikwissenschaft erhält mit solchen Untersuchungen eine geradezu psychologische Dimension.

Neben der psychologischen, emotionalen und kommunikativen Konditionierung ist selbstverständlich auch *Sachkompetenz* eine wichtige Schlüsselqualifikation politischer Führung. Je höher eine Person in der politischen Hierarchie

---

[27] *Max Weber*, Politik als Beruf (mit einem Nachwort von Ralf Dahrendorf), Stuttgart 1992 (München 1919).

[28] *Thomas Carlyle*, The Great Man Theory of History (1840), wieder abgedruckt bei Barbara Kellerman, Political Leadership. A Source Book, Pittsburgh 1986, S. 5.

[29] Vgl. z. B. *Gerhard Roth*, Persönlichkeit, Entscheidung und Verhalten. Warum es so schwierig ist, sich und andere zu ändern, Stuttgart 2007.

aufsteigt, desto mehr muss sie neben fachspezifischem Wissen auch über themenübergreifende, generelle Wissensbestände verfügen. Von Bedeutung ist der Wille einer potientiellen Führungspersönlichkeit, sich entweder mit Akten auseinanderzusetzen oder in Gesprächen mit fachkundigen Beratern Wissen zu generieren. Dies ist ebenfalls ein Aspekt individueller Verantwortung von Politikern. Ein politischer Führer, der nicht informiert ist, verliert bei seiner engeren Gefolgschaft an Autorität und bei der weiteren Gefolgschaft an Zustimmung. Auch hierfür gibt es viele Beispiele.

Auch Kommunikationskompetenz von Politikern stellt eine bedeutende individuelle Führungsressource dar. Ein politischer Führer kann nur dann erfolgreich sein, wenn es ihm gelingt, seine Ziele mit denjenigen der Gefolgschaft in Einklang zu bringen. Diese Feststellung gilt zwar prinzipiell für alle Organisationen, aber insbesondere für die moderne Mediendemokratie. Kommunikation muss hier auf den verschiedensten Ebenen und zwischen den verschiedensten Akteuren stattfinden. Weil die moderne Demokratie weniger durch hierarchische Steuerungsprozesse, sondern vielmehr durch Verhandeln und Koordination geprägt ist, muss politische Führung mit den unterschiedlichsten institutionellen und parteipolitischen „Vetospielern“[30] kommunizieren. Nicht Befehl oder Anordnung führen zur Realisierung politischer Ziele, sondern Überzeugungskraft. Das berühmte Diktum des amerikanischen Politikwissenschaftlers Richard Neustadt in seiner klassischen Studie zum amerikanischen Präsidentenamt gilt im Prinzip für alle politischen Führer in der modernen Demokratie: „Presidential Power is the power to persuade“[31].

Für präsidentielle Regierungssysteme wie dem der USA ist dies geradezu konstitutiv. Aber auch die deutsche Bundeskanzlerin unterliegt dieser Logik. Im parlamentarischen Regierungssystem sind es vor allem parteipolitische Vetospieler (die eigene Partei, die Fraktion, der Koalitionspartner), die in Verhandlungs- und Aushandlungsprozessen mit eingebunden werden müssen.

Neben dieser Akteursebene muss ein erfolgreicher politischer Führer im Medienzeitalter vor allem auch mit der Öffentlichkeit kommunizieren. Er braucht Darstellungskompetenz, um die heute meist komplexen Gegenstände der Politik gegenüber der Wählerschaft erläutern zu können. Das ist eine kurzfristige, situative Kommunikationsleistung. Er braucht aber auch eine langfristig angelegte Sinnvermittlungskompetenz. Vor allem, wenn der Wählerschaft Opfer zugemutet werden (z. B. Steuererhöhungen oder Leistungskürzungen), besteht ein Bedarf an zukunftsgerichteter, visionärer Deutung gegenwärtiger politischer Entscheidungen.

---

[30] *George Tsebelis*, Veto Players: How Political Institutions Work, Princeton 2002.

[31] *Richard E. Neustadt*, Presidential Power: The Politics of Leadership, New York 1960.

IV. Rahmenbedingungen politischer Führung

Ob, wann und wie Politiker ihrer individuellen Führungsverantwortung gerecht werden können, hängt von mehreren externen Variablen ab. Zunächst kommt es auf die Herrschaftsstrukturen und auf die Struktur des politischen Systems an, in dem persönliche Führungsleistung erfolgen kann. Es macht einen erheblichen Unterschied, ob es sich bei einem politischen Amt beispielsweise um den Präsidenten der USA, den französischen Staatspräsidenten, den deutschen Bundeskanzler oder den britischen Premierminister handelt. So ist z. B. der US-Präsident einerseits als kraftvolle Exekutive konzipiert, andererseits muss er seine Macht – vor allem im Bereich der Gesetzgebung – in einem System der „checks and balances" mit einem mächtigen Kongress teilen. Besonders unter den Bedingungen von „Divided Government", also unterschiedlicher parteipolitischer Ausrichtung von Präsidentenamt und Kongress, kann politische Führung für den Präsidenten sehr schwer werden.

Der britische Premierminister hingegen ist in der Lage, solange seine Partei im Unterhaus hinter ihm steht, Gesetzgebungsvorhaben in kürzester Zeit zu verwirklichen. Als sich Anfang der 1960er-Jahre in den USA und Großbritannien Inflationstendenzen zeigten, vereinbarten US-Präsident John F. Kennedy und Premierminister Harold Macmillan gemeinsame, abgestimmte Gegenmaßnahmen. Kennedy legte dem Kongress ein umfangreiches Programm vor, scheiterte damit aber weitgehend an der republikanischen Kongressmehrheit. In Großbritannien konnte Premierminister Macmillan hingegen innerhalb weniger Wochen drastische Wirtschaftsmaßnahmen durchsetzen, u. a. einen Lohnstopp.

Das Beispiel zeigt, dass es Regierungschefs in parlamentarischen Regierungssystemen prinzipiell leichter haben, im Gesetzgebungsprozess politische Führung zu praktizieren. Allerdings tragen sie gegenüber dem Parlament, das sie wählt, die Verantwortung für ihre Politik. Werden sie dieser Verantwortung aus der Sicht des Parlaments nicht gerecht, dann kann das Parlament den Regierungschef stürzen. Hierfür genügen rein politische Gründe.

Ein weiterer maßgeblicher Faktor für individuelle politische Führungsleistung ist der *zeitliche Kontext*. Politische Führung ist auf die rechte Zeit – einen „Kairos" – angewiesen. Potentielle Führer brauchen eine Chance zum Handeln und Gestalten. Der Zusammenklang von Person und Zeit hat das Leben mancher Politiker und Staatsmänner bestimmt und auch das Urteil der Geschichtsschreibung über sie[32]. Was wäre Churchill ohne Hitler gewesen? Womöglich ein unbedeutender First Lord of the Admiralty, der 1915 in Gallipoli gescheitert war. Erst Hitlers Krieg gab Churchill die Möglichkeit, zur Führungsfigur und zur Verkörperung des Sieges der Demokratie gegen die Diktatur zu werden.

[32] Vgl. auch *Franz Josef Strauß*, Die Erinnerungen, Berlin 1989, S. 158.

Was wäre Konrad Adenauer ohne die totale Niederlage Deutschlands im Zweiten Weltkrieg gewesen? Was wäre Franklin D. Roosevelt ohne die Weltwirtschaftskrise gewesen? Helmut Kohl ohne die Wiedervereinigung? George W. Bush ohne 9/11? Barack Obama ohne George W. Bush? Ein politischer Führer ist immer auch ein Protegé der Geschichte, in guten wie in schlechten Zeiten.

***

Politische Führung und Verantwortung bilden zwei Seiten einer Medaille: Politische Führung heißt, Verantwortung für die Zukunft zu übernehmen. Wer Verantwortung hat, muss für die Folgen seines Handelns Rechenschaft geben. In der griechischen Philosophie bestand diese Rechenschaftspflicht gegenüber der Polis. In den christlichen Texten des Mittelalters wurde politische Führung durch Gott begründet und folgerichtig auch gegenüber Gott verantwortlich gemacht. Im demokratischen Verfassungsstaat der Moderne besteht die Verantwortlichkeit politischer Führung prinzipiell gegenüber dem Volk. Geltend gemacht wird sie durch bestimmte institutionelle Vorkehrungen wie regelmäßig stattfindende Wahlen, in denen das Volk seiner Zufriedenheit oder Unzufriedenheit mit dem Führungspersonal Ausdruck verleihen kann.

Doch institutionelle Arrangements allein, wie sie sich in den vergangenen 200 Jahren in verschiedenen Demokratietypen entwickeln konnten, reichen nicht aus, um gute politische Führung zu gewährleisten. Auch die Demokratie ist vor einem Missbrauch von Macht, vor Korruption, bloßem Machtstreben und anderen Erscheinungsformen schlechter Regierung nicht gefeit.

Ethische Perspektiven von Verantwortung und politischer Führung haben deshalb weiterhin ihren Platz. Auch in der Demokratie der Moderne muss die Frage gestellt werden, welche moralischen Tugenden Politiker brauchen[33]. So verknüpft z. B. die Soziallehre der katholischen Kirche den Verantwortungsbegriff nach wie vor eng mit ethischen Kategorien der „sittlichen Ordnung" bzw. dem „Gemeinwohl". Das Zweite Vatikanische Konzil sprach in der Pastoralkonstitution *Gaudium et spes* ausdrücklich von der „Verantwortlichkeit, Würde und Bedeutung der Regierenden"[34]. An den Politiker ergeht im selben Konzilsdokument ein normatives Postulat: „Sittlich integer und klug zugleich, soll er angehen gegen alles Unrecht und jede Unterdrückung, gegen Willkürherrschaft und Intoleranz eines Einzelnen oder einer politischen Partei. Redlich und gerecht, voll Liebe und politischen Muts soll er sich dem Wohl aller wid-

---

[33] *Peter Rinderle*, Welche moralischen Tugenden braucht der Politiker in einer liberalen Demokratie, in: Zeitschrift für Politik 50 (2003), S. 397–422.

[34] Pastoralkonstitution Gaudium et spes, Nr. 74.

men"[35]. Dieser Appell hat zeitlose Gültigkeit ungeachtet aller Unterschiede der politischen Systeme, Kulturen und Religionen.

Zusammenfassung

Politische Führung und Verantwortung stehen in einer engen wechselseitigen Beziehung: Politische Führung heißt, Verantwortung für die Zukunft zu übernehmen. Wer in der Politik Verantwortung hat, muss für die Folgen seines Handelns Rechenschaft geben. In der griechischen Philosophie bestand diese Rechenschaftspflicht gegenüber der Polis. In den christlichen Texten des Mittelalters wurde politische Führung gegenüber Gott verantwortlich gemacht. Im demokratischen Verfassungsstaat der Moderne besteht die Verantwortlichkeit politischer Führung prinzipiell gegenüber dem Volk, geltend gemacht durch bestimmte institutionelle Vorkehrungen, die in diesem Aufsatz dargestellt werden. Doch institutionelle Arrangements allein reichen nicht aus, um gute politische Führung zu gewährleisten. Individuelle Führungsleistung ist nach wie vor von großer Bedeutung. Ethische Perspektiven von Verantwortung und politischer Führung haben deshalb auch in der modernen Demokratie weiterhin ihren Platz.

Summary

Political leadership and responsibility are closely related. Political leadership means taking responsibility for the future. Being responsible means being accountable for one`s actions. According to ancient Greek philosophy politicians were accountable to the *polis*. In medieval Christian literature, political leadership was accountable to God. Modern democracies are in principle based on the responsibility of political leaders to the people, which is realized through institutions like the separation of powers or periodic elections. But institutions alone cannot guarantee good political leadership. The role of the individual political leader remains an important factor. Therefore, ethical perspectives of responsibility and political leadership still are relevant to modern democracies.

[35] Pastoralkonstitution Gaudium et spes, Nr. 75.

Aquinas on Limits to Political Responsibility for Virtue: A Comparison to Al-Farabi

By Michael J. Sweeney

I. Aristotle, al-Farabi, Machiavelli, and Strauss: the charge against Aquinas

In a 2007 *Review of Metaphysics* article, I argued that al-Farabi saw himself as inheriting from Aristotle the problem of limits to political responsibility for virtue.[1] The purpose of political life for Aristotle is not simply peace and prosperity but virtue. According to Aristotle, an external force or authority is necessary to habituate someone to the noble good because it does not initially appear useful or pleasant. Through the reason and force of the authority, the agent is moved to perform habitually the noble act until it becomes excellent and appears as pleasant and useful. At that point, the reason and passions of the agent no longer require external authority: for Aristotle, moral autonomy is acquired through habituation by an external authority.

If the state possesses the authority to habituate citizens to virtue, what are the limits to that responsibility? Aristotle places two principal limits on the responsibility of the state for moral habituation: the family and the size of the state. Ideally responsibility for moral habituation resides in the family rather than in the legislator. Childhood is the appropriate time for moral habituation, and the parents are the most effective moral authority. To the extent that familial moral habituation fails, the laws of the state become an external authority. The other limit to state responsibility for virtue is the city, which is the only political entity that combines a sufficiently diverse division of labor and a capacity of citizens to know each other's moral character; in particular, Aristotle rejects the nation as unnaturally large.

Although al-Farabi accepts virtue as the ultimate purpose of political life, he rejects both of the limits that Aristotle had placed on political responsibility for virtue. Al-Farabi considers the nation a more natural limit than the city because

---

[1] Michael J. Sweeney, "Al-Farabi on Compulsion to Happiness," *The Review of Metaphysics* 60 (March 2007), pp. 543–572.

it is based on what he calls "natural make-up" and "natural character" that produce a physical, linguistic and imaginative unity greater than that of the city, although it is less than that of human nature. Al-Farabi goes further to consider the possibility of a supra-national political entity that would approximate the universality of human nature. An empire made up of multiple nations is as realistically close as we can come to the utopian kingdom of the philosophers. Thus, in comparison to Aristotle, al-Farabi expands political responsibility for moral virtue beyond the limit of the city. He does not share Aristotle's preference for private over public authority; that is, he does not repeat Aristotle's predilection for familial authority. Instead, the natural limit that Al-Farabi imposes on political responsibility for virtue is religion.

Essences, for al-Farabi, are the object of philosophy; images are the object of religion. While essence is one, images are necessarily many, and hence philosophy is one but religions are many. Particular, changing, and contingent images can be like but never be the universal, unchanging and necessary essence: religion will always be below philosophy, imitating philosophy without ever attaining it. The majority of human beings cannot be philosophers because they cannot rise above their imagination to think demonstratively with intellect. So, prophets – philosophers with the capacity to translate essence into image – must create religion. Political rule and religion are inseparable because the many cannot grasp the good as noble apart from religious authority: virtue must be enforced through religion.

Religion, like the nation, is rooted in imagination (the brain), which has a natural make-up and character formed, e.g., by geography, diet, and language. Not all religions are equal, since an image can be more or less like the essence it imitates. Nevertheless, it is not always possible to force a superior religion. Natural make-up and character determine the capacity of a people or nation to receive a religion. Since a ruler has a responsibility for moral virtue that is not limited by city or even by nation, and since virtue is inseparable from religion, an obligation for *jihād* in the sense of offensive war has to be weighed against the capacity of a people to receive a religion. The political responsibility for virtue must, then, be tempered by the recognition that the capacity to receive religion is diverse and unequal: the political responsibility for virtue is limited by religion.

The focus of this research is the question whether Thomas Aquinas limits political responsibility for virtue, which he, in Aristotelian fashion, proposes as the ultimate aim of political life, and, if so, what those limits are and how they compare to al-Farabi's limits. Leo Strauss has argued that medieval scholastics, and Aquinas in particular, distorted Aristotle by making political responsibility for virtue limitless. Seeing the situation through Machiavelli's eyes, Strauss explains that the synthesis of Christianity and philosophy transformed the cardinal virtues into the theological virtue of charity, which thus infinitely increased political responsibility for morality: "Moral virtue had been transfigured into Christian charity. Through this, man's responsibility to his fellow men, his fellow creatures had been infinitely increased."[2] Machiavelli, says Strauss, objected to the Greek philosophers' utopian identification of the purpose of political life with virtue, but, whereas the pagan political project was improbable, the medieval Christian political responsibility for virtue was impossible.[3] The impossibility of this public responsibility for virtue was evident in the bestial means that were employed to try to force it into being:

> Concern with the salvation of men's immortal souls seemed to permit, nay, to require courses of action which would have appeared to the classics, and which did appear to Machiavelli, to be inhuman and cruel: Machiavelli speaks of the pious cruelty of Ferdinand of Aragon, and by implication of the Inquisition, in expelling the Marranos from Spain. Machiavelli was not the only non-Jew of his age who expressed this view. He seems to have diagnosed the great evils of religious persecution as a necessary consequence of the Christian principle, and ultimately of the biblical principle. He tended to believe that a considerable increase in man's inhumanity was the unintended but not surprising consequence of man's aiming too high. Let us lower our goals so that we shall not be forced to commit any bestialities which are not evidently required for the preservation of society and of freedom.[4]

When Strauss says that we can understand but not approve of Machiavelli's "antitheological ire,"[5] he means that Machiavelli correctly understood the political disease[6] that entered through the medieval Christian synthesis, though Strauss disapproves of Machiavelli's and, more generally, modernity's cure.

Clark Merrill believes that the depth of Strauss' objection to Aquinas has not been adequately appreciated.[7] Aquinas' attempt to synthesize faith and reason

---

[2] Leo Strauss, "What is Political Philosophy?" in *An Introduction to Political Philosophy: Ten Essays by Leo Strauss*, ed. H. Gildin (Detroit: Wayne State University Press, 1989), pp. 43–44.

[3] Ibid., p. 40.

[4] Ibid., p. 44.

[5] Ibid.

[6] See Marsilius of Padua, *Defensor pacis* I.1.3.

[7] "Leo Strauss's writings reveal a subtle but consistent set of accusations against the influence of Christian thinkers on political philosophy. These accusations may be summarized in three charges. First, the attempt by Aquinas and other Christian scholastics to synthesize faith and reason led later philosophers to eschew prudence in favor of a humane project to employ science to transform political life. The result was the destruction of the *modus vivendi*, safeguarded by classical philosophy, between pious citizens and diffident but inwardly free philosophers. Second, the rationalization of all political life implies that a universal regime is possible. But, unless all men become philosophers, this universal regime can only be universal tyranny, ruled by means of a perverted faith in the guise of final philosophy. Third, Christian thinkers must bear ultimate responsibility for precipitating the early modern rejection of classical political philosophy. Without the Christian appropriation of Aristotle, there might never have been a Machiavelli or a Hobbes." Clark A. Merrill, "Leo Strauss's Indictment of Christian Philosophy," *The Review of Politics* 62 (2000), p. 77.

made philosophy an ideology – Platonism for the masses – and so created a universal tyranny that set the stage for modernity.[8] Likewise, Aquinas' confusion of faith and philosophy separated the city from the Platonic cave, thereby elevating the state to an impossible universal regime.[9] Whereas al-Farabi safeguarded the city and protected political life by recognizing that it is impossible to reconcile the cave of cultural virtue with universal reason, Aquinas' synthesis had the effect of destroying both philosophy and any possibility of political life.[10]

Thus, our inquiry is whether Aquinas' Christian faith led him to increase political responsibility for virtue. Moreover, is anything that Aquinas says about limits to ethical coercion ultimately trumped by his position on faith and reason, which, unwittingly or not, removes all limits? If Aquinas did preserve Aristotelian limits on virtue, how could such an astute reader as Strauss have missed such a fundamental point?

II. Aquinas on marriage

Aristotle sees the family as a limit to public responsibility for virtue: compulsion to virtue within the family, although more private, is stronger and more effective than the legal coercion of the city. Al-Farabi notes the naturalness of the family and its place at the beginning of political life, but he quickly passes on to more perfect forms of political life and to more perfect forms of ethical coercion. In his commentary on the *Nichomachean Ethics*, Aquinas repeats the Aristotelian position that, because of the child's love, parental ethical force is

[8] "How then could an ignorant humanity be united into a universal society? Only by a final, absolutely unforced and universally persuasive dogma, a teaching that claimed to have superseded every other teaching, an authoritative opinion to which reason must forevermore bend the knee. In other words, a universal society could, in reality, be nothing but another iteration of the age-old phenomenon of tyranny, but now become a final, perfected tyranny in which the universal aspirations of Christendom will have been armed with the apparatus of scientific technique and made infinitely more persuasive by the rhetoric of progress, equality, and self-interest." Merrill, p. 91.

[9] "The polis is, in the most important respect, an education in particular virtues. In contrast, a universal society based upon the strictly rational, universal rules of social conduct could embody only the most rudimentary moral education, boasting no higher virtue or dignity than a gang of robbers." Merrill, p. 88.

[10] "Clearly, he [Strauss] did not consider the Christian speculative thinkers to have been engaged in philosophy. It is also interesting to note that Strauss refers to Maimonides as the greatest Jewish *thinker*, while, in the same sentence, he says that Maimonides regarded Alfarabi as the greatest Islamic *philosopher*. What, nevertheless, decisively separates both the falasifa and Maimonides from Aquinas and the other Christian scholastics is that the later accept the principle of faith in their speculative inquiries." Merrill, p. 80. See also p. 95.

stronger than the legal decree based on fear,[11] and he also confirms that the family is natural beginning of political life.[12] What is unique about Aquinas' approach is his discussion of marriage, which he attempts to ground in both Aristotelian nature and the Christian sacrament of matrimony.[13] Marriage, then, is a place where we can examine the way that Aquinas limits political responsibility for virtue and the effect of Christian revelation on that limitation.

Consonant with Aristotle, the argument begins with the naturalness of marriage because of its necessity for human generation, division of labor, and education of offspring in virtue.[14] Since human moral education is very long, inasmuch as prudence can be developed only through extensive experience, and since the father is necessary for moral education, marriage is a long-lasting relationship.[15] There is, Aquinas claims, not only a natural desire for marriage but a desire that it be long-lasting. Teaching alone is not enough for moral education: the parents must exercise ethical force to compel the child to the good as noble. Parental love for children entails a commitment of husband and wife to each other so that their practical reason can be passed to their offspring through habituation and experience.[16]

---

[11] See Aquinas, *Commentary on Aristotle's Nichomachean Ethics*, Book X, lect. XV, n. 2159.

[12] See Aquinas, *Commentary on Aristotle's Politics*, I.1.

[13] Aquinas' treatment of marriage can be found in his *Scriptum super libros Sententiarum Magistri Petri Lombardi* IV and in *Summa contra gentiles* III.122–125 and IV.78. In addition, questions 41–68 of *Summa theologiae* Supplementum tertiae partis, which concern marriage, were written by disciples of Aquinas after his death based on his treatment of marriage in *Summa contra gentiles* and *Scriptum super libros Sententiarum*.

[14] "[I]n this way matrimony is natural, because natural reason inclines in two ways. First in relation to the principal end of matrimony, namely the good of the offspring. For nature intends not only the begetting of offspring, but also its education and development until it reach the perfect state of man as man, and that is the state of virtue. Hence, according to the Philosopher (*Ethic.* VIII.11–12), we derive three things from our parents, namely existence, nourishment and education." *Summa theologiae* Supplementum, 41.1. All English references to the *Summa theologiae* are from *Summa Theologica of St. Thomas Aquinas*, 5 vols., trans. English Dominicans (Westminster, MD: Christian Classics, 1981).

[15] "In man, however, since the child needs the parents' care for a long time, there is a very great tie between male and female, to which tie even generic nature inclines." Ibid.

[16] "But a man lives by reason, which he must develop by lengthy, temporal experience so that he may achieve prudence. Hence, children must be instructed by parents who are already experienced people. Nor are they able to receive such instruction as soon as they are born, but after a long time, and especially after they have reached the age of discretion. Moreover, a long time is need for this instruction. Then, too, because of the impulsion of the passions, through which prudent judgment is vitiated, they require not merely instruction but correction." *Summa contra gentiles* III.122. All English references to the *Summa contra gentiles* III are from *Summa contra gentiles*, Book III, Part 2, trans. Vernon Bourke (Notre Dame, IN: University of Notre Dame Press, 1975).

It follows that marriage and the city are orientated to the same end, namely virtue, and that the parental role will be superseded by the city when the child becomes an adult and a full citizen. At that point, the child has either internalized the good as noble and practical wisdom or, if not, he is now in need of the laws not merely to direct him to the common good but to force him to it. Nevertheless, Aquinas also argues that the moral education of children to which marriage is orientated knows no natural temporal limits other than the death of the parents.[17] Although the parents may cease to exercise ethical force when the children become adults, they still surpass their children in practical wisdom and experience and can continue to teach them. Even death is not a final limit, as parents provide for their children after death through the inheritance they leave. Hence, inasmuch as moral education lasts a lifetime, marriage is not only long-lasting but naturally permanent.

So important is marriage to ethical education that, according to Aquinas, it has been instituted four ways.[18] Marriage was instituted naturally, i.e. by natural law, as an "office of nature" (*officium naturae*) for the purpose of procreation and moral education. Human law has instituted marriage as a civil office (*officium civilitatis*) whereby natural law is determined according to changing human circumstances. The Mosaic Law has re-promulgated natural law and re-instituted marriage after the clarity of the natural promulgation was lost by vice and ill custom.[19] The New Law, i.e. the law of grace given through Christ, has instituted marriage as a sacrament that confers grace and represents the union of Christ and the church. Marriage has thus been established by human nature, by human beings, and twice by God: it has a natural, civil, and sacramental character.

The sacrament of matrimony adds two elements to marriage: it causes the grace of charity and it heals concupiscence. Marriage is a type of friendship between husband and wife; in fact, Aquinas calls it the greatest friendship (*maxima amicitia*) because, as a sacrament, it is not simply for procreation and moral education but also a participation in charity. Charity is itself friendship – the friendship between human beings and God – which, because of the infinite inequality between human beings and God, only God can make possible and

[17] "By the intention of nature, marriage is directed to the rearing of offspring, not merely for a time, but through its whole life. Hence it is of natural law that parents should lay up for their children, and that children should be their parents' heirs (2 Cor. XII.14). Therefore, since the offspring is the common good of husband and wife, the dictate of natural law requires the latter to live together forever inseparably; and so the indissolubility of marriage is of natural law." *Summa theologiae* Supplementum, 67.1.

[18] See *Summa theologiae* Supplementum, 42.2.

[19] For the moral precepts of the Old Law as a re-promulgation of natural law, see *Summa theologiae* I-II.100.1.

which was the purpose of the Incarnation.[20] The primary effect of marriage is a bond between husband and wife so great that it signifies the relation of Christ to the church.[21] Charity opens marriage to an end beyond nature, friendship with God, that is not part of the institution of marriage prior to the New Law. Nevertheless, this opening does not delete the natural purpose of marriage but rather adds to it. The way that the sacrament of matrimony confirms the natural purpose of marriage is evident in the remedy marriage provides for concupiscence and in Aquinas' rejection of polygamy and divorce.[22]

We can conclude that, for Aquinas, the family has a sacramental basis in marriage. Beyond the family, e.g. in the village and in city, political life is neither sacred nor sacramental. The city is more perfect than the family in self-sufficiency and in the complexity of human relations and division of labor that is necessary for the full development of language, reason, and the virtue of justice, but there is something unique about the family that cannot be replaced by the city, i.e., the responsibility of the family for virtue. The friendship of husband and wife that forms the family becomes the basis for moral education based on love. Hence Aquinas agrees with Aristotle that the family constitutes a limit to the political responsibility of the city. The city cannot attempt to recreate the intensity of friendship in the family, and so it cannot replace the type of moral education that the family provides. Marriage as a sacrament has rein-

---

[20] For charity as friendship with God, see *Summa theologiae* II-II.23.1.

[21] See *Summa theologiae* I.92.2; *Summa theologiae* Supplementum, 42.1, ad 3m and 4m, 42.2, 42.3, and *Summa contra gentiles* III.123.

[22] The sacrament of marriage heals concupiscence inasmuch as it unites the natural desire for sex with the natural desire for an undivided union with a spouse. It makes the sexual impulse desire for a friend and not desire for a slave. Conversely the sacrament of marriage distinguishes the animal liberty of sexual promiscuity from the human commitment to a spouse who is as close as Christ is to the church. See *Summa contra gentiles* III.123.

Without the sacrament of marriage, Aquinas admits that it is difficult, although not impossible, to see how polygamy is contrary to natural law. Polygamy can be long-lasting and can allow for education of the offspring. There is no doubt, however, that polygamy is contrary to marriage as a sacrament, since Christ's spouse, the church, is one. Marriage as a sacrament makes clear that human reproduction and child-rearing are inseparable from friendship of husband and wife, and polygamy turns women into slaves. See *Summa theologiae* Supplementum, 65.1 and *Summa contra gentiles* III.124.

The situation is similar with regard to divorce. The indissoluble relation between Christ and the Church that is represented by the sacrament makes clear that the "long-lasting" relationship in the natural office of marriage must be permanent. The greater the friendship, the more indissoluble it is, and, if marriage entails the greatest friendship, it should be most permanent. A wife is again reduced to the status of a slave, if, after her beauty and fecundity are spent, a husband can divorce her. See *Summa contra gentiles* III.123.

forced the family as the most basic Aristotelian limit to public responsibility for virtue.[23]

III. Aquinas on the city

In "Subsidiarity, Federalism, and the Best Constitution: Thomas Aquinas on City, Province and Empire," Nicholas Aroney argues that Aquinas's political philosophy is consistent with the modern notion of subsidiarity, although Aquinas did not, of course, use that term and although he exercises the principle in a medieval setting.[24] Subsidiarity, for our purposes, would be a preference for the exercise of moral force at the lowest, i.e. least universal, level of political life. In other words, the question is whether Aquinas limits political responsibility for virtue by anything other than the family. Is the ethical responsibility of lower forms of political life assumed by the higher and more universal? Is there always a preference for more universal exercise of compulsion to virtue? Aristotle places the city as the outer limit to the exercise of moral compulsion: a public responsibility for virtue beyond the city is unnatural. Al-Farabi considers Aristotle's city an artificial limitation: the nation and, perhaps, the supranational empire exercise moral compulsion more universally and naturally, although religion is a limit to that universalizing tendency.

Aquinas does appear to agree with al-Farabi's view that Aristotle's city-state is an artificial limitation. Aroney shows that Aquinas uses the term "city" (*civitas*) interchangeably with "kingdom" (*regnum*) and "province" (*provincia*).[25]

---

[23] One might argue, however, that, although Aquinas maintains the family as limit to public responsibility for virtue, the sacramentalization has actually increased the demand for virtue, since the requirements for a sacramental marriage are greater. This objection would have merit, if Aquinas had failed to distinguish between marriage as civil, natural, re-promulgated in the Mosaic Law and sacramentalized in the New Law. Aquinas, however, clearly distinguishes between these different institutions of marriage, and he maintains that sacramental marriage is only for believers: it cannot be compulsory, especially since the means through which the sacrament takes place is the free consent of the couple. More importantly, the distinction between sacramental and civil marriage is maintained by the ambiguity of natural law on marriage. Polygamy is compatible with the animal and even to a degree with the human sense of marriage in natural law. Either considerable rational reflection on natural law or belief in marriage as a sacrament is necessary to achieve clarity on monogamy, and it is likewise with divorce. Moreover, the Old Law allowed to some extent both polygamy and divorce. Since civil law should be consonant with natural law, and since a requirement of natural law is that it should be promulgated to all, the Christian understanding of marriage cannot be obligatory for all. The increased demands of sacramental marriage support the family as a limit to public responsibility for virtue, but they are obligatory only for believers.

[24] Nicholas Aroney, "Subsidiarity, Federalism, and the Best Constitution: Thomas Aquinas on City, Province and Empire," *Law and Philosophy* 26 (2007), pp. 161–228.

[25] See Aroney, pp. 180, 187 and 199.

Since "province" is a Roman term indicating a part of the Roman empire or an ecclesial term indicating a part of the universal Church, Aroney believes that Aquinas is implying a universal state, i.e., a political empire. Nowhere, however, does Aquinas equate *civitas* and *imperium*; indeed, nowhere does Aquinas advocate empire. Aquinas' concern, in fact, does not seem to be the most universal expression of political life but the discovery of the point at which political life reaches the self-sufficiency that Aristotle attributed to the Greek city-state:

> There is, to some extent, sufficiency for life in one *family of one household*, namely, insofar as it pertains to the natural acts of nourishment and the begetting of offspring and other things of this kind. Self-sufficiency exists, furthermore in one *street* with regard to those things which belong to the trade of one guild. In a *city*, which is the perfect community, it exists with regard to all the necessities of life. Still more self-sufficiency is found in a *province* because of the need of fighting together and of help against mutual enemies. Hence the man ruling a perfect community, i.e. a city or a province, is antonomastically called the king.[26]

Self-sufficiency is attained here before the level of empire. Aristotle's city is that which is self-sufficient; for Aquinas, that which is self-sufficient is the kingdom or province. Aquinas does not explain whether he thinks that the self-sufficiency of the Greek city-state was achieved in his medieval world only at the level of kingdom/province or whether he simply thinks that Aristotle was wrong to limit self-sufficiency and political perfection to the city-state. When Aquinas does identify political perfection with greater universality, the political community that is perfect because of its universality is the city or the kingdom.[27]

The imprecision in Aquinas' language (*civitatis vel regni seu provinciae*)[28] indicates that he did not share Aristotle's concern to limit ethical force to the city or even to any precise form. Whereas it was essential for Aristotle to limit compulsion to virtue by the size of the state, Aquinas is more concerned to limit ethical compulsion by multiplying societies below the level of the state and by emphasizing that they have a certain autonomy, particularly in the area of moral education. If subsidiarity means that the higher, i.e. the state, should not do what the lower forms of society or political life can do better (the higher should do only that which the lower cannot do), then Aristotle was a subsidiarian with

[26] Aquinas, *On Kingship, To the King of Cyprus*, transs. G. Phelan and I. Eschmann (Toronto: Pontifical Institute of Medieval Studies, 1949), 1.1.15.

[27] "Now it is evident that there is a special and perfect kind of governance in one who has to govern not only himself but also the perfect community of a city or kingdom; because a government is the more perfect according as it is more universal, extends to more matters, and attains a higher end." *Summa theologiae* II-II.50.1.

[28] *Summa theologiae* II-II.40.1. See Aroney, p. 197, n. 151.

regard to the family. Aquinas extends that subsidiarian principle to other political or social entities within the state.

Three principles allow Aquinas to expand subsidiarity beyond the family. First, the state is an ordered whole composed of parts.[29] The unity of the state is not such that the parts, e.g. the family and the village, are indistinguishable from the whole. Second, those parts are distinguishable because they retain an operation and a self-governance that is proper to their nature: their operation is ordered to the whole and yet proper to their form.[30] Third, Aquinas multiplies the number of parts in the state; that is, he multiplies social organizations that are within the state and that, because they act according to their own form, are not replaceable by the state.[31] There are, e.g., public and private societies, which can be temporary or permanent; there are also ecclesial and secular societies. Guilds, universities, religious orders all retain a degree of independent operation. The moral education that is possible through private social organizations is more voluntary, complex and internalized than that which comes through civil law.

Much of Aquinas' writings on subsidiarity come from his defense of new forms of religious life, especially the Dominicans.[32] The church encourages the multiplication of religious societies, and with the help of Aristotle, Aquinas applies the same principle to the secular domain. Hence, once again the influence of Christianity is not to increase public responsibility for virtue: the increased virtue that the church seeks, according to Aquinas, does not come through law but through private and voluntary associations within the state. The church, in fact, becomes the model for the decentralization of moral education.[33] The subsidiarian autonomy of monasteries and religious orders in relation to the church becomes the subsidiarian autonomy of private organizations in relation to the state. As the number of private societies involved in moral education multiply, public responsibility for virtue can become increasingly private, so long, of course, as they are not opposed to the law.

The relationship between these various parts of the state is hierarchical: even though private societies retain some independent action and self-governance,

---

[29] For Aquinas' relation to Aristotle on this point, see Aroney, pp. 176–178.

[30] Ibid.

[31] "A private society (*collegium autem privatum*), Aquinas continues, will be part of a public society (*publici collegi*), just as a household (*domus*) or family (*collegio alicuius familiae*) is part of a city (*collegio civitatis*)." Aroney, p. 187. If private societies can be multiplied on the model of the family's relation to the city, so too can these private societies perform an irreducible function similar to the family, namely, moral education.

[32] Aroney, pp. 185–186.

[33] See Aroney, p. 193 and n. 138.

they are also parts ordered to the whole that is the state. The state is more complete and perfect in terms of self-sufficiency. Aquinas' political hierarchy is not, however, "top-down" as Samuel Beer has claimed.[34] This view is correct only if, as Beer argues, there is no difference between the way that Aquinas understands political hierarchy and the hierarchy of being.[35] Now it is true that al-Farabi does not distinguish between the ranks of being and political hierarchy:

> Thus the city becomes similar to the natural beings; the ranks of order in it similar to the ranks of order of the beings, which begin with the First and terminate in prime matter and the elements; and the way they are linked and fitted together will be similar to the way the beings are linked and fitted together. The prince of the city will be like the First Cause, which is the cause for the existence of all the other beings. Then the ranks of order of the being gradually keep descending, each one of them both ruler and ruled, until they reach down to those possible beings – that is, prime matter and the elements – that possess no ruling element whatever, but are subservient and always exist for the sake of others.[36]

For al-Farabi, the top-down hierarchy in the ranks of being is the top-down hierarchy in the state. The political hierarchy is an image of the universal, natural hierarchy. Since the higher possesses the perfection of the lower, the higher does not need the lower, although the lower needs the higher. This is evident in al-Farabi's understanding of immortality.[37] As the philosopher ascends the ranks of being and actualizes his intellect, he acquires freedom from the lower, including his body, until he reaches the point at which his intellect can operate in complete independence of the body. The same type of hierarchy is evident in the relation of the philosopher to religion: the superior perfection of the philosopher means that he has outgrown the need for religion, whereas the believer, albeit unknowingly, needs the philosopher-prophet to create religion.

Aquinas, on the other hand, separates the ontological and political hierarchies. In Aquinas' ontological hierarchy, for example, an inanimate thing can exist, but a plant can do that while nourishing itself, growing into itself and re-

---

[34] Samuel Beer, "The rule of the Wise and the Holy: Hierarchy in the Thomistic System," *Political Theory* 14.3 (1986), pp. 391–422. See Aroney, pp. 164–165.

[35] Using the terminology of A. O. Lovejoy's *The Great Chain of Being*, Beer calls Aquinas' metaphysical hierarchy, "the principle of unilinear gradation" (p. 397). Beer calls Aquinas' application of unilinear gradation to political hierarchy "the principle of 'inclusive hierarchy'" (pp. 397–398), which he describes thus: "the ruler needs the ruled to perform tasks serving the ruler. The ruled needs the ruler to guide him in his service to the ruler. The ruler will know what this subordinate task is in the profound sense that he has the very same power of the soul to perform that service, although he does not directly exercise it" (p. 401). If Aquinas held this position, the city would have no need of the family for moral coercion, since the city would have all the power that the family has and more.

[36] Al-Farabi, *The Political Regime* in *Medieval Political Philosophy*, trans. Muhsin Mahdi (Ithaca: Cornell University Press, 1993), p. 39.

[37] See al-Farabi, *On the Perfect State*, Chapter 16.

producing itself; an animal can do all that and sense, and a human being incorporates these perfections with reason. If the ontological and political hierarchies were univocal, then the law would exercise the moral force that the family possesses and more. For Aquinas, however, the lower in the political realm can be, in some respect, superior to the higher. The family and other private associations can exercise ethical force more effectively than the state can through law. The family is a limit to the state with regard to compulsion to virtue, although not with regard to self-sufficiency. While al-Farabi quickly passes by the family on his way to greater, i.e. more universal, political perfection, Aquinas emphasizes that the state needs the family, not only for human generation, but also for its more forceful moral education.

Since the state, for al-Farabi, is an image of the ranks of being, and since religion is also an image of the ranks of being, religion and political life are one. Citizens who are incapable of knowing demonstratively the ranks of being, including the First, can see an image of this in their religion and in the hierarchy of the state. The political hierarchy is an icon of the ontological hierarchy. Political life is sacred because it is religious: it allows the imagination of the believer to ascend the ranks of being. Only for the philosopher is political life secular: he does not need religion or a political picture of the ranks of being, for knows what is.

For Aquinas, marriage as a sacrament is not an image of the natural, ontological hierarchy; rather it is an image of the supernatural relation between Christ and his Church brought about by divine intervention in history. Although marriage for Aquinas is sacramental, political life is a human good that is neither sacred nor sacramental. Political life is an expression of human nature and the need to develop reason through the complexity of the city: it is not an image of nature beyond the human. This desacralization of the city is itself a limit to public responsibility for virtue, as we will discuss in more detail below. For al-Farabi, there is no difference between political and religious compulsion because the many are incapable of grasping the good as noble apart from religion. For Aquinas, political life is by nature secular,[38] and thus Christianity cannot increase the public demand for virtue. Sacramental marriage supports the family as a natural limit to the state's power for ethical coercion, and the increased demands of sacramental marriage apply only to the believer.

IV. Aquinas on religion

Since religion for al-Farabi is below philosophy and indistinguishable from the city, ethical force is likewise indistinguishable from religion because most

[38] See *Scriptum super libros Sententiarum Magistri Petri Lombardi* II.44.3.4.

people cannot grasp the good as noble except through religious authority. Religion is also a limit to political coercion to virtue because there is a limit to the use of force against matter.[39] Matter cannot be forced to accept any form: it first must be disposed to accept the form. The matter in question is the human imagination located in the brain, which is determined by various natural and material causes, such as geography and diet, and by language, which is both natural and conventional. The ruler cannot arbitrarily force any religion on a people or nation because their imagination is not necessarily disposed to receive it.

Aquinas argues that there is never compulsion to Christianity because grace is act of God's free will and must be received by a free will: it is the will rather than the imagination that cannot be compelled. For al-Farabi, religion is a natural and largely physical limit to political responsibility for virtue; for Aquinas, religion is a supernatural and volitional limit. According to al-Farabi, the material structure and habituation of imagination limit its capacity to receive religious images. In contrast, the habit in question for Aquinas is supernatural grace, which is an act of divine and human freedom. Christianity is above philosophy and natural law and thus above compulsion by the state.

Christianity is not simply a revealed religion but one that produces in the believer an effect – grace – that transforms and elevates the recipient to be able to respond to the revelation beyond the capacity of fallen human nature and beyond every capacity of human nature.[40] Grace is outside all coercion to virtue because it is caused by God's free will and because even the disposition to receive grace is itself, in part, an effect of grace: God causes the form (grace) and assists in the preparation of the matter (the human soul) to receive the form.[41] The human role in receiving grace, i.e. co-operating grace, is a free act of the will and thus cannot be compelled.[42] Since compulsion is foreign to grace, no one, including Jews, can be forced into baptism.[43] Wherever it is a matter of grace, there can be no compulsion. Now, if Christianity is above the city and above compulsion, is the city open or closed to such a religion?

Religion for Aristotle was certainly not above the city, since the priesthood was one of the parts of the city. Nevertheless, Aristotle limits the scope of political life and public responsibility for virtue when he observes that there is a science above the political because there are things superior to human beings.[44]

---

[39] See Sweeney, pp. 562–572.

[40] See *Summa theologiae* I-II.110.2.

[41] See *Summa theologiae* I-II.112.2.

[42] See *Summa theologiae* I-II.11.2.

[43] See *Summa theologiae* II-II.10.12 and III.68.10.

[44] See *Nichomachean Ethics* VI.7.1141a20-21.

The city is self-sufficient with regard to moral virtue, but it does not concern itself with theoretical virtue; i.e., there is no coercion to the speculative, intellectual virtues. Political life does not suffice to complete a human being because the human being is not what is best. The city is indifferent to theoretical virtue and thus closes itself around moral virtue. Philosophy is necessary to complete human nature but it is not necessary politically, where moral virtue and prudence suffice. Thus human nature, but not necessarily the city itself, is open to knowledge about that which is above political life: although human beings are naturally political, a human being cannot be perfected fully through political life.

In the well known first article of the *Summa theologiae*, Aquinas affirms that human beings are open to revelation in two ways. The first is that, given the argument of Prima Secundae 1–5 whereby human beings are shown to be naturally open to an end or final cause for which there is no natural efficient cause, revelation of what is beyond the capacity of natural human knowledge is necessary for human perfection.[45] Since this efficient cause is beyond nature and free, human perfection becomes human salvation. To put this into political terms, the eternal law is God and God's providence.[46] God's essence, however, is beyond the capacity of human natural reason, and so eternal law can only be known indirectly through natural law, as God can be known analogously through finite, created essences.[47] Natural law is a limited, i.e. finite, reflection of the eternal law that is God's infinite essence, and natural law furthermore brings knowledge of God's providence only on the level of the universal and necessary created essence: it does not directly illuminate God's providence on the level of the individual and the contingent. Natural law is thus not equal to eternal law, but natural law directs human beings to eternal law because the perfection of human nature is knowledge of God's essence. This infinite gap between natural law and the eternal law is filled partially (completely by the beatific vision) by revelation, i.e., by the divine law revealed through Christ.[48] The law of grace teaches what is beyond the capacity of human natural reason and gives a supernatural capacity to fulfill its commands. Since law is an order directed to the common good, there is a complete or perfect community for human law, which is derived from natural law, and another perfect community based on the divine law that comes from Christ.[49] The perfect community based on human law is the

---

[45] See *Summa theologiae* I.1.1.

[46] "But the end of the Divine government is God Himself, and His law is not distinct from Himself." *Summa theologiae* I-II.91.2, ad 3m.

[47] See *Summa theologiae* I-II.93.2.

[48] See *Summa theologiae* I-II.91.4 and I-II.107.1.

[49] "Moreover, since every part is ordained to the whole, as imperfect to perfect; and since one man is a part of the perfect community, the law must needs regard properly the relation to universal happiness. Wherefore the Philosopher, in the above definition of

state; the church is based on divine law. Each is perfect or "closed" in the sense that no other law governs that community. The priests who govern the church do not invoke human law, and the rulers of the state do not have recourse to divine law.

The second way that human beings are open to revelation is through those truths that are not beyond natural reason but which were revealed because they are necessary for human salvation and because of the difficulty of acquiring these truths naturally.[50] This revelation can affect human reason in two ways, speculatively and practically. Metaphysical truths achievable by philosophy such as the existence and unity of God, as well as creation *ex nihilo*, have been revealed; in addition, moral precepts from the natural law have been revealed through the Old Law. Revelation that God is and is one is necessary for the moral purpose of worship, and other moral precepts have been revealed for the purpose of maintaining friendship with God.[51]

The re-promulgation of natural law through the revelation of the Old Law does not, however, increase the demand for virtue in the state. There are two reasons why the Old Law is not a standard for making human law in the state. First, the purpose of the Old Law was not to confer grace but to indicate sin.[52] Mosaic law clarifies the demands of the natural law without giving the ability to obey the natural law.[53] The New Law does confer this power, but the Old Law prepares for it by increasing awareness of the human inability to conform to the demands of natural law. Second, the Old Law was never meant as a legal standard for any state other than the Jewish because its purpose is beyond natural political life. Friendship between human beings based on justice is the purpose of human law and the state; friendship between human beings and God is the principal purpose of the Old Law.[54] Hence, the community governed by the Old Law resembles the church more than the state, although it was also a state governed by a divinely appointed ruler.[55] A clear distinction between church and state comes with the revelation of the New Law because there are now two separate laws that constitute two communities.

---

legal matters mentions both happiness and the body politic: for he says (*Ethic.* V.1) that we call those matters just, which are adapted to produce and preserve happiness and its part for the body politic, since the state is a perfect community, as he says in *Polit.* I.1." *Summa theologiae* I-II.90.1.2. See also Aquinas, *On Kingship,* nn. 105–109 (pp. 59–61).

[50] See *Summa theologiae* I.1.1.

[51] See *Summa theologiae* I-II.98.5.

[52] See *Summa theologiae* Supplementum, 67.3.

[53] See *Summa theologiae* I-II.98.6.

[54] See *Summa theologiae* I-II.99.2 and 100.2.

[55] See *Summa theologiae* I-II.105.1.

In sum, Aristotle and Aquinas agree that political life is limited not only from "below" by the family but also from "above." For Aristotle, "above" means the openness of human nature to perfection beyond the political through wholly natural causes; i.e., by the supra-political perfection that is philosophy. This speculative perfection is not governed by a law, and it is not the basis for a community or kingdom of philosophers: philosophical perfection is not political. "Above" for Aquinas means the openness of human nature beyond the political through natural causes in philosophy and through the supernatural cause of grace. The latter is a law and establishes another perfect community that is closed in the sense that the church, like the state, is self-sufficient with regard to its common good and law. Since Aquinas' state is self-sufficient with regard to temporal peace and moral virtue, the addition of the church as another self-sufficient community does not fundamentally alter Aquinas' political Aristotelianism. On the one hand, Christianity does elevate the demand for virtue, since the supernatural or theological virtues are now necessary for human perfection, but without increasing the public responsibility for moral virtue in the state. Aquinas' Christianity reinforces Aristotle's limitation of political life to a partial perfection of human nature. Neither Aristotle nor Aquinas expects political life to make human beings complete or completely happy. Indeed, as we will see, Aquinas' Christian beliefs alter Aristotle's political philosophy less than al-Farabi's Platonism.

V. Aquinas on the religious limit from below: The fall

Aquinas considers religion "above" philosophy and the city, but there is one element of Christianity that constitutes a kind of limit from below – the fall. The first human sin did not constitute a substantial change (human beings are the same kind after the fall), but human beings are in a universally different condition after the introduction of sin. The fallen condition is one in which in which the nobility of the human inclination and its strength are inversely related: the inclination to self-preservation is felt most strongly, then the inclinations to sex, reproduction and education of the offspring, which are followed by the inclinations to knowledge and political life.[56] Preference for the lower over the higher has made the lower stronger than the higher.[57] Reason, both in terms of knowledge and the will, is weakened by this strengthening. Nonetheless, human inclinations are never felt so strongly that it is impossible to choose against them, and this is at the root of Aquinas' understanding of natural law as a command of reason: natural law is not simply the natural human inclination but that inclina-

[56] See n. 22 above.

[57] See *Summa theologiae* I-II.82.3.

tion rationally commanded according to its proper order. The universality of concupiscence means that it is an original limit to the attainment of moral virtue for all – philosophers, believers, and those who are neither philosophers nor believers.[58] It is a limitation from "below" because the weight of the lower inclinations provides an initial obstacle to the attainment of virtue.

Of course, Aristotle does not speak of an original impediment to virtue but he does speak of a limited achievement of moral virtue. Few reach true virtue and few are vicious: the majority is between in a condition of continence or incontinence, with a tendency toward the latter.[59] In incontinence, the passions are stronger than reason, and in continence reason wins out over the passions only after a battle. Aquinas and Aristotle agree that the principal limitation to the achievement of moral virtue is the strength of the passions, whether because of habituation for Aristotle or because of habituation and the fall for Aquinas. It is not absence of knowledge but the weight of the passions that is the principal limitation to the public responsibility for virtue.

Aquinas' response to this limitation is that human or civil law must adapt. If human beings cannot be changed, then it must be the law that changes:

> Now human law is framed for a number of human beings, the majority of whom are not perfect in virtue. Wherefore human laws do not forbid all vices, from which the virtuous abstain, but only the more grievous vices, from which it is possible for the majority to abstain; and chiefly those that are to the hurt of others, without the prohibition of which human society could not be maintained: thus human law prohibits murder, theft, and suchlike.[60]

Ethical coercion by the state must be limited by the possible, and the possible is defined by the majority of human beings and not by the virtuous few. Aquinas recognizes that if ethical standards are raised too high, it is not only virtue but temporal peace that will fail. Impossible laws destroy the state and political life. Political life is limited by the morally possible, and this is not opposed by Christianity; rather, Aquinas' Christianity reinforces it. Concupiscence begins to be healed in the church through the grace given in the sacraments: there is no political cure for concupiscence. Aquinas and Aristotle agree that the mean in political responsibility for virtue is not virtue or vice but between: incontinence-continence. Neither passion nor reason rules outright, and law guides citizens towards reason without overburdening it.

---

[58] See *Summa theologiae* I-II.82.3.

[59] "The state of most people is intermediate, even if they lean more towards the worse states." Aristotle, *Nichomachean Ethics* VII.7.1150a15-16. All English references to Aristotle are from *The Basic Works of Aristotle*, ed. R. McKeon, trans. B. Jowett (New York: Random House, 1941).

[60] *Summa theologiae* I-II.96.2.

There is, of course, no notion of inherited or original sin in Islam. Nevertheless, a notion of most human beings as, in a way, "fallen" is even more central to al-Farabi's thought. If "fallen" humanity means that human beings have an innate impediment to becoming fully human, then according to al-Farabi most human beings are fallen: they are incapable of philosophy and so incapable of complete human perfection and happiness. The cause of this impediment is not entirely human action or habituation; it is a combination of habit and natural causes such as geography and diet. Inasmuch as these causes are natural, they constitute a permanent limit to human perfection in the majority of human beings. For al-Farabi, however, the impediment is not so much the weight of passions against reason as the weight of imagination against intellect. In other words, the limit is more epistemological than moral because it is a "natural" inability to achieve philosophy that exists in most people.

There is no cure for this "fallen" condition in the sense that there is no way to elevate the majority of human beings. The inability to attain philosophy cannot be cured philosophically: there is no way to make the many philosophers. Since there is no supernatural grace to raise human beings out of their "fallen" condition, the only remedy is that philosophy be lowered to the imaginative level at which most people operate and the philosopher-prophet provides the remedy by translating philosophy into religion. Since the problem is epistemological rather than moral, the lowering of law to the level of moral possibility is not a solution; rather, philosophy must be lowered to the level of law so that the multitude can know the ranks of being without which there is no happiness. Religion is therefore the "grace" that heals the fallen condition of humanity – the natural inability to achieve one's natural end – and it remedies the human condition not by elevating it but by lowering philosophy.

The Christian view of the fall in Aquinas' theology is, therefore, more consistent with Aristotle's political philosophy than al-Farabi's view of "fallen" human nature. Aquinas and Aristotle agree that it is not the task of political life to make human beings virtuous and happy by lowering philosophy to religion. The principal limit that political rule must take into account is not epistemological (the strength of imagination over intellect) but moral (the strength of the passions over reason). Christianity is once again capable not only of preserving Aristotelian political philosophy but of reinforcing Aristotle's limit to ethical coercion by the state – in this case, the limitation of law by that which is morally possible.

VI. The Straussian objection and replies

The Straussian objection (as expressed by Merrill) with which we began was that Aquinas' synthesis of faith and reason – of Christianity and Aristotle – creates a universal regime based on a religious ideology. Aquinas is at least partially responsible for the modern notion of tyranny formulated by Machiavelli because it is Aquinas who turns philosophy into a dogma accessible to all – an ideology. Aquinas attempted to create a universal kingdom of philosophers by bringing the many out of the cave and into an exoteric, enlightened Christian regime. The rationalization of law by Aquinas is the opening of the cave to the kingdom of philosophers.[61] The equal or universal possibility of this enlightenment is proof that Aquinas abandoned classical philosophy.

Parts II–V above are an alternative reading of Aquinas meant to show that Aquinas is not guilty of the charge that he elevated public responsibility for virtue to the level of the impossible and to show that his Christianity has reinforced more than it has altered Aristotle's political philosophy and the limits that Aristotle placed on coercion to virtue. In addition, based on the foregoing, we can make the following three-fold reply to the objection voiced by Merrill on behalf of Strauss.

1. First reply: al-Farabi and the universal regime

If al-Farabi is Strauss' positive example of maintaining the distinction between Athens and Jerusalem, it is certainly true that al-Farabi's political thought is not guilty of confusing faith and philosophy. Translation of philosophy into religion is not a synthesis: philosophy and religion remain as distinct as essence and image. All political authority is religious, and all religion is particular, thus rendering al-Farabi's city "closed." It is open to philosophy only in the sense that philosophy rules indirectly through religion. Although the natural particularity of religion and nation (which are for the most part inseparable) constitutes a limit to the universalizing tendency of virtue-ethics for al-Farabi, this limit is in tension with the universalizing tendency of both Islam and philosophical rule expressed through the notion of *jihād*. The questions about this universalizing tendency of al-Farabi's political philosophy can be jettisoned only if one interprets al-Farabi's doctrine of *jihād* esoterically,[62] and such an interpretation is problematic.[63]

---

[61] See Merrill, p. 92.

[62] See Joshua Parens, *An Islamic Philosophy of Virtuous Regimes* (Albany: State University of New York, 2006).

[63] See Sweeney, pp. 543–572.

2. Second reply: The Aristotelian city is not the cave

According to Merrill, Aquinas distorts classical philosophy by separating the city from the cave, whereas for both Plato and Aristotle the city is the cave. The Straussian rejection of Aquinas is thus, as for al-Farabi, based on the unity of Plato's and Aristotle's political philosophy.[64] If the city is not the cave for Aristotle, then Aquinas is guilty only of rejecting Plato, but he is neither rejecting nor fundamentally altering Aristotle's political philosophy.[65] Aristotle's city is the cave only on the assumption that Platonic opinion and Aristotelian prudence (*phronēsis*) are the same. Merrill maintains that the city, for Strauss, is enclosed by traditionally accepted opinion, primarily in the guise of religion.[66] The clearest expression of this comes from al-Farabi, who argues that only philosophers reach the good as noble: the many are limited to the good as religion.[67] The city is the cave for al-Farabi because political life is limited to the good grasped through religion and generally accepted opinion. There can be, then, for al-Farabi no significant distinction between the prudence of the many and Platonic opinion.

There would seem to be considerable evidence that Aristotelian prudence is indistinguishable from Platonic opinion, which can be summarized under three headings. First, both Platonic opinion and Aristotelian prudence are concerned with the particular, changing, and contingent rather than with the universal, unchanging, and necessary – so much so that Aristotle concludes that prudence is not knowledge; i.e., it is not demonstrative or scientific knowledge.[68] Second, prudence is deliberation about the means and not about the end, which is attained through correct habituation.[69] In other words, prudence is not knowledge of the good as noble but of the way to achieve what has already been determined to be good. Third, and perhaps most damning, Aristotle attributes prudence only to the rulers, whereas the ruled only possess true opinion:

> Practical wisdom [*phronēsis*] only is characteristic of the ruler: it would seem that all other virtues must equally belong to ruler and subject. The virtue of the subject is certainly not wisdom, but only true opinion [doxa alēthēs]; he may be compared to the maker of the flute, while his master is like the flute-player or use of the flute.[70]

---

[64] See Merrill, p. 98.

[65] In pp. 86–94, Merrill's focus is on Plato, but his conclusion on pp. 94–95 is that Aquinas perverted Aristotelian political philosophy.

[66] See Merrill, pp. 86, 89, 90 and 98.

[67] See Sweeney, pp. 556–557.

[68] See *Nichomachean Ethics* VI.8.1142a23-30.

[69] See *Nichomachean Ethics* VI.13.1145a5-6.

[70] Aristotle *Politics* III.4.1277b25-30.

The reference to the master and student of the flute is from the *Republic*, and the overall meaning seems to assert that only the ruler has knowledge and the many who are ruled are limited to true opinion, and hence the Aristotelian city is the cave.

In reply, we can see that Aristotle begins to introduce virtue in the *Nichomachean Ethics* by distinguishing the degrees to which the passions can participate in reason, depending on whether one is incontinent, continent or virtuous.[71] This participation commences when the passions listen to reason as to one's father.[72] Reason exits first outside the agent in an authority, typically a parent, and through the ethical force exerted by that authority the agent habitually performs the good act until the reason of the authority becomes one's own reason. The child does not see flute-playing as a noble good; flute-playing does not appear useful or pleasant, but the parents and the flute master force the child to play. The situation of the child forced to play the flute is similar to the following description:

> With regard to our being none the more able to do because of practical wisdom [*phronēsis*] what is noble and just, let us begin a little further back, starting with the following principle. As we say that some people who do just acts are not necessarily just, i.e. those who do the acts ordained by the laws either unwillingly or owing to ignorance or for some other reason and not for the sake of the acts themselves (though, to be sure, they do what they should and all the things that the good man ought), so is it, it seems, that in order to be good one must be in a certain state when one does the several acts, i.e. one must do them as a result of choice for the sake of the acts themselves.[73]

The child does the noble act without recognizing it as noble. The flute is played unwillingly and with ignorance of its nobility, utility, and pleasure. Performing the noble act without practical wisdom, i.e. without knowledge that it is good, is like true opinion. The act is done but without knowledge that it is worthy of choice for itself. Correct habituation that relies on the reason of the authority exercising ethical force is like Platonic opinion, but it is not yet moral virtue or prudence. Virtue and prudence are achieved when one practically but rationally recognizes for oneself through habituation and experience that the act is noble. It is not demonstrative knowledge, but it is a practical knowledge of the good as noble.[74] Proof that one has achieved prudence is the knowledge that allows one to exercise the virtue in any situation. Prudence exists when the practical reason of the authority has become the practical reason of the agent; until that point, it is like true opinion.[75]

---

[71] *Nichomachean Ethics* I.13.1102b12-28.

[72] *Nichomachean Ethics* I.13.1102b29-1103a1.

[73] *Nichomachean Ethics* VI.12.1144a11-24.

[74] See *Nichomachean Ethics* VI.4.1140a34-1140b6.

[75] See *Nichomachean Ethics* VI.13.1144a29.

The passage cited above from the *Politics* that seems to echo the *Republic*[76] is in fact proof that Aristotle does not identify prudence with Platonic opinion. The intent of the passage is to contrast the prudence of rulers with the true opinion of the ruled, so prudence and true opinion are different. Moreover, the lines preceding this passage show that the purpose of political life is precisely to change true opinion into prudence:

> This is not the rule [master over slave] of which we are speaking; but there is a rule of another kind, which is exercised over freeman and equals by birth – a constitutional rule, which the ruler must learn by obeying, as he would learn the duties of a general of cavalry by being under the orders of a general of cavalry, or the duties of a general of infantry by being under the orders of a general of infantry, and command of a regiment and of a company. It has been well said that 'he who has never learned to obey cannot be a good commander'. The two are not the same, but the good citizen ought to be capable of both; he should know how to govern like a freeman and how to obey like a freeman – these are the two virtues of a citizen.[77]

Prudence is acquired through the reason of an authority. It passes to the agent through habituation and experience until he is capable of judging for himself. The purpose of political life is not true opinion but prudence; that is, the purpose is not the good as noble seen through the authority of religion or tradition or generally accepted opinion but the good seen as noble through one's own practical wisdom and virtue. Aristotle does not restrict political life to the good as noble through religion or generally accepted opinion: the good as noble is achievable in political life, not through speculative wisdom, but through practical wisdom, which is much more than true opinion.

What rules the city for Aristotle and Aquinas is neither philosophy nor religion but prudence and moral virtue. Hence the city for both Aristotle and Aquinas is neither the cave nor the kingdom of philosophers. Both Aristotle and Aquinas separate the city from the cave without idealizing it because they limit the purposes of political life to temporal peace and the moral virtue that is possible. Even if many are continent or incontinent, it does not follow that they only reach opinion about the good as noble. The continent and incontinent can recognize the good as noble sufficiently either to do it with pain or to fail to do it with pain. The purpose of Aristotle's introduction of the middle states of character is to account for the complexity of the human moral situation where reason may be sufficient to recognize the good as noble for oneself but without being able to enact it or to enact it pleasurably. For Aristotle and Aquinas, it is possible to aim political life above generally accepted opinion and below perfect virtue, i.e., above the cave and below a regime of only the virtuous.

---

[76] See n. 70 above.

[77] *Politics* III.4.1277b7-15.

3. Third reply: Aquinas on compulsion of heretics and apostates

We began with Strauss' tracing the use of force against Jews in the Inquisition to the Christian synthesis of faith and reason whose greatest champion was Aquinas. On the one hand, the charge is unfair because Aquinas says Jews should not physically be compelled to believe,[78] their rites should be tolerated,[79] and their children should not be baptized against the will of their parents.[80] In general, Aquinas maintains that unbelievers cannot be compelled physically (though persuasion is allowed) to the Christian faith. On the other hand, Aquinas is an unambiguous advocate of the use of physical force against culpable believers, i.e., within Christianity against heretics and apostates.[81] This is not merely the use of spiritual punishments proper to the divine law, e.g. the "capital" spiritual punishment of excommunication, but the physical punishment proper to human law, e.g., the capital physical punishment of execution. There is no compulsion to belief, for Aquinas, but there is compulsion within belief because once one has freely chosen to enter the community governed by divine law, one is obligated by it and subject to its punishments; nevertheless, by "its" punishments Aquinas means those of the state. The charge that Aquinas' synthesis of Athens and Jerusalem leads to a confusion of faith and reason is well grounded here. The use of the state to punish with the instruments of human law crimes against the divine law is a confusion of human law and divine law – a confusion of church and state – that is indeed tyrannical.

VII. Conclusion: Two ways to read Aquinas

There are two very different ways to read Aquinas based on where one begins. If one begins with Aquinas' arguments for the use of political force against heretics and apostate Christians, one will likely conclude that Aquinas' synthesis of faith and reason – of Athens and Jerusalem – is the creation of a tyranny that has increased the demands of virtue along with the physical means of ensuring that they are met. It would seem that, for Aquinas, there is very little limit to ethical coercion by the state or by the church, for there seems to be little difference between them. When one reads the rest of Aquinas, it is difficult, if not impossible, to reconcile this use of force with the limits he places on public responsibility for virtue, and it would seem that all the careful limitations Aquinas places on ethical coercion give way to expediency when the church feels that the faith is threatened. Consistency requires that one of the two contraries be

[78] See *Summa theologiae* II-II.10.8.

[79] See *Summa theologiae* II-II.10.11.

[80] See *Summa theologiae* II-II.10.12 and III.68.11.

[81] See *Summa theologiae* II-II.10.8 and II-II.11.3.

eliminated, and the church's appeal to temporal force would appear to trump all else.

The other reading begins with Aquinas' reinforcement of Aristotle's limits to ethical coercion and ends with the problem of the use of force against heretical and apostate Christians. The problem is resolved if freedom from physical compulsion to religion is extended to heretical and apostate Christians. This resolution is superior because the texts in which Aquinas advocates the use of force against believers are few (principally *Summa theologiae* II-II.10.8 and 11.3) and not foundational to this political philosophy. If one begins with what is foundational, i.e. his reinforcement of the Aristotelian limits to ethical coercion, it is the texts on the physical compulsion of believers that have to be corrected, and such a correction amounts to the least change in Aquinas' thought.

For al-Farabi, as we have seen, the state can use physical compulsion in religion because all political coercion to virtue is religious: there can be no separation between religion and one's grasp of the good as noble, unless one is a philosopher. All political force is religious because the city is the cave: religion is a likeness of philosophy but beneath philosophy. Al-Farabi's compulsion to religion is limited by the physical and imaginative capacity of a nation to receive that religion, so religion is both the principal means to political coercion to virtue and a limit to it. If Christianity is above philosophy and the city for Aquinas, the compulsion exercised by the church must belong to the church and not to the state; i.e., it cannot be physical. The Christian religion is above political coercion by the state and Aquinas sees it as reinforcing Aristotle's limits on public responsibility for virtue.

Summary

Al-Farabi saw himself as inheriting from Aristotle the problem of limits to political responsibility for virtue. The purpose of political life for Aristotle is not only peace and prosperity but virtue. If the state possesses the authority to habituate citizens to virtue, what are the limits to that responsibility? Aristotle establishes two main limits: the family and the size of the state. Al-Farabi rejects both. He considers the nation a more natural limit than the city, and he sees religion rather than the family as the principal limit to political responsibility to virtue. Although virtue must be enforced through religion, the capacity of a people to receive religion is diverse, unequal, and, at least in part, rooted in natural causes.

Thomas Aquinas's view of marriage as a sacrament, on the other hand, reinforces the Aristotelian position that the family is the most basic limit to public responsibility for virtue. In fact, Aquinas expands the notion of subsidiarity beyond the family. He further limits political responsibility for virtue by multiplying the social organizations that are within the state, and the moral education that is possible through private social organizations is more voluntary, complex, and internalized that which comes through civil law. Moreover, Aquinas and Aristotle agree that political life is not only limited from "below" by the family but also from "above." For Aristotle, "above" means the supra-political perfection that is philosophy. "Above" for Aquinas means perfection through the supernatural cause of grace. Thus, in spite of Aquinas' views on punishing heretics and apostates, it is not the case, as Leo Strauss' claims, that Aquinas' Christian faith led him to increase and exaggerate political responsibility for virtue.

Zusammenfassung

Im Anschluss an Aristoteles sah Al-Farabi die Frage nach den Grenzen politischer Verantwortung als Tugend. Der Zweck des politischen Lebens ist für Aristoteles nicht nur Frieden und Wohlstand, sondern die Tugend. Wenn der Staat nun die Autorität besitzt, seinen Bürgern diese Tugend nahezubringen, was sind dann die Grenzen dieser Verantwortung? Aristoteles nennt vor allem zwei Grenzen: die Familie und die Größe des Staates. Al-Farabi lehnt beide ab. Er betrachtet das Volk als eine natürliche Grenze im Unterschied zur *Polis*, und er sieht eher die Religion und nicht so sehr die Familie als die wesentliche Grenze der politischen Verantwortung als Tugend. Auch wenn die Tugend durch Religion gestärkt wird, so ist doch die Neigung eines Volkes, religiös zu sein, sehr verschieden, und geht auf natürliche Wurzeln zurück.

Auf der anderen Seite sieht Thomas von Aquin die Ehe als ein Sakrament, was die Auffassung des Aristoteles bestätigt, wonach die Familie die entscheidende Grenze der staatlichen Verantwortung als Tugend darstellt. De facto erweitert Thomas von Aquin den Begriff der Subsidiarität über die Familie hinaus. Außerdem begrenzt er die politische Verantwortung als Tugend, indem er die vielfältigen zivilgesellschaftlichen Strukturen, die innerhalb des Staates vorhanden sind, in den Blick nimmt. Diese Begrenzung schließt auch die sittliche Erziehung mit ein, die sich durch private gesellschaftliche Einrichtungen freier und vielfältiger darstellt; wenn es ihnen gelingt, die Menschen entsprechend zu formen, sind die Wirkungen bis ins Zivilrecht hinein zu spüren. Außerdem stimmen Thomas von Aquin und Aristoteles darin überein, dass das politische Leben nicht nur von „unten" durch die Familie begrenzt ist, sondern auch von „oben". Für Aristoteles besagt „oben" die Philosophie, die über den politischen Rahmen hinausgeht. Für Thomas von Aquin dagegen bedeutet „oben" die Vervollkommnung durch die übernatürliche Gnade. Auch wenn Thomas von Aquin für die Bestrafung der Häretiker und Apostaten eintritt, ist damit nicht gesagt, wie Leo Strauss behauptet, dass der christliche Glaube Thomas von Aquin dazu bewog, die politische Verantwortung als Tugend überzubetonen.

Die Verantwortung des Politikers

Von Jürgen Aretz

Verantwortung – das ist ein Begriff, der sich sprachlich rasch erschließt. Das Substantiv ‚Antwort' bildet den Kern des Begriffs. Verantwortung, das heißt, der Mensch gibt Antwort auf die Frage nach seinem Tun und Unterlassen; er ist angefragt, seine Beweggründe darzulegen und sein Handeln zu rechtfertigen. Für den freien, aus Einsicht handelnden und an die sittliche, soziale und rechtliche Pflicht gebundenen Menschen ist die Verantwortung eine allgemeine Notwendigkeit des Lebens. Sie ist also eine zutiefst persönliche, aber keine subjektivbeliebige Angelegenheit.

Nicht zuletzt die mediale Beurteilung des Handelns von Politikern wirft die Frage auf, ob es für den Politiker eine spezielle Verantwortung gibt, die über die Beachtung der allgemeingültigen Normen und Gesetze hinausgeht. Richtig ist, dass der Politiker im Unterschied zu vielen anderen in einer besonderen Weise im öffentlichen Raum wirkt. Gibt es also in unserem Gemeinwesen unterschiedliche Grade der Verantwortung?

Das ist die grundsätzliche Frage. Daran wird sich gegebenenfalls die Frage anschließen müssen, ob und inwieweit die Betroffenen ihrer Verantwortung nachkommen.

***

Seit 2008 hat uns eine Finanzkrise mit sehr weitreichenden Folgen erfasst. Diese Folgen gehen über den Finanzbereich hinaus – sie greifen tief in wirtschaftliche und politische Zusammenhänge ein. Längst sind begründete Zweifel daran aufgekommen, dass führende Köpfe der Finanzwelt den an sie gestellten Ansprüchen gerecht geworden sind. Das lässt zwei Folgerungen zu: Zum einen gibt es unterschiedliche Grade der Verantwortung, zum anderen sind für das öffentliche Wohl nicht ausschließlich Politiker verantwortlich.

Zweifellos trägt eine besondere Verantwortung, wer über Strukturen und Bedingungen entscheidet bzw. mitentscheidet, denen sich andere Menschen nicht entziehen können, die aber für ihr Leben und Arbeiten bestimmend sind. Mit der höheren Entscheidungskompetenz wächst die Verantwortung. Der Vorstand eines Unternehmens muss sich insofern anderen Fragen stellen als seine Mitarbeiter, der Minister anderen als der Mitarbeiter des Ministeriums oder auch der so genannte einfache Abgeordnete.

Gleichwohl gibt es wesentliche Unterschiede: einmal sind die Entscheidungen des Vorstandes eines „nichtsystemischen" Unternehmens in aller Regel nur für sein Unternehmen und die von ihm abhängigen Menschen von hoher Relevanz, die Entscheidungen des politischen Mandatsträgers aber vom Grundsatz her für das gesamte Gemeinwesen. Der Politiker verdankt seine Entscheidungskompetenz der freien und allgemeinen Wahl durch die Bürger, die ihn auf Zeit beauftragen, sie zu repräsentieren, für sie zu handeln bzw. zu entscheiden. Er ist – vom grundsätzlichen Anspruch her – über den Kreis derer, die ihn gewählt haben hinaus für das Wohl aller verantwortlich und nur der Rechtsordnung und seinem Gewissen verpflichtet.

Der Politiker handelt freilich nicht theoretisch, sozusagen in einem „luftleeren Raum", sondern unter konkreten Bedingungen. Zu den konkreten Rahmenbedingungen seines Handelns gehören die Einstellungen der Menschen, die Rolle der Wirtschaft, der Wissenschaft oder der Medien, um nur einige Beispiele zu nennen. Diese Einstellungen und Rollen sind keine festen Größen, sondern sie verändern sich – mit konkreten Auswirkungen auf das politische Handeln.

Die Bedingungen ihres Handelns können Politiker nur eingeschränkt beeinflussen. Das relativiert nicht die persönliche Verantwortung, im Besonderen nicht, wenn es um Fragen von prinzipieller Bedeutung geht, wie z. B. um das Lebensrecht des Ungeborenen. Freilich sind Entscheidungen von solcher Tragweite die Ausnahme in der Arbeit eines Politikers. Umso mehr gilt es, die Voraussetzungen für den politischen Alltag zu hinterfragen, unter denen Politiker Verantwortung zu übernehmen haben.

Die Wechselbeziehung zwischen der Einstellung von Politikern zu sittlichen, sozialen und rechtlichen Pflichten einerseits und dem Grad der Akzeptanz entsprechender Normen in der Gesellschaft wird erkennbar immer stärker. Es ist kaum zu übersehen, dass das Handeln der Politiker zunehmend unter dem Einfluss von Veränderungen des gesellschaftlichen Wertekanons steht und weniger auf eigenen Grundsätzen beruht – übrigens ein Phänomen, das sich nicht auf eine bestimmte politische Richtung beschränkt. Die Frage scheint oft, welchen politischen Vorteil eine bestimmte Position oder Entscheidung bringt, und nicht, was inhaltlich für richtig gehalten wird. Dazu trägt auch das Phänomen der *Political Correctness* bei.

Auf dem Höhepunkt der so genannten „Friedensbewegung", die sich gegen den „Doppelbeschluss" der NATO wandte, und von der wir heute wissen, dass ihre Führung kommunistisch unterwandert war, gab es eine an Infamie grenzende Attacke gegen den damaligen sozialdemokratischen Bundeskanzler Helmut Schmidt. Der sozialdemokratische Spitzenpolitiker Oskar Lafontaine – also ein Parteifreund – kritisierte Schmidt, weil dieser bestimmte Einstellungen und Haltungen von den Bürgern forderte. Lafontaine warf ihm vor, mit den so apostrophierten „Sekundärtugenden“ könne man auch ein KZ führen. Die Beachtung eines früher selbstverständlichen Pflichtenkanons wurde mit dem schlimmsten denkbaren Verbrechen in Verbindung gebracht. Bezeichnenderweise ist Lafontaine heute Vorsitzender der SED-Nachfolgepartei PDS/Die Linke im deutschen Bundestag.

Die veränderten Einstellungen der Menschen sind längst empirisch erfasst. Der amerikanische Politikwissenschaftler Robert Putnam, für den das „soziale Vertrauen“ ein Schlüsselbegriff der modernen zivilen Bürgergesellschaft ist, kommt zu eindeutigen Ergebnissen. Auf die Frage „Glauben Sie, dass sich die Menschen heute so ehrenhaft und moralisch verhalten wie früher?“ antworteten in den USA 1952 mehr als 50 % mit ja, 1965 noch deutlich über 40 %, 1976 knapp über 30 % und 1998 noch gut 25 %.[1] Das bedeutet: in eineinhalb Generationen hat sich die Zustimmung zu dieser Frage halbiert. Für Deutschland existieren entsprechende demoskopische Hinweise.

Die Wahrnehmung solcher Entwicklungen bildet nicht unbedingt die Entwicklung selbst ab. Angesichts der Zahlen Putnams aber wird klar, dass wir von einer massiven Beeinträchtigung des sozialen Vertrauens ausgehen müssen. Mit dem Rückgang der individuellen Wertebindung und persönlicher Verantwortungsempfindung korrespondiert eine Tendenz zur Delegierung von Verantwortlichkeit an andere oder an staatliche Einrichtungen. So ist es weithin üblich geworden, die Schule als ersten und zentralen Ort der Erziehung unserer Kinder zu sehen und nicht das Elternhaus. Gerade dieses Beispiel zeigt, welche bedenklichen Folgen die Entwicklung haben kann.

Das persönliche Engagement in unserer Gesellschaft geht deutlich zurück, auch wenn es in vielen Bereichen immer noch in beeindruckender Weise anzutreffen ist, in organisierter wie in nichtorganisierter Form. Wichtige gesellschaftliche Bereiche könnten ohne diesen Einsatz nicht funktionieren. In Staaten wie den USA werden durch das, was wir in Deutschland das Ehrenamt nennen, Sozialaufgaben übernommen, die in Deutschland wie selbstverständlich staatlich organisiert sind. Längst fehlen in Deutschland in traditionellen Domänen des Ehrenamtes – wie den Sportvereinen und der freiwilligen Feuerwehr – in großer Zahl engagierte junge Mitwirkende. Die demographische Entwicklung verschärft die Situation.

Mittlerweile hat der deutsche Gesetzgeber bescheidene materielle Anreize für die ehrenamtlich Engagierten geschaffen. Das ist eine verständliche und notwendige Konsequenz, selbst wenn sie in gewisser Weise einen Widerspruch in sich selbst bildet. Auf die Zahl der Engagierten hat sich das bisher nicht nen-

[1] Vgl. *Robert D. Putnam*, Gesellschaft und Gemeinsinn. Sozialkapital im internationalen Vergleich, Gütersloh 2001.

nenswert ausgewirkt. Erfahrungsgemäß lassen sich ehrenamtlich Tätige eher zu einer Erweiterung oder der Übernahme eines zusätzlichen Engagements bewegen, als dass es gelingen würde, „ehrenamtlich Abstinente“ überhaupt für eine solche Tätigkeit zu gewinnen. Das schließt übrigens auch die Frage des „politischen Nachwuchses“ ein – schließlich ist Politik für die allermeisten politisch Interessierten und Tätigen ein Ehrenamt.

Eine seit 1983 regelmäßig fortgeschriebene Studie der Universität Konstanz über die politischen Einstellungen der Hochschulstudierenden kommt zu dem Ergebnis, dass es unter ihnen einen zunehmenden „Abschied von öffentlicher Verantwortung“ gibt. Immer weniger Studierende sind – unabhängig von parteipolitischen Präferenzen – bereit, sich politisch zu engagieren.[2]

Man wird angesichts der festgestellten gesellschaftlichen Trends fragen müssen, ob es überhaupt noch gelingen kann, in ausreichender Zahl Persönlichkeiten für die Politik zu gewinnen. Vor allem, können Bürgerinnen und Bürger gewonnen werden, die ihre Aufgaben nicht in erster Linie darin sehen, bestimmte Interessen zu vertreten, sondern deren Motivation das Allgemeinwohl ist und die demokratische Umsetzung ihrer Ideale?

Von ihrem Anspruch her benötigt die Demokratie genau diesen Politikansatz. Den herrschenden „Politik-Eliten“ erscheint er freilich im günstigsten Fall idealistisch und damit „unrealistisch“. Bisweilen sind derartige Einstellungen dem politischen Establishment schon fast verdächtig. Sie passen nicht in die üblichen Schemata, die Politik als Interessenvertretung und als Instrument zur Durchsetzung von Machtansprüchen verstehen.

***

Die Frage der Verantwortung wird heute vielfach als Anspruch gegen Institutionen oder Gruppen von Mitbürgern gesehen. Diese Subjektivierung des Begriffs Verantwortung führt dazu, dass die eigene Person, die soziale Gruppe oder der eigene Interessenverband von Verantwortung freigestellt wird oder einem Verantwortungsanspruch nur nachrangig unterworfen zu sein scheint. Die Ansprüche richten sich vielmehr gegen diejenigen, die als Träger von Macht gesehen werden – übrigens nicht nur in der Politik, sondern auch in der Wirtschaft und selbst der Kirche.

Interessanterweise spielen die Medien in diesem Kontext kaum eine Rolle in der öffentlichen Diskussion. Sie aber prägen das Bild der Handelnden bzw. der – bisweilen nur vermeintlich – Verantwortlichen. In hohem Maße bestimmen

---

[2] *Tino Bargel*, Wandel politischer Orientierungen und gesellschaftlicher Werte der Studierenden. Studierendensurvey: Entwicklungen zwischen 1983 und 2007 (hrsg. v. Bundesministerium für Bildung und Forschung), Bonn/Berlin 2008.

sie die Themen und Fragen des öffentlichen Diskurses, aber auch das Erscheinungsbild bestimmter politischer Gruppierungen und Persönlichkeiten.

Ein weiterer Aspekt von keineswegs nur immaterieller Bedeutung kommt hinzu. Viele Medien sehen ihre Aufgabe darin, über rechtliche Ansprüche der Bürger zu informieren. Das ist im Grundsatz richtig. Problematisch wird es, wenn solche Ansprüche nicht tatsächlich bestehen, aber politisch insinuiert und damit Erwartungshaltungen aufgebaut werden, denen aus rechtlichen oder finanziellen Gründen nicht entsprochen werden kann. Nur selten ist die Rede davon, dass es nicht nur kodifizierte Rechte gibt, sondern auch kodifizierte Pflichten und darüber hinaus soziale Verpflichtungen, die das Funktionieren des Sozialstaats erst ermöglichen. Solidarität ist – übrigens über die Sozialpolitik hinaus – ein fast schon inflationär verwendeter Begriff, der in Gefahr ist, zum sinnentleerten Schlagwort zu werden. Dass der Begriff Solidarität nicht nur für Sozialethiker unlösbar mit den Begriffen Personalität und Subsidiarität verbunden sein sollte, erschließt sich wenigen Politikern und Medienvertretern.

Der Ausbau des Sozialstaats und seine mediale Darstellung hat in Teilen der deutschen Gesellschaft zu dem Ergebnis geführt, dass es nicht mehr als Pflicht empfunden wird, selbst tätig zu werden und auch Selbst-Verantwortung zu übernehmen. Allzu oft sieht der Einzelne nicht sich in seinem und für seinen (Lebens-)Bereich zuständig und verantwortlich, sondern den ansonsten vielfach kritisierten „Staat“. Die Situation wird dadurch verschärft, dass viele Bürger, die auf gesetzlicher Grundlage finanzielle Beiträge in das deutsche Sozialversicherungssystem entrichten, „Erträge“ in mindestens gleicher Höhe erwarten. In diesen Kontext gehört auch die verbreitete „Mitnahme-Mentalität“ – Leistungen werden in Anspruch genommen, obwohl eine objektive Notwendigkeit nicht gegeben ist.

Auch wenn manches getan wird, um dem Missbrauch zu begegnen: Ein so entwickeltes Anspruchsdenken lässt außer Acht, dass es zu Lasten der tatsächlich Bedürftigen geht. Für die konkrete, die tatsächliche Solidarität mit den Schwachen, bleibt schlicht nichts mehr übrig, wenn jeder Einzahlende mindestens seine Einzahlungen „herausholen“ möchte. Ohne Solidarität aber kann der Sozialstaat nicht funktionieren. Auch daraus resultiert die Unterfinanzierung der Sozialsysteme, die angesichts der demographischen Entwicklung in Deutschland zunehmen wird. Für die absehbare, zum Teil bereits eingetretene Schieflage des Systems aber wird „die Politik“ verantwortlich gemacht.

Ein Beispiel für diese Schieflage ist das staatliche Rentenversicherungssystem in Deutschland. Auf Antrag der von CDU, CSU und SPD gebildeten Bundesregierung (der „Großen Koalition“) hatte der Bundestag im März 2007 das Renteneintrittsalter von 65 auf 67 Jahre erhöht. Die Zustimmung reichte bis in das Lager der Opposition. Die Anhebung ist angesichts der gestiegenen Lebenserwartung und Leistungsfähigkeit der Menschen in der Regel vertretbar und angesichts der Bevölkerungsentwicklung kaum ausreichend. Die Fachleute stimmen überein, dass wir in Deutschland tendenziell ein Renteneintrittsalter von etwa 70 Jahren benötigen, um das Rentenniveau dauerhaft sichern zu können. Inzwischen wird aber bereits die Anhebung auf 67 Jahre von der Öffentlichkeit nicht mehr getragen, angeführt von Teilen der SPD – wohlgemerkt einer Regierungspartei – und Teilen der politischen Opposition sowie den Gewerkschaften.

Der Ausnutzung des Sozialstaats steht ein Pendant auf der „anderen" sozialen Seite gegenüber. In Deutschland sind die Steuern im internationalen Vergleich hoch. Nicht wenige der so genannten oder wirklichen „Besserverdiener" versuchen mit legalen oder auch illegalen Methoden ihre Steuern zu verkürzen oder der Steuerpflicht ganz zu entgehen. Die spektakulären Fälle der letzten Jahre verdeutlichen dieses Phänomen. Auch wenn diese Fälle in der Summe nicht die unterstellte finanzielle Bedeutung für unsere Sozialsysteme und den Fiskus haben sollten: Die politische Wirkung ist verheerend, die Empörung der Bürger über Millionäre, die gesetzwidrig ihre Steuern verkürzen, verständlich. Diese Beispiele sind Wasser auf den Mühlen derer, für die das System der Sozialen Marktwirtschaft ohnehin nur eine Placebo-Variante des Kapitalismus ist.

Freilich gibt es in unserer Gesellschaft auch ganz andere Beispiele von Verantwortungsentzug bzw. Verantwortungszuweisung. Vor einiger Zeit berichtete ein hochrangiger Manager eines deutschen Automobilkonzerns stolz über die Erfolge beim Absatz teurer Fahrzeuge in der Kundengruppe der 18- bis 25-Jährigen. Auf die Frage, woher die jungen Leute das Geld hätten, antwortete er mit großer Selbstverständlichkeit: „Von unserer konzerneigenen Bank". Heute – also im Gegensatz zur früheren Generation – würden die jungen Leute eben nicht sparen und Eigenkapital bilden, um eine eigene Existenz aufzubauen. Sie wollten jetzt leben. Die ökonomischen und gesellschaftlichen Konsequenzen dieses Verhaltens seien nicht das Problem seines Unternehmens, sondern, so wörtlich, „der Politik".

Selbstverständlich ist es die erste Aufgabe eines Managers, unter Wahrung der Gesetze zum Profit seines Unternehmens beizutragen. Es ist insofern auch nicht zu kritisieren, dass die konzerneigene Bank Kredite an junge Leute vergibt. Zu kritisieren ist die ignorante, ja zynische Kommentierung einer problematisch veränderten Lebenseinstellung junger Menschen.

Dieser Manager lieferte eine Variante des in unserer Gesellschaft längst üblich gewordenen Mottos: Geht es gut, ist es unser Verdienst, geht es schlecht, liegt das in der Verantwortung der Politik – das heißt: der Politiker. Sie haben die gesellschaftlichen Konsequenzen zu tragen bzw. zu bewältigen.

Die vermeintlich unabhängigen Politiker werden so zu gesellschaftlichen „Dienstleistern" gemacht – oder sie lassen sich dazu machen. Mit ihrer ausschließlichen Bindung an die Verfassung, das Recht und die Gewissensentscheidung ist es dann nicht mehr weit her. Eine besondere Verantwortung könnte ihnen als „Dienstleistern" nicht zugewiesen werden – sie könnten sie auch nicht beanspruchen. Letztlich ist, wie wir wissen, demokratische Politik nur möglich, wenn sie nicht nur von den gewählten Abgeordneten, sondern von einem im Alltag bewährten demokratischen Konsens der Bürger getragen wird. Dieser Konsens ist theoretisch gegeben – die Ergebnisse der Praxis sind, wie die letzten Jahre zeigen, in Deutschland nicht wirklich überzeugend.

Politiker stehen heute nicht nur einem veränderten Grundverhalten ihrer Wähler gegenüber, das letztlich in unmittelbarem Zusammenhang zu einem veränderten Wertverhalten steht. Vielmehr hat sich auch das Grundverhalten von Funktionseliten geändert, wie das Beispiel des Automanagers zeigt. Ethische oder gesellschaftliche Bindungen werden nicht anerkannt und das persönliche Wohlbefinden bzw. die Profitmaximierung zum einzigen Ziel des Handelns erklärt. Die Extreme eines egalitären Denkens einerseits und einer ungezügelten Form liberalen Wirtschaftsverhaltens andererseits scheinen sich in neuer Form wieder zu präsentieren. Liegt hier nicht auch eine Ursache für die Bankenkrise?

***

In den meisten westlichen Demokratien sind die Mandatsträger, die gewählten Politiker, jedenfalls auf nationaler Ebene, meist aber schon auf Länder- bzw. Regionalebene, längst Berufspolitiker geworden. Selbst wenn sie eine berufliche Qualifikation erworben und längere Zeit einer entsprechenden Tätigkeit nachgegangen sind, so sind sie doch meist nicht willens oder in der Lage, wieder in ein anderes Berufsleben zu wechseln oder zurückzukehren. Das heißt: Die meisten sind auf ihre Wiederwahl angewiesen. Daraus resultiert, dass ihr Zeithorizont vielfach nicht mehr das langfristige Wohl der Menschen ihres Landes oder gar der nächsten Generation ist, sondern die Legislaturperiode. Danach folgen Wahlen – und die Gefahr des finanziellen Absturzes, des Verlustes von Privilegien oder Bequemlichkeiten, etwa des Dienstwagens, oder schlicht der Entzug öffentlicher bzw. medialer Aufmerksamkeit.

Natürlich weisen es Politiker aller Parteien zurück, wenn ihnen eine Arbeits- und Lebensplanung in Legislaturperioden vorgehalten wird. Sie werden auf die Zukunftsbedeutung und die Nachhaltigkeit ihrer politischen Arbeit verweisen, z. B. für den Umweltschutz. Nur: Die zum Teil weniger angenehmen Folgen einer auf Nachhaltigkeit angelegten Umweltpolitik sind kurzfristig nicht überprüfbar, wohl aber die der Anhebung des Rentenalters auf 67 Jahre. Hier ist das politische Ergebnis sofort erlebbar, die gegenwärtigen Wähler sind unmittelbar betroffen. Dass die eigenen Kinder und Enkel die Zeche zahlen müssen, wird gerne ignoriert.

Von „der Politik" aber ist in diesem Kontext rationales und verantwortliches Verhalten kaum zu erwarten. Es gibt in Deutschland sehr viel mehr ältere als jüngere Wähler. Ethische Überlegungen treten vor diesem Hintergrund ebenso zurück wie das Nachdenken über das praktische Funktionieren des Generationenvertrages. Unter dem Aspekt der Nachhaltigkeit kann es aber nicht nur darum gehen, unseren Kindern eine intakte Umwelt zu hinterlassen. Nicht weniger bedeutsam sind intakte Sozialsysteme und Staatsfinanzen.

Politiker, die unter dem Druck von Interessengruppen, Teilen der Medien oder der populistischen Argumentation der Opposition ihre Position aufgeben und in Sachfragen – wie der Rente mit 67 Jahren – trotz unwiderlegbarer Fakten aus purer Sorge um ihre Wiederwahl zurückweichen, werden ganz unzweifelhaft ihrer Verantwortung nicht gerecht. Das gilt allerdings nicht weniger für das notwendige Projekt einer grundlegenden Steuerreform, die Leistungsträger im Lande hält. Stattdessen wird – vorgeblich unter dem Aspekt einer „sozialen Gerechtigkeit", deren konkrete Definition bis heute niemandem überzeugend gelungen ist – Rücksicht auf eine Stimmung genommen, die sich vor allem aus dem Sozialneid speist. Der Sozialneid allerdings scheint, pointiert gesagt, neben dem kurzen Gedächtnis der Menschen die einzige Konstante der Politik in Deutschland zu sein.

Theoretisch sind Modelle denkbar, die dem Typus des Berufspolitikers entgegenwirken – zum Beispiel die Begrenzung der Wiederwahl auf zwei oder drei Legislaturperioden. Eine solche Begrenzung müsste freilich von den Betroffenen selbst verabschiedet werden. Als Gegenargument müsste auch die Frage zugelassen werden, ob sich in vergleichsweise kurzer Zeit die Führungspersönlichkeiten für Regierungsämter entwickeln bzw. herauskristallisieren könnten. Offen bliebe auch die Frage der in zentralen Politikbereichen notwendigen Kontinuität, etwa der Außenpolitik. Die Gefahr, dass die Gewaltenteilung durch eine Verlagerung der Verantwortlichkeit auf die Exekutive, die Fachbeamten, Schaden nähme, wäre nicht zu übersehen.

Der Typus des Berufspolitikers ist in demokratischen Systemen hochentwickelter Staaten ein Faktum. Das wird sich in der Praxis auch nicht ändern lassen. Eine solche Erwartung ist unrealistisch – es sei denn, mehr Bürger würden sich politisch engagieren und die umfassenden Ansprüche an „die" Politik würden zurückgenommen.

***

Wie aber dann lässt sich eine Politikführung erreichen, die verantwortlich genannt werden kann? Auf den Zusammenhang von Verantwortung und Antwort ist hingewiesen worden. Auf welche Fragen ist zu antworten? Und gibt es angesichts notwendiger Interessenabwägungen zweifelsfrei „richtige" oder „falsche" Antworten? Gerade in der Auseinandersetzung um Grundsatzfragen sind die Antworten möglicherweise theoretisch, aber keineswegs praktisch einfach.

Max Weber macht deutlich, dass der Anspruch wertegebundener Politik zwei Grundsätze kennt: Das gesinnungsethische und das verantwortungsethische Handeln.[3] Gesinnungsethisch handeln heißt, das politische Handeln einem ethischen Anspruch absolut unterzuordnen. Verantwortungsethisches Handeln dagegen bedeutet, immer alle möglichen Handlungsfolgen einzubeziehen und mit den Unvollkommenheiten der Menschen zu rechnen, ohne Preisgabe ethischer Grundsätze verständigungsbereit zu handeln und den bestmöglichen Weg zu finden. Das politische Handeln eines Christen kann nur dem zweiten Weg folgen.

Sicher gibt es die Möglichkeit, auch ohne religiöse Bindung eine verantwortungsbewusste Politik zu gestalten. Letztlich wird sich aber auch ein solcher Politiker in elementaren Fragen des Lebens, etwa bei der Abtreibung oder dem Umgang mit dem erlöschenden Leben, zu bestimmten ethischen Positionen bekennen müssen – und ihren Begründungen.

Für den christlichen Politiker muss es darum gehen – oder besser: der christliche Politiker hat die Möglichkeit, auf der Grundlage des Glaubens die täglichen Antworten auf politische Fragen und Herausforderungen zu geben. Der Glaube gibt uns nicht die Lösung zum Beispiel von steuerrechtlichen Fragen vor. Wir können aber auf der Grundlage des Glaubens entsprechende Antworten finden, so unter dem Aspekt der Verantwortung für das Gemeinwohl.

Richtlinie des politischen Handelns kann eben nicht nur der Dekalog sein oder die wörtliche Umsetzung der Evangelien. Das liefe auf eine fundamentalistische Politik hinaus, oder, um auf Weber zurückzukommen, auf gesinnungsethisches Handeln.

***

Mit dem Glauben ist zumal für den katholischen Christen ein Wertekanon verbunden, der in der kirchlichen Sozialverkündigung festgehalten ist. Hier kann der Christ die Ermutigung finden, die Werte bei der Gestaltung des gesellschaftlichen, wirtschaftlichen und kulturellen Lebens zu verwirklichen. Die Soziallehre weist dabei den Weg

- zu Solidarität mit den Armen, Benachteiligten und Schwachen;
- zum dienenden Charakter der Wirtschaft;
- zum Eintreten für die Grundwerte: Wahrheit, Freiheit, Gerechtigkeit und Liebe (Enzyklika *Pacem in terris*);

---

[3] *Max Weber*, Politik als Beruf (1920/26), Stuttgart 2002.

- zur Verantwortung für das Gemeinwohl;
- zur Achtung der Menschenwürde;
- zur Anerkennung des Wertes der Arbeit, die ein Recht und eine Berufung des Menschen ist (Enzyklika *Laborem exercens* und schon *Rerum novarum*);
- zum Einsatz für den Schutz der Familie als der gestaltenden Kraft des gesellschaftlichen Lebens;
- und schließlich zu dem elementarsten Wert, der Achtung vor dem Leben.

Niemand wird behaupten wollen, dass die Beachtung dieses Wertekanons die Wiederwahl und die Karriere eines Politikers sichert. Der Kanon gibt dem Politiker aber eine Orientierungs- und Entscheidungsgrundlage, die es ihm erlaubt, vor seinem Gewissen zu bestehen und so seiner Verantwortung gerecht zu werden. Eine solche Politik hat gute Aussichten, das Vertrauen der Menschen zu gewinnen – und damit letztlich auch politischen Erfolg zu haben. Wäre diese Aussage falsch, würde die Idee des demokratischen Systems insgesamt in Frage gestellt.

Es gibt eine Erfahrung der jüngsten deutschen Geschichte, die ermutigt. Nach dem Zusammenbruch der sozialistischen Diktatur im heutigen Ostdeutschland gab es dort weit mehr als 70 % Nichtchristen. Dennoch sind dezidiert christlich ausgewiesene Politiker außerordentlich erfolgreich gewesen und sie haben Mehrheiten gewonnen. Sicher ist das Argument zutreffend, dass sie auch gewählt wurden, weil sie in Zeiten der Diktatur „anders", das heißt, nicht angepasst waren. Der Kreis schließt sich: Sie waren nicht angepasst, weil sie Christen waren.

Christen dürfen die Zuversicht haben, dass sie auch auf dieser Seite des Lebens über eine tragfähige Alternative verfügen und so ihrer Verantwortung gerecht werden. Das ist ein wohl nicht ausreichend genutztes Angebot an die Politiker.

Zusammenfassung

Die Frage nach der Verantwortung des Politikers wirft die grundsätzliche Frage auf, ob es für einen politisch tätigen Menschen eine spezielle Verantwortung gibt, die über die Beachtung der allgemeingültigen Normen und Gesetze hinausgeht. Zweifellos trägt eine besondere Verantwortung, wer über Strukturen und Bedingungen entscheidet bzw. mitentscheidet, denen sich andere Menschen nicht entziehen können. Mit der höheren Entscheidungskompetenz wächst auch die Verantwortung. Für den Politiker kommt hinzu, dass er seine Entscheidungskompetenz der freien und allgemeinen Wahl durch die Bürger verdankt, die ihn auf Zeit beauftragen, sie zu repräsentieren, für sie zu handeln bzw. zu entscheiden.

Die Frage nach der Verantwortung des Politikers steht heute auch deshalb so sehr im Fokus des öffentlichen Interesses, weil der gesellschaftliche Wertekanon selbst einem Wandel unterworfen ist und vielen Menschen ein verlässlicher Kompass für ihr Handeln fehlt. Ein Politiker, der sich einem christlichen Wertekanon verpflichtet fühlt, findet hierin eine Orientierungs- und Entscheidungsgrundlage, die es ihm erlaubt, vor seinem Gewissen zu bestehen und so seiner Verantwortung gerecht zu werden. Eine auf diesem Fundament grundgelegte Politik hat gute Aussichten, das Vertrauen der Menschen zu gewinnen – und damit letztlich auch politischen Erfolg zu haben.

Summary

The question regarding the responsibility of the politician raises the fundamental question of whether there is a special responsibility for politicians, which exceeds that of generally accepted standards and laws. Undoubtedly, he who decides on structures and conditions, from which others cannot escape, bears a special responsibility. The greater the decision-making powers, the higher the responsibility. Moreover, the politician receives his decision-making authority through free and general elections by the citizens, who elect him for a limited period of time to represent, act and decide for them.

Another reason why the responsibility of the politician receives considerable public attention today is because the social canon of values itself is subject to change. As a consequence people miss a reliable compass for their actions. A politician who feels committed to a Christian canon of values finds herein a basis for orientation and decision-making, which allows him to deal with his conscience, and to act accordingly in order to fulfil his obligations. Politics based on this foundation has good prospects for winning the confidence of the people – and with this ultimately also has political success.

Wandlungen im deutschen Parteiensystem

Von Bernhard Vogel

Wer in den USA über das deutsche Parteiensystem spricht, muss vorweg bemerken, dass die Parteien in Deutschland eine andere Rolle spielen als in den Vereinigten Staaten. Regierung und Parlament sind in Deutschland nicht in derselben Weise voneinander getrennt wie in den USA, weil die deutsche Regierung aus dem Parlament hervorgeht. Der Bundestag wählt den Bundeskanzler und mit ihm die Bundesregierung. Die Abgeordneten werden nach einem leicht relativierten Verhältniswahlrecht gewählt, nicht nach Mehrheitswahlsystem, d. h., das deutsche Wahlrecht programmiert kein Zweiparteiensystem vor wie in Amerika. Der Kanzler als Regierungschef kann nur abgewählt werden, wenn zugleich ein anderer Kanzlerkandidat im Bundestag die Mehrheit als neuer Regierungschef findet. Wir nennen das konstruktives Misstrauensvotum. Zweimal ist der Versuch unternommen worden, den Kanzler per konstruktivem Misstrauensvotum zu stürzen: einmal erfolglos bei der Abwahl von Willy Brandt und einmal erfolgreich bei der Abwahl Helmut Schmidts und der zeitgleichen Wahl Helmut Kohls zum neuen Bundeskanzler. Im Übrigen muss eine Partei fünf Prozent der Stimmen erreichen, um in den Bundestag einzuziehen.

Adolf Hitler hat nach der Machtergreifung 1933 alle demokratischen Parteien aufgelöst. Einige sind der Auflösung durch Selbstauflösung zuvorgekommen. Nur eine Partei, nur die Sozialdemokratische Partei SPD, gegründet im 19. Jahrhundert, hat die Nazidiktatur überlebt: zum Teil in der inneren Emigration, zum Teil im Ausland, vor allem in London und in der Schweiz. Zwei liberale Parteien, die am Ende der Weimarer Republik auf ein kleines Restminimum zusammengeschrumpft waren, haben sich nach dem Zweiten Weltkrieg unter der Führung von Theodor Heuss zu einer liberalen Partei, der FDP, vereinigt.

Nach 1945 kam es nur zu einer echten Neugründung in Deutschland: der Christlich Demokratischen Union und der Christlich Sozialen Union in Bayern. Beide Unionsparteien überwanden konfessionelle Schranken, während es zuvor im Kaiserreich und in der Weimarer Republik eine relativ stabile katholische Partei, das Zentrum, und – immer schwächer werdend – auch evangelische Gruppierungen gegeben hatte.

Nach dem Zweiten Weltkrieg haben sich diese Parteien, haben sich die Männer und Frauen aus diesen Parteien zu einer Union zusammengeschlossen. Sie wollten mit dem Namen Union ausdrücken, eine Union der Landschaften, eine Union der sozialen Schichten und eine Union der beiden Konfessionen zu sein.

Die ökumenische Bewegung in Deutschland hat in der Politik begonnen. Erst später haben auch die Kirchen entscheidende Fortschritte in diese Richtung unternommen.

Es war nicht vorherzusehen, aber die Union schrieb eine Erfolgsgeschichte: Nunmehr insgesamt 39 Jahre, seit 1949, regiert ein CDU-Kanzler oder eine CDU-Kanzlerin, 20 Jahre ein sozialdemokratischer Kanzler. Zunächst lagen beide Parteien fast gleichauf. Im ersten Deutschen Bundestag gab es neben CDU und SPD zehn weitere Parteien. Erstmals in der deutschen Geschichte überhaupt bei demokratischen Wahlen erreichte die Union 1953 allein die absolute Mehrheit der Sitze und 1957 auch die absolute Mehrheit der Stimmen. Die beiden Volksparteien lagen in den Anfangsjahren jeweils bei etwas über 30 Prozent. 1976 haben sogar 91 Prozent der Wähler für eine der beiden Volksparteien gestimmt. 2005 hingegen nur noch 69 Prozent. Und das ist das eigentliche Thema.

Über Jahrzehnte hinweg galt die Regel, dass eine der beiden Volksparteien mit einer kleinen Partei, der FDP, die Regierung bildet und die andere Volkspartei die Rolle der Opposition wahrnimmt. Darauf beruhte die politische Stabilität, die die Bundesrepublik sehr rasch erreicht hat, und das war schließlich auch die elementare Voraussetzung für die Wiedereingliederung der Bundesrepublik in die Völkerfamilie.

Große Koalitionen sind in Deutschland unbeliebt, sie finden keine Sympathien. Von 1966 bis 1969 – nicht auf der Grundlage eines Wahlergebnisses, sondern wegen eines Streites in der Unions-FDP-Koalition – kam es erstmals zu einer Großen Koalition, mit der Folge, dass die kleinen Parteien erstarkten und dass sich eine außerparlamentarische Opposition bildete. Das hat sich geändert, als 1983 die Grünen erstmals in den Bundestag einzogen. Die beiden Volksparteien haben die gesellschaftspolitischen Themen der Grünen zu spät erkannt und dadurch eine thematische Voraussetzung für eine neue Partei gegeben. Mit dem Einzug einer vierten Partei waren neben der Großen Koalition zwei alternative Blockbildungen möglich: eine große Partei und die FDP oder eine große Partei und die Grünen als Mehrheitsregierung.

Die politische Landschaft veränderte sich in jüngster Zeit noch einmal deutlich. Ob das eine Veränderung auf Dauer ist oder vorübergehend, wird erst die Zukunft lehren. Die Ursache ist das Entstehen einer Linkspartei, die sich selber „Die Linke“ nennt. Wer ist das?

Zunächst entstand nach der Wiedervereinigung in den jungen Ländern im Osten Deutschlands die PDS, wie sich die SED, die kommunistische Staatspartei in der DDR – weder aufgelöst noch verboten – jetzt nannte. Für ihren Erfolg waren im Wesentlichen zwei Gründe maßgebend:

Erstens, weil der uralte Traum eines sozialistischen Gemeinwesens trotz aller in Europa gemachten schlechten Erfahrungen auch heute noch nicht endgültig ausgeträumt ist. Es ist ein Traum, der bis in die Antike zurück reicht und der immer wieder Anhänger gefunden hat.

Zweitens, weil die Wandlungsprozesse, die sich in den neuen Ländern vollziehen mussten, schwieriger waren als mancher meinte. Für mich hat sich daraus die Erfahrung ergeben, dass Neubau einfacher ist als Umbau. Der wirtschaftliche Aufbau des Trümmerhaufens nach 1945 im Westen Deutschlands nach dem Prinzip der Sozialen Marktwirtschaft durch Ludwig Erhard erwies sich als einfacher als der Umbau eines sozialistischen Planwirtschaftssystems zu einem System der Sozialen Marktwirtschaft. Dies nicht zuletzt auch deswegen, weil Sie in jeder europäischen Universitätsbibliothek viele Bücher darüber finden, wie man aus Kapitalismus Sozialismus macht, aber selten ein Buch, wie man aus Sozialismus freie Marktwirtschaft macht.

Aber nicht die Fortexistenz einer sozialistischen Partei, der PDS, war entscheidend, sondern die Entwicklung im Westen Deutschlands. Zur Erinnerung: Etwa ein Viertel der Bevölkerung lebt im Osten, drei Viertel leben im Westen, elf Länder im Westen, sechs Länder im Osten, wenn das wiedervereinte Berlin zum Osten gerechnet werden soll.

Franz-Josef Strauß, der bayerische Politiker, hat einst einen klassischen Grundsatz geprägt: Die beiden Volksparteien werden erfolgreich sein, wenn sie an ihren Rändern keine Konkurrenz zulassen. Das bedeutet, die Union muss den demokratischen Bogen bis zu der national-konservativen Seite hin abdecken. Die SPD muss sich gleichermaßen nach links ausrichten. Das ist der SPD in den letzten Jahren nicht mehr gelungen. Sie hat ihre Sammlungsfunktion verloren: einmal dadurch, dass ein Sanierungsprogramm für die deutsche Wirtschaft durch Gerhard Schröder, die Agenda 2010, keine Mehrheit in der SPD fand – ähnlich wie der NATO-Nachrüstungsbeschluss von Helmut Schmidt keine Mehrheit in seiner Partei gewinnen konnte – und weil sich ein Teil der Gewerkschafter sowie aller Protestbewegungen in der Bundesrepublik in der neuen Partei „Die Linke“ sammelten. Sie ist in den letzten Monaten und Jahren dort, wo in Westdeutschland Wahlen stattfanden, in die Landtage eingezogen, unter Führung zweier Politiker, denen man eine gewisse charismatische Wirkung nicht absprechen kann: Oskar Lafontaine und Gregor Gysi.

Eine Koalition mit diesen Linken ist zurzeit im Bund für die SPD nicht möglich. Weniger aus ideologischen als vielmehr aus personellen Gründen: Oskar Lafontaine war einige Jahre Vorsitzender der deutschen Sozialdemokratie. Eine personelle Zusammenarbeit mit dem Renegaten Lafontaine ist dem gegenwärtigen Führungspersonal der deutschen Sozialdemokratie nicht möglich. Ob das für alle Zukunft so bleibt, ist fraglich. Bisher ist es auch in keinem westdeutschen Land zu einer Koalition zwischen SPD und Linken gekommen, in Ostdeutschland allerdings mehrfach.

Die letzte Bundestagswahl 2005 brachte folgendes Ergebnis: Union 35 Prozent, Sozialdemokraten 34 Prozent, FDP 9 Prozent, Linke 8 Prozent und die

Grünen ebenfalls 8 Prozent. Die Schwäche, die rapide Rückläufigkeit der Unterstützung der SPD hat gegen alle Theorie der Politologen und der Wahlforscher nicht zu einer Zunahme der Wählerschaft bei der Union und mindestens ebenso überraschenderweise auch nicht bei den Liberalen geführt.

Auch wenn Meinungsumfragen eine heikle Angelegenheit darstellen, sollen doch wenigstens die gegenwärtigen Meinungsumfrageergebnisse genannt werden. Viele Institute führen sie durch. Ich stütze mich auf die Zahlen von Allensbach. Eine Umfrage aus diesem Monat* zeigt die Union bei 36 Prozent, die SPD bei 26 Prozent, die Grünen bei 10 Prozent, die FDP bei 11 Prozent und die Linke bei 12 Prozent – wobei in den neuen Ländern die Umfrageergebnisse, die in diesen Prozentangaben integriert sind, deutlich anders liegen. Hier hat die Union 30 Prozent, an zweiter Stelle haben die Linken 29 Prozent und die SPD 23 Prozent.

Das Wahlverhalten der Bürger in der Bundesrepublik hat sich geändert. Die Zahl der Stammwähler hat deutlich abgenommen, die Zahl der Nichtwähler deutlich zugenommen. Es ist nicht mehr richtig, unter den Nichtwählern nur desinteressierte, bequeme Unbeteiligte zu sehen, die die Mühe, zur Wahl zu gehen, nicht auf sich nehmen wollen. Vielmehr gibt es inzwischen eine deutliche Gruppe „wählender Nichtwähler", die in einer Wahlenthaltung ihre politische Entscheidung sehen.

Außerdem ist neben der veränderten Stammwählerschaft, neben der Zunahme der Nichtwählerschaft, eine deutliche Veränderung der Parteimitgliedschaft zu verzeichnen. Die Sozialdemokraten haben seit 1990 40 Prozent ihrer Mitglieder verloren, die CDU ein Drittel. Im Augenblick feiert die CDU, dass sie jetzt mehr Mitglieder hat als die SPD. Die Feier sei ihr gegönnt. Der Grund ist allerdings sehr dünnbödig, denn nur weil die CDU weniger Verluste erleidet, ist sie stärker als die SPD. Dennoch ist das eine deutliche Veränderung. Vor allem aber ist der inhaltliche Wandel der Parteien unverkennbar.

Mit den Linken ist eine Partei in den Bundestag eingezogen, die die DDR nicht vorbehaltlos als Unrechtsstaat bezeichnet, die die Zustimmung zum Grundgesetz, zu unserer Verfassung nur sehr bedingt artikuliert und die beispielsweise den Austritt aus der NATO, das Ende aller Bundeswehreinsätze im Ausland fordert, aber auch die Zukunft der Europäischen Union skeptisch sieht bzw. verneint.

Die Sozialdemokraten haben sich insofern gewandelt, als dass ein deutlicher Verlust der Bindewirkung festzustellen ist und als dass es zu einem Erstarken ihres linken Flügels gekommen ist – trotz und nicht wegen der Abwanderung zu den Linken. Hier scheint mir der eigentliche Schwachpunkt darin zu liegen,

* Juli 2008

dass die SPD über dieses Erstarken der Linken erstaunt, konsterniert ist, aber nicht wirklich die Auseinandersetzung mit deren Programm sucht.

Aber es wäre unredlich, nicht auch Veränderungen in der CDU anzumerken, schon deswegen, weil Deutschland durch die Wiedervereinigung ostdeutscher, protestantischer und weniger kirchlich geworden ist. In der alten Bundesrepublik stellten die Katholiken eine kleine Mehrheit gegenüber den Protestanten, in der wiedervereinigten Bundesrepublik sind die Katholiken in der Minderheit. In der Vergangenheit waren die Katholiken in der Wählerschaft der CDU und auch in der Parteiführung in der Mehrheit. Beides ist so nicht mehr der Fall.

Auch bei den Grünen hat sich eine Wandlung vollzogen, eine Normalisierung und Flexibilisierung. Und als Ergebnis daraus ist zum ersten Mal in einem Land der Bundesrepublik, in Hamburg, eine Koalition zwischen Union und Grünen hervorgegangen.

Auch bei der FDP hat sich, wie bereits angedeutet, ein Wandlungsprozess der Art vollzogen, dass es ihr nicht gelingt, aus dem Stagnieren der CDU-Wählerschaft für sich Zunahmen zu erreichen, sondern dass auch sie auf einem niedrigen Stand verweilt.

Sie werden von mir eine Bemerkung zum Rechtsradikalismus erwarten, zumal es in einigen, wenn auch wenigen Landesparlamenten – in Sachsen und Sachsen-Anhalt – rechtsradikale Abgeordnete gibt. So sehr ich großes Verständnis für die Sorgen habe, die diese Entwicklung im Ausland auslöst, so sehr betone ich die geschlossene Gegnerschaft aller politischen Parteien gegen diese rechtsradikalen Gruppen, weit geschlossener als gegenüber dem bestehenden und sich entwickelnden Linksradikalismus.

Eine Krise des Parteienstaates Bundesrepublik sehe ich nicht, aber ich sehe sehr wohl aufmerksam die zu beobachtenden Veränderungen – und dies angesichts der Tatsache, dass wir vor einer Vielzahl von Wahlen in den nächsten Monaten in Deutschland stehen. In fünf Ländern wird zu den Wahlurnen gerufen: in Bayern, im Saarland, in Thüringen, in Sachsen, in Brandenburg.

Die Wahlen zum Europäischen Parlament stehen bevor – in einer Zeit der bedauerlichen Ermüdung der Europabegeisterung auch in Deutschland. „Irland ist menschlich." Das irische Abstimmungsergebnis zur Europäischen Union hat Gründe, die zwar zu bedauern, aber auch in Deutschland zu finden sind.

Die Bundespräsidentenwahl steht bevor, die in Deutschland eine relativ überschaubare Bedeutung hat, weil der Bundespräsident nur eine repräsentative Aufgabe hat.

Vor allem aber erwarten die Deutschen die Bundestagswahl in einem Jahr. Unsere Wunschkoalition ist eine Koalition aus Union und FDP. Es hat aber nach den oben genannten Umfrageergebnissen nicht den Anschein, als ob diese Mehrheit sicher wäre. Als Alternative bieten sich Dreierbündnisse an, sei es aus Union, FDP und Grünen oder aus SPD, FDP und Grünen. Wobei in jedem Fall ein Dreierbündnis zu einer schwächeren Regierung führt als ein Zweierbündnis, weil die Schnittmengen natürlich entsprechend geringer sind, so dass leider die Möglichkeit einer erneuten Großen Koalition nicht auszuschließen ist, mit den vorhin angedeuteten negativen Folgen.

Im nächsten Jahr wird die Wiedervereinigung 20 Jahre zurückliegen und die Gründung der Bundesrepublik 60 Jahre. Deutschland feierte zu Recht vor einigen Tagen den 60. Jahrestag der Luftbrücke nach Berlin als die eigentliche Geburtsstunde der deutsch-amerikanischen Freundschaft. 20 Jahre Wiedervereinigung – eine Wiedervereinigung, die wir ohne unsere amerikanischen Freunde, speziell ohne die Persönlichkeit von Bush Senior, nicht erreicht hätten. Eine Revolution im Osten Deutschlands, nicht, wie jetzt gelegentlich etwas relativierend gesagt wird, nur eine Wende. Eine Wiedervereinigung, die die Deutschen übrigens ohne Gorbatschow und seine Entschlossenheit, die sowjetischen Truppen in den Kasernen zu lassen und selbstverständlich ohne Helmut Kohl nicht erreicht hätten.

Eine ernsthafte Bedrohung der Stabilität der Bundesrepublik sehe ich nicht, aber Haarrisse sind erkennbar, auf die man aufpassen muss: die Schwächung der Volksparteien, die Aufsplitterung des Parteiensystems, die Wandlung der Parteien, das Erstarken der rechts- und linksradikalen Flügel und die fraglos wachsende Verdrossenheit über Politik und über Politiker.

Dabei ist zu bedenken, dass wir in Deutschland einen Generationenwechsel erleben. Die Letzten, die ihre Prägung noch von der Erfahrung der Katastrophe von Weimar und des Nationalsozialismus gewonnen haben, nehmen Abschied, und der jungen Generation muss man die Begründung unserer Ordnung und unserer Grundentscheidung neu liefern. Mir, der ich als Kind den Bombenkrieg noch im Luftschutzkeller miterlebt habe, brauchte niemand begreiflich machen, warum wir ein konstruktives Misstrauensvotum eingeführt haben, warum wir den Präsidenten nicht vom Volk wählen lassen, warum wir eine Fünf-Prozent-Klausel haben. Das hat sich für unsere Generation aus der lebendigen Erfahrung der hinter uns liegenden Weimarer- und Hitlerzeit von selbst ergeben. Der neuen Generation, und das ist kein negatives Urteil, wie es gelegentlich dargestellt wird, sondern eine biologische Selbstverständlichkeit, muss man das erklären und neu verdeutlichen. Im Übrigen sind zwar unglaublich viele unlösbar erscheinende Probleme wie die Wiedervereinigung, wie das Ende des Kommunismus, wie die Gefahr eines dritten Weltkrieges bewältigt worden. Aber es sind neue Probleme auf die Tagesordnung gekommen, wie die Globalisierung, der Klimawandel, die demografische Veränderung, die Energiekrise und nicht zuletzt auch die gewachsene Verantwortung, die das wiedervereinigte Deutschland heute in Europa hat.

Trotz gewisser Zukunftssorgen ist nicht zu übersehen, dass die Große Koalition aus Union und SPD unter Zurückstellung eigener programmatischer Vorstellungen auf durchaus erstaunliche Erfolge, wie ein erfreuliches Wirtschaftswachstum, eine Konsolidierung der Staatsfinanzen und vor allem auf ein beachtliches Absinken der Arbeitslosigkeit verweisen kann.

Natürlich ist für uns von erheblicher Bedeutung, dass sich etwas vollzogen hat, was undenkbar schien. Niemand hätte sich zu der Zeit von Konrad Adenauer vorstellen können, dass eine Nachfolgerin von ihm an der Spitze der Union und an der Spitze der Bundesregierung eine protestantische Pfarrerstochter aus Ostdeutschland sein würde, dass sie es in einer beachtlichen Weise versteht, ihr Amt anders – insbesondere als ihr Vorgänger – aber ohne Frage mit Bravour zu führen. Das gilt ganz besonders auch in der Außenpolitik.

Dass wir als entscheidendes Element der Außenpolitik die transatlantischen Beziehungen, die sich Gott sei Dank durch die Kanzlerin wieder erheblich verbessert haben, brauchen, möchte ich zum Schluss noch ausdrücklich bemerken.

Vor ein paar Tagen hat der demokratische Präsidentschaftskandidat Obama in Berlin vor 200.000 Menschen gesprochen und auch Herr McCain hat deutlich gemacht, er wolle ebenfalls in Berlin sprechen, aber erst als Präsident der Vereinigten Staaten. Beide zeigen, dass die Fundamente der transatlantischen Beziehungen wieder sehr viel stabiler geworden sind. Ich halte das auch angesichts der Situation Russlands, angesichts des Erstarkens von China und Indien und angesichts der nach wie vor gegebenen Stärke Japans, angesichts der Entwicklung in Lateinamerika und in Afrika für dringend geboten. Nur in der transatlantischen Partnerschaft werden wir die Herausforderungen, die jetzt vor uns stehen, bewältigen können.

Zusammenfassung

Das deutsche Parteiensystem ist im Wandel. Veränderungen im Wahlverhalten der Bürger und der Mitgliedschaften in den Parteien, aber auch Veränderungen der Parteien selbst scheinen aus dem einstigen Dreiparteiensystem ein Fünfparteiensystem werden zu lassen. Ob auf Dauer oder nur vorübergehend, ist noch ungewiss.

Vom Beginn der Ära Adenauer bis Anfang der 1980er-Jahre galt: Eine der beiden Volksparteien – Union oder SPD – bilden mit der FDP als kleiner Partei die Regierung. Die andere Volkspartei nimmt die Rolle der Opposition wahr. Einzige Ausnahme war die große Koalition von 1966 bis 1969. Mit dem Einzug der Grünen in den Bundestag 1983 erhöhte sich die Zahl möglicher Koalitionsoptionen. Mit der Partei „Die Linke" – Nachfolgerin der DDR-Staatspartei SED – ist nun eine fünfte Partei hinzugekommen, mit der die SPD in den jungen Ländern bereits mehrfach Koalitionen eingegangen ist. Für die Bundesebene schließt sie dies noch aus – fraglich, wie lange. Wie bei den Grünen, ist es der SPD auch bei der Linken nicht gelungen, den Grundsatz „Die beiden Volksparteien werden erfolgreich sein, wenn sie an ihren Rändern keine Konkurrenz zulassen" von Franz-Josef Strauß zu befolgen. Und die Bundestagswahl 2005 hat gezeigt, welche Konsequenzen dies haben kann: zum zweiten Mal wurde eine große Koalition notwendig. Sie war und ist – trotz erstaunlicher Erfolge – alles andere als eine Wunschkoalition. Diese bleibt auch für 2009 ein Bündnis aus Union und FDP. Die Alternative Dreierbündnisse würde aufgrund geringerer Schnittmengen der Koalitionspartner zwangsläufig zu schwächeren Regierungen führen.

Eine Krise des Parteienstaates Bundesrepublik ist all das nicht – dennoch gilt es, die Veränderungen im deutschen Parteiensystem aufmerksam zu beobachten.

Summary

The German political party system is changing. There are changes in the voting behavior of the citizens and of membership in the parties but also changes within the parties themselves. The former three-party-system becomes a five-party-system, whether permanently or temporary, is still uncertain.

From the Adenauer era until the beginning of the 1980's we have the following formation: One of the two mass parties – either the CDU/CSU or the SPD – was forming the government together with the small party FDP; the other mass party was taking on the role of the opposition. The only exception was the grand coalition from 1966 to 1969. With the entrance of the Green Party into the Bundestag 1983 the number of possible coalitions increased. With the "Left Party" – successor of the SED, the former state party of the communist German Democratic Republic (GDR) – a fifth party was added. Several times the SPD formed coalitions with the Left Party in some East German states. At the national level the SPD still exclude this coalition – no one knows, how long this goes on. As with the Green Party, the SPD was not able to keep the Left Party out of the Bundestag and to follow the principle of Franz Josef Strauß: "The two mass parties will be successful as long as they can exclude new extremist parties from the Bundestag". The 2005 parliamentary election showed the consequences this can have: For the second time a grand coalition became necessary. It was and is – despite amazing results – not an ideal coalition. The natural coalition for 2009 will be an alliance from CDU/CSU and FDP. The alternative of a three-party-coalition would inevitably weaken the government.

All this is not a crisis of the Federal Republic; nevertheless it is necessary to observe the changes in the German party system.

IV. Aufgabenbereiche kirchlicher Praxis

Responsibility and Christian Faith

By Daniel Cardinal DiNardo

A young man in the sixth grade of a local Catholic school which has recently admitted a number of students who are disabled both physically and mentally enters the cafeteria as usual. He is sitting and eating with a group of friends. A physically disabled girl also arrives in the cafeteria and awkwardly picks up a tray and places it on the rollers of the cafeteria line. As the food is placed on the tray, it becomes obvious to the author of this paper as he watches this scene that the girl will be unable to pick up the tray and take it to a seat in the room. As she is about to exit the line, the young man spontaneously arises, goes to the line, picks up the tray, asks the little girl where she wants to sit, takes the tray to the designated seat and places it there. The little girl sits down and begins her lunch while the boy returns to his friends and his lunch.

I observed this scene in a school in Pittsburgh some years ago while I was in the Education Office of said diocese, but the vigor of the scene has never left me. I write this paper as a Pastor and a Shepherd of a local Catholic Archdiocese in Texas. I am not a professional philosopher, though I have studied philosophy. My Theology degree is in Patristics. Most of my life has been spent in practical theological matters, in preaching and teaching and celebrating sacraments. I am honored to be present here and offer some reflections on the theme of this German/American Colloquium: "Responsibility: Recognition and Limits."

The scene I sketched above and which I beheld is used purposively to bring out a number of aspects of moral agency and moral agents. These aspects will also play a role in my move to some theological considerations on responsibility.

I began this paper with an accounting of a deed, an act of benevolence of one person to another. The difficulty of the young girl is to get her tray from the line to her seat. Her disability hinders such a simple goal. Among the many people in the cafeteria the young man recognizes a situation that calls for concrete action. The public character of his response to help is simple and straightforward. Did others notice the need for action? Did others notice the young man's response? The action was a response to the web of relationships set up by human togetherness. The action left a "mark" in human relationships, certainly not something earth-shattering, nevertheless a mark beautiful and noble. Since both agent and recipient were children, the question of character would arise only secondarily, but arise it did. Further, there were multiple situations in the cafeteria that day, most merely to be observed. This particular situation called for a change, a kind of transformation. It involved a form of mind and thinking, a genuine assessment of what needed to be done. The situation was visible and the change called for, however small, was also visible. The situation would not have been a moral situation at all, one that calls for a responsible action, if human beings were not involved. There was an agent and a recipient, though the little girl in this case was not morally passive. Her "thank you" to the young man engaged her in a moral action as well. I would finally like to add that there was a witness to this situation; I observed and appraised it and have kept it alive through narrating the story a dozen times. In "evaluative" language, both oral and written, even in the generalizing of this concrete action as an instance, the deed has been registered and magnified. Such "moral" language has helped to amplify the understanding that moral deeds are public, an understanding that is met today with much resistance.[1]

The notion of responsibility arises from a recognition that with human beings a space is created in the world where action can be exercised and acknowledged. This space is freedom.[2]

(This sense of action has to be distinguished from "convention" and "myth.") It simultaneously involves a renewed understanding of the divine and what the gods do and accomplish and what man can do and accomplish in the world. The concept of responsibility also implies that human beings are free because of their mindfulness and that human beings are also moved by desires or inclinations. They can enter the world to change a situation and transform it since they have come to appreciate that their own human good and desires are related to the desires and the goods of others.[3] There is a plurality of human beings who meet and establish a web of relationships. Some of these relationships involve obligation. Responsibility can, in part, be seen as a free recognition of obligation towards others because of goods desired and shared. The notion of responsibility presumes that the good or goods are in some sense "visible," though the goods may not be material.

---

[1] I am indebted in my analysis of human moral action to the thinking and writing of *Robert Sokolowski*. See especially: The God of Faith and Reason (Washington, D.C.: The Catholic University of America Press, 1982), pp. 53–68; and Christian Faith and Human Understanding (Washington, D.C.: The Catholic University of America Press, 2006), pp. 151–164.

[2] See *Hannah Arendt*, Between Past and Future (Cleveland: The World Publishing Company, 1954), pp. 153–154.

[3] *Robert Sokolowski*, "What is Moral Action," in: Pictures, Quotations and Distinctions (Notre Dame: University of Notre Dame Press, 1992), pp. 261–276.

I am interested in the public character of agency and the freedom and responsibility that shines through moral action because the emphasis of recent centuries has been on the hidden sense of what constitutes moral agency and freedom, in turn making responsibility a kind of faculty of the inner self. No doubt there is a truth to this inner directed understanding and the emphasis on intention and a good "will." But these understandings tend to rob moral agency of its character of "appearance." Good deeds shine. The "character" of a moral agent tends to display itself.[4]

In his Nicomachean Ethics,[5] Aristotle describes four types of moral agency that display themselves, four moral "characters." Most of us are in a range of action and responsibility that somewhat mixes these types, but for Aristotle, they tend to be stable markers of the ways human beings handle the realm of moral action. There is the virtuous human being, the self-controlled human being, the human being weak in self-control (akrasia), and the vicious human being. In all cases the role of reason and desire or inclination work together and help to produce the specific "character." The actions of each "character" visibly display its type.

Aristotle spends a good deal of time on virtue as a mean, as action that hits the mark between deficiency and excess relative to human desire. Even though the virtuous man may be rare, his agency is a great rule for all others in discovering what should be done. The excellence of the virtuous agent is itself the result of good reason and constant practice. Inclination or desire is not registered by Aristotle as something simply negative, something to be mastered, but a part of the human being that can be brought into harmony with right reason. Given Aristotle's relatively negative view of human beings and affairs, particularly the evils wrought by the incontinent or vicious agent, it is striking how positively he understands the genuine capacities of human beings for virtue and the importance of the virtuous agent.

Aristotle crowns his treatment of virtue and practical wisdom by discussing the concept of friendship. He places before us the importance of intersubjectivity for the living of a full and effective moral life.[6] Surely for him and other Greek thinkers the contemplation of the greatest necessities in theoretical life, away from human affairs, is the highest life. Still, a life of friendship with others is highly praised and the virtuous man in public life with others acts as a ballast and a rule for our common life together. Any "necessities" which are discovered

---

[4] See *John C. McCarthy's* essay, "Keeping Up Appearances…", in: The Truthful and the Good, edited by John J. Drummond and James G. Hart (Dordrecht: Kluwer Academic Publishers, 1996), pp. 121–144, especially pp. 139–144.

[5] *Robert Sokolowski*, The God of Faith and Reason, op. cit., pp. 57–61.

[6] *Aristotle*, Nicomachean Ethics, Book VIII, chap. 1 (translated by W. D. Ross).

in such common life are not those of compulsion. Rather they are necessities that are beautiful; they are to be recognized and praised.

This brief and incomplete foray into a philosophical consideration of moral action, moral agency, responsibility and "visibility" in moral action leads me to some theological points on the issue of responsibility, how it is recognized and what are its limits.

Something very distinctive happens to the understanding of moral life when virtue and vice, action and intersubjectivity, choice, freedom and responsibility, the whole space of moral activity are seen in the light of revealed religious faith. Jewish and Christian faiths have been around so long that their reality seems almost natural to those of us who profess Christian faith.[7] One grows up in faith as one grows up in a given culture. Many sediments of Christian faith and the Christian understanding of moral action are already a part of our culture, even among those hostile to Christian faith or indifferent to it. (Such numbers are not small.) But Christian faith is not as "natural" as it may at first appear. There is something radically new about it. What is so "new" about revealed faith is the understanding of God in the faith. This has a profound effect on the understanding of human beings and the life of moral activity.

The opening of the Book of Genesis, part of the Jewish Torah and deeply a part of Christian revelation, is a kind of creedal summary of great depth. God effortlessly issues a "dabar," a Word, and action takes place.[8] God is Creator and Sustainer. This generosity reaches a pinnacle in the creation of "male and female." What God has done up till then is always "good," but when God creates man, that creation is pronounced "very good." After the work of creation, however, God rests. St. Thomas Aquinas notes that God rests into Himself, since He is better than all He creates.[9] Everything in the world is now viewed not just with its own beauty and logic; it is also viewed as "creature." The most fundamental relationship of even the most exalted parts of creation is that of creature to Creator. God is still more beautiful. This generosity and this beauty become essential for understanding even human beings: their fundamental reality is to respond to the goodness, beauty and generosity of One who is beyond all creation and to be grateful and responsible stewards of the gifts bestowed on them. The virtues and vices take on a greater light since they are "performed" before the God who makes and sustains all things and all human beings. In the so-called "second Creation account" of Genesis 2 and 3, human beings, part of the earth but with the "ruah" of the Lord breathed into them are placed as stew-

[7] See *Joseph Ratzinger*, "Europe in the Crisis of Cultures," in: Communio, Vol. XXXII, Number 2, Summer, 2005, pp. 345–356, especially pp. 353–355.

[8] See *Gerhard von Rad*, Commentary on Genesis (Philadelphia: Westminster Press, 1972), p. 51, pp. 63–67.

[9] *St. Thomas Aquinas*, Quaestiones disputatae de potentia IV 2 ad 5.

ards of the rest of Creation and are expected to be responsible *before God* for their stewardship.[10] Their failure, the failure of the originating "man" and "woman" is first of all before God, but the effects saturate the rest of creation beginning with themselves. God is good; creation is good. Human beings and creation become "disfigured" as the result of a fundamental "action" that has lasting effects. Vice is not just vice; it is also "sin." The gradual deformation of human beings throughout the first 12 chapters of the Book of Genesis is a brilliant and inspired theological drama of the situation in which we all find ourselves. At the end of these chapters, the sacred author mentions, in wonderful anthropomorphic language, that God has practically grown weary of human beings, their treachery and their crooked hearts.[11] At the moment the narrative cycle of Abraham begins and the story of salvation, call and covenant in history unfolds. God who is always and forever is also always surprising in his mercy and justice. God "re-starts" his plan, beginning with one "agent," Abraham, who will become the father of all nations and the father of a specially Chosen People.

This movement intensifies throughout the Pentateuch. The establishment of a new people by God's "action," their deliverance and their call to obedience through belief in one God and through the stipulations of the Covenant is a breathtaking insight into the sense of responsibility that accrues to them because free grace has first chosen them.[12] The bumpy story of kings, prophets and wisdom writers amplifies and enriches the sense of call and obligation that a chosen people and the individuals within that people are given. The obligation is always accompanied by hope and by the marvelous public deeds God performs, deeds that the people share with the God of the Covenant. His glory is reflected in their glory of accomplishing his will. (Their sin and shame are also publicly recorded!)

Some of the longest sections of the Pentateuch deal with covenant law and law-giving. There is a great summons to respond to the love of God and neighbor. Simultaneously, intense and minute social laws specify the summons. God speaks and communicates and the lawgivers must respond; the people too must respond. The obligations of a covenant people are given by the one true God who has taken them from among the nations. They are distinctive.

It is true that many of the laws and stipulations throughout the Old Testament can be found in other Middle Eastern countries. Some of the very forms of the

---

[10] *Von Rad*, op. cit., p. 80.

[11] *Michael Maher, M.S.C.*, Genesis, Old Testament Message Vol. 2 (Wilmington: Michael Glazier, 1982), pp. 87–88; and *von Rad*, op. cit., pp. 152–155.

[12] See *John L. McKenzie*, "Aspects of Old Testament Thought," chap. 77 in: The New Jerome Biblical Commentary (Englewood Cliffs: Prentice Hall, 1990), n. 75–89, pp. 1297–1299.

laws have all the flavor of Treaty Covenants of lord and vassal from other nations.[13] What is distinctive is who God is and the sense of obligation entailed by the loving demands of this God who saves and delivers. The beauty of call and response, of praise and question before the God who calls, of a sense of responsibility is most visible in the Psalms.

Israel is also distinctive about the claims of the neighbor and the "other." From Cain's remark: "Am I my brother's keeper" through the Deuteronomic laws on the widow, the orphan and the stranger one gets the sense of a deeper obligation of the people God chose towards all others, despite the tribal and national consciousness that infiltrates the very same texts. The outcry of the prophets against idolatry and social injustice highlights the obligation. It must also be noted that the minutiae of the law, meant to activate the daily freedom of a covenanted society and individuals, can likewise act as a force that weakens the universal call and obligation.

Within the beauty and yet incompleteness of this covenant responsibility, the appearance of Jesus Christ represents a genuine newness. He took his place within the covenant and prophetic traditions of Israel, especially in the prophetic understanding of the "Servant of Yahweh," as written in Isaiah, Chapters 40–55. But the most momentous factor with Jesus is his "experience" of God as "Abba! Father!," and his knowledge of himself as well-beloved "Son."[14]

The reality of this experience permeates the teaching that Jesus gives, teaching recorded in the four Gospels each with their angles of emphases and theological concerns in "rounding out" the portrait of Jesus. In his teaching on moral agency and moral life what seems most noticeable is Jesus' insistence on "opening up the roof" or limits placed on moral responsibility. In the collection of teachings gathered in the "Sermon on the Mount" in the Gospel of St. Matthew, Chapters 5–7, the key to genuine human agency and living is framed first in the indicative mood in the Beatitudes, where the blessings reveal a reversal of normal human expectations about happiness, sorrow, purity of heart, benevolence, peace-making and justice. The figure that emerges from the Beatitudes is that of Christ Himself.[15] In the moral imperatives that follow, one notices a structure of "not only … but also" in some places and a further structure of "not that … but this."[16] These contrasts and distinctions open up a new way of showing the human person whose life is both hidden and manifest. In Jesus' teaching there is a new dimension, the "universalizability" of moral responsibility.

---

[13] Ibid.

[14] *Raymond E. Brown, S.S.*, "Aspects of New Testament Thought," in: The New Jerome Biblical Commentary, op.cit., n. 9–10, p. 1356, n. 22–24, p. 1359.

[15] *John P. Meier*, Matthew, New Testament Message Vol. 3 (Wilmington: Michael Glazier, 1980), pp. 39–43.

[16] Ibid., p. 51.

The parables of Jesus, in a lively manner, bring to the fore the universalizing theme of moral agency in the interplay of visibility and hidden-ness. In dealing for example with human responsibility, Jesus is asked about the greatest commandment. He pointedly does not refer to himself as a source of authority but quotes the authority of the Book of Deuteronomy, Chapter 6, on the primary love of God as a motivating force for all love and action. He then adds a codicil: "You must love your neighbor as yourself." In the Gospel of St. Luke, a Gospel extremely sensitive to what we would call the social teaching of the Christian faith, the lawyer who asked the initial question on the commandment tries to grandstand his own point of view by asking: "And who is my neighbor?" Jesus responds with a parable of action, the story of the Good Samaritan. The Samaritan, a symbol of a lack of fidelity and responsibility to the Covenant, is the only person who responds to a man accosted on the road by robbers and near death. The priest and the Levite remembered their legal responsibility of not touching a possible corpse and becoming ritually impure; they pass by the scene. The Samaritan sees the situation and acts responsibly to save the man and bring him help. At the end of the parable Jesus questions the lawyer by posing a reversal. He asks who was neighbor to the man who fell among robbers. The question of responsibility is not who is good enough to be my neighbor but the universal appreciation for all human beings in need as my neighbor. To whom am I a neighbor? This is an important breakthrough in the understanding of the responsibility owed to all.[17]

Early Christianity begins to work out the implications of this understanding amidst the vicissitudes of life in the late First Century. The Letters of Saint Paul and other inspired authors bring together the traditional list of virtues and vices, common in Jewish and Stoic Greek thought, and saturate them with the life and teaching of Christ.[18] We cannot underestimate the growing body of reflection on human agency, both within the New Testament, and afterwards, in the various writings of the early Christian Fathers and commentators.

I would also like to add a word here about the manifestation/hidden-ness that is prominent in the words of Jesus and becomes an important dimension in the gradual elaboration of moral and ethical teaching in Christianity, a theme that is deepened as natural law terminology becomes more precise and the times and the variety of situations that the Christian Church encounters progress. The action itself, the object of our moral agency, even its public character, remains while the role of the intention of the agent and moral complications of the situation are analyzed, frequently with great subtlety, as in the thinking of St. Tho-

[17] *Eugene LaVerdiere, S.S.S.*, Luke, New Testament Message Vol. 5, op. cit., pp. 150–151.

[18] *Joseph A. Fitzmyer, S.J.*, "Pauline Theology," chap. 82 in: The New Jerome Biblical Commentary, op. cit., n. 138–141, pp. 1412–1413.

mas Aquinas. The doctrine of Creation and of Redemption places all the human virtues and vices in a remarkable new light, the infinite transcendence of God.

The new light is most clear in bringing forth a richer understanding of human beings and their possibilities as first loved by God into existence and then "graced" by the life and salvation brought to them by Jesus Christ, God's well beloved Son. In reflecting upon the Eternal Word who became flesh and dwelt among us, Christian thinkers pondered who he was. The debate over the "person" of the Son and his relationship to God the Father produced further thinking in the understanding of human beings as persons.[19] The role of reason, and therefore, of freedom, in each singular human being deepens the understanding of the human condition and helped to elevate the sense of the human person. Later when Thomas Aquinas writes that the sense of being a "part" is at odds with the sense of being a person, he is summarizing a long flow of thinking from Boethius onwards that recognizes the uniqueness of the human person.[20] Certainly human beings are also individuals that are parts of a species, man, but human beings are simultaneously persons, due to their reason, and thus, their ability to freely choose. Human beings understand and have intelligence; they can weigh the situations in front of them, be persuaded to act or not, and can make free decisions that change the world. They are in the world and their actions have "worldly" impact and require "worldly responsibility," but they are likewise done before God and need also to be assisted by his grace. (As an aside I add here, given the current debates over animals and their "knowledge" and "choice," that one cannot discuss the behavior of marauding raccoons in one's garden with the creatures themselves. Though they are shrewd, they lack the reason and speech that makes them responsible and each individual among them unique.)

The uniqueness and reason of human persons are set up against the Providence of God and his mysterious work in the world, a work that then, by analogy, can be called "personal." In the man, Christ Jesus, the appreciation and understanding of God's providence in the world reaches its apex. He lived everything for the work and will of his Father in the world; that providence is most excellently revealed in Jesus' prayer for his disciples, the "Our Father."[21] This understanding should not be underestimated in the effect it had on the understanding of human beings as persons. Though each person has and is given an ability to self-understand and self-define, the deeper greatness of each person has to do with his or her "definition" by God. Each person has a sense of

---

[19] *Walter Kasper*, The God of Jesus Christ (London: SCM Press, Ltd, 1983), pp. 184–197.

[20] *Robert Sokolowski*, Eucharistic Presence (Washington, D.C.: The Catholic University of America Press, 1994), p. 120.

[21] *John P. Meier*, op. cit., pp. 59–62.

accountability before God for a mission that each one receives. This is the foundation for the person's freedom and responsibility.

Human beings do not come on the scene by chance but are there also by providence. What does accountability mean in this context? What is our responsibility? What is our freedom? I would like to turn now to a fine document published by the Vatican Council for Justice and Peace in 2005. It is rightly called "Compendium of the Social Doctrine of the Church," for it brings together, from various Church sources, the teaching of the Church, particularly in the last 120 years, on the life of the human person in society. In the Compendium the concept "responsibility" occurs frequently. But the text engages this term in light of the human person and in the light of certain fundamental social principles that underlie our basis for action. These principles are: "the common good," "the universal destination of goods," "subsidiarity," "participation," "solidarity," and a final synthetic axiom, love.[22] The human person remains as the fulcrum for the analysis of the principles while the principles themselves are woven throughout the Compendium in their identity, their distinctiveness and their inter-relationship.

The Compendium notes very early in its analysis that there is an enormity of challenges and a novelty of situations that men and women face today in giving direction to human life, society and creation. One of the great challenges is to keep alive the meaning of truth and the search for the truth of human existence, a truth that is not impossible to discover and to enact in decisions and choices.[23] The emphasis on reason as more than calculation and "reckoning with consequences," that reason is more than mathematical computation is important in understanding how persons can acknowledge responsibility. The principles of the social doctrine sketched out in the above paragraph need to work together in this effort for genuine and true decisions.

The Compendium spends some time on the bond that unites truth and freedom in human action. "In the exercise of their freedom, men and women perform morally good acts that are constructive for the person and the society when they are obedient to the truth, that is, when they do not presume to be the creators and absolute masters of truth or of ethical norms."[24] Freedom is held subject to "natural law," the law written in every human heart. Freedom does not have an absolute origin in itself but in a life in which it is situated, a life that is both limitation and possibility. The Compendium quotes at length here an important Encyclical by Pope John Paul II, *Veritatis splendor*, particularly those

[22] Pontifical Council for Justice and Peace, Compendium of the Social Doctrine of the Church (Vatican City: Libreria Editrice Vaticana, 2004), n. 164–196, pp. 72–87.

[23] Ibid., n. 13–19, pp. 5–7.

[24] Ibid., n. 138, p. 61.

sections on the gift of freedom. The Holy Father remarks that freedom is a reality given as a seed and needs to be cultivated with responsibility.[25] In a practical and concrete way the role of freedom and responsibility is exercised in what is called a "judgment of conscience."[26] That judgment represents a genuine working together of freedom and the good, the truth of moral agency. It is not a matter of arbitrary decisions but an ongoing search for the truth. Such a judgment is eminently personal, individual and singular. It involves an assessment of the application of various aspects of natural law and good custom. It finally presumes the practice of virtue which consolidates a person's character.

It should not be surprising, then, that the Compendium places great weight on the formation of the virtue of prudence. Drawing on the teaching of Aquinas, the Compendium outlines the qualities of memory, the capacity to remember one's own past experience with objectivity, of willingness to learn from others and profit from their experience of truth, of diligence, the capacity to meet the unexpected with equilibrium, of foresight and circumspection.[27] These qualities allow for proper reflection, evaluation and judgment so that a good decision is made. "Prudence makes it possible to make decisions that are consistent, and to make them with realism and a sense of responsibility for the consequences of one's actions."[28] The virtue of prudence affirms that the good is a duty in every moral decision and also shows in what manner each person should do it. No calculus can replace the prudential decision of the human agent. Procedures and protocols can be helpful as points of information, but they do not supplant moral decisions.

There are certainly limits that can be assigned to human decisions and responsibilities. Age, emotion, invincible ignorance and compulsion are mentioned as factors that may diminish or cancel human responsibility in given instances. In the course of time distinctions have also arisen between moral and so called "legal" responsibility. But these matters should be separated from a more worrisome phenomenon of recent and present times, the age of immense numbers in society and the concomitant managerial and bureaucratic systems that tend to dilute the important role of personal moral agency and responsibility. Within such realities persons, reduced to mere individuals, tend to oscillate between a highly reductionist or a highly romantic understanding of moral responsibility. The result is a paralysis of moral agency.

[25] Ibid.

[26] Ibid., n. 139, p. 61.

[27] Ibid., n. 547–548 , and especially Footnote 147, p. 238.

[28] Ibid.

Does the Compendium deal with "corporate" or "institutional" responsibility? It does. At n. 163, in reviewing the most fundamental moral principles for Catholic Social teaching, the text reads in full:

> "The principles of social doctrine, in their entirety, constitute that primary articulation of the truth of society by which every conscience is challenged and invited to interact with every other conscience in truth, in responsibility shared fully with all people and also regarding all people. (…) These principles have a profoundly moral significance because they refer to the ultimate and organizational foundations of life in society. (…) The ethical requirements inherent in these pre-eminent social principles concern both the personal behavior of individuals – in that they are the first and indispensable responsible subjects of social life at every level – and at the same time institutions represented by laws, customary norms and civil constructs, because of their capacity to influence and condition the choices of many people over a long period of time."[29]

In tackling the issue of responsibility in a "corporate" way, the Compendium most particularly looks to the social principle of "the common good" to assess various levels of responsibility. It further applies the principle of the universal destination of goods to deal with matters of property and with certain forms of economic exploitation of poor peoples and nations. Corporate responsibility is examined a number of times in the Compendium.

The Compendium wisely writes that the further from the principles one goes to concrete judgments, the more necessary the virtue of prudence becomes. On the practical issue of savings and consumer goods, for example, the texts suggests that options based merely on expected returns and risks in dealing with investments involve further reflection and evaluation on moral and cultural components to such decisions, not only from individual investors but from corporate investors as well.[30] The assignment of responsibility is "layered" in these contexts, and though this involves much more complex analysis, the fundamental social principles should all be considered. Responsibility, in the final analysis, still rests with singular human persons.

In these foregoing reflections I have attempted to draw attention to various aspects of moral agency and its "visibility," the freedom and responsibility of the human person in the world, and the changes and modifications that take place in understanding moral action when placed in the light of Christian revelation. Further more I have tried to note some aspects of the concept of "responsibility" in Catholic Social teaching and its witness to the inviolability of the human person even when dealing with "corporate" responsibility. The Church has developed a rich set of related fundamental principles on persons in their intersubjectivity. Though developed within a religious context, they have great rele-

---

[29] Ibid., n. 163, p. 72.

[30] Ibid., n. 358–359, p. 154.

vance in addressing the human questions of moral action and ethical responsibility.

Two months ago Pope Benedict made a pastoral visit to the Catholic Church in the United States. He met with many dignitaries and addressed the United Nations. In almost every address he raised the question of *Logos* (reason) and the relationship of faith to this most important dimension of human life. On April 17, he met with Catholic Educators and in the course of his address he underscored the fact that the Church's primary mission of evangelization is in harmony with a nation's fundamental desire to develop a society where the dignity of the human person is respected. Some today question whether the Church has any place or value in the public arena where these issues are joined. After mentioning that the truths of faith and reason are not contradictory he added that the Church's mission involves her in humanity's challenge and struggle to come to the truth. "In articulating revealed truth she serves all members of society by purifying reason, ensuring that it remains open to the consideration of ultimate truths. Drawing upon divine wisdom, she sheds light on the foundation of human morality and ethics, and reminds all groups in society that it is not praxis that creates truth but truth that should serve as the basis of praxis."[31] Later the Pope remarks: "Similarly the Church never tires of upholding the essential moral categories of right and wrong, without which hope could only wither, giving way to cold pragmatic calculations of utility which render the person little more than a pawn on some ideological chess-board."[32]

The Pope invited Catholic educators to fulfill a mission of "intellectual charity"[33] in the world, a charity possible because of the optimistic vision of Christian faith, a vision of God's creative Reason, which in the Incarnation, is revealed as Goodness Itself. In his homilies and addresses while he was here the Holy Father kept reminding us about the hope given us, the hope of our calling. I would like to phrase this in another way. The human person is always a promise. Not only do human beings make promises. At the dawn of the understanding of each person, beyond the biological necessities, the desires and wants, the person already senses "a claim on me" by other persons. "I am a promise to keep promises" means "I" and "You" are not just commodities. The person is involved in a fundamental fidelity, that of being a gift, not an object. Such a premise is already realized in the most simple acts of moral agency, even to the picking up of a tray by a young boy for the benefit of a fragile fellow student in school. In such visible actions, promises, hope and genuine responsibility shine, and with age and grace, are magnified. When these actions are placed in the

[31] *Pope Benedict XVI*, "Address to Educators," in: Origins, Vol. 37, Number 46, May 1, 2008, p. 743.

[32] Ibid.

[33] Ibid.

context of God's "personal" actions in Creation and Salvation, they take on, by grace, further dimensions for the promise-keepers that human beings all are. What is visible and manifest also has a new, strange and wonderful "hiddenness," seen and observed by an Other, beyond limitation and chance. The human public action and moral choice remains and is valued. But the depth to things is enhanced, and the only response is, beyond wonder, only praise![34]

Summary

In this paper I draw attention to various aspects of moral agency and its "visibility," the freedom and responsibility of the human person in the world, and the changes and modifications that take place in understanding moral action when placed in the light of Christian revelation. Furthermore, I note some aspects of the concept of "responsibility" in Catholic social teaching and its witness to the inviolability of the human person even when dealing with "corporate" responsibility. The Church has developed a rich set of related fundamental principles on persons in their intersubjectivity. Though developed within a religious context, they have great relevance in addressing the human questions of moral action and ethical responsibility.

Zusammenfassung

In diesem Beitrag lenke ich die Aufmerksamkeit auf verschiedene Aspekte der sittlichen Vermittlung und ihrer Wahrnehmbarkeit, der Freiheit und Verantwortung der menschlichen Person in der Welt, und auf die Veränderungen und Modifizierungen, die im Verständnis des sittlichen Handelns stattfinden, wenn es im Lichte der christlichen Offenbarung betrachtet wird. Außerdem gebe ich einige Hinweise zum Verständnis der „Verantwortung" in der katholischen Soziallehre, die für die Unverletzlichkeit der menschlichen Person eintritt, auch wenn sie sich mit der "corporate responsibility" befasst. Die Kirche hat ein reichhaltiges Set aufeinander bezogener Prinzipien entwickelt, die für Menschen in ihrer Intersubjektivität gelten. Auch wenn sie innerhalb eines religiösen Kontextes entwickelt wurden, so haben sie doch große Bedeutung im Hinblick auf all jene Fragen, die die Moral und die Ethik der Verantwortung betreffen.

---

[34] I wish to thank Fr. Jack Gallagher, C.S.B., Theology Professor at the University of St. Thomas in Houston, Texas, for helpful background for this paper.

Responsibility of Conscience

The Responsibility to Exercise and the Responsible Exercise

By Robert John Araujo SJ

> *Nothing is more seductive for man than his freedom of conscience, but nothing is a greater cause of suffering... Instead of taking possession of men's freedom, Thou didst increase it, and burdened the spiritual kingdom of mankind with its sufferings forever...*[1]

The opening quotation if taken from Fedor Dostoevsky's *The Brothers Karamazov* and presents the "Legend of the Grand Inquisitor" where the inquisitor confronts Christ with this indictment. But in fact, is it really an indictment of the condition of man transmitted by God through the gift of life and free will? The exercise of conscience is not executed with a prescribed technical precision but with human freedom. The exercise of conscience intersects the lives of most people, the famous and the not, the public official and the private citizen.

For example, the question of conscience has had a prominent role when conflicts arise between individuals and the civil authorities about the extent to which an individual had to endorse publicly particular views favored by the state. From Thomas More to Rosa Parks, people have withstood their ground, often in a quiet, private way, with the force of reason and conscience reinforcing their position. In taking the position they held, any public message they conveyed was typically done without violence, pressure, ire, or sensation. It was accomplished through the synthesis of mind and soul working in harmony.

Its exercise can be active or passive. Rosa Parks made a public statement by taking action to sit in the front of the bus reserved for white passengers. She said nothing, but she did something that spoke as clearly as words regarding the injustice of racial segregation. On the other hand, Thomas More's exercise of conscience took a different path. His exercise was silence – he chose not do take action, not to speak, not to reveal his conscience so as not to betray what

---

[1] Fedor Dostoevsky, *The Brothers Karamazov*, in: Great Books of the Western World, Vol. 52 (Encyclopedia Britannica: Chicago, 1952), p. 132.

he thought of the legislative act making King Henry VIII supreme head of the Church in England and the progeny of Anne Boleyn his heirs. His silence remained intact until after he was convicted of treason. He recognized that both the King and Parliament had a proper role in the making of law – human law. If Parliament said that the King were God, he would have done nothing to interfere. But when Parliament said the King rather than the Pope was head of the Church and commanded More to publicly declare his agreement by taking an oath which would conflict with his convictions about the respective authorities of the Church and the King, he could not do this out of conscience for he was also subject to God's higher authority.

Even though the exercise of their respective consciences by Parks and More was different – one active, the other passive – each shared a common denominator: responsibility. They knew they had a responsibility to exercise their conscience, and they knew that the exercise had to be done with responsibility. This essay focuses on the exercise of conscience, but it is vital that I present here some explanation of what I mean by responsibility. Borrowing from the work and insights of J. R. Lucas,[2] responsibility relates to why (the justification) a person or group of people acting collectively did something or refrained from doing something.[3] Inherent in the project of responsibility is the idea of accountability and the obligation to explain or answer for one's action or inaction to those who are entitled an explanation. The accountability and explanation do not imply wrongdoing and the defense for one's action or inaction; but they do imply the answer that justifies that which was done and that which was not.

Also intrinsic to the understanding of responsibility presented in this essay is the notion of human free will.[4] The person (or the group) acts or does not act voluntarily. There is no compulsion to act or to refrain from acting; moreover, there is no duress, pressure, etc. inducing the agent to act or refrain from acting. This is the basic idea of responsibility relied upon throughout this essay. While some may think my understanding of responsibility is subjective, I must add that the responsible agent is one who takes account of the questions third parties would ask regarding their action or inaction and incorporate into the answer/justification these questions in formulating the answer/justification.

Let me now turn to an initial consideration of some illustrations of the intersection of conscience and responsibility to offer a point of reference. Through his public deeds and his writing, we have solid insight into the nature of conscience, the responsibility to exercise it, and the manner in which to exercise it responsibly. Thomas More was lawyer, husband, father, statesman, legislator,

---

[2] J. R. Lucas, *Responsibility* (Oxford University Press: Oxford, 1993).

[3] *Id.*, at 1–2.

[4] *Id.*, Chapter 2, *Free Will.*

judge, and, saint. He was scrupulous in what he did in all these contexts. As King Henry's appetite for Anne Boleyn grew thereby necessitating the divorcing of Queen Catherine, More's reasoned intellect informed him that he could not publicly assent what he believed in his reasoned judgment to be a falsehood – namely, that the king could divorce his wife in order to marry his mistress. If More could avoid saying anything, which was the course he preferred to take (and this is an exercise of responsibility in that More was acting in a manner designed to protect not only himself but his family and some important ideals based on Christian faith), he may have died an old man in his bed surrounded by the company of his family and friends. But because he would not bend to something (the public declaration by oath of things in which he did not believe regarding the divorce, the remarriage, the king's role in the Church in England) that was being required of him by the civil authority, he was declared a traitor, tried, sentenced and executed under a perverse interpretation of the law.

Here I must offer an explanation of what I understand conscience to be. Conscience is that core of the person who, with the exercise of right reason guided by the quest for objective truth (thereby relating to my definition of responsibility set out above),[5] deliberates and discerns regarding what is right and what is wrong and formulates the belief that guides his path in life. The path chosen (and this is where responsibility comes into play) and the choices made clearly have an impact on the individual and this person's life. When exercised, conscience can have and often has impacts not only on the person who exercises it but also on the lives of other individuals and communities. The bond between conscience and responsibility becomes all the more significant.

The responsible exercise of conscience that I address here is not that which permits a person to conclude that a person has the right to do whatever one's conscience instructs simply because this conscience decides this. The hazard associated with this view of conscience is that it is purely subjective and makes no provision for considering, by going beyond the self, the objective truth needed

---

[5] The significance of right or practical reason and the law was relied upon and developed by Thomas Aquinas in his Treatise on Law, where he stated, as the first principle of the law, that "good is to be done and pursued, and evil is to be avoided." Thomas Aquinas, *Summa Theologiae*, I–II, q. 94, art. 2 (Fathers of the English Dominican Province, trans., Benzinger Brothers 1947). Right reason is a search for truth that is not only conceptual but also practical. The search for truth is inextricably combined with the application or implementation of the truth undistorted. In this way, the rational and the moral merge through the exercise of right reason. For a more contemporary explanation of right reason, *see* Austin Fagothey, *Right and Reason: Ethics in Theory and Practice* (6th ed. 1976), p. 99–101. *See* also, *Gaudium et spes*, n. 63, wherein the Second Vatican Counsel stated, "the Church down through the centuries and in the light of the Gospel has worked out the principles of justice and equity demanded by right reason both for individual and social life and for international life, and she has proclaimed them especially in recent times."

to determine what is right and wrong not only "for me" but for everyone who may be affected by the exercise of individual conscience.[6] Otherwise the exercise of conscience risks confusing falsehood and wrong with truth and right. The implications of the exercise of conscience must be done in such a way that the exercise is responsible – for the person exercising and for those who will be affected by the exercise.

A person has the right to express the view of his or her conscience to say that the other person is wrong in the exercise of his or her conscience. But, in doing so, the first individual who has sought the objective truth may have to be prepared to be ridiculed or even persecuted. The threat of ridicule or persecution followed by the ridicule or persecution itself is not sufficient to preclude the exercise of the right of conscience. Surely there is a need for public peace and security, but when properly understood and used, conscience, objectively formed, poses no threat. But with this understanding, the person proceeding with the exercise of conscience must do so in a way that is responsible – the exercise is not motivated by self-aggrandizement or for martyrdom; it is exercised in order that objective truth may not suffer in spite of the cost to the one who exercises the conscience.

The following illustrations of the exercise of conscience illustrate this important distinction between claims of conscience which are not objective and those which are. While people have the right to claim conscience, the question is whether their exercise is founded on "objective truth" or on individual caprice. The first illustration is the case of an auto-mechanic who refuses take apart wrecked automobiles for salvageable parts because he believes in the integrity of the auto and in conscience refuses to comply with his employer's instructions. The conscience he exercises is based not on objective truth but on individual fancy; moreover, the mechanic is able to find new employment with a firm that restores automobiles. However a second auto mechanic is employed by the only place where his specialty and trade are in need. The employer runs a so-called "chop shop" in which stolen cars are broken up into components and sold in a black market. In this case, the mechanic of conscience has worked only on legal activities, but his employer begins to apply pressure so that he must

---

[6] This is precisely what John Courtney Murray warned about in his commentary on the *Declaration on Religious Freedom* (*Dignitatis humanae*) promulgated by the Second Vatican Council. As Father Murray stated, the Declaration nowhere lends its authority to the theory for which the phrase frequently stands, namely, that I have the right to do what my conscience tells me to do, simply because my conscience tells me to do it. This is a perilous theory. Its particular peril is subjectivism – the notion that, in the end, it is my conscience, and not the objective truth, which determines what is right or wrong, true or false. *Declaration on Religious Freedom*, from *The Documents of Vatican II – with Notes and Comments by Catholic, Protestant, and Orthodox Authorities*, Walter M. Abbott, S.J., general editor, America Press (1966), p. 679, n. 5.

now participate in the shop's illegal activities. Knowing that there is no other place to go (the mechanic must stay in this community because of his family) for employment, this individual tries to exercise, with great difficulty, the objectively formed conscience knowing the consequences of doing so.

A second case involves two soldiers. Private Smith is a vegetarian. No one in the service requires Smith to eat meat; however, she is required one day to serve Kitchen Police duty and refuses, in conscience, to assist the cook in preparing the meat loaf dinner. Hers is an exercise of conscience not based on objective truth but on personal whim. However, Private Jones is another matter. He is a member of an elite unit sent to a dangerous assignment to pursue terrorists. His unit finds a terrorist suspect, and Jones joins in the apprehension. But a superior officer decides to use interrogation techniques that violate applicable legal norms for the extraction of information. Jones resists participation in these activities based on an objectively formed conscience.

Conscience must be more than privately held views and beliefs when one considers the reality that some people may believe strange things that should not be put into practice. It is not the freedom to believe in whatever one chooses to believe simply because an interior directive says so as I have stated. This category of "conscience" is guided by pure subjectivity. But it is crucial to acknowledge that this subjectivity was given preferential status, incorrectly in my estimation, by the United States Supreme Court (actually a plurality of three members: Justices O'Connor, Kennedy, and Souter) in one of its most notorious abortion cases, *Casey v. Planned Parenthood.*[7] In effect, conscience becomes the laboratory of the famous *Casey* dicta: there is "a promise of the Constitution that there is a realm of personal liberty which the government may not enter."[8] Had the Court plurality stopped there, this dictum may not have become the problem which exists today regarding its application to the exercise of conscience. However, the plurality continued in its elaboration of what it meant by "liberty" (a typical exercise of free will that has a bearing on responsibility and the exercise of conscience) and stated that: "At the heart of liberty is the right to define one's own concept of existence, of meaning, of the universe, and the mystery of human life. Beliefs about these matters could not define the attributes of personhood were they formed under compulsion of the State."[9] Perhaps the group of Justices who agreed with these sentiments was correct by placing a limit on the state in the formulation of liberty.

Here it is vital to take stock of critical thinking, reason, and points of reference beyond the purely subjective because these also have a role in determining

[7] 505 U.S. 833 (1992).

[8] *Planned Parenthood of Southeastern Pa. v. Casey,* 505 U.S. 833, 847 (1992).

[9] *Id.*, at 851.

what the boundaries of this personal liberty are and which have a bearing on the formation and exercise of conscience. These dicta from *Casey* offer no guidance when the conceptions of liberty offered by two or more persons following this decision's roadmap end up on a collision course. The highly subjective *Casey* definition of liberty is not a desirable method of finding out what conscience means and what it does not. Moreover, it does not offer prudent guidelines in formulating how the exercise of conscience may be executed in a responsible fashion.

For example, someone may consider that in conscience and its exercise it is permissible to do terrible things such as killing or stealing. The justifications based on "conscience" for these acts having serious consequences for other persons are flimsy. Another exercise of this subjective conscience may lead a person to conclude that one is free to take narcotic drugs, but then this individual becomes chemically dependent and wishes to be free of the addiction but cannot because of the shackle the dependency generates. Conscience is far more than a thin veil to permit whatever is the fancy of any individual. Professor Steven D. Smith has recognized this problem and examined its effect. As he astutely notes in his commentary on the work of others regarding the nature and scope of "conscience," its meaning can be corrupted.[10] A major source of the problem (corruption) is that conscience, if it is based on a purely subjective approach to what is right and what is wrong, has no safeguard other than the individual who regulates the exercise of conscience and determines what it means and what it does not.[11]

But this brings us to a realization that the exercise of conscience can be manifested in two ways: active and passive (as I have mentioned in the contexts of Rosa Parks and Thomas More). The work of Professor Thomas Flynn gives precision to this dichotomy.[12] In both instances of active and passive exercises, there can be disobedience to the law or to some external norm. In the case of active exercise it is either doing something when something is forbidden or doing something other than that which is required. With passive exercise, the disobedience is refraining from doing that which is required. Flynn would argue that in either case there is disobedience, but the disobedience is directed not toward revolution or upheaval or overthrowing of state but of making the state more re-

---

[10] Steven D. Smith, *The Tenuous Case for Conscience*, 10 Roger Williams U. L. Rev. 325–326 (2005).

[11] For an important discussion which suggests that there can be an argument from subjectivity for conscience as well as a strong argument for objectivity, *see* Kathleen Brady, *Foundations for Freedom of Conscience: Stronger than You Might Think*, 10 Roger Williams U. L. Rev. 359 (2005).

[12] Thomas R. Flynn, *Collective Responsibility and Obedience to the Law*, 18 Ga. L. Rev. 845 (1984).

sponsive to the requirements of a just society.[13] Even though the conscientious objector is in some fashion disobedient, this person is still acting as citizen and as a member of society who is concerned about it and likely fears the impact of the rule that is actively or passively being disobeyed will have on the society for which this person cares a great deal. As Professor Flynn suggests, the civilly disobedient is not interested in "dissolving the orchestra" but is intent on making it true to its vocation.[14] While it may seem disruptive, the disobedient musician wants a better, not a worse, music ensemble and is willing to sacrifice himself through disobedience to achieve this goal not just for the himself but for the common good of all who may be a part of the orchestra or like to hear its music performed.

An illustration of both types of exercises comes from a story about England and the Second World War. Many years ago when I was a student at Oxford University, I was befriended by an elderly woman who was a retired member of the English faculty at the University. We would get together from time to time, and she would tell me many stories about her past. She was a woman of profound faith, and she did not miss much about the ups and downs of human existence. She grew up in Oxford and escaped the devastation of London during the blitz. One day when we were outside, she looked up into the sky and said that Oxford was a target of the Luftwaffe since it was an industrial center as well as the home to a great teaching and research university; nevertheless, the city was spared. She explained why she thought this to be the case. Either the Luftwaffe pilots and targeting officers were terribly bad at their craft or they were terribly good and moral men who saved Oxford and its environs. She doubted that they were bad at their craft because her husband had been in the Royal Air Force and informed her otherwise. They likely represented passive conscience because they did not deliver the ordnance to the intended targets – they refused to drop the bombs on the city, its center of learning and research, and its industry. They also represented active conscience because they knew they could not return to their home base with a complement of bombs still on board their aircraft, so they did what they were not supposed to do and probably dropped their bombs in the English Channel rather than on the intended targets.

Another and more recent example of the exercise of conscience is Clemens August Cardinal von Galen. In the early stages of the Second World War, von Galen was a diocesan bishop in Germany. In July of 1941 he delivered a homily in Münster, and the context of this period was one in which the enforcement mechanisms of the Third Reich were being applied to the Christian, especially the Catholic, community. Von Galen understood well what was going on, and he comprehended the effectiveness and the brutality of the totalitarian state that

[13] *Id.*, at 859.

[14] *Id.*

the Nazis had established. But he was also a faithful disciple for whom conscience meant a great deal – so much so that he was willing to sacrifice himself by making public his objections to the totalitarian state. With these words, he exhorted his Münster congregation:

> [S]teel yourselves and hold fast! At this moment we are not the hammer, but the anvil. Others, chiefly intruders and apostates, hammer at us; they are striving violently to wrench us, our nation and our youth from our belief in God. We are the anvil, I say, and not the hammer, but what happens in the forge? Go and ask the blacksmith and see what he says. Whatever is beaten out on the anvil receives its shape from the anvil as well as the hammer. The anvil cannot and need not strike back. It need only be hard and firm. If it is tough enough it invariably outlives the hammer. No matter how vehemently the hammer falls; the anvil remains standing in quiet strength, and for a long time will play its part in helping to shape what is being moulded.

One can respond with violence – but that raises serious concerns and can quickly remove the cloak of legitimacy from the divergent view – but that is not what von Galen counseled. One can resist through peaceful civil disobedience, but some may consider the deleterious effect this will have on the desire to be a contributing member to one's family and community – and again, that is not precisely what von Galen advocated. And then there is the approach of Thomas More, whose method comes closer to helping the person of conscience do what von Galen exhorted.

From the observations and conversations of Will Roper his son-in-law who was present at his trial for high treason, we learn that More was simultaneously a principled and pragmatic individual. The combination made for a remarkable person clever in dealing with and confounding adversaries but straightforward enough to let the honest listener understand why he did what others would or could not. Thomas More often spoke of conscience and used the term in his correspondence that was written after his arrest and prior to his trial. But during and after his trial, writing and sending correspondence became difficult. Thus Roper was able to capture the essence of More and his final understanding of conscience. Roper noted that at the end of More's trial when the Lord Chancellor pressed him with the fact that "all the bishops, universities and best learned of this realm" had agreed to the Act of Succession and that More stood by himself by not joining his voice with theirs, More spoke from conscience.[15] In doing so, he began his reply to the Lord Chancellor's question as the astute lawyer: with this abundance of evidence that the Act is Lawful as demonstrated by such profound endorsement of so many distinguished persons, what need was there for one final endorsement by Thomas More? As More said, "why that thing in my conscience should make any change."[16]

---

[15] William Roper, *A Man of Singular Virtue* (1980), at 91.

[16] *Id.*

His comment rhetorically presented the matter well: if the legitimacy of the Act were truly in question, what could his humble opinion offer at this late stage? More offered the distinction between all those alive who had subscribed to oath and those in heaven who might have thought otherwise.[17] If he were to be in the second category rather than the first, what matter would it make? It mattered a great deal, apparently. Yet More persisted in his tack and declared, "I must confess that if the act of Parliament be not unlawful, then is not the indictment in my conscience insufficient"?[18] With that, More's condemnation was sealed but his conscience was clear because it was responsibly well-exercised.

The man who returned More to the Tower after the trial from where the condemned former Lord Chancellor would await his execution had this to tell Roper: "I was ashamed of myself, that, at my departing from your father, I found my heart so feeble, and his so strong, that he was fain to comfort me, which should have rather comforted him."[19] By this time, the condemned man – an ordinary man in many ways – had been fortified by a remarkable exercise of conscience. In a letter that he was able to send his daughter Margaret from his Tower cell, More explained how his conscience guided him: he would take precaution not to deny outright what the act of Parliament required, but the oath itself must be avoided – for by taking it he would condemn himself before a much higher authority. As he said, "in good faith my conscience so moved me in the matter that though I would not deny to swear to the succession, yet unto the oath... I could not swear, without the... [jeopardizing] of my soul to perpetual damnation."[20] More exhibited the principal facets of his identity as a prudent man but one of conscience. On the one hand, he searched for ways of remaining the faithful citizen, but on the other, he knew well there was a boundary beyond which he could not pass, for if he did, a far more basic law binding all humanity would be crossed.

He was quick to point out that by exercising his conscience, he could not demand how others should exercise theirs.[21] Certainly it was his fervent hope to do what he could to remain publicly the good citizen who would abide in all respects by what the earthly sovereign commanded. But when his Rubicon had to be crossed, he had no expectation that others out of necessity must follow him and the path he chose. Conscience was simultaneously a public matter as well as a private one between him and his higher authority – God's law. By fulfilling the transcendent requirement, he neither expected nor demanded that others

---

[17] *Id.*

[18] *Id.*

[19] *Id.*, at 92.

[20] Letter to his daughter, Margaret, 17 April 1534, *St. Thomas More: Selected Letters* (1961), at 217.

[21] *Id.*

must follow him in his calling, a calling which nonetheless had clear public implications. As he said: "As for other men's consciences, I will be no judge... [but if he did subscribe to the oath] ye may reckon sure that it were expressed and extorted by duresse and hard handling [torture]."[22] He was resolved to remain true to the conviction of his conscience, but he would oblige no other – "as for other men's, I will not meddle of."[23]

It was the style of More to keep his exercise of conscience an individual, even private, matter by not advocating others to follow his example. But on the other hand, his life was a very public act as I have mentioned. His silence proclaimed where he stood when the law demanded what his conscience would not permit, i.e., to profess the unspeakable oath. He would not meddle with the conscience of others, for they would stand or fall on their own deeds. As for himself, he declared, "I am no man's judge."[24] But he also knew he must be prepared to meet his final judge. Conscience was not exercised for the convenience of the continuation of his earthly life; it was exercised with care and with responsibility to determine the righteousness of how he would live this life as he prepared for the eternal one. And should others profit from his example, so much the better.

The memory of Thomas More remains with us to this day. Society may well be richer, better, and more just because of who he was: a man of conscience well-formed who exercised it responsibly. While More's life gives us some helpful insight on the responsibility to form and exercise a well-formed conscience, some questions linger regarding how this well-formed conscience might be formed in the present age. We might begin with the address that Senator John Kennedy gave to an assembly of Texas Protestant ministers in September of 1960 as he was campaigning for the office of President of the United States. As many will recall, the religious affiliation of Senator Kennedy (he was a Catholic) was viewed with suspicion by some citizens of the United States. During his address to the ministers, Senator Kennedy said:

> Whatever issue may come before me as President – on birth control, divorce, censorship, gambling or any other subject – I will make my decision in accordance with these views, in accordance with what my conscience tells me to be the national interest, and without regard to outside religious pressures or dictates. And no power or threat of punishment could cause me to decide otherwise. But if the time should ever come – and I do not concede any conflict to be even remotely possible – when my office would require me to either violate my conscience or violate the national interest,

[22] *Id.*, at 243, Letter to a Master Leder, 16 January 1535.

[23] *Id.*, at 244.

[24] *Id.*, at 253.

then I would resign the office; and I hope any conscientious public servant would do the same...[25]

This statement reveals something about how he, as a Catholic, as a citizen, and as an office holder, would form his conscience regarding issues having both political and moral implications. One objective of my presentation is to provide a helpful explanation to people of good will how a person – as citizen or as holder of public office – is to form personal conscience that is well-formed. This is a principle that resonates with the teachings of the Catholic Church, which are very helpful in explaining conscience and its responsible exercise.[26] It is essential to note that conscience, as understood by Second Vatican Council, is "the most secret core and sanctuary of a person. There he is alone with God, whose voice echoes in his depths."[27] I will not investigate how conscience is to be applied to specific issues such as abortion, embryonic stem cell research, adoption, or marriage. I will simply consider the question: how is a well-formed conscience formed? Turning to the Church's teachings in this matter would be especially helpful because they have application not only to Christians but to all people of good will.

The Second Vatican Council in its *Declaration on Religious Liberty* stated that the minds and hearts of Catholics must be formed in such a way as to promote knowledge and practice of the whole fabric of faith.[28] In this context the Church herself – the People of God, the Body of Christ – has a critical, indispensable role in the formation of individual conscience so that people of good will shall come to know and live what the Church teaches and why it teaches what it does. But the significance of these teachings should not be restricted to Christians.

It is the individual role and responsibility of each citizen to make individual political choices and to participate in public life; however, it cannot be forgotten that a critical element of this individual responsibility is that the good citizen must exercise the duties of citizenship on the firm foundation of a properly formed conscience. As a result, all teachers, including the teachers of the Church, had a responsibility to assist in the formation of the well-formed conscience.

---

[25] Speech to Houston Ministerial Association, September 12, 1960 (Available at: www.jfklibrary.org).

[26] As then Joseph Cardinal Ratzinger said in his address at the Fourth Bishops' Workshop of the National Catholic Bioethics Center on "Moral Theology Today: Certitudes and Doubts," February 1984 (reprinted in: *On Conscience*, Ignatius Press, 2007), at 57, "[The Church's] teachings bring conscience to expression. Conscience is seen to be valid precisely because it incorporates the inner truth of things in accord with reality, which is after all the voice of the Creator."

[27] Pastoral Constitution on the Church in the Modern World, *Gaudium et spes*, n. 16.

[28] *See*, Declaration on Religious Liberty, n. 6.

The failure to do so would be an inexcusable abdication of the public obligations that those who teach with moral authority have.

The formation of a well-formed conscience must take into consideration the complementarity of faith and reason.[29] It is reason, which is compatible with the Catholic faith, that Christendom's claim to teach and to proclaim moral truth to the faithful and all people of good will. Consequently, it is essential that the legal system of any State acknowledge and protect the Church's freedom – the *libertas ecclesiae* – to exercise its proper role in civil society, especially through the instruction of the faithful regarding her teachings, including those that pertain to critical moral convictions having a bearing on the social, political, and economic issues of the day.

It is crucial to note here that any person's participation in public life does not simply rely on the shaping of moral convictions based on a person's conscience but must be founded on a well-formed conscience. This is especially true when one considers what the Supreme Court of the United States said in its dicta in *Planned Parenthood v. Casey*, when Justice Kennedy asserted that there is "a promise of the Constitution that there is a realm of personal liberty which the government may not enter."[30] However, Justice Kennedy's elaboration of "liberty" that a person who exercises it has "the right to define one's own concept of existence, of meaning, of the universe, and the mystery of human life" is perilous.[31] There is little difficulty with Justice Kennedy's placing a limit on the state in the formulation of conscience and the exercise of liberty. However, his formulation regarding human freedom and its exercise generates a great problem predicated on the exclusion of the roles that critical thinking, reason, and points of reference beyond the purely subjective.[32] Justice Kennedy offers no guidance on how to resolve competing conceptions of liberty and conscience that inexorably lead to a collision course. The highly subjective *Casey* formulation of liberty that sets a framework for defining conscience and its exercise is an undesirable method of finding out what conscience means and what it does not.

Here, it is important to take stock of the exhortation of Pope Benedict XVI that the Church desires to assist in the formation of consciences that will be exercised in political life; however, while the Church "cannot and must not replace the State," she, at the same time, "cannot and must not remain on the sidelines."[33] His point provides a segue into how the formation of a well-formed

[29] *See, in general*, Pope John Paul II's encyclical letter, *Fides et ratio*.

[30] *Planned Parenthood of Southeastern Pa. v. Casey,* 505 U.S. 833, 847 (1992).

[31] *Id.*, at 851.

[32] An illustration of this problem is in the letters of the 50 members of Congress; Congresswoman DeLauro's statements, etc.

[33] Pope Benedict XVI, Encyclical Letter, *Deus caritas est*, n. 28.

conscience evolves and is exercised. There is, after all, an antidote to the conundrum posed by the *Casey* method of liberty's role in the formation of conscience. A counterpoint is within easy grasp to address the dangerous subjectivism of the *Casey* formulation. As the U.S. bishops observed in their 2007 statement *Forming Consciences for Faithful Citizenship*, "Conscience is not something that allows us to justify doing whatever we want, nor is it a mere 'feeling' about what we should or should not do."[34] Sound reason and prudence are crucial to the responsible exercise of conscience.

Permeating the role of reason is sound moral teaching regarding the importance of the transcendent and objective moral order which assists persons in making distinctions between right and wrong and forming actions based on these distinctions. The well-formed conscience relies upon sound reason and is exercised with care, prudence, and responsibility. Otherwise the interests of all can be jeopardized by a "conscience" that does not reflect right reason because it is exercised in a cavalier fashion that is not careful, imprudent, or irresponsible.

A conscience that is based on authentic right reason perceives and acts upon an objective moral order that is the encounter between God and the human person so that good is pursued and evil is avoided.[35] It is insufficient to rely on mere human reason, for when a person's reason is restricted to either what he or she thinks (feels) or what he or she thinks (feels) in consort with like-minded individuals, the problems associated with the *Casey* formulation become manifest. Senator Kennedy's formulation of conscience is more in accord with *Casey* than with the method for which I advocate.

From the perspective of the exercise of the Christian, Catholic conscience, self-reliance is a problem when it is the only resource used in the formation of conscience. The conclusions of people based on consciences formed in this manner lead to conflict and adversity. A large source of this problem is that self-reliance, by itself, manufactures a deficient conscience. The subjectively formed conscience lacks something vital to the well-formed conscience. Moreover, when this conscience is exercised it lacks the objectivity that relies on responsibility rather than personal whim. In order to fulfill this goal, people of good will ought to be committed to "engage their conscience and the power of their reason", as Pope John Paul II stated in his encyclical letter *Fides et ratio*.[36]

Pope John Paul II understood the necessary compatibility of "a sound philosophical vision of human nature and society, as well as of the general princi-

---

[34] Bishops' Statement, n. 17.

[35] This point reflects the counsel of Saint Paul in his letter to the Romans where he states, "do not be overcome by evil; rather overcome evil with good." *Romans* 12:21.

[36] *Fides et ratio*, n. 68.

ples of ethical decision-making."[37] This synthesis is not compatible with the vision articulated by the Supreme Court in *Casey*. The reason for this is that the *Casey* vision of how conscience is formed is excessively subjective and flawed by the whim of individual relativism that is often not inclined to the objective reality that transcends the present material moment.[38] In essence, the reason which the Church encourages people of good will to seek out and exercise is one that seeks objective truth and does not fear the search for it. The reason befitting the person of good will, then, is that which impels the search for truth, and the perfection of truth. It fears not learning and encountering what is beyond the subject who makes the inquiry.[39]

Moreover, the person of good will eventually recognizes that the exercise of reason in its more perfect form will inevitably lead to this encounter which is a major objective of the search for truth.[40] The exercise of this reason makes the person who engages in the inquiry wiser, but the wisdom acquired is no longer restricted to only human intelligence since it leads to the mind of God. This reason is of the sort that liberates the human person from the fetters of the world that often restrict the profoundest knowledge and wisdom of the human condition and of human destiny. As our Lord, Jesus Christ said: "You will know the truth, and the truth will set you free."[41] Without the compass of pursuing God's truth in mind, a form of conscience may exist, but it will not be the well-formed

---

[37] *Id.*

[38] *Id.*, n. 98, where Pope John Paul II explains well the problem that *Casey* generates: "Conscience is no longer considered in its prime reality as an act of a person's intelligence, the function of which is to apply the universal knowledge of the good in a specific situation and thus to express a judgment about the right conduct to be chosen here and now. Instead, there is a tendency to grant to the individual conscience the prerogative of independently determining the criteria of good and evil and then acting accordingly. Such an outlook is quite congenial to an individualist ethic, wherein each individual is faced with his own truth different from the truth of others." *See* his reference to *Veritatis splendor*, nn. 57–61.

[39] *See*, John Paul II, *Fides et ratio*, n. 28: "The search for truth, of course, is not always so transparent nor does it always produce such results. The natural limitation of reason and the inconstancy of the heart often obscure and distort a person's search. Truth can also drown in a welter of other concerns. People can even run from the truth as soon as they glimpse it because they are afraid of its demands. Yet, for all that they may evade it, the truth still influences life. Life in fact can never be grounded upon doubt, uncertainty or deceit; such an existence would be threatened constantly by fear and anxiety. One may define the human being, therefore, as *the one who seeks the truth*."

[40] As John Paul asserts in *Fides et ratio*, n. 16: "This is to say that with the light of reason human beings can know which path to take, but they can follow that path to its end, quickly and unhindered, only if with a rightly tuned spirit they search for it within the horizon of faith. Therefore, reason and faith cannot be separated without diminishing the capacity of men and women to know themselves, the world and God in an appropriate way."

[41] *John* 8:32.

one because it will often be influenced by the temptations of subjectivity and relativism (as the *Casey* dicta supports).[42] The well-formed conscience is dependent on dialogue – not a monologue of the person with one's self – with God, as St. Bonaventure has suggested.[43]

It is with reliance on the objective truth of God that human conscience is expanded and liberated. The liberation comes from the fact that the individual Christian is not truly "free" when freedom is of the sort that distances a person from the truth. When a person is free *from* this truth, the person often becomes enslaved either by the paralysis of exaggerated autonomy and self-centeredness or by the dictates of some external entity that is not in accord with Christ's truth. Here it is important to take account of Fr. John Courtney Murray's commentary on this segment of the *Decree on Religious Freedom*. While commentaries to important texts, including the documents of the Second Vatican Council, need to be considered with caution and care, Fr. Murray's perspective is conditioned by the fact that he had a major role in drafting the *Decree*. In his discussion of the formation of conscience, Fr. Murray observed that it would be false to conclude that a person has the "right" to do whatever his or her conscience tells the person to do "simply because my conscience tells me to do it."[44] Fr. Murray asserted, correctly in my view, that to follow this kind of conclusion leads one to rely on "a perilous theory."[45] The core justification for the

---

[42] In this regard, Pope John Paul II in his encyclical letter *Veritatis splendor*, n. 32, put the matter well: "Certain currents of modern thought have gone so far as to *exalt freedom to such an extent that it becomes an absolute, which would then be the source of values*. This is the direction taken by doctrines which have lost the sense of the transcendent or which are explicitly atheist. The individual conscience is accorded the status of a supreme tribunal of moral judgment which hands down categorical and infallible decisions about good and evil. To the affirmation that one has a duty to follow one's conscience is unduly added the affirmation that one's moral judgment is true merely by the fact that it has its origin in the conscience. But in this way the inescapable claims of truth disappear, yielding their place to a criterion of sincerity, authenticity and 'being at peace with oneself', so much so that some have come to adopt a radically subjectivistic conception of moral judgment. As is immediately evident, *the crisis of truth* is not unconnected with this development. Once the idea of a universal truth about the good, knowable by human reason, is lost, inevitably the notion of conscience also changes. Conscience is no longer considered in its primordial reality as an act of a person's intelligence, the function of which is to apply the universal knowledge of the good in a specific situation and thus to express a judgment about the right conduct to be chosen here and now. Instead, there is a tendency to grant to the individual conscience the prerogative of independently determining the criteria of good and evil and then acting accordingly. Such an outlook is quite congenial to an individualist ethic, wherein each individual is faced with his own truth, different from the truth of others. Taken to its extreme consequences, this individualism leads to a denial of the very idea of human nature."

[43] *See, Veritatis splendor*, n. 58.

[44] The Documents of Vatican II, *Decree on Religious Freedom*, Walter M. Abbott, S.J., general editor, p. 679, n. 5.

[45] *Id.*

view proffered by Fr. Murray is that the centrality of the peril is its reliance on the kind of subjectivism in which a person's conscience that is based on self-reliance rather than "the objective truth" determines what is right or wrong, true or false.[46] The judge of what is right or wrong, true or false is solely the individual rather than objective certainty.

I turn once again to Thomas More as an important illustration of authentic freedom seeking to embrace God's truth. More was proclaimed by Pope John Paul II as the patron of statesmen and politicians in 2000.[47] More's example is relevant to my discussion because he provides a counterpoint to the view of conscience upon which Senator John Kennedy relied. In the *motu proprio* proclaiming Thomas More the patron of statesmen and politicians, Pope John Paul acknowledged that St. Thomas, distinguished in so many fields of family life, public service, and the profession of law, exemplified the conscience vital to discipleship and to being a good member of society. As the Pope emphasized, More, in spite of pressure – both physical and psychological – remained constant in his fidelity to legitimate authority, avoided self-aggrandizement, and served "the supreme ideal of justice."[48] Thomas More eschewed honor and vanity because his intentions and his deeds were characterized by the kind of sound judgment that is rooted in Christian faith and a solid understanding of the Church's moral teachings.[49]

Clearly, More's martyrdom was the matchless evidence of his commitment to seeking and living the objective truth, the source of authentic conscience. As Pope John Paul II stated, Thomas More embodied the well-formed moral conscience that serves as "the witness to God himself, whose voice and judgment penetrate the depths of man's soul."[50] More astutely comprehended his duties as a citizen and public officer, but he was also keenly aware of his responsibility as a faithful son of the Church. As was attributed to him at the moment of his execution, he died the King's good servant, and God's first.[51]

Essential to More and indispensable to anyone who wishes to remain faithful to the dual citizenship of the City of Man and the City of God is the realization

---

[46] *Id.*

[47] Pope John Paul II may well have had in mind Thomas More when the pope stated in *Veritatis splendor*, n. 94: "The voice of conscience has always clearly recalled that there are truths and moral values for which one must be prepared to give up one's life. In an individual's words and above all in the sacrifice of his life for a moral value, the Church sees a single testimony to that truth which, already present in creation, shines forth in its fullness on the face of Christ."

[48] *Motu proprio*, n. 4.

[49] *Id.*

[50] *Id.*, quoting from *Veritatis splendor*, n. 58.

[51] Wegemer reference to More's last words.

that Christ is the vine and we humans are the branches.[52] The quantity and quality of fruit that we bear in the actions of our lives is dependent on how well we embrace the vine who is Christ and his Church. This point was not forgotten at the Second Vatican Council when, in the *Decree on Religious Liberty*, the Fathers of the Council plainly stated that "[i]n the formation of their consciences, the Christian faithful ought carefully to attend to the sacred and certain doctrine of the Church."[53]

But one need not be a person of high profile like Thomas More or John Kennedy to be concerned about having a well-formed conscience that is exercised with responsibility. In 2002, the Congregation for the Doctrine of the Faith (CDF) noted that a well-formed Christian conscience imposes certain responsibilities on citizens in that it would counter this conscience to vote for or support political programs or legislation "which contradicts the fundamental contents of faith and morals."[54] The CDF went on to state that the faith is "an integral unity" and it would be "incoherent" for a Catholic to justify his or her action – the exercise of conscience – "to the detriment of the whole of Catholic doctrine."[55] In essence, a well-formed conscience would not vote for a candidate, support legislation, or endorse a program on the basis of one particular element of evidence that would sacrifice the whole of the Church's moral teachings.

The CDF was also very clear to express the role the Church has in forming the well-formed conscience of the citizen or public official. As the CDF affirmed, the Church and her teachings do not themselves exercise political power, nor do they wish to abolish the freedom of those who must preserve and responsibly exercise their proper role in civil affairs.[56] At the same time, the Church's teaching role on issues that involve the public life of its members who are also citizens of the State must not be silenced. The Church has and must retain its proper function "to instruct and illuminate the consciences of the faithful, particularly those involved in political life, so that their actions may always serve the integral promotion of the human person and the common good."[57]

---

[52] *John* 15:1–11.

[53] *Decree on Religious Freedom*, n. 14. As Fr. Murray noted in his commentary on this point appearing in the Decree, "[Catholics] are urged, in particular, to form their consciences under the guidance of the authority of the Church." Fr. Murray goes on to clarify his point by stating that the formation of conscience of which he – and therefore the Council – is speaking of conscience and freedom in the civil order. *Id.*, n. 58.

[54] *Doctrinal Note on Some Questions Regarding the Participation of Catholics in Public Life*, approved by Pope John Paul II on November 21, 2002, n. 4.

[55] *Id.*

[56] *Id.*, n. 6.

[57] *Id.*

An element of the Church's teaching on this is that its hierarchical and clerical members have the primary duty to teach the faithful; however, the lay faithful have the principal responsibility of applying and implementing the principles of the Church's social doctrine in the temporal order.[58] The CDF reiterated a point I made earlier: "The branch, engrafted to the vine which is Christ, bears its fruit in every sphere of existence and activity."[59] The intention of the Church to promote and preserve its role as teacher is to insure that those of good will shall be able to contribute to the improvement of society as a more just one that protects the dignity of the human person.[60]

Some might argue that the positions contained in this dicta of the Supreme Court in the *Casey* decision represent the natural and proper evolution of the liberal and democratic state and the exercise of conscience,[61] but others (perhaps keeping in mind the counsel of Thomas More who suggested that "when statesmen forsake their own private conscience for the sake of their public duties... they lead their country by a short route to chaos"[62]) can reasonably argue that this is incorrect.

If members of civil society today would applaud the doctor who, in the exercise of his conscience, refused to conduct some morally problematic scientific experiment encouraged or required by the law of a totalitarian state on persons without their consent, why would that same society disapprove of the doctor who, also in the exercise of conscience, refused to terminate human life at its early stages when this is permitted by the law of a democratic state that considers itself liberal or progressive? Put simply, this society's action would indicate that it is, in spite of political rhetoric to the contrary, not supportive of the well-formed conscience. This society would be guided by a dangerous subjective whim and caprice that demands uniformity rather than diversity of opinion respecting the well-formed conscience. It would, notwithstanding its democratic claims, be a totalitarian society. As John Paul II once said, "the value of democracy stands or falls with the values which it embodies and promotes."[63] What values are being promoted today by "liberal democracies" that undermine the well-formed consciences of its citizens?

---

[58] *See, e.g.*, John Paul II, Apostolic Exhortation *Christifideles laici,* n. 59.

[59] CDF Note, n. 6.

[60] *Id.*

[61] As Professor Steven D. Smith notes, the *Casey* decision "invoked the sanctity of conscience as a central rationale for a right to abortion." *See*, Steven Smith, *The Tenuous Case for Conscience*, 10 Roger Williams U. L. Rev. 325 (2005).

[62] Robert Bolt, *A Man for All Seasons* (Vintage Books: New York, 1962), Act One, p. 13.

[63] John Paul II, *Evangelium vitae*, n. 70. In his earlier encyclical letter *Centesimus annus* of 1991, he made a related observation: "As history demonstrates, a democracy without values easily turns into open or thinly disguised totalitarianism." *Id.*, n. 46.

If some are prepared to cheer the physician depicted in the film "The Cider House Rules" who, in the exercise of his ether-molded "conscience," would abort the babies of young, unwed mothers,[64] why could they not also commend the physician who, in the exercise of his conscience, refused to associate himself with such actions when the regulatory mechanisms of the state require the doctor to terminate innocent life that has not given its consent? Perhaps because, as Dr. Edmund Pellegrino, a physician and ethicist, has cautioned, this kind of society offers an "immediate utopianism of a man-made heaven on earth" where there is no world – nothing beyond the here and now.[65]

Thomas Aquinas's first principle of the law to do good and avoid evil offers an initial answer to this important question.[66] Of course it is critical to this principle that the good identified and the associated conscience that is its natural companion of religious belief be well and properly defined. Otherwise, as Dr. Pellegrino states, errors of conscience can occur when individuals or groups relying on the "conscience defense" misidentify the good.[67] If the good is misidentified, the subsequent acts based on conscience can also be flawed. And, in societies that pride themselves in being diverse and pluralistic, such as the United States, the good identified and the conscience claimed in its support can be mistaken.

Recognizing that there is a potential problem in justly dealing with claims of conscience, some cases offer clear distinctions about competing claims to the good that may underlie the exercise of conscience. For example, the highest court of the United States declared in 1973 in *Roe*, that the physician, in the exercise of professional judgment, could determine if nascent human life could be sacrificed. Some would celebrate this as a legitimate exercise of conscience. However, others would assert that this exercise of conscience is flawed because the result being mistakenly identified as a good is in fact not a good from the perspective of the child who is destroyed. What would happen to the second physician who, in the exercise of her professional judgment and conscience, concluded "I cannot take this life!" Does the "mystery of life" passage of *Casey* supply the sole solution to this predicament? Or, might there be some search for a solution that goes beyond *Casey's* endorsement of exaggerated personal liberty, which takes little or no recognition of others into the exercise of conscience and religious belief?

---

[64] *The Cider House Rules*, Miramax Pictures, 1999.

[65] Edmund D. Pellegrino, *The Physician's Conscience, Conscience Clauses, and Religious Belief: A Catholic Perspective*, 30 Fordham Urb. L. J. 221, 224 (2002).

[66] Thomas Aquinas, *Summa Theologiae,* I–II, q. 94, ans. 2.

[67] Pellegrino, *supra* note 65, at 227.

If *Casey* remains the solution, would the second physician, like Thomas More, be compelled to bend to the mother's demand for terminating the pregnancy? If not, it could be said that the society and its law respect the conscience of all rather than some. If, on the other hand, the doctor who objects is in some manner compelled to participate in the practice to which she objects (e.g., referring the patient to a doctor who will perform the abortion), this society has begun its metamorphosis toward totalitarianism. In this case, the admonition attributed to Edmund Burke needs to be taken into account: "All that is necessary for the triumph of evil is that good men do nothing."[68]

The problem does not end here. In the early twenty-first century we believe that we are remote from the attitude of the German concentration camp commander who, when asked, "Where was your conscience?", replied that he was simply following orders. In fact, we may not be so removed from this circumstance as we might like to think. Dr. Pellegrino has noted that some "ethicists" of the present day have begun to suggest that physicians "must separate their personal moral beliefs from their professional lives if they wish to practice in a secular society and remain licensed (by the state)..."[69] He points out that "health care" is beginning to merge with "death care." Thus, physicians may begin to wonder that if they raise objections about specific procedures, would they only be entitled to a limited license to practice the healing arts?[70] This question can be taken a step further: would they be given a license at all? And, if they have a license, would it be stripped from them when they refuse, out of conscience or religious belief, to engage in these procedures?

Today's reality demonstrates this. In the context of abortion, euthanasia, assisted suicide, morning-after cocktails, or same-sex unions, there are others willing to comply – sometimes in the name of conscience or something like that.[71] There is no need to coerce all citizens with state sanction (imprisonment, denial of licenses, or fines) to perform acts to which they object in good conscience and faith, based not on "feeling" but on sound and reasoned views of rightness and wrongness.

In the past experience of the twentieth century, one totalitarian state demanded adherence to the view that not all persons were equal on fundamental points of human nature – some were subhuman and could be annihilated. But reasoned opinion said otherwise. To have been a law-abiding citizen in that

---

[68] A quotation often attributed to Edmund Burke but not found in any of his works. *See*, http://www.bartleby.com/73/560.html.

[69] Pellegrino, *supra* note 65, at 233.

[70] *Id.*, at 224.

[71] *See*, Nina Totenberg, *Harry A. Blackmun: The Conscientious Conscience*, 43 Am. U. L. Rev. 745 (1994), wherein the author discusses the "conscience" of Justice Blackmun who authored the majority opinion in *Roe v. Wade*.

state, one had to hold and practice the view advanced by the state or suffer dire consequences. In the past, another totalitarian state required its citizens to proclaim that there is no God when reason and belief said there is. If a person held and expressed the state's view, he or she was a comrade and patriot. But if one did not, that person became a traitor and would risk calamity. So, what is one to do?

The memories of Thomas More vividly remain with us today. American society is richer, better, and more just because of who he was: a man of conscience well-formed and filled with faith in God and His Church. As I have attempted to demonstrate, there still remain challenges in exercising conscience. In recent political developments in the United States, it appears that if the Obama Administration remains committed to quick passage of the Freedom of Choice Act, many hospital administrators, doctors, nurses, and other medical professionals – including many observant Catholics – will find that they may be required to participate in abortions and other activities to which their well-formed consciences resist. If the future will indeed present challenges to conscience, may those who will face these challenges because of their well-formed conscience remember this extraordinary and wise predecessor. His guidance offered through the manner in which he lived and confronted the imposing challenges of his times may just be what the world needs to address in a responsible manner the difficulties to conscience that may emerge in the present age.

Summary

This quotation taken from Fedor Dostoevsky's *The Brothers Karamazov* and its "Legend of the Grand Inquisitor" captures the inquisitor attempting to indict Our Lord Jesus Christ. But in fact, is it really an indictment of the condition of man transmitted by God through the gift of life and free will? The exercise of conscience is not executed with a prescribed technical precision but with human freedom, a freedom that must be exercised with responsibility. I examine freedom and responsibility of exercising well-formed conscience by citizens executing their roles in public life. I draw and develop examples of Thomas More and Clemens August Cardinal von Galen. The responsible exercise of conscience that I address here is not that which permits a person to conclude that a person has the right to do whatever one's conscience instructs simply because this conscience decides this. I take a different approach and argue that the exercise of conscience must be done in such a way that the exercise is responsible – for the betterment not only of the person exercising but also for those who will be affected by the exercise.

Zusammenfassung

Das Zitat am Anfang des Beitrags stammt aus Fjodor M. Dostojewski's *Die Brüder Karamasow* und der darin enthaltenen „Legende vom Großinquisitor": Der Großinquisitor nimmt unsern Herrn Jesus Christus gefangen und versucht, ihn anzuklagen. Aber ist es in Wirklichkeit nicht eine Anklage, die sich an Gott richtet, weil er den Menschen mit dem Geschenk des Lebens und mit freiem Willen ausgestattet hat? Die Gewissensbildung erfolgt nicht mit einer vorgeschriebenen technischen Exaktheit, sondern in menschlicher Freiheit, einer Freiheit, die mit Verantwortung ausgeübt werden muss. Ich untersuche insbesondere die Freiheit und Verantwortung von Staatsbürgern, die Funktionen im öffentlichen Leben ausüben, und die über eine gewisse Reife ihres Gewissens verfügen. Bei den von mir ausgewählten Beispielen handelt es sich um Thomas Morus und Clemens August Kardinal von Galen. Die sich ihrer besonderen Verantwortung bewusste Gewissensbildung, die ich hier anspreche, geht nicht von der Vorstellung aus, als ob es einer Person erlaubt wäre zu tun, wozu auch immer das Gewissen sie anleite, einfach weil die Person der Überzeugung ist, ihr Gewissen hätte dies so entschieden. Ich wähle stattdessen einen anderen Ansatz: Ich argumentiere, dass eine verantwortungsbewusste Gewissensbildung in einer Weise erfolgen muss, die nicht nur der betreffenden Person zur Reife verhilft, sondern auch all diejenigen, die davon betroffen sind.

Verantwortung für den Rechtsstaat

Johannes Paul II. und der Schutz des menschlichen Lebens

Von Manfred Spieker

Am 25. Juli 1978, knapp drei Monate, bevor Johannes Paul II. sein Pontifikat begann, wurde in Großbritannien Louise Joy Brown geboren. Sie war der erste, von den Forschern Patrick Steptoe und Robert Edwards künstlich erzeugte Mensch. Damit begann die Ära der Assistierten Reproduktion. Mit ihren Methoden, der In-Vitro-Fertilisation und der 1992 eingeführten Intracytoplasmatischen Spermieninjektion wurde seitdem mehr als eine Million Menschen geboren. Allein in Deutschland, wo diese Ära 1982 begann, waren es bis 2005 etwa 110.000.

Die Assistierte Reproduktion ist die Voraussetzung für alle modernen Probleme der Bioethik, die Kryokonservierung von Embryonen, die Präimplantationsdiagnostik, das Klonen und die embryonale Stammzellforschung, die 1998 mit der Isolierung embryonaler Stammzellen durch James Thompson an der Madison-Wisconsin-Universität begann. Den mit der Assistierten Reproduktion verbundenen Herausforderungen stellte sich Johannes Paul II. ebenso wie den klassischen Problemen der Bioethik, die es gibt, seit Menschen existieren: Abtreibung und Euthanasie. Im Jahrzehnt vor Beginn seines Pontifikats war die Abtreibung in zahlreichen Staaten legalisiert worden und im letzen Jahrzehnt seines Pontifikats kam, vor allem in den Niederlanden und in Belgien, die Legalisierung der Euthanasie hinzu.

Die Wege, auf denen Johannes Paul II. die Probleme des Lebensschutzes aufgriff, waren sehr vielfältig. Große lehramtliche Dokumente gehören dazu wie die Instruktion der Glaubenskongregation über die Achtung vor dem beginnenden menschlichen Leben und die Würde der Fortpflanzung *Donum vitae* vom 10. März 1987, die Enzyklika über den Wert und die Unantastbarkeit des menschlichen Lebens *Evangelium vitae* vom 25. März 1995, aber auch der Katechismus der Katholischen Kirche von 1993, institutionelle Bemühungen, wie die Gründung der Päpstlichen Akademie für das Leben 1995 und ihre jährlichen Generalversammlungen und Kongresse oder das außerordentliche Konsistorium der Kardinäle zu Fragen des Lebensschutzes im April 1991, Ansprachen an Politiker in Rom oder bei seinen Reisen, denen es nie an Mut und Klarheit mangelte oder Korrespondenzen mit nationalen Bischofskonferenzen, nicht zuletzt der deutschen im Streit um die Schwangerschaftskonfliktberatung 1995 bis 1999.

Es ist müßig, darüber zu diskutieren, welche Grundzüge das Pontifikat Johannes Pauls II. am meisten charakterisieren: sein Sieg über den Kommunismus, sein Engagement für die Würde der Person und die Theologie des Leibes, sein Einsatz für den Frieden, seine Bemühungen um die Ökumene, sein weltweites Apostolat oder seine Verteidigung des menschlichen Lebens? Ein roter Faden der 26 ½ Jahre seines Pontifikats ist und bleibt der Schutz des menschlichen Lebens von der Empfängnis bis zum natürlichen Tod. Schon in seiner ersten Rede vor der Vollversammlung der Vereinten Nationen am 2. Oktober 1979, ein Jahr nach seinem Amtsantritt, berührte er dieses Problem. „An der Sorge für das Kind noch vor seiner Geburt, vom ersten Augenblick seiner Empfängnis an, und dann in den Jahren der Kindheit und der Jugendzeit erkennt man zuerst und grundlegend das Verhältnis des Menschen zum Menschen.“[1] In der Verantwortung für den Lebensschutz sieht Johannes Paul II. deshalb eine, ja die zentrale Legitimitätsbedingung einer rechtsstaatlichen Demokratie. Mit seinem Kampf gegen die Kultur des Todes versuchte er deshalb auch, „eine Selbstzerstörung der Demokratien zu verhindern“.[2]

Mit seinem Kampf gegen die Kultur des Todes hat Johannes Paul II. aber auch die Agenda der Katholischen Soziallehre verändert. Dass die akademische Sozialethik zumindest in Deutschland und gewiss auch in einigen anderen Ländern dies bisher kaum zur Kenntnis genommen hat, ist ein schmerzliches Faktum. Die akademische Sozialethik fährt einstweilen fort, sich auf ihre klassische Agenda zu konzentrieren – die Probleme der Weltwirtschaftsordnung und der Globalisierung, der sozialstaatlichen Entwicklung und des Arbeitsmarktes, der Demokratie und der Zivilgesellschaft, der Entwicklung der Dritten Welt und der Friedenssicherung. Sie fragt – durchaus zu Recht – nach den Konkretionen der ihr aufgetragenen vorrangigen Option für die Armen, ignoriert allerdings den Appell, den Johannes Paul II. schon 1991 anlässlich der Hundertjahrfeier der ersten Sozialenzyklika *Rerum novarum* an die Kirche richtete. In einem Brief an alle Bischöfe der katholischen Kirche, in dem er sie um ihre Mitarbeit bei der geplanten Enzyklika zum Schutz des menschlichen Lebens bat, sprach er davon, dass die Kirche immer jene Menschen in Schutz nehme, die in ihren fundamentalsten Rechten unterdrückt werden. Vor einem Jahrhundert sei dies die Arbeiterklasse gewesen. Heute werde „eine andere Kategorie von Personen in ihren grundlegenden Lebensrechten unterdrückt“, weshalb die Kirche verpflichtet sei, „mit unvermindertem Mut den Stimmlosen Stimme zu sein“.[3] In

[1] *Johannes Paul II.*, Ansprache vor der Vollversammlung der Vereinten Nationen in New York am 2.10.1979, Ziffer 21, in: Verlautbarungen des Apostolischen Stuhls, Heft 13, Bonn 1979, S. 83.

[2] *George Weigel*, Zeuge der Hoffnung. Johannes Paul II. Eine Biographie, Paderborn 2002, S. 797.

der Enzyklika *Evangelium vitae* wiederholte er 1995 diesen Appell und verdeutlichte zugleich, wen er mit dieser anderen Kategorie von Personen meint: die Ungeborenen. Wie sich die Kirche am Ende des 19. Jahrhunderts der Arbeiterklasse angenommen habe, so habe sie sich am Ende des 20. Jahrhunderts der ungeborenen Kinder anzunehmen.[4] Benedikt XVI. hat dies in *Caritas in veritate* 2009 aufgegriffen und mehrfach betont, dass sich die Sozialethik mit der Ethik des Lebensschutzes verbinden müsse.[5]

Dass die Problematik des Lebensschutzes nicht auf der Agenda der Katholischen Soziallehre stand, war verständlich, solange die Rechts- und Verfassungsordnungen der zivilisierten Staaten die Menschenrechte geschützt und Abtreibung und Euthanasie verboten haben. Anfang der 70er-Jahre des vergangenen Jahrhunderts aber hat sich dies grundlegend geändert. Mit der Lockerung bzw. Aufhebung des Abtreibungs- und Euthanasieverbotes und der Legalisierung der embryonalen Stammzellforschung sind die zentralen Legitimitätsbedingungen des demokratischen Rechtsstaates in Frage gestellt worden: das Verbot privater Gewaltanwendung und der Tötung unschuldiger Menschen. Dieses Verbot, seine eigenen Interessen mit Gewalt durchzusetzen und um dieser Interessen willen einen Unschuldigen zu töten, hat den Rechtsstaat konstituiert. Wenn im Abtreibungsstrafrecht das Selbstbestimmungsrecht der Schwangeren über das Lebensrecht des Kindes gestellt, mithin privater Gewalt zur Konfliktlösung der Weg geebnet wird, wenn im Reproduktionsmedizinrecht die Forschungsfreiheit, die reproduktiven Rechte des Menschen und die „Ethik des Heilens" über das Lebensrecht des Embryos gestellt werden, dann hebt sich der Rechtsstaat selbst auf. Die Aufhebung dieses Tötungsverbotes auch noch rechtsstaatlich regeln zu wollen, ist ein Widerspruch in sich. Ein Rechtsstaat kann die Zerstörung seiner Konstitutionsbedingung nicht rechtsstaatlich regeln. Dies ist der Grund, weshalb die Kontroversen um die Legalisierung der Abtreibung und der embryonalen Stammzellforschung nie an ein Ende kommen werden, auch wenn Gesetzgeber, Regierungen und Parteien, Medien und politische Kultur noch so sehr bemüht sind, diese Kontroversen zu tabuisieren.

I. Kultur des Todes

Johannes Paul II. hat sich dieser Entwicklung mit analytischem Verstand, mit Verantwortungsbewusstsein, mit Mut und Beharrlichkeit gestellt. Er hat sie als „Kultur des Todes" kritisiert. Entscheidungen, die früher einstimmig als Ver-

[3] *Johannes Paul II.*, Brief an alle Mitbrüder im Bischofsamt vom 19.5.1991, in: Der Apostolische Stuhl 1991, S. 1159.

[4] *Johannes Paul II.*, Evangelium vitae 5.

[5] *Benedikt XVI.*, Caritas in veritate 15, 28, 44, 51, 74 und 75.

brechen betrachtet wurden und vom Naturrecht her auch als Verbrechen zu betrachten sind, würden nun nicht nur toleriert, sondern für rechtmäßig erklärt und vom staatlichen Gesundheitssystem bezahlt. Darin komme nicht nur ein schwerer moralischer Verfall, sondern die „Struktur der Sünde" zum Ausdruck, die zu einer irreparablen Schädigung des Gemeinwohls und einer „Kultur des Todes" führe.[6] Eine dramatische Auseinandersetzung zwischen Bösem und Gutem, Tod und Leben, der „Kultur des Todes" und der „Kultur des Lebens" ist für Johannes Paul II. die Signatur der Gegenwart.[7]

„Kultur des Todes" ist ein sperriger Begriff. Er hat nichts zu tun mit der ars moriendi, jener Kunst des Sterbens eines reifen Menschen, der dem Tod ebenso bewusst wie gelassen entgegengeht, ja ihn, wie Franz von Assisi, als Bruder betrachtet. Er hat auch nichts zu tun mit Mord und Totschlag, die es unter Menschen gibt, seit Kain seinen Bruder Abel erschlug, auf denen aber immer der Fluch des Verbrechens lag. „Kultur des Todes" meint vielmehr ein Verhalten einerseits und gesellschaftliche sowie rechtliche Strukturen andererseits, die bestrebt sind, das Töten gesellschaftsfähig zu machen, indem es als medizinische Dienstleistung und als Sozialhilfe getarnt und mit dem Mantel der Legalität umkleidet wird. Die „Kultur des Todes" will das Töten vom Fluch des Verbrechens befreien. Dazu bedarf sie des Gesetzgebers, mithin der politischen Entscheidungsträger in den Parteien und letztlich aller Bürger, die – zumindest in den Demokratien – diese Entscheidungsträger bestimmen. Die „Kultur des Todes" ist somit nicht nur ein Angriff auf einzelne Menschen, die der Gefahr der Abtreibung, der Euthanasie oder der embryonalen Stammzellforschung ausgesetzt sind, sondern ein tödliches Gift für die rechtsstaatliche Demokratie.

Wenn sich die Kirche dieser Entwicklung in den Weg stellt, wenn sie, so Johannes Paul II. in *Evangelium vitae*, „die unbedingte Achtung vor dem Recht auf Leben jedes unschuldigen Menschen – von der Empfängnis bis zum natürlichen Tod – zu einer der Säulen erklärt, auf die sich jede bürgerliche Gesellschaft stützt, will sie lediglich einen humanen Staat fördern. Einen Staat, der die Verteidigung der Grundrechte der menschlichen Person, besonders der schwächsten, als seine vorrangige Pflicht anerkennt."[8] Ein solcher Staat ist ein Rechtsstaat. Ihn anzustreben, ihn mittels des Solidaritäts- und des Subsidiaritätsprinzips als demokratischen und sozialen Rechtsstaat zu gestalten und zu verteidigen, ist die Verantwortung der Katholischen Soziallehre, die Johannes Paul II. ihr immer wieder in Erinnerung gerufen hat.

---

[6] *Johannes Paul II.*, Evangelium vitae 4, 11, 59 und 72.

[7] *Johannes Paul II.*, Evangelium vitae 28 und 50.

[8] *Johannes Paul II.*, Evangelium vitae 101.

II. Abtreibung

Der Schutz des Lebens beginnt mit dem Kampf gegen die Abtreibung. Abtreibung ist die beabsichtigte und direkte Tötung eines menschlichen Geschöpfes in dem zwischen Empfängnis und Geburt liegenden Anfangsstadium seiner Existenz. An der Verwerflichkeit einer Abtreibung hat Johannes Paul II., wie die Kirche seit ihren Anfängen vor 2000 Jahren, nie einen Zweifel gelassen. „Unter allen Verbrechen, die der Mensch gegen das Leben begehen kann, weist ... die Abtreibung Merkmale auf, die sie besonders schwerwiegend und verwerflich machen... Die sittliche Schwere der vorsätzlichen Abtreibung wird in ihrer ganzen Wahrheit deutlich, wenn man erkennt, dass es sich um einen Mord handelt, und insbesondere, wenn man die spezifischen Umstände bedenkt, die ihn kennzeichnen. Getötet wird hier ein menschliches Geschöpf, das gerade erst dem Leben entgegengeht, das heißt, das absolut unschuldigste Wesen, das man sich vorstellen kann.“[9] Die direkte und absichtliche Tötung eines unschuldigen Menschen aber ist niemals erlaubt, auch dann nicht, wenn die Entscheidung für die Abtreibung von der Mutter in einer schwierigen Lage und nicht aus rein egoistischen Motiven getroffen wird, wenn sie „einen dramatischen und schmerzlichen Charakter“ annimmt oder unter dem Druck des Vaters des Kindes, des weiteren Familien- oder Freundeskreises, der Ärzte oder der Gesellschaft erfolgt.[10]

Im Kampf gegen die Abtreibung hat Johannes Paul II. aber nicht nur die Schwangeren im Auge, so sehr sie die Letztverantwortung für die Abtreibung tragen. Er erinnert auch den Gesetzgeber und die Einrichtungen des Gesundheitswesens, die pharmazeutische Industrie sowie die Beratungsdienste und immer wieder seine bischöflichen Mitbrüder an ihre Verantwortung, und er fragt nach den Ursachen für die starke Verbreitung der Abtreibungsmentalität in den 1970er-Jahren. Er spricht Gesetzen, die Abtreibung zulassen, jede Rechtsverbindlichkeit ab. Sie enthielten „nicht nur keine Verpflichtung für das Gewissen“, sondern im Gegenteil „die schwere und klare Verpflichtung, sich ihnen mit Hilfe des Einspruchs aus Gewissensgründen zu widersetzen“.[11] Kein Umstand, kein Zweck und kein Gesetz werde „jemals eine Handlung für die Welt statthaft machen können, die in sich unerlaubt ist, weil sie dem Gesetz Gottes widerspricht, das jedem Menschen ins Herz geschrieben, mit Hilfe der Vernunft selbst erkennbar und von der Kirche verkündet worden ist“.[12] Die Glaubenskongregation hatte schon 1987 in ihrer Instruktion über die Achtung vor dem be-

---

[9] *Johannes Paul II.*, Evangelium vitae 58. Die Tradition der Kirche resümiert der Papst in Evangelium vitae 61 und 62.

[10] *Johannes Paul II.*, Evangelium vitae 58 und 59.

[11] *Johannes Paul II.*, Evangelium vitae 73, 57 und 62.

[12] *Johannes Paul II.*, Evangelium vitae 62.

ginnenden menschlichen Leben und die Würde der Fortpflanzung *Donum vitae* auf die Gefährdung des Rechtsstaates durch solche Gesetze hingewiesen: „In dem Augenblick, in dem ein positives Gesetz eine Kategorie von Menschen des Schutzes beraubt, den die zivile Gesetzgebung ihnen gewähren muss, leugnet der Staat die Gleichheit aller vor dem Gesetz. Wenn die Staatsmacht sich nicht in den Dienst der Rechte jedes Bürgers stellt und in besonderer Weise dessen, der am schwächsten ist, dann werden die Grundmauern des Rechtsstaates untergraben.“[13] Dies war „ein beispielloser päpstlicher Protest gegen Gesetze..., die nach den Regeln des demokratischen Verfahrens zustande gekommen waren“.[14] Die Frage nach der Legitimität einer Rechtsordnung beantwortet Johannes Paul II. mit der Tradition der ganzen Kirche und unter ausdrücklichem Verweis auf Johannes XXIII. und Thomas von Aquin aus einer naturrechtlichen Perspektive. Das staatliche Gesetz kann nur Legitimität und d. h. den Gesetzesgehorsam der Bürger beanspruchen, wenn es mit dem Sittengesetz übereinstimmt.[15] Unermüdlich verteidigt er diesen naturrechtlichen Ansatz gegen einen ethischen Relativismus.[16] Nach einer viel und durchaus kontrovers diskutierten Aussage der Enzyklika *Evangelium vitae* schließt dieser naturrechtliche Ansatz aber nicht aus, dass katholische Parlamentarier, deren Widerstand gegen Abtreibung und d. h. deren naturrechtliche Orientierung allgemein bekannt ist, in einer Abstimmung, in der die Abwendung oder vollständige Aufhebung eines Abtreibungsgesetzes nicht möglich ist, „Gesetzesvorschläge ... unterstützen, die die Schadensbegrenzung ... zum Ziel haben“. Dies sei keine unerlaubte Mitwirkung an einem ungerechten Gesetz.[17]

Welche Erwartungen Johannes Paul II. an christliche Politiker im Hinblick auf die Abtreibungsgesetzgebung hat, hat er in zahlreichen Ansprachen an Politiker jener Länder, die Abtreibung legalisiert haben, deutlich gemacht. Ein Höhepunkt seines unerschütterlichen, klugen und mutigen, ja bisweilen kühnen Eintretens für eine am Naturrecht orientierte Gesetzgebung waren seine Ermahnungen an den Präsidenten der Bundesrepublik Deutschland Richard von Weizsäcker bei dessen Abschiedsbesuch im Vatikan am 3. März 1994: „Die Debatte über den Lebensschutz kann bisweilen auch bei christlichen Politikern die

---

[13] Donum vitae III und Katechismus der Katholischen Kirche 2273.

[14] *George Weigel*, Zeuge der Hoffnung, a. a. O., S. 799.

[15] *Johannes Paul II.*, Evangelium vitae 72.

[16] *Johannes Paul II.*, Centesimus annus 46 und 47; Evangelium vitae 70.

[17] *Johannes Paul II.*, Evangelium vitae 73. Anderer Ansicht vor allem *Arthur F. Utz*, Das Unheil der Nr. 73/74 der Enzyklika Evangelium vitae, in: Theologisches, 28. Jg. (1998), Sp. 307 ff. Vgl. dazu auch *Tadeusz Styczen u. a.* (Hrsg.), Unvollkommene oder ungerechte Gesetze? Für eine logisch kohärente und ethisch eindeutige Interpretation von Nr. 73 der Enzyklika „Evangelium vitae“, Lublin 2005, und *Giovanni B. Sala*, Die Lehre von der „Schadensbegrenzung“ eines ungerechten Gesetzes nach der Enzyklika „Evangelium vitae“. Ein Versuch, die Bedenken gegen die Textstelle zu lösen, in: Theologisches, 29. Jg. (1999), Sp. 523 ff.

Angst vor dem klaren Wort des Widerspruchs mit sich bringen, wenn der Eindruck entsteht, eine demokratische Mehrheit sei für die Tötung bedrohten und schutzbedürftigen, ungeborenen oder sterbenskranken menschlichen Lebens... Der Verlust vorgegebener Wertmaßstäbe kann niemals ein Schweigen des Politikers rechtfertigen, der sich Gott gegenüber für die Menschen und die sittliche Ordnung verantwortlich weiß. Die Klugheit des in der politischen Verantwortung Stehenden zeigt sich in dem Maß, in dem er einer vermeintlich applaudierenden Mehrheit auch dann entgegenzutreten in der Lage ist, wenn es um die Grundwerte menschlicher Kultur geht. Gerade in Grenzfragen des Lebens, in denen nicht mehr unbedingt ein gesellschaftlicher Konsens besteht, muss bisweilen ein unbequemes Wort gesprochen werden."[18] Das unbequeme Wort, das Johannes Paul II. von einem verfassungstreuen Politiker erwartete, hat er selbst nicht gescheut.

In seinem Zeugnis für das Evangelium des Lebens war er bereit, unbequem zu sein – nicht nur für Politiker, sondern auch für Bischöfe, insbesondere für die Mehrheit der deutschen Bischöfe, die sich nach der Reform des Abtreibungsstrafrechts 1995 an der nachweispflichtigen Schwangerschaftskonfliktberatung beteiligten. Vier Jahre lang hat Johannes Paul II. mit den deutschen Bischöfen gerungen, um sie zu überzeugen, dass sie den Beratungsschein, den diese Schwangerschaftskonfliktberatung vorsieht, nicht aushändigen dürfen, weil er der Schwangeren die Tür zur Abtreibung öffnet und für den abtreibenden Arzt eine Tötungslizenz darstellt. Weil sich die Mehrheit der Bischöfe nicht überzeugen lassen wollte, hat er im Oktober 1999 schließlich unter Inanspruchnahme seiner lehramtlichen Autorität die Anweisung erteilt, die Ausstellung des Beratungsscheines zu beenden und sich auf die nicht nachweispflichtige Schwangerschaftskonfliktberatung zu beschränken.[19] Der Beratungsschein verwickelt die Kirche selbst in den Vollzug eines Gesetzes, das „in unentwirrbarer Weise Ja und Nein verknotet, den Lebensschutz durch die Beratung über den Nachweis der Beratung zugleich zum Mittel der Verfügung über menschliches Leben macht." Damit mache sich die Kirche „zum Mitträger des Gesetzes in seiner Ganzheit. Diese Kooperation, die die Kirche belastet und die Klarheit und Entschiedenheit ihres Zeugnisses verdunkelt, ist mit ihrem moralischen

---

[18] *Johannes Paul II.*, Ansprache an Bundespräsident Richard von Weizsäcker am 3.3.1994, in: Der Apostolische Stuhl 1994, S. 484. Auch in seiner Ansprache beim Empfang von Bundespräsident Karl Carstens in Brühl am 15.11.1980 während seiner ersten Deutschlandreise als Papst stellte er fest, die Kirche könne „nicht schweigen, wenn so hohe Rechtsgüter wie das menschliche Leben, in welcher Form und in welchem Stadium auch immer, zur Disposition gestellt zu werden drohen", in: Verlautbarungen des Apostolischen Stuhls, hrsg. von der Deutschen Bischofskonferenz, Heft 25A, S. 43.

[19] Vgl. *Manfred Spieker*, Kirche und Abtreibung in Deutschland. Ursachen und Verlauf eines Konflikts, 2. erw. Auflage, Paderborn 2008, S. 132–182; *ders.*, Kosciól katolicki a niemieckie poradnictwo dla kobiet w ciazy. Bilans dziesieciolecia, in: Ethos, rok 16 (2003), Nr. 1–2 (61–62), S. 325–344.

Auftrag und mit ihrer Botschaft unvereinbar“, so Kardinal Sodano in einem Brief vom 20. Oktober 1999 im Auftrag Johannes Pauls II. an 13 deutsche Bischöfe.[20]

Jene Bischöfe, die den Beratungsschein verteidigten, hatten bestritten, dass dieser Schein eine cooperatio formalis ad malum, also eine direkte Mitwirkung an einer unerlaubten Tat, darstellt und ihn als moralisch zulässige indirekte Mitwirkung betrachtet. Sie waren von einer verengten individualethischen Sicht der cooperatio formalis ausgegangen, nach der entweder die Tat selbst, also die Beratung, oder die Intention des Mitwirkenden, also der Beraterin, böse sein mussten. Da man beides in den katholischen Beratungsstellen mit Fug und Recht verneinen konnte, schien ihnen die Mitwirkung an der Schwangerschaftskonfliktberatung eine tolerable Angelegenheit, ja manchen geradezu eine pastorale Pflicht zu sein. Johannes Paul II. aber hatte bereits in *Evangelium vitae* dargelegt, dass die Mitwirkung an einer bösen Tat nicht nur von der Tat selbst und der Intention des Mitwirkenden abhängig ist, sondern auch vom konkreten rechtlichen Rahmen, der so aussehen kann, dass aus einer an sich unproblematischen Handlung wie der Beratung einer Schwangeren eine Mitwirkung an der Abtreibung, mithin an einer unerlaubten Tat wird. Dies ist bei der Schwangerschaftskonfliktberatung durch den Beratungsschein nach § 218a Abs. 1 StGB der Fall. Johannes Paul II. hat mit dieser Erörterung der cooperatio formalis ad malum in *Evangelium vitae* die häufig in der Moraltheologie anzutreffende individualethische Verengung der einschlägigen Diskussion verdienstvollerweise aufgebrochen und durch eine sozialethische ergänzt. In diese sozialethische Perspektive gehören auch seine Kritik an der pharmazeutischen Industrie, die „ungeheure Summen investiert“, um Präparate zu finden, die die Tötung des Fötus im Mutterleib ohne ärztliche Hilfe ermöglichen[21], und seine Verurteilung der internationalen Netzwerke der Abtreibungslobby, „die systematisch für die Legalisierung und Verbreitung der Abtreibung in der Welt kämpfen“ und unter dem Deckmantel des Menschenrechts auf Reproduktionsfreiheit nicht wenig zur Ausbreitung der Kultur des Todes beitragen.[22]

Furchtlos, ja geradezu kühn stellt sich Johannes Paul II. dem bis heute oft zu hörenden Einwand, die katholische Kirche solle, wenn sie schon so vehement gegen Abtreibung sei, doch wenigstens „die Pille“, also die hormonale Empfängnisverhütung akzeptieren, die dazu beitrage, ungewollte Schwangerschaften und in der Folge Abtreibungen zu verhindern. Johannes Paul II. weist diesen Einwand als „trügerisch“ zurück. Es könne zwar sein, „dass viele auch in der Absicht zu Verhütungsmitteln greifen, um in der Folge die Versuchung der Ab-

---

[20] Der Brief ist abgedruckt in: *Manfred Spieker*, Kirche und Abtreibung in Deutschland, a. a. O., S. 176–180, hier S. 177.

[21] *Johannes Paul II.*, Evangelium vitae 13.

[22] *Johannes Paul II.*, Evangelium vitae 59 und 73.

treibung zu vermeiden. Doch die der ‚Verhütungsmentalität' ... innewohnenden Pseudowerte verstärken nur noch diese Versuchung angesichts der möglichen Empfängnis eines unerwünschten Lebens." So habe sich die Abtreibungskultur gerade in den Kreisen besonders entwickelt, „die die Lehre der Kirche über die Empfängnisverhütung ablehnen".[23] In der Tat ist der zeitliche und der statistische Zusammenhang zwischen der Verbreitung der hormonalen Empfängnisverhütung in der zweiten Hälfte der 1960er-Jahre und dem explosionsartigen Anstieg der Abtreibungszahlen Ende der 1960er- und Anfang der 1970er-Jahre, der dann in vielen Ländern zur Legalisierung der Abtreibung führte, unübersehbar. Eine geradezu zynische Bestätigung dieses Zusammenhangs lieferte der Supreme Court der USA mit seinem Urteil Planned Parenthood v. Casey 1992, in dem er sein Festhalten an der Legalisierung der Abtreibung in Roe v. Wade und Doe v. Bolton 1973 mit dem Argument begründete, dass sich die Menschen in ihren intimen Beziehungen inzwischen an die Verfügbarkeit der Abtreibung im Falle eines Fehlschlagens ihrer Empfängnisverhütung gewöhnt hätten.[24] Johannes Paul II. hat nicht ohne Grund die deutschen Bischöfe mehrfach ermahnt, die Königsteiner Erklärung zu revidieren, mit der sie den Sturm der Entrüstung über die Enzyklika Pauls VI. *Humanae vitae* 1968 abfangen wollten, indem sie den Gebrauch der Pille dem Gewissen der Eheleute anheimstellten.

Aber Johannes Paul II. ist in seinem Kampf gegen die Abtreibung nie nur der Lehrer und der strenge Mahner, sondern immer auch der Hirte und Seelsorger. Ein besonders anrührendes Dokument dieser Facette seines Zeugnisses für das Evangelium des Lebens ist die Ziffer 99 der Enzyklika *Evangelium vitae*, in der er sich an jene Frauen wendet, die abgetrieben haben: „Einen besonderen Gedanken möchte ich euch, den Frauen, vorbehalten, die sich für eine Abtreibung entschieden haben. Die Kirche weiß, wie viele Bedingtheiten auf eure Entscheidung Einfluss genommen haben können, und sie bezweifelt nicht, dass es sich in vielen Fällen um eine leidvolle, vielleicht dramatische Entscheidung gehandelt hat. Die Wunde in eurem Herzen ist wahrscheinlich noch nicht vernarbt. Was geschehen ist, war und bleibt in der Tat zutiefst unrecht. Lasst euch jedoch nicht von Mutlosigkeit ergreifen und gebt die Hoffnung nicht auf. Sucht vielmehr das Geschehene zu verstehen und interpretiert es in seiner Wahrheit. Falls ihr es noch nicht getan habt, öffnet euch voll Demut und Vertrauen der Reue: Der Vater allen Erbarmens erwartet auch euch, um euch im Sakrament der Versöhnung seine Vergebung und seinen Frieden anzubieten... Mit Hilfe des Rates und der Nähe befreundeter und zuständiger Menschen werdet ihr mit eurem erlitte-

[23] *Johannes Paul II.*, Evangelium vitae 13. Vgl. auch die vom Pro-Life-Sekretariat der US-amerikanischen Bischofskonferenz herausgegebene Schrift von *Walter J. Schu*, Contraception and Abortion: The Underlying Link, Washington 2005, und *Janet E. Smith*, Die enge Verknüpfung zwischen Verhütung und Abtreibung, in: Medizin und Ideologie, 30. Jg. (2008), Heft 2, S. 4 ff.

[24] Planned Parenthood of Southeastern PA v. Casey, 550 U. S. 883 (1992).

nen Zeugnis unter den beredtesten Verfechterinnen des Rechts aller auf Leben sein können. Durch euren Einsatz für das Leben, der eventuell von der Geburt neuer Geschöpfe gekrönt und mit der Aufnahme und Aufmerksamkeit gegenüber dem ausgeübt wird, der der Nähe am meisten bedarf, werdet ihr eine neue Betrachtungsweise des menschlichen Lebens schaffen."[25]

III. Euthanasie

Der Kampf Johannes Pauls II. gegen die Kultur des Todes gilt der Euthanasie nicht weniger als der Abtreibung. Beide werden vom Zweiten Vatikanum eine „Schande" genannt, die die menschliche Kultur zersetzt.[26] Die Euthanasie will das Leiden aus der Welt schaffen, indem sie den Leidenden beseitigt. Sie ist „eine Handlung oder Unterlassung, die ihrer Natur nach und aus bewusster Absicht den Tod herbeiführt, um auf diese Weise jeden Schmerz zu beenden". Da es sich um die vorsätzliche Tötung einer menschlichen Person handelt, ist sie „eine schwere Verletzung des göttlichen Gesetzes", die sittlich nicht zu akzeptieren ist.[27] Der Papst nennt die Euthanasie „eines der alarmierendsten Symptome der Kultur des Todes", die vor allem in den Wohlstandsgesellschaften um sich greife, „die von einem Leistungsdenken gekennzeichnet sind, das die wachsende Zahl alter und geschwächter Menschen als zu belastend und unerträglich erscheinen lässt".[28] Die Euthanasie ist wie die Beihilfe zum Selbstmord ein Verbrechen, das nie geduldet werden kann – auch dann nicht, wenn es dem Fehlurteil entspringt, eine Hilfe für den Leidenden zu sein.[29]

Andererseits verlangt die Kirche keine lebensverlängernden Maßnahmen um jeden Preis, auch keinen „therapeutischen Übereifer". Johannes Paul II. zeigt wie der Katechismus, dass indirekte und passive Sterbehilfe nicht in jedem Fall sittlich verwerflich sind. Ihre Legitimität hängt von der Intention des Helfers ab. Beendet der Helfer bei der passiven Sterbehilfe belastende lebensverlängernde Maßnahmen, weil sie in keinem Verhältnis zum erhofften Ertrag stehen oder nimmt er bei der indirekten Sterbehilfe in einer palliativmedizinischen Behandlung lebensverkürzende Nebenwirkungen in Kauf, macht er sich nicht schuldig.[30] In der umstrittenen Frage, ob die künstliche Nahrungszufuhr bei einem Wachkomapatienten zur medizinischen Therapie gehört, die im Sterbeprozess eingestellt werden darf, oder zur Basispflege des Patienten, die nie ein-

[25] *Johannes Paul II.*, Evangelium vitae 99.

[26] Zweites Vatikanisches Konzil, Gaudium et spes 37.

[27] *Johannes Paul II.*, Evangelium vitae 65.

[28] *Johannes Paul II.*, Evangelium vitae 64.

[29] Katechismus der Katholischen Kirche 2277.

[30] *Johannes Paul II.*, Evangelium vitae 65.

gestellt werden darf, hat Johannes Paul II. klar Stellung bezogen. Sie gehöre, erklärte er anlässlich eines Kongresses der Päpstlichen Akademie für das Leben am 20. März 2004 zur Basispflege: Die Verabreichung von Wasser und Nahrung, auch wenn sie auf künstlichen Wegen geschieht, ist „immer ein natürliches Mittel der Lebenserhaltung und keine medizinische Handlung. Ihre Anwendung ist deshalb prinzipiell als normal und angemessen und damit als moralisch verpflichtend zu betrachten."[31] Die Glaubenskongregation hat dies in ihrer Antwort auf die Fragen der US-amerikanischen Bischofskonferenz zur künstlichen Ernährung am 1. August 2007 noch einmal unterstrichen.[32]

Die christliche Sicht des Sterbens hat Johannes Paul II. in *Evangelium vitae* in eindrucksvollen Worten festgehalten: „Sterben für den Herrn heißt den eigenen Tod als letzten Gehorsamsakt gegenüber dem Vater erleben (vgl. Phil 2,8), indem wir die Begegnung mit dem Tod in der von ihm gewollten und beschlossenen ‚Stunde' annehmen (vgl. Joh 13,1)... Leben für den Herrn heißt auch anerkennen, dass das Leid, auch wenn es an sich ein Übel und eine Prüfung bleibt, immer zu einer Quelle des Guten werden kann."[33] Mit seinem eigenen Leiden und Sterben hat Johannes Paul II. diese Sicht des Todes in den Kar- und Ostertagen des Jahres 2005 in überaus bewegender Weise besiegelt. Die Millionen Menschen, die zu seiner Beisetzung am 8. April 2005 nach Rom pilgerten, und die Rufe „Santo subito", die während des Requiems über den Petersplatz hallten, dokumentierten in unvergesslicher Weise, dass ein großer Zeuge der Hoffnung und ein Hirte des Lebens in das Haus des Vaters zurückgekehrt ist.

IV. Assistierte Reproduktion und embryonale Stammzellforschung

Die modernen Probleme des Lebensschutzes – Kryokonservierung von Embryonen oder Vorkernstadien, Präimplantationsdiagnostik, Klonen und die Forschung mit embryonalen Stammzellen – sind als Folge der Assistierten Reproduktion erst während des Pontifikats Johannes Pauls II. entstanden. Johannes Paul II. ist keinem dieser Probleme ausgewichen. Die Assistierte Reproduktion hat bereits Pius XII. in einer Ansprache an Teilnehmer eines Weltkongresses zum Studium der Fruchtbarkeit und der Sterilität am 19. Mai 1956 als „unmo-

[31] *Johannes Paul II.*, Ansprache an die Teilnehmer des Kongresses „Lebenserhaltende Behandlungen und vegetativer Zustand: Wissenschaftliche Fortschritte und ethische Dilemmata" der Päpstlichen Akademie für das Leben am 20.3.2004, in: Osservatore Romano (deutschsprachige Wochenausgabe) vom 9.4.2004.

[32] Kongregation für die Glaubenslehre, Antwort auf die Fragen der Bischofskonferenz der USA zur künstlichen Ernährung und zur Wasserversorgung vom 1.8.2007, in: Osservatore Romano (deutschsprachige Wochenausgabe) vom 28.9.2007.

[33] *Johannes Paul II.*, Evangelium vitae 67.

ralisch und absolut unstatthaft“ verworfen.[34] Aber das war gleichsam Theorie, die nur eine kleine Gruppe von Medizinern und ihre Patienten betraf. Seit 1978 ist die Assistierte Reproduktion eine Herausforderung der Praxis, und mit der ersten erfolgreichen Isolierung humaner embryonaler Stammzellen 1998 ist die Herausforderung noch größer geworden, weil sie nicht mehr nur die Reproduktionsmedizin, sondern als embryonale Stammzellforschung die gesamte Medizin betrifft. Mit ihren Verheißungen neuer Therapien für bisher unheilbare Erkrankungen gefällt sich diese Forschung darin, die „Ethik des Heilens“ gegen eine Ethik des Lebensschutzes auszuspielen.

In der Instruktion *Donum vitae* über die Achtung vor dem beginnenden menschlichen Leben und die Würde der Fortpflanzung vom 10. März 1987 hat die Glaubenskongregation die Assistierte Reproduktion zum einen aus der Perspektive der Eheleute oder Paare geprüft, die mittels In-Vitro-Fertilisation Eltern eines Kindes werden wollen, und zum anderen aus der Perspektive des Kindes, das auf diese Weise erzeugt wird. *Donum vitae* ist ein Schlüsseldokument im Pontifikat Johannes Pauls II., das aus seiner Theologie des Leibes die Konsequenzen für die Assistierte Reproduktion zieht. Die Glaubenskongregation kommt aus beiden Perspektiven zu einer Ablehnung der Assistierten Reproduktion. Sie verteidigt den ehelichen Geschlechtsakt in seiner leib-seelischen Einheit als den einzig legitimen Ort, der der menschlichen Fortpflanzung würdig ist. Die Eheleute hätten das Recht und die Pflicht, „dass der eine nur durch den anderen Vater oder Mutter wird“.[35] Die Fortpflanzung werde ihrer eigenen Vollkommenheit beraubt, wenn sie nicht als Frucht des ehelichen Liebesaktes, sondern als Produkt eines technischen Eingriffs angestrebt werde. Die Menschenwürde und die aus ihr abgeleitete Pflicht, den anderen Menschen nicht ausschließlich als Instrument zur Erfüllung des Kinderwunsches zu benutzen, gebieten eine Form der Fortpflanzung, in der sich Mann und Frau als Personen begegnen und im biblischen Sinn „erkennen“. Sie gebieten, in Zeugung und Schwangerschaft nicht nur technische Vorgänge, sondern anthropologische Grundbefindlichkeiten zu sehen.[36] Mit dem ehelichen Geschlechtsakt verteidigt *Donum vitae* zugleich die Würde des Kindes. Das Kind habe ein Recht, „die

[34] *Pius XII.*, Sittliche Probleme um die Beseitigung der Unfruchtbarkeit in der Ehe, Ansprache vom 19.5.1956, in: Utz-Groner, Soziale Summe Pius' XII., 4726.

[35] Kongregation für die Glaubenslehre, Instruktion „Donum vitae“ über die Achtung vor dem beginnenden menschlichen Leben und die Würde der Fortpflanzung vom 10.3.1987, II.1 und II.4. Vgl. auch Katechismus der Katholischen Kirche (1993) 2376 und 2377 sowie die Fortschreibung der Instruktion „Donum vitae“ durch die Instruktion „Dignitas personae“ vom 8.9.2008, Ziffer 12.

[36] Vgl. auch *Robert Spaemann*, Kommentar zu „Donum vitae“, in: Die Unantastbarkeit des menschlichen Lebens. Zu ethischen Fragen der Biomedizin, Freiburg i. Br. 1987, S. 91 f., und *Walter Mixa*, Zur Frage der moralischen Legitimität der IVF, in: Imago Hominis. Quartalsschrift für medizinische Anthropologie und Bioethik, 9. Jg. (2002), S. 237 ff.

Frucht des spezifischen Aktes der ehelichen Hingabe seiner Eltern zu sein".[37] Die Pflichten der Eltern im Hinblick auf ihr Kind beginnen deshalb nicht erst mit der Geburt oder der Nidation, sondern bereits mit der Zeugung. Das Kind hat ein Recht, sein Leben als Person aufgrund einer menschenwürdigen Empfängnis zu beginnen, mithin nicht als zertifiziertes Laborprodukt ins Leben zu treten. Die Assistierte Reproduktion widerspricht deshalb „der Würde und der Gleichheit, die Eltern und Kindern gemeinsam sein muss."[38]

Doch auch dann, wenn ein Kind durch künstliche Befruchtung ins Leben tritt, hat es von Anfang an die gleichen Rechte wie jedes andere Kind. „Von Anfang an" – das gilt nicht nur für den Embryo in utero, sondern auch für den Embryo in vitro. Daraus folgt die Pflicht des Staates, den Embryo zu schützen – auch vor seiner Implantation in eine Gebärmutter. Johannes Paul II. hat wiederholt unterstrichen, dass das menschliche Leben „in jedem Augenblick seiner Existenz, auch in jenem Anfangsstadium, das der Geburt vorausgeht, heilig und unantastbar (ist)".[39] Deshalb müsse die sittliche Bewertung der Abtreibung „auch auf die neuen Formen des Eingriffs in menschliche Embryonen angewandt werden, die unvermeidlich mit der Tötung des Embryos verbunden sind".[40] Benedikt XVI. hat diese Lehre in mehreren Ansprachen vor der Päpstlichen Akademie für das Leben bekräftigt.[41]

In der Logik dieser Lehre liegt es, dass alle an die Assistierte Reproduktion anknüpfenden Entwicklungen, wie die embryonale Stammzellforschung, die Präimplantationsdiagnostik und das Klonen, für die Kirche moralisch verwerflich sind, da sie alle mit der Tötung bzw. Selektion von Embryonen verbunden sind. Der Zweck kann nie die Mittel heiligen. Wenn das Gebot, Kranke zu heilen, mit dem Verbot, Unschuldige zu töten, kollidiert, hat immer und unter allen Umständen das Tötungsverbot den Vorrang. Keine Therapie, und sei sie noch so phantastisch, kann es rechtfertigen, einen unschuldigen Embryo, und sei er noch so chancenlos im Hinblick auf den Transfer in eine Gebärmutter, zu töten.

---

[37] Donum vitae II.8; Katechismus der Katholischen Kirche 2378.

[38] Donum vitae II.5; Dignitas personae 17 und 27.

[39] *Johannes Paul II.*, Evangelium vitae 61.

[40] *Johannes Paul II.*, Evangelium vitae 63.

[41] *Benedikt XVI.*, Ansprache an die Teilnehmer eines Kongresses der Päpstlichen Akademie für das Leben zum Thema „Der menschliche Embryo in der Phase vor der Implantation" am 27.2.2006, in: Osservatore Romano vom 10.3.2006, sowie Ansprache an die Teilnehmer eines Kongresses über adulte Stammzellen am 16.9.2006, in: Osservatore Romano vom 29.9.2006.

V. Im Dienste der Wahrheit, der Freiheit und des Lebens

Der Einsatz Johannes Pauls II. für den Schutz des Lebens bleibt eindrucksvoll, auch wenn die praktischen Auswirkungen auf die Gesetzgebung jener Staaten, die Abtreibung, Euthanasie und embryonale Stammzellforschung legalisiert haben, gering sind. Die legislativen Auswirkungen sind gering, aber nicht Null. Es gibt Staaten, in den die Kultur des Todes zurückgedrängt wurde. Die Zunahme des Pro-Life-Lagers gegenüber dem Pro-Choice-Lager, der Rückgang der Abtreibungen seit 1990 um rund ein Drittel und das vom Supreme Court bestätigte Verbot der Partial-Birth-Abortion in den USA[42], die Reform des Reproduktionsmedizinrechts und das gescheiterte Referendum gegen die Einschränkungen der In-Vitro-Fertilisation in dieser Reform in Italien, die Restriktionen im Abtreibungsstrafrecht in Polen und das konsequente Lebensschutzrecht in Irland, Malta und Nicaragua zeigen, dass die Kultur des Todes kein unabwendbares Schicksal ist. In allen diesen Ländern hat die katholische Kirche bei der Verteidigung des Lebensrechts eine nachhaltige Rolle gespielt. In allen hat sich der Episkopat – zumindest in seiner großen Mehrheit – das Zeugnis Johannes Pauls II. für die Kultur des Lebens zu eigen gemacht.[43] *Evangelium vitae* ist das Vermächtnis dieses Zeugnisses. Bei einem Symposion der Päpstlichen Akademie für das Leben und der Päpstlichen Räte für die Familie und für die Pastoral im Krankendienst zu ihrem 5. Jahrestag am 14. Februar 2000 nennt Johannes Paul II. diese Enzyklika selbst ein zentrales Dokument „im Gesamtzusammenhang des Lehramtes“ seines Pontifikats.[44] Diese Enzyklika zeigt Johannes Paul II. als Lehrer und Hirten – im Dienst der Wahrheit, der Freiheit und des Lebens, der seiner Verantwortung für den Schutz des menschlichen Lebens gerecht wurde. Sie zeigt ihn als Felsen, den die Kultur des Todes nicht überwältigt, als Verteidiger des Rechtsstaates, dem auch die säkulare Welt den Respekt nicht versagt. Wenn die britische Zeitung The Independent ihn 1995 „die einzige wahrhaft globale Führungspersönlichkeit“ nannte[45], dann gewiss auch wegen seiner Unerschütterlichkeit und seiner Eindeutigkeit im Einsatz für das Evangelium des Lebens. Dieser Einsatz bleibt eine Verpflichtung für alle Christen.

---

[42] Vgl. *Manfred Spieker*, Katholische Kirche und Pro-Life-Bewegung in den USA, in: Zeitschrift für Lebensrecht, 15. Jg. (2006), S. 110–117. Einen nicht unwesentlichen Beitrag zu diesem Wandel leistete gewiss auch die konsequente Pro-Life-Politik von George W. Bush seit 2001.

[43] Besonders deutlich wird dies im Hirtenbrief der amerikanischen Bischöfe „Living the Gospel of Life: A Challenge to American Catholics“ vom 24.11.1998, in: Die Neue Ordnung, 54. Jg. (2000), S. 244 ff., und im Hirtenbrief des früheren Erzbischofs von St. Louis, *Raymond L. Burke*, „On Our Civic Responsibility for the Common Good“ vom 1.10.2004.

[44] Osservatore Romano (deutschsprachige Wochenausgabe) vom 25.2.2000, S. 8.

[45] The only Rock of our Age, The Independent vom 12.1.1995, zitiert in: *George Weigel*, Zeuge der Hoffnung, a. a. O., S. 800.

Zusammenfassung

Johannes Paul II. hat seinen Einsatz für den Schutz des menschlichen Lebens immer auch als Verteidigung des Rechtsstaates verstanden, in dessen Mittelpunkt der Schutz der Würde und des Lebens des Menschen steht. An der Sorge für das Kind noch vor seiner Geburt erkenne man das Verhältnis des Menschen zum Menschen, so Johannes Paul in seiner ersten Rede vor der Vollversammlung der Vereinten Nationen am 2. Oktober 1979. Sowohl im Hinblick auf die klassischen Themen des Lebensschutzes Abtreibung und Euthanasie als auch im Hinblick auf die modernen Themen der embryonalen Stammzellforschung, der Präimplantationsdiagnostik und des Klonens, die als Folge der künstlichen Befruchtung entstanden sind, ist Johannes Paul II. der Verantwortung für den Rechtsstaat nachgekommen. Sein Einsatz für den Schutz des menschlichen Lebens von der Empfängnis bis zum natürlichen Tod, ist der Versuch, die Demokratie vor der Selbstzerstörung zu bewahren.

Summary

Central to John Paul II's commitment to the protection of human life has been the defense of the "Rule of Law." This means, above all, standing up for the dignity and life of human beings. Not surprisingly, John Paul II invoked in his very first address to the General Assembly of the United Nations (October 2, 1979) care for the unborn as the decisive criterion for the proper relationship between human beings. During his whole pontificate the pope treated the problems of abortion and euthanasia. He extended his unequivocal commitment to the "Rule of Law" to the full spectrum of issues that have arisen as a consequence of artificial insemination, namely: embryonic stem-cell research, pre-implantation diagnostic and cloning. His dedication to the protection of human life – from conception to natural death – constitutes an effort to preserve democracy from self-destruction.

Responsibility to the Truth

By Kenneth D. Whitehead

To whom or to what are we responsible? This is a very large question, which needs to be narrowed down if we are to expect our answer to be very significant. We all have multiple responsibilities, depending upon what and where we are in life. Christian believers, of course, must maintain that we are responsible to God and for the common good, but responsibility of any kind becomes more concrete depending upon our position or station in life.

Certainly married people are responsible to their spouses and families, parents to their children and children to their parents, citizens to society, workers to their employers and their crafts, teachers to their subjects and their students, merchants to their customers, politicians to the voters (in a democracy), soldiers to their commanders, lawyers and judges to justice and the law, doctors to medicine and their patients, and professional people generally to the accepted standards of their professions. In the Church, priests are responsible to their bishops or superiors, and bishops to the pope (while priests, bishops, and the pope area all responsible to the *faith*!).

In theory all of this should go without saying. Much of the trouble of the world comes about whenever anyone fails in any of his responsibilities. Conversely, the world goes on to the extent that people see and accept the responsibilities incumbent upon them. Yet nobody can really *be* responsible without knowing what is real and true – without knowing about the true nature of the human person, for example, or about what truly constitutes the common good.

I would like to speak here about the responsibility that each one of us has to the *truth.* I do not necessarily mean what philosophers might say truth is, but quite simply I mean what everybody really knows to be the case about things, even if for a variety of reasons – sometimes even understandable reasons – people often find it expedient or easier to pass over and leave aside "what everybody really knows to be the case about things."

This is a matter of central importance because failure to take responsibility for the truth quickly and quite verifiably results in the erosion of right order and even collapse in any human society. This is currently happening in our society in a number of ways. There is an old saying, *veritas magna et praevalebit,* "the truth is mighty and shall prevail." This may sometimes and even often be the case, but it does not take much experience of life in the world to wonder sometimes if this old saying is really true. Too often, the truth can become a casualty of whatever other forces or interests are in play. Not seldom, one of the first additional casualties of this can be the moral law itself – which increasingly seems to be the case in the morally decadent society in which we live today. The moral law, which was still traditional in our society up until a short time ago, is not only no longer necessarily followed; it is scarcely even mentioned any longer; it is as if it never obtained or motivated anyone in our society.

Let us take some of the rather obvious instances where responsibility is required. We have already briefly listed a few such instances above. With the current divorce rate in America still running at about fifty percent, for example, it seems a fair conclusion that rather large numbers of people in our contemporary society are *not* being responsible towards their spouses and families. Then there is today's widely reported cases of neglect and abuse of children. On the other hand, the recurrent "rebellion" of the young has come to be the expected thing too, and is even considered some kind of new norm today.

The same thing is only too often true of average citizens who regularly pursue their private interests without regard to the common good, and who feel entirely justified in doing so. Then there are the employers who exploit or underpay their workers, and there are the workers who shirk or fail to deliver the work product for which they are being paid. Both phenomena are unfortunately commonplace today.

Similarly, the degree to which the learned professions have been corrupted in our day – lawyers and judges who deliberately subvert the law, and doctors who have long since abandoned any pretence of observing, e.g., the traditional Hippocratic Oath – figure among the major instances where what we once thought were society's morals and values are not only called into question, but are quite openly flouted. Nor does the academic profession escape from possible blame in this regard, given the degree to which, in the United States at least, so-called "political correctness" has come to reign in academia. This widespread political correctness, of course, strongly resembles dogmatic liberal ideology, and it has on many university campuses come to replace the disinterested search for truth which was supposed to be the principal aim of the university.

And we have not even gotten around to mentioning how the opportunism, venality, lack of any real principles and cynicism of so many of today's politicians have almost come to be the expected thing for those who occupy public office. These phenomena are more and more taken for granted today as simply "the way things are" – as if there were no established standards of right conduct, disinterested service, or professional integrity, that is, standards based on the *truth* about things. As for the politicians, of course, they may frequently speak in words or in the course of their typical rhetoric of higher standards and of the common good; but generally, however, neither they nor their typical hearers seem to think this lip service to higher standards consists of anything *but* mere words.

Sadly, the Catholic Church herself has not been free of reproach or blame in this regard, as we can unhappily verify by making reference to the widespread recent clerical sex abuse crisis – and the episcopal toleration of it as well as, too often, the actual episcopal complicity in trying to cover it up. All this has been sadly verified. Sadly too, it required exposure by the secular press and media to bring some Church authorities to their senses and to the realization of their plain duty. The same thing can unfortunately also be said of the degree to which doctrinal dissent on the part of theologians and others in official Church positions has been regularly tolerated – or at least not explicitly corrected – by Church authority all the way up to and including Rome. There have thus been failures, lapses, and misdeeds by churchmen not only in the realm of behavior and moral action, but also in the realm of teaching and doctrine – that is, again, of truth.

Perhaps this *is* "the way things are" – at least to some extent. Perhaps things have always been this way, at least to the same extent. It was G. K. Chesterton who maintained that the doctrine of Original Sin was the one revealed Christian dogma that could be proved by empirical experience. The evidence for it is unfortunately only too abundant in too many areas.

But I do not wish to dwell exclusively on errors, misdeeds, or wrong-doing here. These things are unhappily so common that simply dwelling upon them soon becomes *uninteresting*! What I do wish to focus upon here is how it is that the *truth* is so commonly denied in the case of so many of these same phenomena. It is remarkable how often and how consistently the real truth about "the way things are" – or perhaps we really should say, "the way things should be" – is laid aside, and what is then generally agreed to all around and by nearly everybody turns out to be something that is *not* true, but that nearly everybody nevertheless agrees not to question. What is effectively abandoned in such cases is precisely *responsibility to the truth*.

Instead, everybody agrees to go along with and adhere to, if sometimes only tacitly, what is in fact *not* true. Whether in the interests of comity, convince, social peace, escape from embarrassment, or avoiding conflicts of which the outcomes cannot be controlled or foreseen, nearly everybody on all sides of most questions too often end up agreeing to go along with obvious *untruths*. What everyone really knows is not true is nevertheless treated as if it were the case.

To illustrate what I am driving at, let me instance one of the principal moral and social issues of our times, a historic wrong today practiced on a massive scale, which nevertheless is too often not even mentioned or alluded to in our typical public discourse. I mean: legalized abortion. Abortion, of course, is nothing else but the taking of the life of a nascent though unborn human being; it entails the *killing* of that human being. Yet once abortion came to be accepted and legal and practiced in most Western societies, almost everybody on all sides of the question then apparently decided that we should as little as possible ever refer to the practice as what it actually is, namely, *killing*, the taking of human life.

When abortion was first legalized in the United States in the late 1960s and early 1970s, the issue was immediately seen as controversial and considerable discussion and debate about it did ensue for awhile. Yet what was surprising was how quickly this new, unprecedented thing, abortion, which had been regarded with moral horror, and had been illegal everywhere in America and other Western countries for many centuries – it was first legalized in modern times in 1920 in the Soviet Union – suddenly came to be considered something that was not only possible and doable after all, in spite of the former prohibition of it; it actually came to be considered, in the minds of many, to be somehow necessary and even desirable. In very short order, what had everywhere been *verboten* very soon came to be almost a normal and expected thing, and, before long, was even advanced to a point beyond which there was not supposed to be any further discussion or debate about it. This is roughly where the situation still stands today, in the debates at the United Nations, for example.

This formerly evil and abhorrent practice of abortion thus strangely became just another instance of "the way things are." Little or no further thought was given to whether the now widespread practice *should* be carried on. This way of looking at it, or rather largely *refusing* to look at it, became possible and actual because people, by and large, proved unwilling to face the *truth* about what abortion really *is* – namely, killing, the taking of human life. Responsibility to the truth about this was laid aside by many, perhaps a majority, of our contemporaries.

In the United States, the very first relaxations of the laws which in all fifty states had legally prohibited abortion in nearly all cases except to save the life of the mother did not come about until 1966. Although the idea of liberalization of the abortion laws was in the air, fewer than ten states between 1966 and 1973 actually ever came to allow the procedure – usually for what were called "indications," that is, to preserve the health of the mother, in cases of rape or incest, or to prevent the birth of a child considered "defective." In 1970, in New York and a couple of other states, though, the practice was legalized for any reason (or for no reason) by the state legislatures.

Then, in January, 1973, the United States Supreme Court, at one stroke, legalized abortion virtually on demand throughout the entire United States. This came about as a result of the high court's infamous *Roe v. Wade* decision. Supposedly there still had to be "medical" reasons to justify the procedure, but in a companion 1973 *Doe v. Bolton* decision, the Supreme Court *defined* "health" so liberally that any reason the woman might ever give for not wanting to bear her child came to qualify as a legitimate "health" or "medical" reason for abortion. There were similarly supposed to be restrictions on late-term abortions, but the abortionists and abortion abettors quickly discovered that no restrictions whatsoever on the performance of abortions were any longer going to be *enforced* in the United States. Public authority simply abdicated and withdrew in the face of the sudden popular demand for abortions. Untrammeled abortion on demand became the new rule and standard practice in the United States. This is the situation which has essentially persisted down to the present day in America.

What was remarkable then, and what remains remarkable today, was the degree to which the undeniable truth that abortion always entails the killing of a living human being became obscured if not simply erased in the minds of most people. While this unpalatable fact of the lethal violence necessarily entailed by abortion was still remembered and mentioned by some, if only by activists in the pro-life movement – and, indeed, not rarely, by the Catholic bishops of the United States, to their immense credit! – it nevertheless widely came to be considered something that one simply did not talk about any longer – that one ceased to recognize the truth about any longer. Neither the doctors, nor the politicians, nor the judges, nor the media commentators who had all helped bring about the new state of affairs were generally to be held accountable for their actions in this regard; nor was it considered proper that the women who resorted to abortion should ever be criticized or stigmatized in any way; rather, they were to be affirmed in their exercise of their *choice.* This became the new norm because, as Americans, we had collectively effectively "decided" that we were henceforth going to allow and legalize and perform abortions despite their admitted lethal character. The abortion question was held to have been definitively "settled."

Thus, it was deemed important that the *truth* about abortion, to the extent possible, had to be blurred and set aside and hopefully even forgotten. No responsibility to the truth was henceforth to be recognized as far as abortion was concerned

During the era when abortion was in the process of being legalized in America, the official journal of the California Medical Association, *California Medicine,* in September, 1970, published an insightful and, as it turned out, remarkably clear-sighted and prescient editorial, on what was occurring in connection with this denial of the essential truth about abortion. This editorial came to be much quoted and even famous, and nearly forty years later it is still worth quoting at some length, because already back then, in 1970, it was able to state with chilling accuracy where we were going as a society, and where we have in fact gone. The editorial very clearly saw that it was precisely the truth about abortion that had to be denied if we were going to be able to arrive at where we were in fact going. The editorial stated, *inter alia*:

> There are certain new facts and social realities which are being recognized, are widely discussed in Western society, and seem certain to undermine and transform [its] traditional ethic. They have come into being and into focus as the social by-products of unprecedented technological progress and achievement. Of particular interest are, first, the demographic data of human populations expansion … second, an

> ever growing disparity between the numbers of people and the resources available to support these numbers in the manner to which they are or would like to become accustomed; and, third, and perhaps most important, a quite new social emphasis on something which is beginning to be called the quality of life, something which becomes possible for the first time in human history because of scientific and technological development. These are now being seen by a growing segment of the public as realities which are within the power of humans to control, and there is quite evidently a growing determination to do this.
>
> What is not as clearly perceived is that in order to bring this about, choices will have to be made with respect to what is to be preserved and strengthened and what is not, and that this will of necessity violate and eventually *destroy the traditional Western ethic* with all that this portends [emphasis added]. It will become necessary to place relative rather than absolute values on such things as human lives, the use of scarce resources and the various elements which are to make up the quality of life or of living which is to be sought. This is quite distinctly at variance with the Judeo-Christian ethic, and carries serious philosophical, social, economic, and political implications for Western society, and perhaps for world society.
>
> The process of eroding the old ethic and substituting the new has already begun. It may be seen most clearly in attitudes towards human abortion. In defiance of the long-held Western ethic of intrinsic and equal value for every human life regardless of its stage, condition, or status, abortion is becoming accepted by society as moral, right, and even necessary. It is worth noting that this shift in public attitude has affected the churches, the laws, and public policy rather than the reverse. Since the old ethic has not yet been fully displaced, it has been necessary to separate the idea of abortion from the idea of killing, which continues to be socially abhorrent. The result has been a curious avoidance of the scientific fact, which everyone really knows, that human life begins at conception and is continuous whether intra- or extra-uterine until death. The very considerable semantic gymnastics which are required to rationalize abortion as anything but taking a human life would be ludicrous if they were not so often put forth under socially impeccable auspices. It is suggested that this schizophrenic subterfuge is necessary because while the new ethic is being accepted the old one has not yet been rejected.[1]

This, then, is how our future was foreseen, and with eerie accuracy, nearly forty years ago. What was not completely foreseen, of course, was how quickly abortion would no longer be seen as "socially abhorrent" once the practice of denying the truth about abortion simply by putting it aside and not mentioning it any longer had become the common practice. This effectively served to eliminate, or at any rate to blunt in the minds of most people, the force of "the scientific fact, which everyone really knows, that human life begins at conception and is continuous whether intra- or extra-uterine until death."

This "schizophrenic subterfuge" which *California Medicine* thought was necessary to make the new ethic acceptable was eventually rendered superflu-

[1] Editorial, California Medicine, Official Journal of the California Medical Association, Vol. 113, No. 3, pp. 67–68.

ous by the simple expedient of laying aside the truth about abortion and henceforth simply ignoring it.

It has been in the face of this same undoubted "scientific fact" that we have now gone on to apply this same forgetfulness to a number of other cases. We have, for example, now permitted to come into being and to grow up and flourish around us an entire new *industry* – unregulated by any law whatsoever in the United States at least – utilizing in-vitro fertilization (IVF), where thousands of fully human embryos are now brought into being, selectively manipulated, routinely stored in freezers, and perhaps inserted into a woman's uterus, but for the most part eventually *destroyed.*

Similarly, and also on a massive scale, we now create thousands of those same human embryos in order to extract from them their pluripotent stem cells, which are thought to be able to provide cures for various diseases, after thousands of them have been destroyed in the process of experimentation. These embryos *always* have to be destroyed in order to extract their stem cells.

Then there is the already very far advanced process of human *cloning,* the artificial replication of individuals possessing the same identical genetic make-up. Cloning too always involves the manipulation and destruction of human life without regard to morality or human dignity. Perhaps even worse, we also already have *hybrid cloning*, where embryos combining both human and animal elements are being created for purely experimental purposes.

In none of these procedures is it generally remembered or even recognized that what is involved is *killing*, the taking of human life. It is not, again, the case that this is never pointed out. It is pointed out, again, by those in the pro-life movement, not infrequently by the Catholic bishops, and sometimes even by some of those involved in these immoral practices themselves. It has been plainly stated in various ways what is really involved in these Frankenstein-monster procedures. But any such statements recognizing the actual truth of the matter do not resonate, do not carry very far; nor do they penetrate very deeply if at all into the public consciousness. There is almost never any suggestion that, because the taking of human lives is involved, perhaps we should not be doing these procedures at all. No such suggestion generally even arises. As *California Medicine* foresaw, these procedures are seen as "realities which are within the power of humans to control, and there is quite evidently an increasing determination to do this." Even on those rare occasions when we do discuss and debate the fact that killing is involved in these procedures, these discussions and debates seem to have no effect whatsoever in the practical order, since the killing goes on as before anyway, regardless of what may ever be said about it.

The current embryonic stem-cell debate in America, for example, is carried on almost wholly not with any regard to the question of whether the embryonic stem-cell research that is being done should in fact be done; but the debate is rather centered almost entirely on the question of whether the government should be *paying* for this research in question! President George W. Bush has been bitterly attacked by the American scientific community and the media merely because he attempted to place limits on what the federal government would pay for with regard to embryonic stem-cell research. He made no effort to stop the research itself. Whether or not such research should ever be carried on at all was not and has never been the subject of any public debate in the United States. Similarly, there has been no debate at all in the United States concerning whether the new IVF industry should even be publicly regulated in any way. It is simply taken for granted that the IVF procedures being widely – and expensively – carried represent a boon and a benefit for mankind.

As a society, we have been able in America to move without significant or effective opposition into the practices and experimentations of our present Brave New World primarily because, some forty years ago, we allowed the practice of legalized abortion to be accepted and to get established by obscuring the truth about what we were accepting and establishing. We allowed the "new ethic" spoken of by *California Medicine* henceforth to predominate if not prevail. We abandoned, in other words, our responsibility to the truth that abortion kills children, and that killing is morally wrong.

Can we, then, morally and legitimately take human lives, treating them as instrumentalities to achieve other ends? We have long been doing precisely that, and on a huge scale in the United States – more than a million abortions per year have been performed every year since 1973, adding up to nearly 50 million in all, equivalent to the population of a small European country. This amounts to more than 4000 *every day*, and this total of some 1.2 abortions every year equals in each and every year the total of all the American combat deaths *in all the wars of American history* – some 1.2 combat deaths, according to the *World Almanac*.

As then Cardinal Joseph Ratzinger observed some twenty years ago in one of the many statements that he has so pertinently made on the subject that occupies us here:

> Technology is useless if we do not know for what it is useful, if we no longer ask who we are, or what is the nature of the things we make. The isolation that accompanies the possession of power is that throne of pride that is inevitably overthrown by its own lack of stability. When only that knowledge has value that can ultimately be identified with technology, then we are short-sighted fools who build on a perishable foundation. For we have made "power" our only standard and have betrayed the truth that is our proper calling.[2]

In this paper I have used the primary example of legalized abortion to illustrate one of the ways in which we have lamentably failed in America in our re-

---

[2] *Joseph Cardinal Ratzinger*, Auf Christus schauen, in: Co-Workers of the Truth: Meditations for Every Day of the Year (San Francisco: Ignatius Press, 1992), pp. 22–23.

sponsibility to the truth. Unfortunately there are other cases where responsibility to the truth has been abandoned with similar deleterious effects. I have briefly shown this also in the cases of embryonic stem-cell research, cloning, and, indeed, in the now very common practice of IVF itself. While it is surely deplorable that we do allow this practice to go on without any regulation in the United States, what could be said of a society which *does* "regulate" elective killing of human embryos?

I could have chosen yet other examples of how our moral standards deteriorate once we let the truth about what is really being done go by the board; and, in point of fact, another one of them immediately comes to mind, and that is, the current "progress" our society is making in the acceptance of what is erroneously called "same-sex marriage." This anomaly is being more and more widely accepted, and in the states of Massachusetts and California it has already been established in law by court decisions. It is simply astounding the degree to which otherwise seemingly intelligent and sensible people have been willing to accept this aberration so tirelessly promoted by the organized homosexual movement. It is as if these people have taken leave of their senses or somehow lost control of their critical faculties and have decided instead that they no longer have to live in the real world! They can simply make up whatever it is they want to have.

For there is quite obviously one very basic problem with what people have taken to calling "same-sex marriage," and this problem is that *it is not a real marriage!* Marriage already has an established identity which is not changed merely because people decide to call "marriage" relationships that are not the same thing as a marriage. As fully understood by all human societies in history up to our own time, the term "marriage" denotes a relationship entered into permanently by a man and a woman based on their bodily and complementary sexual differences by which they form a personal union which can then result in the procreation of *children* and hence in the foundation of a *family*. A marriage is thus *not only* a relationship based on mutual attraction and affection between two persons; it is a *bond* between two persons which in the overwhelming majority of cases leads to the procreation and education of additional new persons. These facts are constitutive of its essence. By itself a marriage is already a family in potency.

And the family has always formed the basis of any human society. For that reason married couples and the families they naturally form have quite necessarily and inevitably been accorded and granted by almost every known human society various benefits and privileges which have been considered benefits for the whole of society itself. Today, however, in the morally decadent society that we belong to, where the truth about things can so readily be laid aside and forgotten, individuals who have expressly rejected traditional sexual morality and have instead formed pseudo-unions based on unnatural and perverse sexual practices, decide that they have to enjoy the same benefits and privileges that married people have traditionally enjoyed. Hence they agitate and press for what they erroneously call "same-sex marriages."

But the truth of the matter is that these are *not* truly marriages. Once again we have a responsibility to the truth here to state plainly the falsity of the homosexual claim that their pseudo-unions are somehow "marriages." The Catholic Church, for example, correctly teaches that homosexual actions and relationships are *disordered.* It should be almost superfluous to note further that these disordered homosexual actions and relationships are also *immoral,* although most human societies up to our own day have clearly understood them in that way.

Statistically speaking too, most of these homosexual relationships are not *permanent*; they do not constitute a "marriage" for that reason alone. It is, of course, unfortunate that the leniency with which the United States and the Western countries generally in recent times have tolerated *divorce* has seriously undermined the true meaning and the nature of marriage for everybody, which, in fact, does require permanency among other things. Nevertheless, the general failure of our modern American and Western societies to affirm and defend marriage in its permanency and integrity should *not* undermine the principle that marriage in its essence remains a permanent bond between a male and female.

Then too, with today's near universal acceptance of contraception, we have effectively severed the traditional link between marriage and *children.* If children are not somehow essential components of marriage in the minds of many people, then, if only dimly, one begins to understand the mentality of those who imagine that people of the same sex might "marry."

As a society, then, we may have not upheld this point about the permanency of marriage as we should; anymore than we have continued to regard children as a necessary component of marriage. As a society we definitely have *not* upheld these things. We have allowed and even applauded divorce and sterility far beyond anything that could be considered reasonable. Nevertheless, the basic principles concerning what marriage is in its essence, namely a permanent bond between a man and a woman ordered to the perpetuation of the race, should nevertheless remain intact in spite of our failure to uphold them.

As matters stand today, however, it is not at all clear that society stands ready to uphold and defend marriage in its integrity. It is not even clear whether a majority of Americans are prepared to withstand and uphold true marriage, and oppose the current drive towards the acceptance of *ersatz* homosexual unions. After all, no massive majority of Americans was prepared to assert and insist on in numbers great enough to affect national policy and law the truth that abortion kills children and therefore should be prohibited by society. And we seem to be already rather far down that same wrong road as far as marriage is concerned.

There are, of course, some signs that a constitutional amendment limiting marriage to a man and a woman may be possible in America today. However, it must be noted that such a constitutional amendment affording the protection of the law to the unborn proved *not* to be possible, even though it was advocated by credible and creditable Americans. Whether it will ever be possible, however, or whenever it might come about at all, it is certainly not going to be possible unless and until there is a revival of belief in the moral law based on truth.

However that may be, we still do have a responsibility to the truth in these and yet other areas. This responsibility obtains whether or not we have any chance of seeing it prevail in the morally decadent society at large that we currently live in. We must still try. After all, we have it on very good authority that we will "know the truth and the truth will make [us] free" (Jn 8:32). Without the truth – or disregarding the truth – we will certainly remain enthralled and mired in error and therefore in sin. This is certainly not the condition to which we have been called.

***

In speaking about responsibility to the truth, as we have been essaying to do, we almost inevitably at some point have to think about the *university*, the social institution with the primary mission of seeking and promulgating truth. How has the university – academia in general – fared in the situations I have been describing, where responsibility to the truth proved to be absolutely essential but was nevertheless conveniently laid aside?

In preparing for this conference on the general subject of "responsibility," I ordered and carefully read through a recent academic volume entitled precisely that, *Responsibility.*[3] This book consists of a collection of articles by a number of qualified, and even distinguished, American academics, most of whom hold chairs in major American academic institutions specializing in philosophical and religious studies. The book itself forms part of an established published series of academic volumes. Nor does this volume lack some interesting material, although reading through it did not help me very much in the end in writing the paper that I eventually decided to write on the subject of "Responsibility to the Truth," as I have set it forth above.

What was of particular interest to me in this volume, however, was that *all* of the nearly one dozen co-authors of the book simply took it for granted that we as human persons necessarily *are* responsible, we ineluctably *do* have "responsibility," which is inseparable from us as human persons living in society, in fact, and which also necessarily constitutes, by the way, a separate question

[3] *Responsibility*, edited by Barbara Darling-Smith (Lanham, MD: Lexington Books, 2007).

from the question of the *rights* that we also should enjoy as human beings living in society. Rights, too often emphasized at the expense of responsibilities in our society today, nevertheless do exist, and *are* necessarily related to responsibilities, it turns out. This is well brought out in some of the contributions to this volume. Certainly, and needless to say, I cannot, in the brief compass of this paper, discuss in any detail the variety of ways in which the question of responsibility is treated in this collection of academic articles devoted precisely to the basic question of responsibility.

One of the things that struck me very forcibly, however, was this: while all of the authors assume and indeed take for granted that we as human beings necessarily are "responsible," and indeed do have "responsibility," yet only one of them, writing from an apparently orthodox Jewish perspective, even raised the question of what the *source* of this human responsibility might be. *Why* are we responsible? For the Jewish contributor to the book, of course, the source of our responsibility was necessarily God and the Commandments he has revealed to mankind. Many contemporary Christians would certainly agree. Neither of the two identifiably Christian authors in this particular book, however, even raised the question of what the ultimate source of human responsibility might be. All of the authors – Confucian, Buddhist, and humanist among others, as well as Christian – simply assumed and took for granted the fact that as human beings we are indeed responsible, but they precisely did not attempt to ground the source of that responsibility.

Both of the two identifiable Christian contributors to this book, in fact, appeared to be of the modern "progressive" variety of Christian thinkers; and therefore it was not a foregone conclusion that they would necessarily have grounded their ultimate conclusions about human responsibility in the traditional Christian understanding of the matter. In point of fact, there turned out to be a fair amount of contemporary "politically correct" thinking in this volume in the contributions of all of the authors, including the Christian ones, and hence it could not be assumed that they would necessarily accept traditional accounts of what human responsibility really is and from whence it arises.

One of the things that struck me about this particular volume, however – and one of the reasons I bring it up in this paper at all – is the degree to which virtually all of the authors, whatever their tendency otherwise, seemed to accept and take for granted what I would have to call a "Kantian" notion of human responsibility. Immanuel Kant, we know, spoke feelingly of "the starry heavens above, and the moral law within." But in the understanding of these authors, what the Kantian notion of the moral law within turns out to be is, quite definitely – *something we impose on ourselves*! To me this was a rather startling realization. It certainly may not be what Kant meant; I am not personally knowledgeable or competent enough to say; but on the evidence of this book, it is what many of those engaged in philosophical studies who invoke Kant today apparently do understand his idea of the "moral law within" to consist of – a moral law we impose on ourselves.

But if we truly do impose the moral law on ourselves – if it is *not* something that God, for example, has imposed upon us, as in the case of the Ten Commandments – then that same moral law is both *optional* and *changeable*. It is changeable in the degree that we decide, since we are the ones who imposed it in the first place. Thus, we could well decide that, contrary to what has traditionally been understood, we could perhaps decide that abortion just might be licit in some cases, contrary to what the moral tradition of the West has held, but in harmony with what many have now decided is in accordance with the "new ethic." The same thing, we saw, is true of what people have taken to call "same-sex marriage." We can *decide* what marriage is! There is no truth about marriage to which we are responsible.

Thus, the "new ethic" spoken about in *California Medicine* has in fact been widely accepted today, at least in practice. We saw that this was the case for those who want to accept the licitness of abortion. It has, in fact, come to be widely accepted today in other areas as well, contrary to the unanimous testimony of the Christian tradition. It has equally been accepted by judges in Massachusetts and California that people of the same sex can "marry" each other. We can thus see how such very significant changes work out in practice. These results are certainly *not* consistent with what Christians, at least, have always and everywhere believed. The morality that we derive from Christianity is *not* something that, *pace* Immanuel Kant's modern American interpreters, we impose on ourselves. Rather, it is something that, going back to the beginnings of revelation as recorded in the Old Testament, God himself has imposed upon us. That is the honest *truth* of the matter, and we would do well to try to take up responsibility to and for that truth!

Summary

We all have multiple responsibilities, depending upon what and where we are in life. Contemporary experience suggests, however, that ours is an era when responsibilities are not taken as seriously as they should be and are too often not met at all. One reason for this failure is the contemporary downgrading and even abandonment of our "responsibility to the truth," to what everybody knows is the case, and is both real and moral. The accepted truth of the moral law, however, is often one of the first casualties of the abandonment of responsibility to the truth. This can be seen, for example, in the way in which the terrible scourge of legalized abortion has been foisted upon us in the modern era when the real truth about what abortion is denied. This acceptance of evil has been followed by the acceptance of such further evils as embryonic stem-cell research, cloning, and in-vitro fertilization (IVF). The real truth about human marriage further threatens to become another casualty of this same failure, if we do not continue to take seriously our responsibility to the truth about marriage. It turns out too that an interpretation of the Kantian "moral law within" as something that we impose upon ourselves is one of the reasons why the prohibitions of the objective moral law of God have too often been abandoned today.

Zusammenfassung

Wir alle tragen auf vielfache Weise Verantwortung, abhängig davon, was wir sind und wo wir im Leben stehen. Wir machen jedoch die Erfahrung, dass unsere Zeit eine Epoche ist, in der Verantwortlichkeiten nicht in der Weise ernst genommen werden, wie es sein sollte, bzw. zuweilen überhaupt nicht wahrgenommen werden. Ein Grund für diesen Mangel ist die heutige Geringschätzung, ja Verweigerung unserer „Verantwortung gegenüber der Wahrheit", wovon sich sowohl real als auch moralisch niemand davonstehlen kann. Die Wahrheit des Sittengesetzes ist jedoch häufig eines der ersten Opfer, wenn die Verantwortung gegenüber der Wahrheit preisgegeben wird. Dies zeigt sich z. B. an der Art und Weise, wie die schreckliche Geißel der legalisierten Abtreibung in unserer Zeit den Menschen untergeschoben worden ist, während die Wahrheit darüber, was Abtreibung wirklich bedeutet, verschwiegen wird. Der Hinnahme dieses Unrechts folgten weitere Übel im Bereich der embryonalen Stammzellen-Forschung, des Klonen und der In-vitro-Fertilisation (IVF). Die Wahrheit über die menschliche Ehe droht ein weiteres Opfer in dieser Kette zu werden, wenn wir nicht bereit sind, unsere Verantwortung gegenüber der Wahrheit der Ehe ernst zu nehmen. Ebenso zeigt sich, dass die Deutung des *Kant'schen Sittengesetzes*, wonach der Mensch autonom bestimmen könne, was moralisch zu gelten habe, eine der Ursachen ist, warum die Gebote des objektiven Sittengesetzes, das Gott gegeben hat, heute zu wenig beachtet werden.

Hybridität des frühen Islam und die Frage der Prädestination versus Verantwortung

Jenseits von *Orientalism*[1]

Von Johannes Thomas

Seit Edward Saids schrill polemische, von Sachkenntnis nicht getrübte[2] antiwestliche Propagandaschrift *Orientalism* zur Pflichtlektüre für die Studierenden der Geisteswissenschaften an nahezu allen westlichen Universitäten geworden ist, scheint die Selbstgeißelung wegen kolonialer Unterdrückung des Orients zu einer höheren intellektuell-moralischen Verpflichtung geworden zu sein. Der „Wille zur Macht" des Westens habe aus seiner Machtposition als Zentrum der Welt „den Orientalen" als das für das westliche Selbstbild notwendige Andere bestimmt und ihm ein entsprechendes Fremdbild übergestülpt. Aus diesem Diskursgefängnis gelte es nun auszubrechen, indem „der" Orient und damit „der" Islam gegenüber „dem" Westen – Said benutzt ständig und undifferenziert solche essentialistischen Vorstellungen – in eine Position eigenen Rechts gebracht wird. So wurde der Agnostiker mit christlichem Hintergrund Said konsequenterweise zu einem Propagandisten des Islam. Jede kritisch differenzierende Beschäftigung im Westen mit der Geschichte „des" Orients steht von Anfang an unter dem Generalverdacht, die moralisch verdammenswerte Kolonialisierungspraxis der Franzosen und Engländer fortzuführen.

Gegen Saids schlichte Weltsicht sei hier Homi Bhabhas These von der Hybridisierung der kolonialen Diskurse eingeführt, die in den amerikanischen und europäischen Geisteswissenschaften zu einer ebenfalls unhintergehbaren und verpflichtenden Referenz geworden ist. Danach ist auch die von schlimmster kolonialer Unterdrückung betroffene Kommunikation durch Hybridisierung

---

[1] *Edward W. Said*, Orientalism, London u. a. 1978; dt.: Orientalismus, Frankfurt a. M. 1981.

[2] *Ibn Warraq*, Defending the West. A Critique of Edward Said's Orientalism, Amherst (NY) 2007; dass Said seriöse Untersuchungen wie etwa die von *Richard W. Southern*, Western views of Islam and the Middle East, Cambridge 1962, oder von *Raymond Schwab*, The Oriental Renaissance: Europe's Rediscovery of India and the East, 1680–1880, New York 1984 (zu deren Veröffentlichung in englischer Sprache er seltsamerweise das Vorwort schreiben durfte), als Beleg für die Richtigkeit seiner Ausführungen zitiert, ist umso unbegreiflicher, als Schwab auf etwa 500 Seiten eine konsequente Widerlegung aller Thesen Saids liefert.

„von unten", durch den subversiven Einfluss der unterworfenen lokalen Kulturen gekennzeichnet.[3]

Bhabha, ebenso wie Said ein in Amerika lehrender Anglist, denkt bei Kolonialisierung naturgemäß nur an die englische Kolonialherrschaft. Dass es andere Kolonialreiche gegeben hat, die völlig anders funktioniert haben, liegt jenseits seines Horizontes[4]. So übersieht er u. a. geflissentlich – wie in den postkolonialen Studien üblich –, dass die arabisch-islamische Eroberung großer Teil der seinerzeit bekannten Welt auch ein Kolonialimperium begründet hat. Dessen Erbe wurde dann weitgehend von den Osmanen angetreten, die ihrerseits sukzessive ab dem Ende des 17. und bis ins 20. Jahrhundert hinein von europäischen Mächten beerbt worden sind. Eine Hybridisierung „von unten", also durch eine unterworfene lokale Kultur, ist, wenn man Bhabhas Ansatz folgt, auch für diese früheren Kolonialreiche, im Kontext unserer Fragestellung also für die frühe islamische Zeit anzunehmen. Sie findet allerdings nicht erst *nach* den Eroberungen statt, sondern ist bereits Kennzeichen des frühen Islam selbst. Er trägt wesentliche Elemente der unterworfenen Kulturen bereits vor deren Unterwerfung in sich. So ist eben auch die nahezu widerstandslose, blitzartige Über- und Einvernahme weiter Teile der damaligen Welt erklärlich, ebenso auch das lange Ausbleiben anti-islamischer Polemik. Im 711 eroberten Spanien sind islamkritische Texte erst von der Mitte des 9. Jahrhunderts an bei den christlichen Märtyrern von Córdoba belegt. Sie beklagen sich allerdings auch darüber, dass die meisten Christen Córdobas nicht der Trinitätslehre anhängen und die Meinung vertreten, Jesus sei nur Mensch gewesen, nicht Gottes Sohn. In dieser theologisch nicht gerade irrelevanten Frage stimmte offenbar ein Großteil der spanischen Christen mit den Eroberern überein.[5]

Deren Religion war innerhalb eines spätantiken, christlich-jüdischen und iranisch geprägten Kulturraums entstanden. Die Berücksichtigung dieses Entstehungskontextes ist daher etwa nach Angelika Neuwirth, die das mit viel Vorschusslorbeeren bedachte Projekt „Corpus Coranicum" leitet, für das Verständnis des frühen Islam unumgänglich. Allerdings meint Neuwirth, eine entspre-

---

[3] *Homi Bhabha*, The Location of Culture, New York/London 1994, S. 112.

[4] Vgl. bezogen auf andere Weltregionen: *Michael Rössner*, Ein Blick auf die Weltordnungen und Zwischenwelten vom 16. bis zum 20. Jahrhundert. Überlegungen zu Möglichkeiten und Grenzen postkolonialer Ansätze im Bereich der Literaturwissenschaft anhand von Fallbeispielen aus Lateinamerika und Mitteleuropa, in: Alfonso de Toro (Hrsg.), Andersheit: Von der Eroberung bis zu New World Borders. Das Eigene und das Fremde. Globalisierungs- und Hybriditätsstrategien in Lateinamerika, Hildesheim/Zürich/New York 2008, S. 41–59.

[5] *Johannes Thomas*, Frühe spanische Zeugnisse zum Islam. Vorschläge für eine differenzierte Betrachtung der Konflikte und der religiösen Gemeinsamkeiten zwischen dem Osten und dem Westen des arabischen Reiches, in: Markus Groß/Karl-Heinz Ohlig (Hrsg.), Schlaglichter. Die beiden ersten islamischen Jahrhunderte, Berlin 2008, S. 168–175.

chende Kontextualisierung dürfe nicht etwa zu „einer radikalen Dekonstruktion der Islamgenese" führen. Es sei allzu gefährlich, gegen die bisher gepflegte „Geschichtsklitterung" der islamisch-arabischen Traditionsliteratur aufzubegehren. Das habe einige bedeutende arabische Intellektuelle das Leben gekostet.[6] Soweit zu der laut Said moralisch verwerflichen Dominanz des westlichen orientalistischen Herrschaftsdiskurses und dessen Bereitschaft zum offenen Umgang mit der Islamgeschichte.

I. Vielfalt der religiös-kulturellen Strömungen zur Zeit des frühen Islam

Die ersten Christen waren Juden. Daher lag es nahe, dass sich vielfach judenchristliche Gruppierungen bildeten. Sie lebten in einem hellenistisch und zugleich iranisch geprägten Kulturraum. Der Religionsstifter Mani etwa, der zunächst einer judenchristlichen Gemeinde der Elchasaiten angehörte, gründete im 3. Jahrhundert eine neue, iranisch-dualistisch geprägte christlich-jüdische Religion. Dabei sah er sich trotz seiner Bemühungen um die Integration des Zoroastrismus in seine neue Lehre nicht nur selbst als Christ, er beanspruchte sogar, die letzte Verkörperung des im Johannesevangelium verheißenen Paraklet zu sein, das ‚Siegel der Propheten'.[7]

Es ist nur natürlich, dass auch der frühe Islam beeinflusst wurde durch den vorgegebenen Kontext jüdischer, zoroastrischer, christlich-gnostischer, hellenistischer und vor allem manichäischer Strömungen. Die Vorstellung jedenfalls, er gründe allein auf antiken Traditionen, während er den essentialistisch als homogene Blöcke verstandenen Religionen der Christen, Juden und Zoroastrier

[6] *Angelika Neuwirth*, Ein Versuch der historischen und forschungsgeschichtlichen Verortung des Koran, in: dies., Studien zur Komposition der mekkanischen Suren. Die literarische Form des Koran – ein Zeugnis seiner Historizität?, 2. Aufl., Berlin/New York 2007, S. 4*–5*. Neuwirth gehört zusammen mit William A. Graham, R. B. Serjeant, K. Armstrong oder Alford T. Welch zu den Arabisten und Islamwissenschaftlern im Westen, die unbeeindruckt geblieben sind von den Versuchen vieler Forscher des 19. und 20. Jahrhunderts, die Geschichtsschreibung zum Islam zu ent-theologisieren, d. h. die Zeugnisse dieser Geschichte nicht länger als historische Zeugnisse in einem modernen Sinn zu lesen. Dazu würde etwa nach Peter von Sivers gehören, die Geschichte Mohammeds, die Offenbarung in Mekka, die Bildung einer Gemeinschaft in Medina, die Aufeinanderfolge der vier „rechtgeleiteten" Kalifen, die Eroberung von zuvor byzantinisch bzw. persisch beherrschten Ländern usw. als eine Umschreibung der jüdischen Exodus-Erzählung zu verstehen: The Islam Origins Debate Goes Public, www.blackwellpublishing.com/pdf/compass/hico_058.pdf, S. 2–3.

[7] *Aleksandr L. Khosoryev*, Manichäismus: eine Art persisches Christentum? Der Definitionsversuch eines Phänomens, in: Arafa Mustafa u. a. (Hrsg.), Inkulturation des Christentums im Sassanidenreich, Wiesbaden 2007, S. 43–54; *Jan M. F. van Reeth*, Le ZANDAQA et le prophète de l'islam, in: Incroyance et dissidence religieuses, Acta Orientalia Belgica, XX, Bruxelles/Louvain-La Neuve 2007, S. 65–70.

als eine Art eigener homogener Block nur gegenüber gestanden habe[8], ist völlig absurd. Denn wenn etwa die Gebildeten der damaligen Zeit auch zweifellos von der Spätantike mit ihren verschiedenen Ausprägungen beeinflusst waren, so waren sie doch auch in aller Regel eben so sehr mit ihrem jeweiligen religiösen Umfeld vertraut und von ihm geprägt. Angesichts der Bedeutung der iranisierten christlichen oder judenchristlichen Strömungen im östlichen Mittelmeerraum und weit darüber hinaus ist es also kein Wunder, dass auch der Islam durch diese Traditionen geprägt ist.

Das lässt sich nicht zuletzt an der Figur des Propheten zeigen. Das erste Zeugnis über sein Leben und Werk liegt vor in der *Sira* des Ibn Hisham (gest. 833). In der islamischen Literatur wird er zwar allgemein nur als Herausgeber einer früheren Lebensgeschichte von Ibn Ishaq geführt, aber Ibn Hishams Berufung auf einen früheren Autor ist schließlich ein bekanntes literarisches Verfahren zum Zwecke der Begründung größerer Authentizität. Hans Jansen hat in seiner kürzlich in deutscher Sprache erschienenen Studie gezeigt, dass diese älteste bekannte Lebensgeschichte des Propheten offenbar die Aufgabe hatte, diejenigen Teile des Koran, die im 9. Jahrhundert nicht mehr verstanden wurden, nach biblischem Vorbild zu erklären.[9] Deutsche Islamwissenschaftler wie Harald Suermann gehen dessen ungeachtet in ihrem Bemühen, die Bekanntheit eines Propheten Mohammed so früh wie möglich zu belegen, so weit, selbst in der Erwähnung eines Propheten in einem jüdischen Text, der von der Endzeiterwartung spricht (Doctrina Jacobi), einen Hinweis auf einen Propheten Mohammed zu sehen.[10]

Das Wort „muhammad“ ist, ebenso wie der Terminus „ahmad“, eine Verbform. Es heißt so viel wie der „zu Preisende“ oder „der Ersehnte“ bzw. im Fall des Elativs zu „muhammad“, „ahmad“, der „besonders zu Preisende“ oder der „besonders Ersehnte. Erst mehr als hundert Jahre nach dem vermuteten Todesjahr des Propheten sind beide Epitheta als Eigennamen belegt. Als Epitheta aber konnten sie sich nur auf den Gesandten Gottes und den Parakleten, also Jesus,

[8] So etwa *Stefan Heidemann*, The Evolving Representation of the Early Islamic Empire and its Religion on Coin Imagery: “How did the theology of Islam and the idea of empire evolve, based on a Hellenistic-Roman-Iranian foundation and in the face of Christianity, Judaism, Neo-Platonism, and Zoroastrianism?”, S. 1; die Studie soll erscheinen in dem von Angelika Neuwirth seit 2007 angekündigten Sammelband: Qur’ān and Canonical Process.

[9] *Hans Jansen*, Mohammed. Eine Biographie, München 2009.

[10] *Harald Suermann*, Juden und Muslime gemäß christlichen Texten zur Zeit Mohammeds und in der Frühzeit des Islam, in: Holger Preißler/Heidi Stein (Hrsg.), Annäherung an das Fremde, XXVI. Deutscher Orientalistentag vom 25. bis 29. September 1995 in Leipzig, Stuttgart 1998, S. 145–148; hierzu kritisch: *Karl-Heinz Ohlig*, Hinweise auf eine neue Religion in der christlichen Literatur „unter islamischer Herrschaft“, in: Karl-Heinz Ohlig (Hrsg.), Der frühe Islam. Eine historisch-kritische Rekonstruktion anhand zeitgenössischer Quellen, Berlin 2007, S. 237–239.

beziehen.[11] Erst später wurde „muhammad", ganz ähnlich wie Mani, als der von Jesus versprochene Paraklet, ja, als „Siegel der Propheten" verstanden (Sure 33:40). Auch die im Koran belegbare Vorstellung von einer Reihe von Propheten, die mit Adam beginnt, ist aus dem Manichäismus und den ihm vorausgehenden christlich-jüdisch-gnostischen Bewegungen bekannt, so schon aus der frühen palästinensischen Aggada, aus Philo von Alexandria,[12] aus den Pseudo-Klementinen oder dem Jubiläenbuch.[13] Es sind überhaupt vier der fünf Säulen des Islam manichäischer Provenienz.[14]

Bei der Abfolge der Propheten oder Parakleten folgt im späteren Islam, etwa ab der 2. Hälfte des 8. Jahrhundert, auf Jesus begreiflicherweise nicht Mani, sondern Mohammed und dann der 2. Paraklet oder der Mahdi, dem Jesus dann in noch späterer Zeit, als man seine Rolle zugunsten Mohammeds zurückfahren wollte, als Helfer zugeordnet wurde. Bekannt ist allerdings ein Hadith noch aus dem 9. Jahrhundert, wonach der Mahdi niemand anderes als Jesus ist.[15]

Der Einfluss persisch-griechischen Denkens ist unbeschadet der Abwendung vom Manichäismus ungebrochen. Er zeigt sich insbesondere in „gnostischen" Bewegungen innerhalb der Schia, die der „koranischen Offenbarung fremd"[16] sind, aber in ihren Ansichten von Gott und der Welt Parallelen mit den christlich-iranischen Bewegungen aufweisen, denen etwa auch der junge Augustinus angehangen hat, bevor er sich zum rechten Glauben bekehrte. Muslimisch ist an diesen Bewegungen, etwa denen der Nusairier, der Drusen, der Alawiten oder

---

[11] „Mohammad" ist ebenso wie „ahmad", der Elativ zu „muhammad", ein Epitheton, kein Name, jedenfalls nicht vor dem 8. Jahrhundert. Es heißt soviel wie „der Gepriesene" oder „der Ersehnte": *Alois Sprenger*, Über den Ursprung und die Bedeutung des arabischen Wortes Nâmûs, in: ZDMG 13, 1859, S. 690–701; Joseph Schacht, Ahmad, in: Encyclopedia of Islam, Bd. I, 2. Aufl., Leiden 1993; selbst Stefan Heidemann, der im Allgemeinen der islamischen Traditionserzählung folgt, merkt zu Mohammed an, dass dessen Erwähnung ohne das islamische Glaubensbekenntnis kein Beleg für eine spezifisch islamische Aussage sei. Mohammed sei eine ähnlich legendäre Figur wie etwa Romulus und Remus als Gründer Roms, a. a. O., S. 22–23.

[12] *Joachim Schoeps*, Gesammelte Schriften, Abt. I, Bd. 4, Hildesheim u. a. 1999, Nachdr. der Ausgabe Tübingen 1956, S. 46.

[13] *Ignaz Goldziher*, Neuplatonische und gnostische Elemente im Hadit, in: ders., Gesammelte Schriften, Bd. 5, Hildesheim (Reprint) 1970, S. 126–131; *U. Rubin*, Prophets and Progeniture in the early Shi'a Tradition, in: Jerusalem Studies in Arabic and Islam 1, 1979, S. 41–65; *Wilferd Madelung*, The succession of Muhammad. A Study of the Early Caliphate, Cambridge 1997, S. 9–12; *Jan M. F. van Reeth*, Mohammed, le premier qui relèvera la tête, in: Proceedings of the 20th Congress of the Union Européenne des Arabisants et des Islamisants, Budapest 10. bis 17. September 2000, Budapest 2004, S. 86–87.

[14] *M. A. Amir-Moezzi*, Le Coran, c'est le contexte, in: Telquel, 306, 12. bis 18. Januar 2008, S. 48–49; *ders.*, Dictionnaire du Coran, Paris 2007.

[15] *Wilferd Madelung*, Al-Mahdi, EI², Bd. V, S. 1231.

[16] *Heinz Halm*, Die islamische Gnosis. Die extreme Schia und die Alawiten, Zürich/München 1982, S. 14–15.

der Ismailiten, dass sie sich auf den Koran beziehen. Allerdings kommen sie dabei zu ganz anderen Ergebnissen als die traditionalistische sunnitisch-islamische Literatur.

Der Koran ist eben kein eindeutiger Text, was schon daran liegt, dass er ebenso wie das Buch Mani's und vor ihm das Alte und das Neue Testament auf bereits vorliegenden Traditionen aufbaut. Dabei haben insbesondere die kirchlich-religiösen Praktiken, Überzeugungen und Texte, die in syro-aramäischer Sprache verfasst waren, eine herausragende Rolle gespielt, naturgemäß, denn Syro-Aramäisch war bis zum Triumph des Islam die Hauptschriftsprache und die Hauptkirchensprache im gesamten Orient. Wie Christoph Luxenberg (und vor ihm A. Mingana) gezeigt hat, ist schon das Wort „Koran" selbst die arabische Übersetzung eines syro-aramäischen Begriffs, der soviel meint wie „gemeinschaftliches Rezitieren ausgewählter Stücke aus der Bibel", die in einem Lektionar zusammengetragen worden sind.[17] Ein solches Verständnis des Textyps ‚Koran' würde auch leichter begreiflich machen, weshalb dieses Buch stilistisch so uneinheitlich und manchmal abgehackt wirkt und weshalb es zu so vielen Wiederholungen kommt.[18]

Der Koran scheint im Übrigen darauf zu setzen, dass seine Zuhörer oder Leser mit den biblischen Texten vertraut sind, auf die er sich bezieht.[19] Aber er verweist nicht nur auf die biblischen Texte selbst, sondern er greift auch theologische Vorstellungen verschiedenster christlicher Richtungen auf. Die Paraklet-Thematik und ihr manichäischer Hintergrund wurden bereits angesprochen. Die Ablehung einer Trinität von Gott, Jesus und Maria (Sure 5:116–117) scheint auf die Polemik der syrischen Theologie gegen jakobitisch-monophysitische Vorstellungen zurückzugehen, vielleicht aber auch, und das scheint wahrscheinlicher, auf manichäische Vorstellungen, wonach der Heilige Geist mit der Mutter des Lebens identifiziert wurde.[20] Die Ablehnung des Weingenusses (Sure 5:91; Sure 2:219), der an anderer Stelle allerdings auch positiv konnotiert ist (Sure 16:76), könnte auf enkratitische Traditionen verweisen, ebenso die stren-

---

[17] *Christoph Luxenberg*, Die syro-aramäische Lesart des Koran. Ein Beitrag zur Entschlüsselung der Koransprache, 2. Aufl., Berlin 2004, S. 16 ff.; *Alphonse Mingana*, Syriac Influence on the Style of the Kur'ân, in: Bulletin of the John Ryllands Library 11 (1927), S. 79 ff.; *Jan M. F. van Reeth*, Le Coran et ses scribes, in: Christian Cannuyer (Hrsg.), Les scribes et la transmission du savoir (Acta Orientalia Belgica XIX), Bruxelles 2006, S. 71 ff.

[18] *Peter von Sivers*, a. a. O., S. 5.

[19] Vgl. hierzu und zum Folgenden: *Karl-Heinz Ohlig*, Das syrische und arabische Christentum und der Koran, in: Karl-Heinz Ohlig u. a. (Hrsg.), Die dunklen Anfänge. Neue Forschungen zur Entstehung und frühen Geschichte des Islam, 2. Aufl., Berlin 2006, S. 366–404.

[20] *Ersan Yarshater*, The Persian Presence in the Islamic World, in: Richard G. Hovannisian u. a. (Hrsg.), The Persian Presence in the Islamic World (Giorgio della Vida Conferences, 13), Cambridge 1998, S. 39.

gen Fastenvorschriften, das radikale Strafrecht oder die zurücksetzenden Einschränkungen für die Frauen. Auch die Behauptung, Jesus sei nur zum Schein am Kreuz gestorben und in Wahrheit entrückt worden (Sure 3:5r5; Sure 4:156–159), erinnert an heterodoxe christliche Vorstellungen, wie man sie insbesondere in gnostisch-doketistischen Texten findet.[21] Dass der Erlösungstod Jesu am Kreuze im Koran nicht vorkommt, ist also nicht schon ein Argument dafür, in ihm einen spezifisch islamischen, nicht-christlichen Text zu sehen. Er scheint vielmehr durchaus von syrischer christlicher Theologie geprägt zu sein, auch wenn er nicht konsequent einer bestimmten Richtung des syrischen Christentums folgt, also etwa der antiochenischen oder der nestorianischen Richtung. Gegen diese Traditionen setzt er durchgehend die frühe, die vornizenische syrische Theologie ins Werk. Diese Theologie vertrat einen entschiedenen Monarchianismus. Danach hat der eine Gott allein die Herrschaft, ohne Teilhaber an ihr, eine Konzeption, welche die physische Gottessohnschaft ausschließt. „Sohn Gottes" und „Logos" wurden in dieser frühen Theologie – und zwar entsprechend iranischer Mythologie[22] – als Kräfte Gottes, als seine „Dynamis" gesehen, welche seine Einzigartigkeit nicht aufheben. Sie unterscheidet sich insofern auch vom Arianismus. Arius hatte im Logos eine eigene „Hypostase" und den Demiurgen sehen wollen. In der vielleicht noch vor-arianischen, jedenfall vornizenischen Theologie, die sich im Koran wiederfindet, kommen die Kräfte Gottes ganz iranisch als Engel oder als Geist, der die Einzigkeit Gottes nicht berührt, auf die Menschen herab (Sure 17:85; 16:2; 10:3; 19:17). Da eine physische Gottessohnschaft Jesu ausgeschlossen ist, ist er nur Mensch. Zwar ruht der Geist Gottes auf ihm, er ist sogar „Geist von ihm" (Sure 3:45; 4:171), aber der Koran insistiert im Gefolge der monarchianischen Theologie besonders nachdrücklich darauf, dass er nicht Gottes Sohn, sondern nur sein Gesandter sei (z. B. Sure 5:75).

Es gab, mit anderen Worten, eine weitgehende Übereinstimmung zwischen einer ganzen Reihe von Aussagen im Koran einerseits und christlichen häretischen Strömungen Syriens andererseits. Sie machen verständlich, dass es im 7. und vor der Hälfte der 8. Jahrhunderts keine christlichen Polemiken in Syrien gegen den Islam gegeben hat.[23]

Trotz der heftigen Ablehnung der Gottessohnschaft Jesu ist seine herausgehobene Rolle in der Heilsgeschichte nie strittig. Noch im 9. Jahrhundert nimmt

---

[21] *Joachim Gnilka*, Bibel und Koran. Was sie verbindet, was sie trennt, Freiburg i. Br. u. a. 2004, S. 178–185.

[22] *Geo Widengren*, Die Religionen Irans, Stuttgart 1965, S. 11, S. 79 f.

[23] *Karl-Heinz Ohlig*, Das syrische und arabische Christentum und der Koran, in: Karl-Heinz Ohlig u. a. (Hrsg.), Die dunklen Anfänge, a. a. O., S. 366–404; *Johannes Thomas*, Frühe spanische Zeugnisse zum Islam, a. a. O., S. 176–177.

in der apokalyptischen Literatur der Abbasiden Jesus die zentrale Rolle ein.[24] Ihm wollen die Kalifen am Ende des Tausendjährigen Reiches die Macht übergeben. Allmähliche Veränderungen in der Haltung gegenüber Jesus, die seine herausragende Rolle abzuschwächen beabsichtigen, gehen wohl darauf zurück, dass der Islam entweder als christlich-iranische Sekte begonnen hat oder Gefahr zu laufen schien, sich angesichts der dominierenden christlichen Religion in eine solche zu verwandeln. Beides würde erklären, weshalb man im 8. Jahrhundert begann, sich deutlicher vom Christentum abzugrenzen.[25]

Denn Christen dominierten nicht zuletzt das Erziehungswesen seit den Sassaniden. Sie waren es, die griechische Philosophie und Wissenschaften, insbesondere griechische Medizin im Perserreich, aber auch unter den Arabern vermittelten. Sie lieferten die Übersetzungen ins Syrische, aus denen dann auch ins Arabische übersetzt wurde. Noch bis 870 führten nestorianische Perser aus Gundeshapur das Lehrkrankenhaus in Bagdad und stellten die Mediziner für den Kalifenhof.[26]

Auch die Philosophenschule von Alexandria, die zu Beginn des 8. Jahrhunderts nach Antiochien, etwa ein halbes Jahrhundert später nach Harran und dann zur nächsten Jahrhundertwende nach Bagdad umzog, stand noch Anfang des 10. Jahrhunderts unter christlicher Leitung.[27]

II. Freier Wille und Prädestination im Koran

Vorausgeschickt sei, dass die innerislamischen Diskussionen um die Prädestination in erster Linie nicht auf die Frage des freien Willens abheben, sondern auf das Verhältnis von göttlicher Allmacht und Vorherbestimmung und der Fähigkeit der Menschen, zu handeln und den Lauf der Dinge zu verändern. Dabei geht es in erster Linie um die Frage, wie sehr es von Gottes Eingreifen abhängt, ob man das Paradies gewinnen kann oder nicht. Grundsätzlich gilt für die islamische ebenso wie übrigens auch für die christliche Theologie, dass das Span-

---

[24] *David Cook*, The Beginnings of Islam as an Apocalyptic Movement, siehe: www.mille.org/publications/winter2001/cook.html; *ders.*, Studies in Muslim Apocalyptic, Princeton 2002; siehe auch die seltsam klingende eschatologische Erzählung vom Untergang der Sufyānī-Armee, wo es heißt: „Wahr ist, dass das Recht mit der Familie Mohammeds ist zu Beginn des Tages. Dann wird ein Rufer am Ende des Tages ausrufen: ‚Wahr ist, dass das Recht bei den Nachkommen Jesu ist.'": *Wilferd Madelung*, The Sufyānī between Tradition and History, in: Religious and Ethnic Movements in Medieval Islam, III, Aldershot 1992, S. 36.

[25] *Jaakko Hämeen-Anttila*, John the Baptist and early Islamic polemics concerning Jesus, in: Acta Orientalia 60, 1990, S. 73–79.

[26] *W. Montgomery Watt*, Islamic Philosophy and Theology, Edinburgh 1985, S. 37–45.

[27] Ebd.

nungsverhältnis zwischen der Betonung göttlichen Eingreifens und der Vorstellung von menschlicher Verantwortung und freiem Willen immer wieder zu neuen Harmonisierungsversuchen geführt hat. Dabei tendiert die islamische Tradition eher dazu, die Allmacht Gottes und seine bestimmende Auswirkung auf die Menschen zu betonen, während im christlich geprägten Westen mehr die Eigenverantwortung des Menschen in den Vordergrund gerückt wird.

Angesichts der unterschiedlichen religiös-kulturellen Strömungen, in deren Kontext der Koran entstanden ist, kann es nicht verwundern, dass auch hinsichtlich der Vorstellungen vom freien Willen bzw. von der göttlichen Vorherbestimmung die diesen Strömungen eigenen Überzeugungen Eingang in den Islam gefunden haben. So spielt die altiranische Idee von einer schicksalhaften Vorherbestimmung[28] hier ebenso eine Rolle wie die christliche, aber auch zoroastrische Vorstellung vom freien Willen, ohne den Schuld und Verdienst des Menschen nicht zu begründen sind. Die altiranische Schicksalsidee hat mit dem Gott Chronos, der seine Kinder verschlingenden Zeit, ihren Eingang auch in die Vorstellungswelt der Griechen gefunden. Diese pessimistisch-fatalistische Ausprägung des Schicksalsglaubens ist in der iranischen Mythologie vor allem im Zervanismus beheimatet. Sie setzt sich besonders zur Sassanidenzeit (224–651) durch,[29] also in den Jahrhunderten vor dem Islam und bis in seine Entstehungszeit hinein.

So ist es nur natürlich, dass der zervanistische Determinismus und Fatalismus schon bei den vorislamischen Arabern vorgeherrscht hat. Montgomery Watt verweist etwa auf das schon von Schrameier, Nöldeke oder Goldzieher anhand früher literarischer Texte analysierte Konzept der Zeit, die nach iranischer Tradition zugleich als blindes Schicksal bestimmt ist.[30] Man muss diese altarabischen Traditionen also nicht mit einem nur aus der islamischen Traditionsliteratur bekannten arabischen Heidentum in Verbindung bringen.

Andererseits scheint in den indo-iranischen Vorstellungen vom Hochgott Ahura Mazdah, der von den Menschen Rechenschaft verlangt und über sie richtet am Ende des Lebens gemäß ihren tugend- und ihren sündhaften Taten,[31] auch die Möglichkeit freier Selbstbestimmung der Menschen auf. Wie sonst könnten sie sich für das Richtige oder das Falsche entscheiden und demgemäß

---

[28] *Geo Widengren*, Hochgottglaube im alten Iran. Eine religionsphänomenologische Untersuchung, Lund 1938, S. 200–201, S. 271–272, S. 307–308.

[29] *Geo Widengren*, Iranische Geisteswelt. Von den Anfängen bis zum Islam, Baden-Baden 1961, S. 80–81, S. 94.

[30] *W. Montgomery Watt*, Free Will and Prestination in Early Islam, London 1948, S. 20–21.

[31] *Geo Widengren*, Hochgottglaube, a. a. O., S. 252–253.

beurteilt werden? Deutlich ausgeprägt ist eine moralische Vorstellung vom richtigen und falschen Handeln der Menschen auch in den Schriften Zarathustras.[32]

Im heterodoxen Christentum, in den gnostischen Strömungen wie im Manichäismus lebt jedoch vor allem der blinde Schicksalsglaube des Zervanismus weiter. Das mag den Erfolg der fatalistischen Vorherbestimmungsideen gegenüber der christlichen Lehre vom freien Willen und der individuellen Verantwortung des Menschen im Islam, wenn auch weniger im Koran selbst als in der Tradition der Sunna erklären.

Im Koran begegnen wir Erläuterungen zur Vorherbestimmung allen menschlichen Tuns, während zugleich auch hier den Menschen Verantwortung für ihr Handeln zugeschrieben wird. Dass Gott (und nicht, wie im Zervanismus, ein blindes Schicksal) sogar vorherbestimmt, wer in die Irre gehen wird, sagen etwa die Suren[33] 4:49 („Vielmehr läutert Allah, wen Er will".), 4:78 („Und wenn sie etwas Gutes trifft, sagen sie: ‚Das ist von Allah'. Und wenn sie etwas Böses trifft, sagen sie: ‚Das ist von Dir'. Sag: Alles ist von Allah"), 6:39 („Wen Allah will, lässt er in die Irre gehen, und wen er will, den bringt er auf einen geraden Weg."), 16:37 („Selbst wenn Du noch so (danach) trachtest, sie rechtzuleiten, leitet Allah nicht recht, wen Er (nun einmal) in die Irre gehen lässt."). Gott bestimmt nicht nur das rechte und falsche Handeln der Menschen, sie könnten, ohne dass er es will, nicht einmal selbst wollen. So heißt es in den Suren 76:30 („Ihr könnt nicht(s) wollen, außer dass Allah (es) will.") und 81:20 („Ihr könnt nicht wollen, außer dass Allah will."). Weitere Koranstellen, die vor allem die Allmacht Gottes gegenüber den Menschen herausstellen, sind etwa – ohne Anspruch auf vollständige Zusammenstellung – Sure 42:48 ff., 10:99 ff., 74:54 ff., 76:29 ff., 81:27 ff.

Des Öfteren heißt es auch, dass Gott die Menschen führt und anleitet: Sure 3:159 ff., 4:8 ff., 6:125 ff., 16:5, 95 ff., 18:16 ff., 24:21 ff., 61:5 ff. Dann wiederum wird die Leitung durch Gott an das rechte Handeln der Menschen gebunden. Nur die, die willig sind und glauben, werden richtig geleitet: Sure 2:24 ff., 7:28 ff., 10:11 ff., 11:103 ff., 12:5 ff. Ähnlich heißt es an anderen Stellen, dass Gott nur die Herzen derer verschließt, die ungläubig sind: Sure 2:5 ff., 7:92 ff., 18:100 ff.

Auch wenn es heißt, dass Gott den Seinen kein Unrecht tut, impliziert das, dass er seine Diener nach ihrem Verdienst beurteilt, so etwa in Sure 50:39: „Ich bin keiner, der den Dienern Unrecht zufügt". Die Verantwortung der Menschen für ihr Tun und die sich darauf beziehende Vergeltung werden klar ausgesprochen etwa in Sure 53:38–41: „(Nämlich,) daß keine lasttragende (Seele) die Last einer anderen auf sich nehmen wird und daß es für den Menschen nichts

---

[32] *Ders.*, Iranische Geisteswelt, a. a. O., S. 147–149.

[33] Hier und im Folgenden zitiert nach: www.searchtruth.com.

anderes geben wird als das, worum er sich (selbst) bemüht, daß sein Bemühen gesehen werden wird, daß ihm hierauf nach vollem Maß vergolten wird.“ Ähnlich deutlich wird die Verantwortlichkeit des Menschen formuliert in Sure 5:8–10: „Gewiß, Allah ist kundig dessen, was ihr tut. Allah hat denen, die glauben und rechtschaffene Werke tun, versprochen, daß es für sie Vergebung und großartigen Lohn geben wird. Diejenigen aber, die ungläubig sind und Unsere Zeichen für Lüge erklären, das sind Insassen des Höllenbrandes.“ Hier wird nicht nur auf Gottes Urteil je nach Verhalten der Menschen abgehoben, sondern zugleich auf seine Allwissenheit. Auch die besonders häufigen Hinweise auf göttliche Strafen – im Themenregister Lan Tabur werden zu keinem Stichwort so viele Suren zitiert wie zu diesem Thema[34] – setzen nach üblichem Verständnis eine gewisse Verantwortung des Menschen für sein Handeln voraus.

Der Koran stellt aber nicht nur häufig die menschliche Eigenverantwortung heraus, er richtet sich zuweilen sogar ausdrücklich gegen die ihm offenbar als gefährlich erscheinende Zeit- versus Schicksal-Idee, so in Sure 45:21–24: „Oder meinen diejenigen, die böse Taten verüben, daß Wir sie denjenigen, die glauben und rechtschaffene Werke tun, gleichstellen sowohl in ihrem Leben als in ihrem Tod? Wie böse ist, was sie urteilen! Und Allah hat die Himmel und die Erde in Wahrheit erschaffen, und damit jeder Seele das vergolten wird, was sie erworben hat, und es wird ihnen kein Unrecht zugefügt. Was meinst du wohl zu jemandem, der sich als seinen Gott seine Neigung genommen hat, den Allah trotz (seines) Wissens hat in die Irre gehen lassen und dem Er das Gehör und das Herz versiegelt und auf dessen Augenlicht eine Hülle gelegt hat? Wer könnte ihn nach Allah rechtleiten? Bedenkt ihr denn nicht? Und sie sagen: ‚Es gibt nur unser diesseitiges Leben; wir sterben und leben, und nur die Zeit vernichtet uns.‘ Sie haben (aber) kein Wissen davon, sie stellen nur Mutmaßungen an.“

Damit wendet sich der Koran ausdrücklich gegen die in der altarabischen Literatur ebenso wie in der Sunna fortlebende iranisch-zervanistische Vorstellung von der Zeit als blindem Schicksal, das die Menschen am Ende in den Tod führt, ohne die Hoffnung auf ein Leben nach dem Tod, ohne eine Vorstellung von einem ebenso allmächtigen wie gütigen Gott. In der in der Sunna zusammengestellten Tradition, der zweiten Säule des Islam, lassen sich nicht allein Aussagen belegen, die den Glauben an ein blindes Schicksal thematisieren, sondern sogar Umdeutungen von nicht-fatalistischen Aussagen in Koran-Suren im Sinne des fatalistischen Schicksalsglaubens. Hadithe, welche die auf die Verantwortung der Menschen zielenden Aussagen im Koran teilen, sind relativ selten.[35]

---

[34] *Lan Tabur*, Themenregister des Al-Qur'ān al-Karīm, aus dem Arabischen übersetzt und katalogisiert von Abu-r-Rida', Köln 1993, S. 958–981.

[35] *W. Montgomery Watt*, Free Will, a. a. O., S. 24–29.

Das deutliche Übergewicht der Texte mit fatalistisch-deterministischer Orientierung macht verständlich, weshalb die Lehre von der Vorherbestimmung sich im Islam eher durchsetzen konnte als die von der menschlichen Verantwortung.

III. Der Streit der Interpreten

Angesichts einer gewissen Uneindeutigkeit des Koran in solch wesentlichen ethischen Fragen, vor allem aber angesichts der tendenziell unterschiedlichen Gewichtungen göttlicher und menschlicher Verantwortung in Koran und Sunna kann es kaum verwundern, dass es schon recht früh in der Geschichte des Islam zu Konflikten zwischen der Partei derer kam, die eine mehr oder weniger strikte Prädestinationslehre vertraten, und denen, die auf die Verantwortung des Menschen für sein Tun und auf seinen freien Willen pochten. Die Deterministen konnten sich im Wesentlichen bei den Sunniten durchsetzen. Sie waren auch bestimmend für die frühe Schia, die sich erst später für Vorstellungen von menschlicher Freiheit und Verantwortung öffnete.

Etwa ab der Mitte des 9. Jahrhunderts war am Kalifenhof in Bagdad eine radikale Prädestinationslehre offiziell sanktionierte Lehre. Sie besagte, dass Gott auch das Schlechte und die Sünde erschaffe. Die Aschariten, die dergleichen vertraten, modifizierten allerdings späterhin ihre Position, indem sie zwar daran festhielten, dass Gott das Unrecht schafft, aber doch auch bestritten, dass er die Menschen dazu zwinge, Unrecht zu tun. Eine völlige Unfreiheit des menschlichen Willens wurde weiterhin von den Dschabriten vertreten.[36]

Die unterlegene Partei, die der Mutaziliten, war nur für relativ kurze Zeit offiziell anerkannt, und zwar seit Ende 8./Anfang 9. Jahrhunderts unter den Abbasiden. Sie vertraten, anders als etwa die Aschariten, dass der Koran nicht ewig, sondern geschaffen und daher auch immer neu interpretationsbedürftig sei.[37] Gott sei zwar der beste Schöpfer, aber gerade das bedeute, dass es auch andere Schöpfer, nämlich die Menschen gebe. Sie seien nicht nur frei in ihren Entscheidungen, sondern auch zu eigener Schöpfungstätigkeit aufgerufen. Als Legitimation für ihre Position zitierten sie aus dem Koran u. a. Sure 5:110, wo es heißt, dass das Jesuskind mit göttlicher Erlaubnis Vögel geschaffen habe. Die waren dann sein, nicht Gottes Werk.

Die Mutaziliten billigten den Menschen sogar die Fähigkeit zu, aus eigener Kraft heraus, unabhängig von göttlicher Bestimmung, das Paradies erlangen zu

---

[36] *Chickh Bouamrane*, Le problème de la liberté humaine dans la pensée musulmane (Solution Mu'tazilite), Paris 1978, S. 10, S. 43–44, S. 48.

[37] *Josef van Ess*, Frühe mu'tazilitische Häresiographie. Zwei Werke des Nāši' al-Akbar (gest. 293 H.), Wiesbaden 1971, S. 128.

können. So viel Autonomie wollten die sich schließlich durchsetzenden Aschariten den Menschen nicht zugestehen. Sie betonten gegen den Rationalismus und die überhaupt von den Griechen sich herleitende Philosophie der Mutaziliten die Begrenztheit des menschlichen Verstanden, die Unerforschlichkeit der Ratschlüsse Gottes und die Abhängigkeit von seinen Entscheidungen in allen Dingen.[38]

Als Anhänger der Lehre vom freien Willen waren schon vor den Mutaziliten die Kharidjiten aufgetreten, die sogenannte erste islamische Sekte, sowie die ihnen zugerechneten, als gemäßigter geltenden Ibaditen.[39] Die Ibad oder Ibaditen stammten aus dem christlich-arabischen Teilkönigreich der Lakhmiden, al-Hira, in Mesopotamien. Sie sind dort schon 200 Jahre vor dem Auftreten des Islam belegt. Sogenannte arabische Stämme wie die Tamīm in Mesopotamien galten als vollständig christianisiert.[40] Diese christlichen Ibad sollen sich dann später mit der islamischen Sekte der Ibadiya verbunden haben, die sich aber erstaunlicherweise ebenso aus Angehörigen der christlichen Stämme der Azd und Tamim rekrutiert haben soll.[41] Auch die Ibad, die es in Nordafrika schon vor der arabischen Eroberung gegeben hat und die sich den Eroberern entgegenstellten, mussten (monophysitische) Christen gewesen sein. Noch spätere, den Ibaditen und anderen heterodoxen Richtungen ablehnend gegenüber stehende sunnitische Geschichtsschreiber berichten, die Berber seien so ungebildet gewesen, dass sie ihren Anführern geglaubte hätten, wenn diese ihnen versprachen, Jesus selbst werde in der Schlacht gegen die Araber an ihrer Seite kämpfen.[42]

Für die immer wieder geäußerte und ebenso oft bezweifelte Ansicht, die islamischen Anhänger eines freien Willens seien in erster Linie durch den Kontakt mit dem Christentum beeinflusst, gibt es also durchaus gute Argumente und

---

[38] *W. Montgomery Watt*, Free Will, a. a. O., S. 165–167. Der hier zitierte Bouamrane ist selbst ein Anhänger einer modernen Mu'tazila, die er als rein durch den Koran begründete islamische Lehre propagiert, weshalb er Einflüsse durch griechisch-christliches Denken rigoros ausschließt.

[39] *Chickh Bouamrane*, a. a. O., S. 17–19.

[40] *Gustav Rothstein*, Die Dynastie der Lahmiden in al-Hira, Berlin 1899, S. 20; ebenso gelehrt wie klar zwischen gesichertem Wissen und mehr oder weniger plausibler Spekulation unterscheidend: *Theresia Hainthaler*, Christliche Araber vor dem Islam, Leuven u. a. 2007.

[41] *Elizabeth Savage*, A Gateway to Hell, A Gateway to Paradise. The North African Response to the Arab Conquest, Princeton 1997, S. 96–97.

[42] Ebd, S. 99; *Ulrich Rebstock*, Die Ibāditen im Magrib (2./8. – 4./10. Jh.). Die Geschichte einer Berberbewegung im Gewand des Islam, Berlin 1983, blendet in seiner von J. van Ess betreuten Arbeit die Beziehungen zum Christentum konsequent aus. Vgl. zu diesem Themenkomplex jetzt ausführlicher: *Johannes Thomas*, Ibaditen – Kharidjiten – Mutaziliten. Kategorisierungsprobleme, Entstehungslegenden und synkretisch-gnostische Strömungen im Westen des arabischen Reiches, in: Markus Groß/Karl-Heinz Ohlig, Vom Koran zum Islam, Berlin 2009, S. 75 ff. (im Erscheinen).

das nicht nur auf al-Hira bezogen. Das Perserreich war Ende des 6./Anfang des 7. Jahrhunderts auf dem Weg zu einer vollständigen Christianisierung. Im Christentum selbst aber wurde seit den Anfängen christlichen Denkens, also seit Justin, Irenäus, Tertullian, Klemens, später selbst bei dem zunächst gnostisch beeinflussten Augustinus und dann zur Frühzeit des Islam bei Johannes Damascenus mit Nachdruck die Lehre vom freien Willen der Menschen verfochten.[43] In dem Johannes Damascenus (vielleicht zu Unrecht) zugeschriebenen Streitgespräch zwischen einem Sarazenen und einem Christen wird die „Häresie der Sarazenen" gerade mit dem Verweis auf den bei ihnen populären Determinismus, d. h. die Vorherbestimmung allen menschlichen Handelns durch Gott, selbst der Sünden des Sünders, verworfen.[44] Johannes (wenn er denn der Autor war) musste wissen, wovon er sprach. Er stammte aus Damaskus, wo sein Großvater Großwesir am Omaiyadenhof gewesen war. Und wenn er nicht selbst der Autor dieses Textes gewesen ist, so wird hier doch ein grundsätzlicher Gegensatz von Christentum und Islam benannt.

Die Überzeugung von der Notwendigkeit, den Menschen einen freien Willen zuzusprechen, weil sie sonst nicht für ihr Tun verantwortlich zu machen wären, wurde von den bedeutendsten Philosophen des arabischen Herrschaftsraums geteilt. Schon der erste große Philosoph, al-Kindi, der in Basra groß geworden war, also in der Region der frühen arabischen Christen von al-Hira, der vom Neuplatonismus Plotins geprägt war und „griechische Philosophie für Muslime" lehrte, teilte diese Auffassung.[45]

Avicenna und Averroes vertraten ebenfalls den Mutaziliten verwandte Positionen in dieser Frage. Weshalb Averroes behauptet hat, mutazilitische Werke seien nie nach Spanien gelangt, eine Aussage, die gerne für bare Münze genommen wird,[46] ist inhaltlich kaum nachvollziehbar. Zwar haben in Spanien die

[43] *Eric Francis Osborn*, Anfänge christlichen Denkens. Justin, Irenäus, Tertullian, Klemens, Düsseldorf 1987, S. 117 ff.; Bonifatius Kotter (Hrsg.), Die Schriften des Johannes von Damaskos, Bd. 2, Ekdosis akribäs täs orthodoxou pisteos (Patristische Texte und Studien, Bd. 12), Berlin u. a. 1973, S. 94–106.

[44] *Jean Damascène*, Écrits sur l'islam (présentation, commentaire et traduction par Raymond Le Coz), Paris 1992, S. 230.

[45] *W. Montgomery Watt*, Islamic Philosophy, a. a. O., S. 39.

[46] *Josef van Ess*, Theologie und Gesellschaft im 2. und 3. Jahrhundert Hidschra. Eine Geschichte des religiösen Denkens im frühen Islam, Bd. 4, Berlin 1997, S. 274: „Von dem, was die Mu'tazila eigentlich war, hatten die Araber in Spanien vermutlich nur eine vage Vorstellung; Ibn Rushd behauptet, dass kein mu'tazilitisches Buch je nach Spanien gelangt sei." Die ablehnende Haltung ist bei van Ess insofern nachvollziehbar, als ein direkter Kontakt mit den großen systematischen Denkern der Mu'tazila im Irak nicht nachzuweisen ist. Aber auch unabhängig von deren Gedankengebäuden konnte das auf unsere Fragestellung bezogene Gedankengut aus den in Basra und al-Hira lebendigen Traditionen nach Nordafrika und Spanien gekommen sein. Erinnert sei hier lediglich an die ibaditischen Berber. Das Gros der Eroberer Spaniens rekrutierte sich aus ihnen, nicht aus „Arabern".

besonders starr traditionalistischen malekitischen Richter das Szepter geschwungen und sind gegen mutazilitische, kharidjitsche und auch schiitische Ansichten streng vorgegangen, aber das bedeutet ja nur, dass es solche Ansichten in Al-Andalus tatsächlich gegeben hat, während es überhaupt nicht belegt, dass die spanische Gesellschaft in ihren Überzeugungen allein durch die malekitischen Richter geprägt worden sei.[47] Averroes benutzt denn auch, etwa bei seiner Argumentation gegen die Aschariten, ausgiebig die Einwände der Mutazila, und er bezieht sich auch ausdrücklich auf sie.[48]

Vor ihm, im 11. Jahrhundert, hatte Ibn Hazm, einer der bedeutendsten Theologen des Islam, das Verhältnis zwischen freiem Willen und Prädestination auch unter Berücksichtigung der mutazilitischen Positionen analysiert und das trotz seiner grundsätzlichen Kritik an der Mutazila. Dass sie ihm aber näher war als die Lehre etwa der Aschariten, hängt vielleicht mit seiner Herkunft von der ismailitischen Schia zusammen, auch wenn er der nicht treu geblieben ist. Ibn Hazm hatte bei seiner Beschäftigung mit dem Problem der Prädestination und des freien Willens im Übrigen sämtliche Differenzierungen diskutiert,[49] mit welchen die christliche Lehre sich spätestens seit der Scholastik beschäftigt hat. Durchgesetzt haben sich in Al-Andalus allerdings weder Ibn Hazm noch Averroes. Unter den Almohaden, die Averroes ebenso wie Moses Maimonides ins Exil zwangen, wurde, jedenfalls offiziell, eine rigorose Prädestinationslehre als Richtschnur islamischer Rechtgläubigkeit vorgegeben, für die sich der Mahdi der Almohaden, Ibn Tumārt, auf den bedeutenden islamischen Theologen Al-Ghazzali berief.[50] Danach hat Gott auch die Sünden des Sünders vorher bestimmt.[51]

IV. Nachfolger des Propheten

Auf Mohammed und die sogenannten rechtgeleiteten Kalifen gehe ich an dieser Stelle nicht näher ein. Es handelt sich dabei um Figuren einer nach bibli-

[47] *Isabel Fierro Bello*, La heterodoxía en Al-Andalus durante el período omeya, Madrid 1987, passim; *Miguel Cruz Hernández*, Islamic Thought in the Iberian Peninsula, in: Salma Khadra Jayyusi (Hrsg.), The Legacy of Muslim Spain, Leiden/New York/Köln 1992, S. 777–780.

[48] *Chickh Bouamrane*, a. a. O., S. 314–321.

[49] *Miguel Asín Palacios*, Abenházam de Córdoba y su História crítica de las ideas religiosas, Bd. III, Madrid 1927–1932, S. 253–287.

[50] *Marie-Thérèse d'Alverny/Georges Vajda*, Marc de Tolède, traducteur d'Ibn Tumart, in: Al-Andalus, 16, 1, 2005, S. 269.

[51] La profession de foi et les guides spirituels du mahdi Ibn Toumart, in: Henri Massé (Hrsg., Übersetzer), Mémorial Henri Basset. Nouvelles études nord-africaines et orientales, Paris 1928, S. 113.

schem Vorbild gestalteten Geschichtsschreibung,[52] für deren Existenz keine unabhängige zeitgenössische Quelle zu finden ist, also weder Münzen noch sonstige Inschriften. Der erste „Kalif", der sich allerdings selbst nie so tituliert hat, uns aber in Inschriften und Münzen begegnet, ist Mu'awiya.[53] Er soll laut islamischer Traditionserzählung der Sohn eines Abī Sufīān gewesen sein, der als ärgster Gegner Mohammeds in Mekka gegolten hat, was einleuchtet, weil doch die Sufiān Anhänger des „Logos" waren, im Gegensatz zu ihren Gegnern, die meinten, für den „Nomos" zu stehen. Mu'awiya, dessen arabischer Name nur durch die Traditionserzählung überliefert wird, während er in Inschriften stets syro-aramäisch Maavia geschrieben wird, setzt sich gegen den natürlichen Nachfolger im Kalifat, Ali, durch. Der wird ein Opfer der Schriftgelehrten. Damit nicht genug, lässt Maavia laut islamischer Traditionserzählung, genau wie bei den Byzantinern, noch zu seinen Lebzeiten seinem Sohn als seinem Nachfolger huldigen.

Der Name Maavia bedeutet „Greiner". Das Vergießen von Tränen als Ausdruck der Zerknirschung ist von den Vätern der frühen Kirche bekannt. Die Trauer um den Tod des Herrn, die Schlechtigkeit der Welt und eigenes Fehlverhalten ließ sie die Nächte weinend verbringen.

Maavia nahm seine Residenz nicht auf der arabischen Halbinsel, sondern in Damaskus, einem der damals wichtigsten Pilgerzentren, denn dort wurde das Haupt von Johannes dem Täufer verehrt. Zum König wählen lässt er sich in Jerusalem. Dazu schreibt Julius Wellhausen:

> „Die Huldigung Muavias in Jerusalem A. 40 wird bezeugt durch den Syrer Nöldekes. Er stellt zwei unabhängige Nachrichten über das selbe Ereignis hinter einander. ‚Im Jahre 971 Sel. versammelten sich sehr viele Araber in Jerusalem und machten den Muavia zum König; dieser ging hinauf nach Golgatha, setzte sich dort nieder und betete, weiter nach Gethsemane, und dann hinab zum Grab der seligen Maria, wo er wieder betete… Im Monat Juli 971 sammelten sich die Emire und viele Araber und huldigten dem Muavia. Es ging das Gebot aus, dass er an allen Orten seines Gebietes als König ausgerufen würde. Er trug übrigens kein Diadem, wie sonst die Könige der Welt. Seinen Thron aber schlug er in Damaskus auf und wollte nicht nach der Residenz Muhammads (Medina) ziehen."[54]

---

[52] *Hans Jansen*, Mohammed, a. a. O.; *Volker Popp*, Biblische Strukturen der islamischen Geschichtsdarstellung, in: Markus Groß/Karl-Heinz Ohlig (Hrsg.), Schlaglichter, a. a. O., S. 35–92.

[53] Zu Mu'awiya/Maavia siehe *Volker Popp*, Die frühe Islamgeschichte nach inschriftlichen und numismatischen Zeugnissen, in: Karl-Heinz Ohlig/Rüdiger-G. Puin (Hrsg.), Die dunklen Anfänge, a. a. O., S. 16–123; *ders.*, Von Ugarit nach Sâmarrâ. Eine archäologische Reise auf den Spuren Ernst Herzfelds, in: Karl-Heinz Ohlig (Hrsg.), Der frühe Islam, a. a. O., S. 13–222; *ders.*, Zur Geschichte des frühen Islams. Weder „Im vollen Licht der Geschichte" noch „Dunkle Anfänge"?, in: Religionen unterwegs, 15 Jg./1, Februar 2009, S. 19–24.

[54] *Julius Wellhausen*, Das Arabische Reich und sein Sturz, Berlin 1902, S. 64–65.

Der hier angeführte syrische Autor war natürlich kein Zeitgenosse Maavias, und sein Bericht ist alles andere als historisch zuverlässig, aber er wirft doch immerhin ein bezeichnendes Licht darauf, wie Maavia später noch in Syrien gesehen worden ist.

Münzbilder auf Prägungen unter Maavia zeigen die Taufe Jesu und die Ausschüttung des Heiligen Geistes oder auch einen Mann mit Langkreuz, über dessen Haupt eine Taube schwebt. Zugeordnet ist ihm auch ein Lamm, damals ein Symbol für Johannes den Täufer, das in der traditionellen Numismatik als „rätselhaftes Quadruped" bezeichnet wird. Auffällig ist auch die Nennung einer Münzstätte „Cion", des Orts der Burg Davids und des Abendmahlsaales oder auch die häufige Abbildung von Palmwedeln.[55]

Datierte Münzen mit seinem Namen gibt es nur aus der Münzstätte Dārābğird, einem Ort im Kernland iranischer Dynastien. Der Name ist hier ebenso wie der Titel „Amīr-i wlwyshnyk'n" gemäß ostraramäischer (mandäischer) Schreibweise wiedergegeben. Auf einer Inschrift in der Nähe von al-Tā'if auf der arabischen Halbinsel steht er in arabischer Übersetzung: „Amīr al-mu'minīn". Dieser Titel wird entsprechend der späteren islamischen Literatur als „Fürst der Gläubigen" oder „Commander of the Faithful" übersetzt. Er meint wohl eher „Sprecher für die Gläubigen", ursprünglich „Sprecher für die Schutzgewährer", denn der Titel ist etymologisch kein islamischer Begriff, sondern hängt mit vorislamischen Regeln der Gastfreundschaft zusammen.

Die an den Bädern von Gadara angebrachte Inschrift schreibt den Namen „Maavia" ebenso wie den gesamten Text der Inschrift in griechischer Sprache. Sie gibt die Datierung an nach der kaiserlichen byzantinischen Indiktion, nach der lokalen Zeitrechnung und „nach den Arabern" an (κατ αραβα(σ)). Die Zeitrechnung nach den Arabern führt zu einer Datierung auf das Jahr 42. Es ist, wie der Vergleich mit den übrigen Datierungen ergibt, nach Sonnenjahren gerechnet, nicht nach islamischen Mondjahren. Auch ist von einer Hidschra eines Propheten offenbar noch nichts bekannt. Das Jahr 42 verweist auf den Anfang der Zeitrechnung für die Araber, also auf das Jahr 622. Zu dieser Zeit führte der byzantinische Kaisers Herakleios erstmals einen siegreichen Krieg gegen den persischen Herrscher Khosrau II. Herakleios zog sich nach seinem Sieg aus dem Osten des Reiches zurück, während die persische Herrschaft völlig zerbrach. Nun traten die teils mit Herakleios, teils mit Khosrau verbündeten christlichen Araber ihre Selbstherrschaft an. Deshalb lag es für die späteren islamischen Geschichtsschreiber nahe, dieses Jahr als Beginn der islamischen Zeitrechnung festzuhalten, es aber mit einem wichtigen Ereignis in der Biographie des Propheten zu verbinden, der Hidschra von Mekka nach Medina.

[55] *Volker Popp*, Biblische Strukturen, a. a. O., S. 55–64.

Bei der Angabe des Namens von Maavia fehlt regelmäßig der Vatername. Das entspricht gängiger Praxis. Der Vatername fehlt bei der Angabe des Herrschertitels (Amir al-mumini) regelmäßig. Maavia-Inschriften ohne Herrschertitel sind aber nicht bekannt. Daher ist die Abstammung Maavias nicht zu klären. Die spätere islamische Geschichtserzählung, die ihn von einem Gegner Mohammeds in Mekka abstammen lässt, kann also nicht durch unabhängige Zeugnisse bestätigt werden. Das muss sie aber auch nicht, folgt sie doch, wie Volker Popp, Hans Jansen u. a. gezeigt haben, biblischen Erzählmustern.

Die vielen Kreuze auf Münzen, die zur Zeit Maavias in Damaskus geprägt worden sind, erklärt die islamwissenschaftliche Numismatik – wenn nicht gar als Zeichen islamischer Freundschaftsbekundung gegenüber der mehrheitlich christlichen Bevölkerung – damit, dass eben diese Bevölkerung von den Byzantinern Münzen mit Kreuzen gewohnt gewesen sei und andere Münzen deshalb nicht angenommen habe.[56] Damit ist freilich noch nicht erläutert, weshalb nicht einfach nur byzantinische Muster weiter verwendet wurden, sondern die hier erwähnten Münzbilder direkt auf den Johannes-Kult in Damaskus verweisen. Auch ist damit nicht erklärt, weshalb der biblische Name „CION" und die bei den Byzantinern ebenfalls nicht gebräuchlichen Palmwedel auftauchen. Nachvollziehbare Erklärungen dazu hat erst Volker Popp geliefert.

V. Zum Messianismus Abd al-Maliks[57]

Abd al-Malik, der wohl bedeutendste unter den Omaiyaden-Kalifen von Damaskus, stammt ebenfalls nicht von der arabischen Halbinsel, wie die Islamwissenschaft und die islamische Traditionserzählung bis heute behaupten, sondern aus Marw, einem alten persischen und damals christlichen Kulturzentrum im heutigen Südostturkmenistan. Hier hatte der Metropolit der nestorianischen Christen von Marw den letzten sassanidischen Großkönig Irans, Yazdegard, zu Grabe tragen lassen. Es gab eben keinen Konflikt zwischen den nestorianischen Christen und der sassanidischen Herrschaft. Und da auch die übrigen Christen im ehemals byzantinischen Orient immer wieder Unterdrückung und Zwangsmaßnahmen durch Byzanz hatte erdulden müssen, bildeten sie unter Führung der arabischen Christen eine gemeinsame Front gegenüber der griechisch-römischen Christenheit.

In Marw wurden noch im Jahr 63 nach den Arabern, also lange nach der angeblich islamischen Eroberung dieser Stadt und Region, Silbermünzen mit

[56] *Stefan Heidemann*, a. a. O., S. 11, folgt für diese Erklärung *Andrew W. Palmer*, The Seventh Century in the West-Syrian Chronicles, Liverpool 1993, S. 32.

[57] *Volker Popp*, Von Ugarit, a. a. O., S. 69–117, S. 147–156, S. 166; *ders.*, Die frühe Islamgeschichte, a. a. O., S. 60–95.

Kreuzen geprägt. Die islamwissenschaftliche Numismatik hat damit Probleme. So liefert Gaube für ein solches Kreuz auf einer Münze die geradezu peinliche Erklärung, dass eigentlich ein „Schultermond" (?) dargestellt werden sollte, aber durch einen „Ausrutscher" ein Kreuz daraus geworden sei.[58] Im Jahr 79 n. d. A./696 n. Chr. wird in Marw die früheste Münze mit dem Namen Abd al-Maliks geprägt. Er trägt zu dieser Zeit noch nicht den Titel „Amir al-muminin". Deshalb wird sein Herkunftsname aufgeführt: ABD'LMLIK-i-MRWānān. Er ist einer von denen aus Marw. Seine Verwurzelung in dieser Region wird dadurch zusätzlich plausibel gemacht, dass noch 758 n. Chr., also Jahre nach der angeblichen Ausrottung aller Omaiyaden durch die Abbasiden, Anhänger seiner Familie in Garschistān im Tal des Murghab Münzen prägen. Die islamwissenschaftliche Numismatik macht aus dem „MRWānān" gemäß arabischer Tradition einen „bn Marwan", den Sohn eines Marwan aus Mekka.

Abd al-Malik war seiner Herkunft nach ein iranisch inkulturierter arabisch-syrischer Christ. Er sah sich zunächst ganz in der Tradition der Sassaniden und prägte entsprechende Münzen in Persien. Bei seinem Zug gen Westen nach Damaskus und dann nach Jerusalem brachte er jene Christologie von Antiochien wieder mit, die sich auch in den koranischen Materialien findet. Diese Christologie war zunächst bestimmt gewesen von einem Verständnis von Jesus als „abd allah", als Knecht Gottes. Mit der „muhammad"-Propaganda begründete Abd al-Malik dann aber ein neues christologisches Verständnis, das fortan als seine staatsreligiöse Legitimationsbasis fungierte.

Die Münzinschrift „Muhammad", „MHMT" in syro-aramäischer Schreibweise, erscheint zum ersten Mal im Jahr 659 n. Chr. im Ostiran. Im Zusammenhang mit Kreuzesdarstellungen oder mit dem christlichen Symbol des Fischs kann man „MHMT" kaum als Namen eines Propheten aus Mekka lesen. Gemeint ist vielmehr der „Gepriesene", nämlich Jesus.

Jerusalem und hier insbesondere der Tempelberg wird Abd al-Maliks neues religiöses Zentrum. Dass er die Straße von Damaskus dorthin ausgebaut hat, ist durch eine Inschrift belegt. In Jerusalem errichtet er den Tempel Salomos wieder, den Felsendom, das erste „islamische" Gebetshaus. Dabei lehnt er sich an die sassanidische Architektur der Feuertempel an mit seinen vier Pfeilern, 12 Säulen, auf Dreiergruppen zwischen die vier Pfeiler verteilt. Ansonsten folgt der Felsendom dem Modell von Kirchen, wie man sie heute etwa noch in Armenien findet. Die Außenmauern wiederholen architektonische Charakteristika der Jerusalemer Grabeskirche. Man hat im übrigen Einlagesiegel auf Bleiplomben verrotteter Postsendungen aus der Zeit Abd al-Maliks gefunden, die „Filastin", also Palästina, als gelobtes Land zeigen. Zudem sieht man die Abbildung eines Pardels (Leopards?) neben einem Tier in Demutshaltung

[58] *Heinz Gaube*, Arabosasanidische Numismatik, Braunschweig 1973, S. 12.

(Böcklein?), eine Vorstellung vom neuen Sion, die man aus Jesaia 11,6 kennt, dazu die Weintrauben der Kundschafter des Gelobten Lands. Auf dem Avers steht ein großes Alpha. Von Jesaja (4,5) her kann auch die Anlehnung der inneren Gestaltung des Felsendoms an die Feuertempel verstanden werden: „Und der Herr wird schaffen über alle Wohnungen des Berges Zion, und wo man versammelt ist, Wolke und Rauch des Tages, und Feuerglanz, der da brennt des Nachts. Denn es wird ein Schirm sein über alles, was herrlich ist.“

Aus der apokalyptischen Literatur heraus muss auch Jerusalem als Abd al-Maliks Pilgerziel verstanden werden. Laut jüdischer Schriftdeutung war der Felsen, über dem er seinen Dom errichtete, der Ort, an dem Gott Adam erschaffen hatte, also das Paradies, und schließlich der Ort, an dem er beim Weltengericht wieder erscheinen werde. Ein solches Konzept findet sich ähnlich, in christologischer Version, auch bei dem frühesten syrischen Kirchenlehrer Aphrahat. Es wird später im Islam übernommen.

Laut syrischer Danielapokalypse tritt Jesus als Weltenrichter in Jerusalem auf. Abd al-Maliks Jesus-Muhammad-Propaganda war demnach an die Erwartung der Wiederkehr Jesu beim Weltgericht geknüpft.

Angesichts der Erwartung einer unmittelbar bevorstehenden Apokalypse – auch Mohammed wird zugeschrieben, er habe seinen Getreuen gesagt, sie würden das Weltenende noch bei Lebzeiten erleben[59] – war es natürlich umso dringlicher, die Christen zu einigen. Das sollte im Namen Jesu geschehen. Diesem Drängen verleiht die Inschrift im Felsendom beredten Ausdruck.[60]

Die Inschrift, die Abd-al-Malik außen und innen am Oktogon des Felsendoms anbringen ließ, beinhaltet ein gegen die byzantinische Lehre von der Gottessohnschaft Jesu und die beim Konzil von Nizäa 325 n. Chr. festgeschriebene Trinitätslehre („Sagt nicht ‚drei‘“) gerichtetes christologisches Bekenntnis, genauer, einen Aufruf an das Volk der Schrift, die Einheit im Glauben, die Übereinstimmung mit der Schrift – den „islam“, der hier zum ersten Mal als Begriff belegt ist – in der hier propagierten Christus-Vorstellung zu suchen. Das gemeinte Volk der Schrift sind also eindeutig die Christen, die von ihrem christologischen Dauerstreit ablassen sollten. Die entscheidenden christologischen Aussagen befinden sich im Übrigen im Innern des Felsendoms, sie richten sich also an dessen christliche Besucher.

Mit dem in der Inschrift einleitend genannten „muhammad“ als Knecht Gottes und sein Gesandter ist zweifellos Jesus gemeint. Denn auch im nachfolgen-

---

[59] *Jan M. F. van Reeth*, Mohammad: le premier qui relèvera la tête, in: Proceedings of the 20th Congress of the Union Européenne des Arabisants et Islamisants (The Arabist Budapest Studies in Arabic 24–25), I, Budapest 2002, S. 83–96.

[60] *Christoph Luxenberg*, Neudeutung der arabischen Inschrift im Felsendom zu Jerusalem, in: Ohlig/Puin, Anfänge, S. 124–147.

den Text ist allein von Jesus, Sohn der Maria, als Knecht Gottes und als sein Gesandter die Rede. Von diesem unmittelbaren Kontext her wäre die Erwähnung eines Predigers aus Mekka vollkommen unmotiviert. Sonst wäre von verschiedenen Personen als Gesandten Gottes die Rede, und zwar ohne Klärung dieser Verschiedenheit.

Im Text des Felsendoms wird Jesu Christi Anteil an der Göttlichkeit hervorgehoben. Er ist ja Gottes Wort und sein Geist, die er in Maria hinein gegeben hat. So steht es auch im Koran. Trotz des Aufrufs, die Trinitätslehre zu verwerfen, sind wir also nicht sehr weit entfernt von einer triadischen Gottesvorstellung, wenn sie nicht die von Nizäa sein muss; eher greift sie den triadischen Monarchianismus auf (Wort und Geist als „Kräfte" des einen Gottes).

Im Übrigen enthält die Inschrift auch Aussagen, die im Koran nicht vorkommen, z. B. „Möge Gott sich ihm zuneigen", oder „Möge er (Gott) seine Fürsprache für seine Gemeinde annehmen". Das lässt vermuten, dass Abd al-Malik über koranische Materialen verfügte, die nicht vollkommen übereingestimmt haben mit dem, was später offiziell als der Koran anerkannt wurde, von dem es heißt, er sei ewig. Für eine spätere Abfassung des Korans in seiner heute bekannten Form spricht auch die Tatsache, dass das christologische Manifest des Felsendoms darin nicht als geschlossene Aussage vorkommt, sondern nur in Bruchstücken und über mehrere Suren verteilt. Wie schon Jeremy Jones festgestellt hat, ist die Fürsprache Jesus beim Jüngsten Gericht überhaupt kein koranisches Thema. Mohammed tritt in der islamischen Literatur erst etwa 150 Jahre später als Fürsprecher für die Gemeinde auf.[61] Zur Zeit Abd al-Maliks war er in dieser Funktion noch nicht geläufig. Diese Funktion war, so etwa nach dem ersten Brief des Evangelisten Johannes (2,1), Jesus vorbehalten.

Zusammenfassend können wir sagen: Abd al-Malik wollte eine neue Einheit der Christen begründen, eine Aufgabe, an der sich schon der Kaiser von Byzanz, Herakleios, versucht hatte, aber gescheitert war. Als nun dessen Familie endgültig ausgelöscht wurde und Emporkömmlinge auf den Thron kamen, konnte Abd al-Malik und seine Dynastie sich als Rächer des Herakleios und als dessen legitimer Nachfolger präsentieren. Die sogenannten arabischen Eroberungen von Ländern im Westen, die zuvor zu Byzanz gehörten, stellen sich von daher als eine gut begründete Rechtsnachfolge dar. Und da die Christenheit in diesen Landschaften ebenso wie die christlichen Araber weitestgehend nicht mit Nizäa konforme Positionen vertraten, konnten sie auch aus religiösen Gründen als natürliche Bündnispartner der Omaiyaden gelten.

In der späteren Literatur wird Abd al-Malik regelmäßig vorgeworfen, Jerusalem statt Mekka als Pilgerziel gefördert zu haben. Mekka spielte zu seiner

---

[61] *Jeremy Jones*, Archaeology and the History of Early Islam, in: JESHO 46,4 (2003), S. 429.

Zeit in der Tat noch keine Rolle. Abgesehen von einer Prägung mit der Angabe von Mekka als Münzstätte im frühen 9. Jahrhundert durch al-Mamun (203 nach den Arabern) tauchen erst ab 253 nach den Arabern regelmäßig Silbermünzen aus Mekka auf. Erst ab diesem Zeitpunkt war Mekka offenbar als religiöses Zentrum anerkannt.

VI. Abbasiden und Mutaziliten

Unter den ab 750 herrschenden Abbasiden vollzog sich ein Iranisierungsprozess, der schon daran abzulesen war, dass die abbasidischen Kalifen mit dem Henker und dem Schafott Insignien der früheren Sassanidenherrscher übernahmen. Nicht zufällig sprachen im Heer des Abu Muslim, der die Rebellen erfolgreich gegen die Omaiyaden geführt hatte, sogar die Araber Persisch.[62] Die Verwendung des Arabischen war ausdrücklich verboten. Der persische Einfluss zeigte sich nicht allein in der Armee, sondern auch in der staatlichen Verwaltung ebenso wie in der Kultur. Unter den frühen Abbasiden-Kalifen kam es unter persischem Einfluss zu Erneuerungen auf allen Gebieten. Dank der persischen Autoren, Philosophen, Theologen, Grammatiker, Mathematiker, Musiker, Astronomen, Geographen und Ärzte entwickelt sich das, was in der Geschichte des Islam als Goldenes Zeitalter gewürdigt wird.[63] Allerdings wurden den Persern auch andere, in der islamischen Tradition naturgemäß negativ gewertete Eigenschaften und Verhaltensweisen zugeschrieben, so ihre Neigung zum „dolce vita" und eine etwas laxe Moral, wie sie sich in den „Märchen von Tausendundeiner Nacht" widerspiegeln.[64]

Im Verlauf der Abbasidenherrschaft gewann der zervanistische Determinismus philosophisch-theologisch die Oberhand gegenüber der Vorstellung vom freien Willen des Menschen. Das geschah aber erst unter der Herrschaft von al-Mutawakkil (847–861). Er war vollkommen abhängig von seiner türkischen Leibgarde, den Mamelucken, die ihn schließlich auch umgebracht haben sollen. Zuvor war für eine kurze Zeit die Mutazila zu Ehren gekommen, vor allem unter al-Mamun, der sie als alleinige Lehre durchzusetzen versucht hatte, eine Maßnahme, die bei diesem Abbasiden-Kalifen in der Tat nahelag, denn er hatte

[62] *Julius Wellhausen*, Das arabische Reich und sein Sturz, Berlin 1902, S. 397–398.

[63] *E. G. Browne*, A Literary History of Persia, 4 Bde., London 1902–1924, Bd. I, S. 204; Ibn Khaldūn, Al-Muqadima, tr. Franz Rosenthal, 3 Bde., Princeton 1958, Bd. III, S. 311–313; *Bernard Lewis*, „Abbasids", in: EI^2, I, 15–23; *Ersan Yarshater*, The Persian Presence, a. a. O., S. 6–13.

[64] *C. E. Bosworth*, The Persian Impact on Arabian Literature, in: A. F. L. Beeston u. a. (Hrsg.), Cambridge History of Arabic Literature. Arabic Literature to the End of the Umayyad Period, Cambridge 1983, S. 493; weitere Literatur hierzu: *Ahmad Amīn*, Duha 'l-Islām, 3 Bde., Bd. I., Kairo 1933, S. 111–112; S. 182.

es sich zur vornehmsten Aufgabe gemacht, die Wissenschaften und die Philosophie zu fördern, und die Mutaziliten waren Gelehrte, denen die griechische Philosophie nicht fern lag. Al-Mamun hatte in Bagdad sogar ein „Haus der Weisheit" errichtete, wo insbesondere syrische Christen ihre rege Übersetzertätigkeit aus dem Griechischen ins Syrische bzw. Arabische fortführten. Dieses „Goldene Zeitalter" und damit auch die Dominanz der Mutazila neigte sich jedoch dem Ende zu, als die Türken die faktische Macht übernahmen und al-Mutawakkil als ihr abbasidischer Strohmann statt Zentren der Gelehrsamkeit islamische Rechtsschulen förderte.

Früher schon waren die Mutaziliten nicht gerne gesehene Zeitgenossen, jedenfalls der islamischen Traditionsliteratur zufolge, die aus späterer, sunnitischer Position heraus erzählt. So sollen sie unter den Omaiyaden seit Maavia rücksichtslos verfolgt worden sein.[65] Von einem der großen Theoretiker der Qadariten, die die Lehre vom freien Willen vertraten, Ghaylan von Damaskus, heißt es, er sei wegen seiner Lehre vom freien Willen vom Omaiyaden-Herrscher Ibn Hisham auf grausamste Weise hingerichtet worden. Ein anderer berühmter Vertreter der Lehre vom freien Willen war Hasan al-Basri, der in Basra, also im Bereich der arabischen Christen von al-Hira lehrte. Bei ihm hörte auch Wasil ibn ʿAta, der in der Traditionsliteratur und bei späteren Anhängern der Mutazila als Begründer der mutazilitischen Schule gilt. Bei einer Diskussion über die Beurteilung der Sünder und den Umgang mit ihnen innerhalb der Glaubensgemeinschaft soll er sich gegen die Ansicht der Kharidjiten gewandt haben, für die jeder Sünder ein Gottloser war, der folglich aus der Gemeinschaft heraus fallen musste und als Glaubensfeind mit allen Mitteln zu bekämpfen war. Zugleich habe er aber auch die Position al-Basris abgelehnt, wonach der Sünder als verdammenswerter Heuchler anzusehen sei. Vielmehr könne der Sünder Mitglied der Glaubensgemeinschaft bleiben, wenn er seine Fehler bereue, denn dann könne er die Vergebung Gottes erlangen. Al-Basri soll dann gesagt haben, Wasil habe sich von seinen Mitschülern getrennt und abgesondert („iʿtazala"). In diesem Sinne heißt es also in der traditionellen islamischen Erzählung, die Mutaziliten seien diejenigen, die „sich getrennt" haben. Diese Erzählung wird auch von Anhängern der Mutazila gerne vorgetragen, weil man mit der Einführung von Wasil ibn ʿAta die Anfänge der Mutazila in eine frühere Zeit zurückverlegen und ihr damit eine größere Würde und Glaubwürdigkeit zu attestieren meint. Besser belegt als Begründer der Mu'tazila ist der etwa 50 Jahr später lebende Abuʿl-Hudhail.[66]

[65] Siehe hierzu und zum Folgenden: *Chickh Boamrane*, a. a. O., S. 22–29, der allerdings der traditionellen Überlieferungsgeschichte in blindem Vertrauen und völlig skepsisfrei folgt.

[66] *W. Montgomery Watt*, Free Will, a. a. O., S. 61.

Übersehen wird von den Autoren der Jahrhunderte später geschriebenen Islamgeschichte, dass der Terminus ‚Mutazila' den der Pharisäer aus der Bibel aufgreift, denn auch deren Name leitet sich von der Idee des Abgetrenntseins her. Zugleich sind sie die Schriftgelehrten.[67]

In der abbasidisch-sunnitischen Propaganda gegen Maavia und die Omaiyaden werden sie benutzt, um die Vorgängerdynastie zu diskreditieren. Die Omaiyaden hätten, so diese Erzählung, die Usurpation ihrer Herrschaft, die weder durch Koran noch durch Hadithe legitimiert gewesen sei, durch Berufung auf das von Gott verfügte Schicksal zu kaschieren und zu rechtfertigen versucht. Wer also den blinden Schicksalsglauben nicht teilte, stellte ihre Herrschaft als illegitim in Frage. Die Mutaziliten mochten als Verbündete der Abbasiden bis hin zu al-Mamun, der zwecks Durchsetzung ihrer Lehren sogar eine Art Inquisition einführte, in der Tat bereit gewesen sein, gegen die Omaiyaden aufzutreten. Aber das ist alles nicht aus zeitnahen Quellen heraus begründbar. Das aufgezeigte Unverständnis für den Namen der Mutazila selbst legt nahe, dass alle späteren Quellen, und nur solche liegen vor, nicht mehr richtig verstanden haben, was zur Zeit der Omaiyaden und der frühen Abbasiden die Mutazila wirklich gewesen ist.

Der Streit zwischen Anhängern des freien Willens und denen der Prädestination war mit der Durchsetzung der sunnitischen Rechtsschulen nicht endgültig beendet. Noch im 13. Jahrhundert schreibt Bar Hebraeus, Hofarzt des Mongolen-Khans und Katholikos des syrisch-orthodoxen Patriarchats von Antiochia, dass es neben den Vertretern der Lehre von der göttlichen Vorherbestimmung allen menschlichen Tuns auch noch Muslime gebe, die, „ebenso wie die Christen", am freien Willen festhielten.[68]

---

[67] Shlomo Pines: „The following remark may also be made with regard to the Persian Diatesseron. The fact that mu'tazila, which in ordinary usage may be understood to mean a theologian belonging to a particular school of Kalām, is used both in the Arabic Diatesseron and in the Persian one to denote the pharisees, cannot be a coincidence due to the fact that is has occurred in the Arabic translator, and, quite independently, to the Persian one, that etymologically the meaning of parush and that of mu'tazil are similar."; "In the Arabic Yossipon the rendering of perushim by Mu'tazila is obviously meant to call to mind the mutakallimūn who were so named. But mu'tazila originally signified: those who withdraw and separate themselves; and this, according to an opinion adopted by many scholars, was also the original meaning of the appellation perushim. The explanation is suggested by several Talmudic phrases and explicitly set forth in the patristic writings." In: Collected Works of Shlomo Pines, Bd. II, Jerusalem/Leiden 1997, S. 258, S. 203, S. 213; ebd., n. 20: "See E. Schürer, The History of the Jewish People in the Age of Jesus Christ, Edinburgh 1979, 397, n. 54."

[68] *E. Walllis Budge*, The Chronography of Gregory Abu-l'-Faraj 1225–1286. The Son of Aaron, the Hebrew physician commonly known as Bar Hebraeus, London 1932, S. 92.

Zusammenfassung

Abgesehen von der Haltlosigkeit der schrill antiwestlichen Orientpropaganda und Kolonialkritik von E. Said gilt für alle Kolonialdiskurse, wie H. Bhabha deutlich gemacht hat, dass sie durch die von ihnen überlagerten lokalen Diskurse hybridisiert werden. Im Unterschied zu Bhabha, der beim Thema ‚Kolonialismus' an die britische Herrschaft denkt, wird hier der Diskurs der Kolonialmacht „Islam" betrachtet. Dessen Hybridisierung ist schon in seinen Entstehungsbedingungen, dem christlich-jüdisch-hellenistisch-iranischen Kontext, angelegt. Die Beschäftigung mit diesem Kontext dürfe, so herausragende Vertreter der Islamwissenschaft, trotz der Geschichtsklitterung durch die traditionelle islamische Erzählung nicht zu deren Dekonstruktion führen. Entgegen diesem Verbot wird hier vor allem der christliche Kontext (neben dem iranischen und jüdischen) in seiner Bedeutung für die islamische Diskussion um den freien Willen und damit die Verantwortlichkeit der Menschen für ihr Tun herausgestellt, denn die ersten inschriftlich belegten „Kalifen" waren Christen bzw. sie standen bestimmten christlichen Richtungen nahe.

Summary

Apart from the inconsistency of the Oriental propaganda against the Occident and the colonial criticism by E. Said, there is, according to H. Bhabha, one element which all colonial discourses have in common: they are being hybridized by those colonial discourses they have overlaid. In contrast to Bhabha, who is thinking of the British Empire when he is talking about "colonialism", the discourse which is here in the center of attention is considering "Islam" as a colonial power. The hybridization of this last discourse already emerged from its origins which can be found in its Christian-Jewish-Hellenistic-Iranian context. According to leading scholars in Islamic studies, the occupation with this context is, despite of the pseudo-historiography of traditional Islamic narratives, not allowed to lead to its deconstruction. Counteracting this prohibition, this article focuses – besides the Iranian and the Jewish context – especially on the Christian background and its importance for the Islamic discussion of free will and consequently its meaning for the responsibility of humans for their actions. The reason is simply that the first Caliphs documented by inscriptions either were Christians or can be related to specific Christian tendencies.

Responsibilities of The Catholic University in The Modern World

By John P. Hittinger

"The modern world shows itself at once powerful and weak, capable of the noblest deeds and the foulest; before it lies the path to freedom or slavery, to progress or retreat, to brotherhood or hatred. Moreover, man is becoming aware that it is his responsibility to guide aright the forces which he has unleashed and which can enslave him or minister to him. That is why he is asking questions."

Gaudium et spes, *n. 9*

"The mission which the Church, with great hope, entrusts to Catholic Universities holds a cultural and religious meaning of vital importance because it concerns the very future of humanity. The renewal requested of Catholic Universities will make them better able to respond to the task of bringing the message of Christ to man, society, to the various cultures."

Ex corde ecclesiae, *conclusion*

The question of the responsibility of the Catholic university is provoked from both secular and religious quarters. The promulgation of *Ex corde ecclesiae* in 1990 raised the issue of the responsibility for Catholic identity and mission. Largely disputed, and then ignored, the demand by *Ex corde* for accountability was but an easy yoke compared to the much more burdensome demands of regional accreditation and now federal demands for accountability. Tuition has increased well above inflation; students drop out and fail to graduate within six years, let alone four. Many students graduate from college yet cannot write, nor think critically; many are woefully ignorant of basic areas of knowledge, such as American heritage, historical frameworks, etc. Who is responsible for such a state of affairs? Faculty seek to avoid teaching or advising students because they are rewarded for research. The narrow specialization of graduate education results in a fragmentation and "Balkanization" of the academic community. Ideological trends and political agendas ravage the integrity of teaching and scholarship. Accreditation and now federal agencies demand assessment of student learning outcomes and quality improvement efforts. Transparency of financial priorities and spending, reporting of retention and graduation rates, and crime rates on campus are now followed by demands of federal agency to report student achievement of standardized tests. The federal demands, of the so-called Spellings commission, have been blocked and postponed. But the regional accreditation agencies are rigorous in their quest for accountability through assessment, strategic planning, and the like. Many faculty have attempted to resist the assessment movement; administrators have no choice but to comply and implement quality improvement procedures. But I suggest that the assessment movement can be turned to good account. The assessment plan returns us to a statement of identity and mission. In other words, regional accreditation turns us back to *Ex corde ecclesiae*. Prior to new schemes for marketing, recruiting, and retaining students, prior to performing tuition elasticity studies, prior to campaigns and open solicitations, an institution must define itself and embrace its mission.

It should therefore be welcome to the ears of a true educator to hear the tone and direction of *Ex corde ecclesiae* – to affirm the "gaudium de veritate" (n. 1), to build "an authentic human community" (n. 21), to achieve a "higher synthesis of knowledge" (n. 16), to "become an ever more effective instrument of cultural progress" (n. 32), and to form "leaders of tomorrow" (n. 23). The mission of the university is urgent for the well being and progress of the modern world (n. 7) and its presence is a sign of fecundity of the Christian mind (n. 2). Thus, John Paul II concludes his document by saying "The mission which the Church, with great hope, entrusts to Catholic Universities holds a cultural and religious meaning of vital importance because it concerns the very future of humanity. The renewal requested of Catholic Universities will make them better able to respond to the task of bringing the message of Christ to man, society, to the various cultures" (*Ex corde ecclesiae*, conclusion). Indeed, the mission of the Catholic university is a function of evangelization (n. 48). The university must fulfill its "indispensable mission in the new advent of grace that is opening up to the new Millennium" (n. 11). The Catholic university is ultimately responsible to God in cooperating with his grace.[1]

Pope John Paul II says that the prescriptions of *Ex corde* are based upon the teaching of Vatican II (n. 11). It is for this reason I would like to explore the theme of responsibility in *Gaudium et spes*. I think that this study of responsibility will not only aid our discussion of responsibility as an anthropological concept but also illuminate the tasks for Catholic universities today. An awareness of responsibility pervades the argument of *Gaudium et spes*. It surprised me to find how central to the intention of Vatican II is the adumbration of the manifold responsibilites of the Christian in the modern world. Education emerges out of this document as the deep responsibility of the Church for its

---

[1] See *Romano Guardini*, Power and Responsibility. A Course of Action for the New Age, Chicago 1961, pp. 15–16.

own mission and this responsibility for education is carried over to the documents on Christian education and Apostolate of the Laity. As it turns out, we could say that responsible Catholic education is actually education for responsibility. And I should quickly add, a propos our recent discussions, responsibility is more than a legal, or moral category; building on its legal and moral meanings, the term is used in *Gaudium et spes* to indicate the destiny of each individual person and that of the human race as a whole.

I. Responsibility in *Gaudium et spes*

Charles Moeller suggests that paragraph 2 of article 2 of *Gaudium et spes* stands as the most important in the pastoral constitution.[2] It serves, he says, as a "preliminary guide to the whole constitution." A single sentence, the paragraph reads as follows:

> Therefore, the council focuses its attention on the world of men, the whole human family along with the sum of those realities in the midst of which it lives; that world which is the theater of man's history, and the heir of his energies, his tragedies and his triumphs; that world which the Christian sees as created and sustained by its Maker's love, fallen indeed into the bondage of sin, yet emancipated now by Christ, Who was crucified and rose again to break the strangle hold of personified evil, so that the world might be fashioned anew according to God's design and reach its fulfillment.

The notion of the "world" is a term with "rich content and contrasts." It denotes a theological perspective of creation, sin, and redemption. But it also affirms the "sum of the realities" (*cum universitate rerum*), that is, the technological, economic, social, cultural, and political realities that emerge from and shape human existence and action. The sentence also mentions the "theatre of man's history" (*mundum, theatrum historiae generis humani*). Article 2 begins with this sentence: "the council yearns to explain to everyone how it conceives of the presence and activity of the Church in the world of today." In a word, I think we can answer, it is present and active in its sense of responsibility, and through the responsible initiative and actions of its members. The Church is about evangelization, bearing the good news about the emancipation of Christ; to accomplish this the Church must more fully understand and enter into the world, the "sum of the realities" that constitute the human world, and to be an actor in the theatre of human history. Moeller again comments that the teaching of Lumen gentium already set the stage for the notion of the Church as a "messianic people which is sent into the world."[3] Moeller says this shows the link of

[2] *Charles Moeller*, Preface and Introductory Statement, in: Commentary on the Documents of Vatican II, Vol. 5: Pastoral Constitution on the Church in the Modern World, edited by Herbert Vorgrimler, New York 1969, p. 90.

[3] See Lumen gentium, art. 8 and Chapter two passim; Moeller, pp. 86–87.

the Church with mankind and its history. He concludes his commentary on the preface to the document with this summary of Gaudium et spes: "It endeavours to sketch the situation of man at this time ... in order to better grasp man's vocation." The surface features of the modern world include "upheaval, consciousness of changes, loss of equilibrium" revealing underneath the aspirations to freedom, dignity, and unity of mankind. But there are contradictions in this movement and set of changes in the world. For we find new possibility for forms of servitude, not freedom, new forms of debasement, not affirmation of dignity, and more intense divisions, not unity.[4] Thus, *Gaudium et spes* first broaches the notion of responsibility in the following concluding remark about the condition of the modern world: "The modern world shows itself at once powerful and weak, capable of the noblest deeds and the foulest; before it lies the path to freedom or slavery, to progress or retreat, to brotherhood or hatred. Moreover, man is becoming aware that it is his responsibility to guide aright the forces which he has unleashed and which can enslave him or minister to him. That is why he is asking questions."[5] (*Gaudium et spes*, n. 9) The forces, or powers, have been brought forward by human ingenuity and will and it belongs to man to control them. A sign that human beings are becoming aware of responsibility for the use of power is the concerned questioning about the responsible use and limits of power. Christian must respond to these questions and concerns.

The notion that responsibility derives from human nature and its historical development, i.e., the creative aspect of the powers of the soul over time, means that the development and use of power is part of human experience and human history. The theological endorsement for the development as essentially human may be found in the Bible: "For man, created to God's image, received a mandate to subject to himself the earth and all it contains, and to govern the world with justice and holiness; a mandate to relate himself and the totality of things to Him Who was to be acknowledged as the Lord and Creator of all." (n. 34) The works of man are not in opposition to God, but rather they are signs of God's grace and the "flowering of his mysterious design." This mandate and vocation has taken on a new and greater significance in the modern world according to axiom of responsibility laid down in this article of *Gaudium et spes*: "The greater man's power becomes, the farther his individual and community responsibility extends." The power is greater today, and reaches a certain fullness, because its scope is universal or global and its range includes the change

[4] See *Pope John Paul II*, Redemptor hominis, n. 15–16.

[5] Praeterea, homo conscius fit ipsius esse recte dirigere vires, quas ipse suscitavit et quae eum opprimere aut ei servire possunt. A literal translation might read, "Man is aware that it is of his very self to direct rightly the forces which he himself has made arise and which can either oppress him or serve him." Thanks to Rev. Daniel Gallagher for comments on the latin text.

or transformation of nature itself, and human nature as well. A world wide crisis of culture is engendered by the new possibilities of freedom or servitude, dignity or degradation. This new concept of responsibility builds upon and assumes conscience and personal accountability, but it is demanding a new level of moral action involving social cooperation and recognition of complexity of all elements of action.

The new and higher degree of responsibility requires a corresponding new and higher degree of education. In article 31 it says "In order for individual men to discharge with greater exactness the obligations of their conscience toward themselves and the various groups to which they belong, they must be carefully educated to a higher degree of culture through the use of the immense resources available today to the human race. Above all the education of youth from every social background has to be undertaken, so that there can be produced not only men and women of refined talents, but those great-souled persons who are so desperately required by our times."

A brief look at the conciliar document on Christian education (*Gravissimum Educationis*) would confirm this connection between responsibility and education. The document opens with a reference to the council's care for the importance of education "in the life of man and how its influence ever grows in the social progress of this age." The very conditions of the new era (i.e., growing awareness of human dignity, the movement for an active participation in economic and political life, new leisure, and new means of communication) make it both "easier" and more urgent to achieve this education. Attempts are made "everywhere" to promote "more education." To fulfill its mandate for evangelization the Church has a role in the "progress and development of education." The true end of education is the formation of the human person "in the pursuit of his ultimate end and the good of society." Young people must be helped to "acquire a mature sense of their own responsibility." (n. 1) Such education should not only achieve the mature sense of their own responsibility but also cultivate awareness of the gift of faith and the opportunity to witness to the hope within them. The Church is responsible for announcing the good news to all men and is bound "to provide an education by which the whole life of man is imbued by the spirit of Christ and to promote the temporal good." (n. 3) The Catholic university serves as a "public, enduring and pervasive influence of the Christian mind in the furtherance of culture." Its students will be formed to be outstanding in their training and "ready to undertake weighty responsibilities in society and witness to the faith in the world." The project of *Gaudium et spes* evidently rests upon an adequate and proper Catholic education.[6]

[6] We could also look at Apostolicam actuositatem for the same pattern and argument, e.g., art. 29 on the formation for the apostolate. "The formation for the apostolate presupposes a certain human and well rounded formation ... Well-informed about the mod-

A summary of some key points from *Gaudium et spes* on responsibility:

A1: Responsibility is a function of power and participation

A2: Responsibility derives from human nature and the human vocation for greater freedom, both individually and collectively

A3: Responsibility is an aspect of human dignity

B1: Power/responsibility develops in a world of networks and structures such as economics, social, cultural and political systems (universitate rerum)

B2: Power/responsibility is historical (theatrum historiae)

B3: Power generates critical or crisis situations because it causes upheaval and change and the power may outpace responsibility, i.e., cooperative action and right use (tragedy and triumph)

C1: A Christian has responsibility to cooperate with fellow human beings for the development of temporal society and to order world to its ultimate end

C2: A Christian must be educated for responsibility in the modern world

---

It is clear that responsibility is a central theme of *Gaudium et spes*. It is a thread that runs throughout the entire document and in fact pulls together its fundamental insights and reveals the basic thrust and intention of the council. The document extends the notion of responsibility into the five areas or issues of urgent concern. As we shall see below, each area (marriage, culture, economics, politics, and international relations) revolves around the crisis of power and the need for responsibility. The document ends with the commitment "to assist every man of our time, and promote an understanding of our full destiny as human beings, fashioning a world in keeping with human dignity, working for solidarity and brotherhood, working with a gallant and unified effort born of love" (n. 91). The Church is a sign of human unity and will strive for mutual respect within the Church and dialogue with those others. Christians will shoulder a "gigantic task" to build the earth for which they will be responsible ultimately to God (n. 93).

---

ern world, the lay person should be a member of his own community and adjusted to its culture." And in addition to spiritual formation, an education in theology, ethics, and philosophy is required. General culture, practical and technical education must be kept in mind. The laity should learn how to view, judge and do all things in the light of faith.

II. Some lessons on responsibility from contemporary authors

The theme of responsibility in *Gaudium et spes* also brings out some of the new considerations and aspects of Catholic thinking from the council. These include the attention to the subject of human action, the importance of historicity, the differentiation, autonomy and complexity of the secular realms, the role of the laity, and invitation to cooperation and dialogue with others. We can turn to some twentieth century thinkers who paid attention to this theme of responsibility and attendant themes. It could help gain some points for elaboration, confirmation, addition, and perhaps, points of contrast.

Richard Niebuhr wrote an important essay in Christian ethics entitled *The Responsible Self.*[7] Niebuhr claimed that responsibility was a new category for ethical reflection. It denotes a mode or quality of self-agency developed in response to a challenge; it depends upon a historical context and a certain community of men, therefore it involves contingent and variable judgment about particularities. For this reason he thought that the universality of ideals and moral laws were insufficient to account for modern moral agency. He defines responsibility as follows: "An agent's action as a response to an action upon him in accordance with his interpretation of the latter action and his expectation of response to his response and all of this in a continuing community of agents." (p. 65) The four elements of responsible action are (1) response, (2) interpretation, (3) accountability and (4) social solidarity. Niebuhr attempts to pose the responsible self as an alternative to previous accounts of ethics, models he names "man the maker" and "man the citizen" representing teleological ethics and deontological ethics. The former he says is too abstract and idealistic, the latter too narrow and legalistic. The key question for an ethics of responsibility is "what is going on?" We must interpret the actions on the self, assess the social and technical possibilities, and respond with "the fitting action," an action which is not automatically prescribed by an ideal or a law. So he offers the model of man the answerer, the man in dialogue. Although Niebuhr adds a new dimension to ethical reflection by highlighting the importance of response, he does not obviate the need for a knowledge of the good and nor replace principles of action. But his account brings out the importance of the social context for action, dialogue, and the centrality of character as the stable center for the responsible "self".

---

[7] *Helmut Richard Niebuhr*, The Responsible Self. An Essay in Christian Moral Philosophy, New York 1963.

Hans Jonas came to the notion of responsibility through his study of life and organism.[8] The problem of modern technology has led him to question whether the ethical categories of the past are sufficient for coming to grips with the central challenges of the era. His proposal for a new ethic of responsibility makes a more radical attack on the traditional basis for ethics. The primary axiom he questions is whether "the nature of man and the nature of things was given once and for all." His claim is that modern technology has so reduced or destroyed the intrinsic ends or purposes of nature that we can no longer take our ethical bearings by a notion of human flourishing: "Modern technology has introduced actions of such novel scale, objects, and consequences that the framework of former ethics can no longer contain them."[9] A second claim is that modern technology has altered our temporal frame for decision-making; we can no longer consider the immediate effects of our action, but trace them into the future on a wider scale. And finally, he says that our actions take on a cumulative set of effects such that the unit of a single action can no suffice for evaluating its moral worth. Jonas thinks that we must consider the empirical effects of action, leading to an overall imperative for saving the human species from its own destruction. From Jonas we can see that the scope of human power has increased, it is global, and that the cumulative effects of singular actions requires a greater sense of cooperative action and responsibility. "If the new nature of our acting calls for a new ethics of long range responsibility, co-extensive with the range of our power, it calls in the name of that very responsibility for a new kind of humility."[10] The notion of a new humility, born of a great power unmatched by requisite knowledge and wisdom, has much to commend it. But he dispenses with faith because it is not "necessary" or universally accepted, and he appeals ultimately to fear of disaster for the basis of this humility. Jonas sounds very Hobbesian in this respect. One wonders, in light of *Gaudium et spes*, whether fear of disaster can provide the basis for an ethic of responsibility today. Do we not need a firm basis for understanding the dignity of the person and the purpose of freedom in the modern world? The claim that modern technology has erased the difference between the natural and the artificial seems to beg the question about the ends and purposes of human life and the quality of human flourishing. He begs the question to assert that faith is not necessary for a new imperative of responsibility. Faith alone provides the invitation to all to affirm the dignity of man and the transformative spirit for freedom.

---

[8] *Hans Jonas*, The Imperative of Responsibility, in: Search of an Ethics for the Technological Age, Chicago 1984. Also Philosophical Essays: From Ancient Creed to technological Man, New Jersey 1975.

[9] Philosophical essays, p. 8.

[10] Ibid., p. 18.

I now turn to two Catholic thinkers who have treated the theme of responsibility. Bernard Lonergan devoted much thought to the emergence of historicity and the differentiation of human knowledge and culture.[11] In a very insightful essay on "Natural Right and Historical Mindedness," first presented at the American Catholic Philosophical Association annual meeting, he attempts to think together the elements which Niebuhr and Jonas have sundered, namely "a constant, human nature," and "a variable, human historicity." In this essay he tends to equate nature with what is given at birth, looking at origins, and deflects the question of ends and purposes to the elaboration of the process of self-transcendence in biological, psychic and rational processes. It is a question he takes up in other essays. Historicity is identified with culture and education. Education produces differences and variability in individuals. "The family, the state, the law, the economy, are not fixed and immutable entities." No doubt, the Vatican Council looked at problems of special urgency because they were dynamic processes which are undergoing upheaval and change, and they invite new thinking and modes of responsibility. These entities change because of a change in meaning. They must be sustained by a set of common meanings, culture I would think. But Lonergan's main point here is to say that "to understand men and their institutions we must understand their history." In history we find "man's making of man" and his "progress or regress." In order to determine norms in historicity Lonergan turns to the process of human understanding rather than turn directly to propositions and "naturally known truths." His process of understanding and reflection must pass through a deliberation upon the nature of human goods and to ultimate self-transcendence in love. With this he sets the backdrop for a few very useful formulations about responsibility.

Responsibility is primarily a term for individual action. To be responsible requires that one pay attention, ask questions, judge reasonably, assent to evidence, and act deliberately in light of conscience. Collective responsibility, he says, is "not without its difficulty." Collective responsibility is not "an established fact," but it may be possible, and perhaps even desirable. People are responsible for the lives they lead and "collectively for the world in which they live them." Somewhat paradoxically, we could say that individuals are formed by culture, by the collective or common meanings, but no one or no one group is responsible for the cultural meanings. But as Gaudium et spes points out, men are becoming more aware that they are the authors and artisans of culture, and

[11] *Bernard J. F. Lonergan*, Natural Right and Historical Mindedness, in: A Third Collection, Papers, edited by Frederick E. Crowe, pp. 169–183, New York/London 1985; Self-Transcendence: Intellectual, Moral, Religious, in: Philosophical and Theological Papers, 1965–1980, edited by Robert C. Croken, Robert M. Doran and Lonergan Research Institute, pp. 313–331; published for Lonergan Research Institute of Regis College, Toronto 2004. I wish to thank Jeremy Wilkins, Theology, University of St. Thomas, for showing me these essays and for his assistance in understanding Lonergan.

thus are responsible for the common meaning which forms others. But if the normative source of meaning resides in conscience (it is of the individual reflecting upon one's own action) how do we as a community come to achieve responsibility for the common meanings? We look to history, and see ourselves as historical actors – for as "the immanent source becomes revealed in its effects, in the functioning order of society, in cultural vitality and achievement, in the unfolding of human history, does the manifold of isolated responsibilities coalesce into a single object that can gain collective attention." History however reveals a mixed situation – the social or historical dimension brings out intelligence and obtuseness, truth and falsity, love and hatred. Lonergan calls this the "dialectic of radically opposed tendencies." In the dialectic we must find the "link between natural right and historical mindedness." I will forego his intricate analysis of the dialectic. Lonergan has set up an interesting account of personal and collective responsibility. He sees in the social, the personal "writ large." In history he suggests that we will find an "experimental verification or refutation of the validity of a people's way of life." And in this attention to the historical we can not dismiss the personal as it is caught up with the historical: "what before could be dismissed as an infinitesimal in the total fabric of social and cultural history, now has taken on the dimensions of collective triumph or disaster." Lonergan ends his subtle analysis of the dialectic of history with an appeal to dialogue at the end of the process, for dialogue affirms that "every person is an embodiment of natural right." He concludes his essay with a very adroit turn: "While the dialectic of history coldly relates our conflicts, dialogue adds the principle that prompts us to cure them, the natural right that is the inmost core of our being." Perhaps this means that dialogue is the most responsible activity for achieving collective responsibility.

Lonergan makes a bold step in the direction of a comprehensive account of responsibility, in an admittedly brief sketch or thought experiment. The need to combine natural right and historical mindedness is the challenge we face. The account of natural right and the discovery of the normative in the processes of human understanding, rather than in the "universal propositions" is a matter for question. That is, we may have an account of human nature which is normative and confirmed by revelation, as a touchstone for the process of self-transcendence and inquiry. The idea of experimental verification in the historical achievement of cultures is important. There are other Christian thinkers who have launched this project. Christopher Dawson is the chief advocate of the study of Christian culture and its fate in the modern world. Dawson puts forward the study of Christian culture as the basis for Catholic education today. I shall pass on commenting on his project and its relevance for the theme of responsibility, but I would like to end this brief survey with a look at Romano Guardini.

Romano Guardini wrote a seminal essay on power and responsibility which finds much resonance in *Gaudium et spes.*[12] He touches on most of the themes raised by the contemporary thinkers we have briefly summarized. Romano Guardini was aware of the "newness" of power and responsibility in the modern world from the time of his early writing on *Letters from Lake Como.*[13] The core of the new epoch's task will be to "integrate power into life in such a way that man can employ power without forfeiting his humanity." (p. XIII.) Guardini defines power in terms of "real energies capable of changing the reality of things" combined with an "awareness of those energies, the will to establish specific goals." This entails responsibility, or being accountable for its use. "There is no such thing as power that is not answered for." A serious danger arises when the bearers of power refuse to admit their role in the complex action and choose to remain anonymous. Into the void of the anonymous rush the demons, according to Guardini. Despite its dangers, power is not an evil, but an essential facet of human nature. Guardini traces the responsibility of power to the very nature of human existence: "Consciousness of power has a general ontological aspect. It is a direct expression of existence, an expression which can turn to the positive or negative, to truth or semblance." Further amplification of responsibility for power can be found in the Genesis account on the creation of man. Man's natural God-likeness consists in a capacity for power. This exercise of power is "essential to his humanity." But this power is on loan, and must be exercised responsibly. It must respect the truth of things. Man's sovereignty is not meant to establish an independent world, but to complete the world of God." Guardini sounds a theme similar to *Gaudium et spes* n. 36 on the autonomy of the world, an acknowledgement of the true law and weight of the world, but without the denial that things come from God and return to him, like the exitus/reditus of St. Thomas.

These are the signs of the new age or signs of the times heralded by *Gaudium et spes*. We are aware of the world as a unit, and no longer parochial in concern; we are aware of greater interdependence with other people and nature; and we have cultivated greater freedom, bringing greater mobility, flexibility and potentialities. Men now "exist in a world of knowledge-works possibilities that have outstripped the earlier norms." (p. 41) Guardini recognizes the possibility of blurring the line between nature and artifice, as does Jonas, but he views this with a critical eye. Guardini believes that the standard of human integrity and human dignity can serve as a check on the destruction of natural form. He coins the term "non-human humanity" to describe the result of the technological deg-

---

[12] *Romano Guardini*, Power and Responsibility. A Course of Action for the New Age, Chicago 1961; reprinted with a companion piece in: Romano Guardini, The end of the modern world, Wilmington 1998.

[13] *Romano Guardini*, Letters from Lake Como. Explorations in technology and the human race, Grand Rapids 1994.

radation of man. He predicts the growth of violent destruction and a crippling of the spirit in its relationship to the true and good (a "sickening of the spirit"). Men will seek to ignore or by-pass the personal center of existence, since this requires reverence, encouragement and patience. Power will corrupt, because in man, "the relation between power and its direction, between energy and measure, impulse and order are profoundly confused." (p. 64) There will be a crisis, a crisis of humanity. It is the breakdown of social structures and cultural forms because of a growth of power and structures beyond man's measure. But Guardini's hope is that we can refashion and build a more human approach to life. It will require an awareness of responsibility for the use of power. But this provides an opportunity for man to seize the initiative. It is a source of hope. Guardini, unlike Jonas, claims to be a certain type of utopian, one who can "collect fragments of hints, hopes, experiments, miscarried developments, and try to make some sort of pattern" (p. 83). Maritain spoke of an "integral humanism" and a "new Christendom," and his disciple Pope Paul VI spoke of a humanism and authentic development. Pope John Paul II called the task a building of a "civilization of love" or "culture of life." Guardini was one of the first to identify this task; in the early Letters, he said about the coming task, the Christian must say "Yes" to our age, to "love the tremendous power of the age and its readiness for responsibility." He articulated the requirements for the formation of personal perception, judgment, and decision in his many books. We must regain a relationship to the truth of things and acquire a contemplative attitude. We need magnanimity, courage, realism and respect for freedom, respect for the absolute, readiness to cooperate, and self-discipline. Finally, Guardini thinks we must have religion. The full measure of human responsibility is found in the right relationship to truth of things, the demands of his deepest self, and finally to God. For "the only kind of man that exists is man-in-relationship-to-God; and what he understands by that relationship, how seriously he takes it, and what he does about are the determining factors of his character." (p. 103)

***

There are many affinities between these contemporary authors and the thrust of *Gaudium et spes* on the issue of responsibility. The special problem of quality of responsibility emerges with some newness because of the development of power in the modern world. The range of things that can be changed or transformed (including the human itself, and life itself), the global and temporal scope of action, and the complexity of social interactions, together give rise to a new awareness and quality of responsibility. It is rooted in the classical understanding, the classical recognition and limits if you will, but requires elaboration for a new age and its new possibilities. The claim of a new age is neither a Gnostic attribution of spirit nor a Marxist expectation of utopia. The account of the crisis is the result of a sober analysis of the trends of the modern world which have now culminated in an on-going and accelerated crisis. The crisis is a time for both realistic expectations and hopeful endeavor. Neither optimism nor pessimism are appropriate categories to assess the vision of *Gaudium et spes* or the writers we have briefly alluded to above. The aspirations to greater freedom and the realization of human dignity offer the hope for cooperative action and a willingness to cultivate a new found sense of responsibility. The mutual discovery of meaning and the pursuit of dialogue are essential to the task.

III. The mission of the Catholic university as education for responsibility

A great Catholic university must achieve its greatness in becoming greatly a *Catholic* university. Rarely does one find acknowledgement of the universities role in evangelization through penetrating "all strata of human society" (Paul VI). *Ex corde* states that "by its very nature each Catholic university makes an important contribution to the Church's work of evangelization." (n. 49) This is very important especially in a culture "marked by secularism" such as our own. "All the basic academic activities of a Catholic university are connected with and in harmony with the evangelizing mission of the Church." The purpose of *Ex corde* is said to be that of enabling Catholic Universities to "fulfill their indispensable mission in the new advent of grace that is opening up to the new Millennium." (n. 11) It will require "courageous creativity and rigorous fidelity" (n. 8).

Ex corde states that the Catholic university offers an "education offered in a faith-context that forms men and women capable of rational and critical judgment and conscious of the transcendent dignity of the human person." We could formulate the ultimate outcomes for the students who benefit from a Catholic education. The outcomes pertain to wisdom, evangelization, dialogue, and service. In order to attain this capacity or habit requires that the student has achieved a level of integration or higher synthesis. The elements of the synthesis are (a) Faith and Reason; (b) inter-disciplinary and holistic view of knowledge; (c) personal life style and faith, or simply faith and life. The student must have the resources to become a witness to faith in the environments which the student will live and work. The student should participate in dialogue with cultures, particularly dialogue with men and women of other faith traditions, but also including cultural forms of meaning self-understanding such as art and science. Finally, the student should develop a willingness to serve humanity and exhibit respect for the human person.

The student must understand the world in its various complexities. If we return to the key paragraph of article 2 we may have a great guide star for study at theology in the Catholic university. "Therefore, the council focuses its attention on the world of men, the whole human family along with the sum of those realities in the midst of which it lives; that world which is the theater of man's history, and the heir of his energies, his tragedies and his triumphs; that world which the Christian sees as created and sustained by its Maker's love, fallen indeed into the bondage of sin, yet emancipated now by Christ, Who was crucified and rose again to break the strangle hold of personified evil, so that the world might be fashioned anew according to God's design and reach its fulfillment." The first part of the sentence outlines the various aspects of the world, the realities of family, culture, economics, politics and international relationships. The second part of the sentence outlines the basic articles of faith. It is also clear that students must understand the philosophical and theological basis for the anthropological basis of the witness. The theological and philosophical basis for human dignity, the nature of human freedom, and the communities in which he finds fulfillment or flourishing provide the perspective for coming to terms with and assuming responsibility for the issues of special urgency.

In light of these considerations, we can explore the second part of Gaudium et spes concerning those areas of special concern and urgency discussed in part two of the document: Marriage & Family, Culture, Economics, Politics, and International order. I should like to briefly identify the use of the term responsibility in each of these areas of special concern. We can trace the notion of responsibility into specific requirements for action and formation in each area, thus coming to better understand the responsibility of the Catholic University in the modern world.

The concerns of marriage & family are treated in articles 47–52. Given the nature of marriage as a fundamental unity of society and its special end or purpose for begetting and educating children, Christians are said to have a responsibility to fulfill this mandate. Modern conditions (no doubt the universitate rerum) offer a special challenge to married couples to fulfill their duties and to recognize legitimate reasons for limitation of family size. Although these difficult and changing circumstances present a great challenge, a couple must have a "generous human and Christian sense of responsibility." Further, this responsibility belongs to the married couple and to no one else. Certainly it is not the state's responsibility. The document refers to the imperative to harmonize conjugal love with responsible transmission of life. What is the responsible transmission of human life? The Council fathers assumed the traditional teaching of the Church regarding the use of artificial contraceptives, a dynamic new possibility offered by the new technology and endorsed by the new modes of thinking in the medical establishment and the emerging new social norms. The specificity of this responsibility will be articulated by Paul VI in *Humanae vitae* and also by Pope John Paul II in his Wednesday audiences (and lectures, Love and Responsibility).[14] Obviously, the witness to the faith in contemporary society would not be an easy task and it would require a tremendous effort in formation and pastoral care. In addition to this challenge, parents hold an additional responsibility in their education of their children to make a responsible choice of vocation, perhaps the deepest meaning of responsibility as a response to God's grace and call. "Children should be so educated that as adults they can follow their vocation, including a religious one, with a mature sense of responsibility and can choose their state of life."

The issues of special urgency with respect to culture are treated in articles 53–62. Culture is essentially education, broadly construed. "Man comes to a true and full humanity only through culture, that is through the cultivation of the goods and values of nature ... The word 'culture' in its general sense indicates everything whereby man develops and perfects his many bodily and spiritual qualities; he strives by his knowledge and his labor, to bring the world itself under his control." (n. 53) Culture is the primary medium for the very development of power and the awareness of responsibility. Modern culture is marked by both an awareness of diversity and pluralism as well as the pull towards a universal and mass culture. Article 55 is a crucial one – man is becoming aware that he is the "author and artisan" of culture. Therefore, there is "a mounting increase in the sense of autonomy as well as responsibility" for culture. The increased capacity for collaboration and common venture for improvement gives birth to "a new humanism" defined in terms of responsibility to all men, global awareness, and for history. But the increased awareness of responsibility increases the anxiety about the critical situation, the need to resolve many intractable problems and contradictions. In addition, there is a sense that men have a certain right to culture based upon dignity, and this is expressed as a deprivation of opportunity "to exercise responsibility" (n. 57). In other words, responsibility is not only a moral obligation resting upon an agent in a historical situation as a bearer of power, it is also a condition for human development and fulfillment of freedom. As mentioned above, because power/responsibility derive from human nature and the divine mandate to human beings, it is a demand of respect for human dignity to seek greater and wider participation in the offices of responsibility. This occurs through education, broadly construed. But there are specific educational requirements for Christian education for responsibility. Education must continue to aim for a unification or synthesis of the disciplines, to attain a holistic view, particularly focused upon the "whole human person" (n. 61). Literature and art are also mentioned as important for Christians to better understand man's place in history and the world (n. 62).

[14] *Karol Wojtyla*, Love and responsibility, translated by H. T. Willets, San Francisco 1981.

The issues of special urgency with respect to economics are treated in articles 63–72. The focus of the use of the term responsibility in this section focus upon the subjective participation in responsible decision-making. Deprived of the opportunity to exercise responsibility because of either a lack of material conditions or a lack of meaningful participation in the economic system, many human beings are oppressed and lack the status of human dignity (n. 63, 67, 68, 71). New forms of slavery and degradation emerge in the use of others for profit (see previous statement in n. 31).

The issues of special urgency with respect to politics are treated in articles 73–78. In this case, leaders are urged to rule by way of respect for the initiative and responsibility of the citizens and not by force or coercion (n. 74). Responsibility is a term to use in light of subsidiarity and the new defense of democracy. Responsibility is part of cooperative action and the work for the common good (n. 75). Finally, responsibility is important for understanding the relation of church and state. The Church does not intervene directly in political affairs, but by the education of the whole person and the pastoral formation of conscience, each Christian may act as any other citizen in their own responsibility to act for the common good (n. 76).

The issues of special urgency with respect to international order are treated in articles 79–89. Responsibility is mentioned twice in the opening articles with respect to the weightiness of public responsibility when it comes to armed force and war. Grave matters must be conducted "soberly." Leaders have a "gigantic responsibility" to avoid war. And all must evaluate war with a new attitude. The crisis of population growth leads to an appeal for the respect of the conscience of parents and an acknowledgement that the chief responsibility for regulation of birth lies with parents, in light of divine law and circumstances (n. 87). Christians should become a sign and agent of peace by cooperation with others, in a spirit of service and justice. This will come about if Christians are true to their calling and are conscious of "their responsibility as men and Christians." Education of the young is particularly urgent. Catholics are particularly well suited to build global cooperation. They possess an international or universal outlook, make international association, and can help to form "an awareness of genuine solidarity and responsibility" (n. 90).

In considering marriage & family, how would we educate young people for responsible parenthood? They must know that marriage is aimed at begetting and educating children. It requires a "generous human and Christian sense of responsibility." There is the difficulty of knowing how one may harmonize conjugal love with the responsible transmission of life. Finally one must understand the notion of vocation and various vocations in the church and the world today. The Gospel of Life would be of great assistance in this education.

What is the responsible approach to culture? It is the means of coming to "a true and full humanity." One must appreciate not only the diversity and pluralism of culture but also the pull towards a universal and mass culture. Students must be taught in the spirit "a new humanism" defined in terms of responsibility to all men, global awareness, and history. But the increased awareness of responsibility increases the anxiety about the critical situation, the need to resolve many intractable problems and contradictions. In addition, there is a sense that men have a certain right to culture based upon dignity, and this is expressed as a deprivation of opportunity "to exercise responsibility" (n. 57). Education must continue to aim for a unification or synthesis of the disciplines, to attain a holistic view, particularly focused upon the "whole human person" (n. 61). Literature and art are also mentioned as important for Christians to better understand man's place in history and the world (n. 62). Economics is particularly important to learn for protection of human dignity. How do economic systems provide for a meaningful participation in the economic system and what is the line between profit making and slavery? One thinks of Pope John Paul II encyclicals on political economics.

As I have argued previously, the section on politics may be the most strategic in the document. The document urges the teaching of political principle so that we strengthen "basic convictions as to the true nature of the political community and the aim, right exercise, and sphere of action of public authority." Authority, freedom, rights, common good, subsidiarity, church and state are all important for understanding the possibilities for action today so that each Christian may act as any other citizen to act on their own responsibility to act for the common good (n. 76).

We are urged to consider war with an entirely new attitude. The crisis of population growth leads to an appeal for the respect of the conscience of parents and an acknowledgement that the chief responsibility for regulation of birth lies with parents, in light of divine law and circumstances (n. 87). Education of the young is particularly urgent. Catholics are particularly well suited to build global cooperation. They possess an international or universal outlook, make international association, and can help to form "an awareness of genuine solidarity and responsibility" (n. 90). A correct and genuine responsibility in international affairs must respect divine law. Catholic education can impart of divine and natural law about international issues. Finally, the function of dialogue will require that students become aware of other religions and cultures.

Catholic education is uniquely positioned to "promote an understanding of our full destiny as human beings, fashioning a world in keeping with human dignity." (n. 91) Responsible education is education for responsibility. If Catholic University would step up to this responsibility and live up to the vision and requirements of *Ex corde*, the new Christendom or the civilization of love would become a more distinct possibility.

We must conclude with a few reflections about who is responsible for this education, for Catholic education for the new millennium? Board, faculty, administration, and bishop each have their role to play.

"Everyone in the community helps in promoting unity, and each one, according to his or her role and capacity, contributes toward decisions which affect the community and also toward maintaining and strengthening the distinctive Catholic character of the institution" (n. 21). But obviously faculty have the primary responsibility for the renewal of Catholic education. It is their special domain to shape and maintain the programs and curriculum. It will take a great effort for faculty development to achieve the outcomes mentioned above, because one cannot give what one does not have. *Ex corde* says: "University teachers should seek to improve their competence and endeavor to set the content, objectives, methods and results of research in an individual discipline within the framework of a coherent world vision. Christians among the teachers are called to be witnesses and educators of authentic Christian life, which evidences an attained integration between faith and life, and between professional competence and Christian wisdom." Faculty have not been educated or trained to do this. Many faculty may not be interested in doing this. But simply put: "The identity of a Catholic university is essentially linked to the quality of its teachers and to respect for Catholic doctrine. So it will take board action and administrative facility to design and implement a program for faculty hiring and development."[15]

But finally, a university must turn to the Bishop for confirmation in the faith and support for the effort to renew its Catholic identity: "Bishops have a particular *responsibility* to promote Catholic universities, and especially to promote and assist in the preservation and strengthening of their Catholic identity, including the protection of their Catholic identity in relation to civil authorities" (n. 28) The very idea of a Catholic university, as born from the heart of the Church, must see the bishop as a participating member of the university community, internal to it, a friend and mentor, and not simply an external watchdog or adversary. The Catholic university must go beyond the narrow focus on the specialized mandatum of the theologian to embrace the call to be part of the new evangelization.

---

[15] Article 4. The University Community 1. The *responsibility* for maintaining and strengthening the Catholic identity of the university rests primarily with the university itself. While this *responsibility* is entrusted principally to university authorities (including, when the positions exist, the chancellor and/or a board of trustees or equivalent body), it is shared in varying degrees by all members of the university community and therefore calls for the recruitment of adequate university personnel, especially teachers and administrators, who are both willing and able to promote that identity.

Summary

In this paper I explore the theme of responsibility in *Gaudium et spes*, provide some philosophical and theological context for the expanded notion of responsibility, and apply the results to the mission of Catholic higher education in the modern world. Responsibility emerges as an important theme in the document on the *Church in the Modern World*. It is a basic concept for understanding human dignity and the role of the Christian in the modern world. Responsibility echoes throughout each of the special sections on problems of special urgency in the world today, family, culture, economics, politics, and international cooperation. A Christian has responsibility to cooperate with fellow human beings for the development of temporal society and to order the world to its ultimate end. A Christian must be educated for responsibility in the modern world. We can discover affinities between contemporary authors, H. Richard Niebuhr, Hans Jonas, Bernard Lonergan, and Romano Guardini, and the teaching of *Gaudium et spes* on the issue of responsibility. The special problem of responsibility emerges because of the development of power in the modern world. The range of things that can be changed or transformed, the global and temporal scope of action, and the complexity of social interactions, together give rise to a new awareness and quality of responsibility. Neither optimism nor pessimism are appropriate categories to assess the vision of *Gaudium et spes* or the writers we have briefly alluded to above. The aspirations to greater freedom and the realization of human dignity offer the hope for cooperative action and a willingness to cultivate a new found sense of responsibility. A Catholic university must contribute to the evangelization of the world through the cultivation of responsible men and women who can unify faith and professional life and thereby sanctify the world.

Zusammenfassung

Der Beitrag untersucht die Frage der Verantwortung in *Gaudium et spes*. Er will einige philosophische und theologische Zusammenhänge für den erweiterten Begriff der Verantwortung offenlegen und setzt die Ergebnisse in Beziehung zum Auftrag der katholischen Hochschulbildung in unserer Zeit. Verantwortung ist ein wichtiges Anliegen im Konzilsdokument „Über die Kirche in der Welt von heute“. Sie ist ein Grundbegriff für das Verständnis der Würde des Menschen und der Rolle des Christen in der modernen Welt. Die Thematik der Verantwortung durchzieht in *Gaudium et spes* alle Abschnitte, die Probleme besonderer Vordringlichkeit in der heutigen Welt behandeln, wie der Familie, der Kultur, der Ökonomie, der Politik und der internationalen Zusammenarbeit. Ein Christ hat die Verantwortung, mit seinen Mitmenschen für die Entwicklung der Gesellschaft zusammenzuarbeiten und die Welt auf ihr letztes Ziel hin zu lenken. Ein Christ muss aber auch zur Verantwortung in der modernen Welt erzogen werden. Wir können Ähnlichkeiten zwischen zeitgenössischen Autoren wie H. Richard Niebuhr, Hans Jonas, Bernard Lonergan, Romano Guardini und der Lehre von *Gaudium et spes* bezüglich der Frage der Verantwortung entdecken. Das Problem der Verantwortung entsteht in der Moderne aufgrund der Ausprägung neuer Formen von Macht. Die Größenordnung von Verhältnissen, die verändert oder umgewandelt werden können, die globalen und zeitlichen Handlungsräume und die Komplexität sozialer Interaktionen, führen zusammen zu einem neuen Bewusstsein und einer neuen Qualität der Verantwortung. Weder sind Optimismus noch Pessimismus geeignete Kategorien, um die Vision von *Gaudium et spes* zu verstehen bzw. der Autoren, auf die wir oben kurz hingewiesen haben. Das Verlangen nach größerer Freiheit und die Verwirklichung der Würde des Menschen geben Hoffnung für gemeinschaftliches Handeln und die Bereitschaft, den Sinn für Verantwortung neu zu kultivieren. Eine katholische Universität muss einen Beitrag leisten zur Evangelisierung der Welt durch die Ausbildung verantwortlicher Männer und Frauen, die den Glauben und den beruflichen Alltag zusammenbringen und auf diese Weise mitwirken an der Heiligung der Welt.

Autorenverzeichnis

Prof. Dr. *Robert John Araujo SJ*, Professor of Ethics and International Relations, Pontifical Gregorian University, Rome (Italy). He is also Professor of Public and International Law at Gonzaga University, Spokane, WA

Dr. phil. *Jürgen Aretz*, Historiker, Staatssekretär a. D., Generalbevollmächtigter der Thüringer Aufbaubank, Brüssel (Belgien)

Dr. *M. A. Casey,* Sociologist on the Staff of the Catholic Archbishop of Sydney (Australia)

Daniel Cardinal DiNardo, Archbishop of Galveston-Houston, Houston, TX

Prof. Dr. *Jude P. Dougherty*, Dean Emeritus, School of Philosophy, The Catholic University of America, Washington, DC

Prof. Dr. *Leo J. Elders SVD,* Institute of Philosophy "Rolduc", Kerkrade (Netherlands)

Prof. Dr. *William A. Frank*, Department of Philosophy, University of Dallas, Irving, TX

Prof. Dr. *Eduard Gaugler,* em. Universitätsprofessor für Betriebswirtschaftslehre an der Universität Mannheim

Prof. Dr. *John P. Hittinger,* Vice President of Academic Affairs, University of St. Thomas, Houston, TX

Prof. Dr. *Karl-Heinz Nusser*, Professor für Philosophie an der Universität München

Nicholas T. Pinchuk, President and Chief Operating Officer of Snap-On, Inc., Kenosha, WI

Prof. Dr. *Patrick Quirk,* Associate Professor, Ave Maria School of Law, Ann Arbor, MI

Prof. Dr. *Anton Rauscher*, em. Universitätsprofessor für Christliche Gesellschaftslehre an der Universität Augsburg, Direktor der Katholischen Sozialwissenschaftlichen Zentralstelle (KSZ), Mönchengladbach

Prof. Dr. *Peter L. P. Simpson,* Professor of Philosophy and Classics Graduate Center, City University of New York, NY

Prof. Dr. *Manfred Spieker*, em. Universitätsprofessor für Christliche Sozialwissenschaften an der Universität Osnabrück

Prof. Dr. *Klaus Stüwe,* Lehrstuhl für Vergleichende Politikwissenschaft und Systemlehre, Katholische Universität Eichstätt-Ingolstadt

Prof. Dr. *Michael J. Sweeney,* Department of Philosophy, Xavier University, Cincinnati, OH

Prof. Dr. *Johannes Thomas*, Institut für Romanistik, Fakultät für Kulturwissenschaften, Universität Paderborn

Prof. Dr. *Bernhard Vogel*, Ministerpräsident a. D., Vorsitzender der Konrad-Adenauer-Stiftung, Sankt Augustin bei Bonn

Prof. Dr. *Christian Waldhoff,* Lehrstuhl für Öffentliches Recht, Direktor des Kirchenrechtlichen Instituts, Rechts- und Staatswissenschaftliche Fakultät der Rheinischen Friedrich-Wilhelms-Universität Bonn

Kenneth D. Whitehead, Assistant Secretary (retired), U.S. Department of Education, Washington, DC; now Writer, Editor, and Translator in Falls Church, VA